U0511313

日新文库

明伦弘愿

北朝佛教与经学交涉研究

陈超 _ 著

商务印书馆
创于1897 The Commercial Press

图书在版编目（CIP）数据

明伦弘愿：北朝佛教与经学交涉研究 / 陈超著.
北京：商务印书馆，2024. --（日新文库）. --ISBN
978-7-100-24366-7

Ⅰ. B948

中国国家版本馆CIP数据核字第2024K3M964号

本书系国家社科基金青年项目"魏晋南北朝经学与佛教交涉研究"
（23CZX021）阶段性成果

日新文库

明伦弘愿

北朝佛教与经学交涉研究

陈超　著

商　务　印　书　馆　出　版
（北京王府井大街36号　邮政编码100710）
商　务　印　书　馆　发　行
北京市艺辉印刷有限公司印刷
ISBN 978－7－100－24366－7

2024年8月第1版　　　开本880×1240　1/32
2024年8月北京第1次印刷　印张14¼
定价：70.00元

日新文库

学术委员会

日新文库

出 版 说 明

　　近年来，我馆一直筹划出版一套青年学者的学术研究丛书。其中的考虑，大致有三。一是当今世界正处于"百年未有之大变局"，当代中国正处于民族复兴之关键期，新时代面临新挑战，新需求催生新学术。青年学者最是得风气先、引领潮流的生力军。二是当下中国学界，一大批经过海内外严格学术训练、具备国际视野的学界新锐，积学有年，进取有心，正是潜龙跃渊、雏凤清声之时。三是花甲重开的商务，以引领学术为己任，以海纳新知求变革，初心不改，百岁新步。我馆先贤有言："日新无已，望如朝曙。"因命名为"日新文库"。

　　"日新文库"，首重创新。当代中国集合了全世界规模最大的青年学术群体，拥有最具成长性的学术生态环境。新设丛书，就要让这里成为新课题的讨论会，新材料的集散地，新方法的试验场，新思想的争鸣园；让各学科、各领域的青年才俊崭露头角，竞相涌现。

　　"日新文库"，最重专精。学术研究，自有规范与渊源，端赖脚踏实地，实事求是。薄发源于厚积，新见始自深思。我们邀请各学科、各领域的硕学方家组成专业学术委员会，评审论证，擘画裁夺，择取精良，宁缺毋滥。

"日新文库"，尤重开放。研究领域，鼓励"跨界"；研究课题，乐见"破圈"。后学新锐，不问门第出身，唯才是举；学术成果，不图面面俱到，唯新是求。

我们热烈欢迎海内外青年学者踊跃投稿，学界友朋诚意绍介。经学术委员会论证，每年推出新著若干种。假以时日，必将集水为流，蔚为大观，嘉惠学林。

是所望焉！

商务印书馆编辑部

2022 年 6 月

目 录

第一章

绪　　言

任何"文明"从其发源处看都是一种具有民族、地域特质的地方性"文化"。决定地方性"文化"是否能够成为普适"文明"的一个重要因素，是传播过程中"脱语境"与"语境化"的能力。[①]"语境"是理解、考察文明传播、转化不可或缺的维度。佛教的中国转化，正是佛教在理解、适应"中国"这一"语境"的过程中，摆脱印度地方文化外观、蜕变为具有普适性的宗教文明的过程。中国"语境"引导着佛教转化的方向，限制着佛教中国转化的致思理路与表达方式。对于考察汉传佛教的历史实践、评价其历史成就而言，"语境"不是外部的"维度""视角"，而是必须加以正视的"现实"。脱离了不同历史时期中国"语境"的具体内涵，就无法对汉传佛教在不同历史时期理解"语境"的能力、适应"语境"的努力作出准确评价，甚至会对汉传佛教在"语境"引导、限制下的理论创新产生误解、忽视。

---

① 赵汀阳:《中国哲学的身份疑案》,《哲学研究》2020年第7期。

"经学"自汉代确立以来，始终是中国社会知识、思想与信仰的基础，是人们理解宇宙、社会、人生的基本图式。[①] 即使在玄风盛行的魏晋时期，经学也始终发挥着无可替代的基础作用。[②] 至晋室南渡，留在北方的士族、经师一扫魏晋时期务虚的风气，积极参与社会治理，[③] 回归通经致用的经学传统，构成佛教在北朝传播的现实语境。[④] 经学强调"通经致用"，"通经"意在通过"诠释"激活经典的生命力，为解决现实问题提供价值依据乃至制度方案。[⑤] 经过长期理论探索与社会实践的积累，经学对包括教化的起源、设教的必要性与原则、教化的现实基础、实现路径等问题形成了系统思考；在"通经"过程中形成的以经为尊的经典观念、训经为常的诠释传统、以经为本的知识整理方式成为"学"的典范。经学在"通经"过程中提炼的价值与准则，在"致用"过程中形成的路径与经验，衍生为一套考察教化优劣的系统标准，成为人们审视"佛陀之教"的基本图式，也是中国佛教徒理解佛教时的"原生视角"。从佛教的角度出发，经学塑造

---

① 李源澄：《经学通论》，《李源澄著作集》第一册，"中研院"中国文哲研究所2008年版，第6—7页。

② 楼劲总结吕思勉、严耀中等学者的成果，对魏晋南北朝"儒学衰落说"进行了系统反思，详见楼劲《魏晋南北朝儒学的发展》，《历史研究》2022年第3期。吕思勉《两晋南北朝史》下册，上海古籍出版社1983年版，第1372页。

③ 孔毅：《北朝的经学与儒者》，《西南师范大学学报》（哲学社会科学版）1990年第3期。以经学为核心的北朝学术的系统讨论，见施拓全《北朝学术之研究》，花木兰文化出版社2009年版。关于儒者、经师在北朝政治、社会建设中的历史作用，见陈明《儒学的历史文化功能——以中古士族现象为个案》下编，中国社会科学出版社2005年版；潘忠伟《北朝经学史》，商务印书馆2014年版。

④ 汤用彤：《汉魏两晋南北朝佛教史》，上海人民出版社2015年版，第369—372页。

⑤ 陈壁生：《经学、制度与生活——〈论语〉"父子相隐"章疏证》，华东师范大学出版社2010年版，第65页。

的这一套价值与标准，就是佛教在中国转化过程中所遭遇的"语境"。佛教对语境的识别、适应以及拒绝，构成了佛教中国转化的核心主题与内容。无论是否信仰佛教，汉人并不是直接以佛教的思想与立场，更不是以一种更具涵盖性的"元理论"来认识、理解佛教，[①] 而是以中国原有的经学作为"范本"，以经学塑造的世界图式与观念传统来认识、理解佛教，这就使佛教与经学的"交涉"具有一种必然性，贯穿于佛教在北朝发展的始终，左右着北朝佛教的自我理解与表达。北朝佛教与经学的交涉不仅存在于三教先后、佛教存废等理论辩论之中，还出现在十六国北朝征辟沙门为官、太后出家等政治事件，以及北朝胡汉僧人对"修多罗"译名的反思、对佛教知识整理方式（判教）的重构等实践中。

然而，北朝佛教与经学交涉这一议题的价值虽然很早便被汤用彤发现，[②] 但至今仍未受到应有的重视，北朝佛教与经学交涉如此丰富的面向也遭到忽视，导致现有关于北朝佛教与经学交涉这一议题的研究局限在几个特定的议题之上。造成这种研究局面的根本原因，在于现代研究者对"经学"的理解存在偏差。"中国学术的现代转型，最核心的内容就是瓦解经学作为中国传统学术之中心的地位，将经书转化成各种西方学科研究的'史料'。"[③] 这一转型的直接后果，是"经学"为文史哲等不同学科所分裂，甚至不同学科眼中的"经学"也各不相同。不同的"经学观"决定了不同学科在面对"经学与佛教"这一议题时的致思理路、材料选择各有偏好。随着经学研究的史学化，不同学科的学者不约

① 陈少明：《经典世界中的人、事、物》，上海三联书店 2008 年版，第 9 页。
② 汤用彤：《汉魏两晋南北朝佛教史》，第 372 页。
③ 陈壁生：《经学的瓦解》，华东师范大学出版社 2014 年版，第 108 页。

而同地忽视了经学的历史文化功能——"经学之要，不在于草木虫鱼之传注疏证，而在于通经致用"①。在他们的理解中，经学或者是政治的附庸，是意识形态工具，随着王朝体制的解体不值一提；或者被视为"虫鱼之学"，只是一种传统的学术形态，仅存作为传统解释学研究之"资料"的价值，并无义理可言。②

第一节　佛教与经学交涉研究现状

从现有的研究成果来看，佛教与经学交涉研究主要集中在佛教史与经学史研究中，其中以佛教史领域的相关研究最早。经学史对佛教的关注，主要在于讨论南北朝义疏学起源、僧人注儒经等问题。前述两种经学观贯穿于这两个领域对佛教与经学交涉的研究中。

早在 20 世纪 30 年代，汤用彤在其具有典范意义的佛教史研究著作《汉魏两晋南北朝佛教史》中，专辟一章《东方佛法与经学》讨论北朝经学与佛教关系。③汤用彤在此指明理解北朝经学与佛教关系的"一个背景"与"两条进路"。所谓"一个背景"，即在北朝学术与政治的关系中，学术发展始终受到政治干预，学术发展方向有时甚至由掌权者个人的偏好所决定。日本学者镰田茂雄所谓"国家佛教"④的提法，在一定程度上可视为对这一思路

---

① 陈壁生：《经学、制度与生活——〈论语〉"父子相隐"章疏证》，第 148 页。
② 程苏东：《从六艺到十三经——以经目演变为中心》，北京大学出版社 2018 年版，第 22—23 页。
③ 汤用彤：《汉魏两晋南北朝佛教史》，第 367—372 页。
④ 〔日〕镰田茂雄：《中国佛教通史》第一卷，关世谦译，佛光出版社 1990 年版，第 3—8 页。

的引申。所谓"两条进路"，即对北朝佛教与经学关系的研究，可以从经师与高僧交游、僧人积极参与图谶之学这两个进路展开，并举出史实加以说明。尤其是僧人积极参与图谶之学建构一条，专研纬书的日本学者安居香山曾撰专文讨论僧人参与谶纬制作、流播的相关现象。①

汤用彤的论断虽有发凡起例之功，却不能说尽善尽美。回溯汤用彤有关北朝经学与佛教关系的相关论断，并未阐明一个相较于个案与细节而言更为基础的问题：经学与佛教的交涉是否具有必然性。汤用彤提出了"国家学术"概念，以说明经学与佛教之关联的必然性，但从这一视角来看北朝的经学与佛教，不免有"国家"附庸的嫌疑——经师因帝王喜好佛法故而研习佛典、注解佛经，佛教则为了能够参与政治而积极制谶并传播。即使某些经师是源于个人信仰的热忱而注解佛经，仍不能从中看出佛教与经学之间存在着的必然关联。即便南北朝各家义疏之中存在着使用佛教资源疏释经学典籍，② 以及名僧与经师交游、僧人参与制作图谶等现象，由此判断经学与佛教的关系，不仅并未说明一系列"偶然"的史实背后是否存在必然，且并未对"经学"而不是

---

① 〔日〕安居香山：《汉魏六朝的图谶与佛教——以僧传为中心》，梁辰雪译、余欣校，童岭编：《秦汉魏晋南北朝经籍考》，中西书局 2017 年版，第 245—255 页。
② 如张恒寿先生在《六朝儒经注疏中之佛学影响》中勾索出现存六朝义疏中与佛教有关的内容十七则，分为五类：1. 佛典名词之引证；2. 佛典论证语句之模仿；3. 佛经疏解方法之采用；4. 佛教教义传说与儒书之牵合；5. 佛教学理与儒家学说之杂糅。张恒寿先生指出："（六朝）佛典论日出，流风所煽，遂播及于儒书。由今考隋唐书中，六朝人所为之诸经义疏，无论由质、量何方而论，俱无逊于汉唐。然其时之中心思想，固在佛而不在儒，故一时注经家，皆学兼内外，旁通三玄。即有笃守儒家藩篱之士，对此一大潮流，亦莫能漫然不顾。故在儒经义疏中，往往流露佛教思想之痕迹焉。"张恒寿：《六朝儒经注疏中之佛学影响》，《中国社会与思想文化》，人民出版社 1989 年版，第 389—410 页。

"经师"个人是否有足够强烈的动机与佛教交涉加以说明——无论这种交涉是以对话还是对抗的形式产生。

遗憾的是，佛教史领域对佛教与经学交涉议题的关注虽早，却未能引起佛教史研究领域的足够重视，汤用彤仅仅作为"示范"而提示的几则经师与名僧交游、佛教参与制作图谶的史料，不仅没有被后来的研究者深入探察，反而成了"学界公论"，在北朝佛教研究尤其是地论学派的相关研究中被未经反思地加以引用。这里所谓"未经反思"，不是指"材料"上的因循，而是在"结论"上的守旧。由于《续高僧传》中存在若干儒生出家为僧的记录，汤用彤以北朝地论学派北道一系的开创者道宠的生平为中心，在并未对《续高僧传·道宠传》的可信度加以分辨、未与教外资料相互参校的情况下，"论定"道宠曾就学于北朝礼学大家熊安生，在《续高僧传·僧范传》中出现与《道宠传》相冲突的记载时，"认定"道宠从学于熊安生是无可争议的事实，进而否定了《僧范传》的真实性。事实上，仅仅从《续高僧传》内部出发，完全无法断定道宠与僧范的传记究竟何者更为可信。但熊安生以及出现在《道宠传》中的邢卲、魏收、阳休之的传记均见于《北史》《北齐书》《周书》等正史中，只需对相关人物的生平进行简单的编年比较即可发现，最可疑的记录恰恰出自《道宠传》。但是，自汤用彤论定道宠与熊安生的经学授受关系，学界在讨论北朝学术的基本状况时，径直引用这一"成说"而罕有加以质疑者。[①]

暂置具体考证问题不谈，作为一种在佛教史研究领域影响深

---

① 有关释道宠经学授受诸多疑点的详细讨论，参见本书附录一《道宠经学授受献疑》。

远的进路，汤用彤讨论"经学与佛教交涉"之方法的最大问题，在于视角过于外部。造成这种"外部性"的原因在于忽视了"经学"的历史文化功能，以及经学、佛教在"政教场域"中的主体性，通过将经学与佛教置于"国家"的统摄之下，遮蔽了经学、佛教、国家在北朝的"政教场域"中实为三个不同利益主体的事实。① 从汤用彤以"国家学术"绾合经学与佛教、对二者关联的必然性进行说明的处理方式中不难看出，在他的理解中，经学只是国家的附庸，只是"意识形态工具"。与汤用彤对经学的理解相似，任继愈在《中国佛教史》第三卷关于北朝佛教的论述中，提出了"佛教经学"的概念。考"佛教经学"概念之实，只是因为地论学派的译经、讲经受到皇权的直接影响，且学派内高僧源源不断地充任国家宗教事务的各级官吏，在学术形态上逐渐形成"师法"传统。凡此种种虽然是传统经学史研究关注的重点，却并不能穷尽"经学"的全部内涵，从本质上说，"佛教经学"的提法还是以学术与政治的勾连理解"经学"的产物。②

虽然在北朝学术与政治的关系中，学术发展始终受到政治干预——实际上，本书以"政教场域"作为佛教与经学交涉展开的

① "儒家面对皇权体制，显示出两个面向，一个是作为一种批判性的资源，批判皇权的暴戾与专制体制对人们的摧残，另一个是作为一种与皇权结合的思想，为皇权的至高无上的正当性提供理论基础。……在帝国政制中，儒学与帝国的关系，远非简单的合作、共谋的关系，其中有着错综复杂的纠缠，儒学一方面秉持其道德理想，批评帝国政治，一方面又跟帝国结合，把先秦儒学的尊重礼治秩序，转化为汉代的尊重皇权秩序，从而在帝制中寻找一席之地。"陈壁生：《经学、制度与生活——〈论语〉"父子相隐"章疏证》，第159页。

② "南北朝时期的佛教，由于学派多，著作丰富，思想活跃，在中国思想发展史上形成了'佛教经学'，并以出世的姿态积极为封建王权服务，成为中国古代上层建筑的重要部分。"任继愈主编：《中国佛教史》第三卷，中国社会科学出版社1993年版，第7页。

基本场域，本身就是在提请注意这样一个事实：在古代中国，政治与教化的"相关"是本质性的，但国家对学术——不论经学还是佛教——施加影响力，并非总是以"侵夺"的形式展开的。权力的"野蛮"形象未必是历史之实然的全貌。以国家干预学术最为直接的事件"灭佛"为例，即使如北魏太武帝迅速且强力推行灭绝佛教的政策，仍是以"诏令"的形式，阐述灭佛的动因、缘由，然后才开始实践。① 而后来北周武帝的灭佛决策，更是在多次三教庭前论衡的基础上、迁延多年才最终决定的，在平齐之后欲在被征服地区贯彻灭佛政策，也并没有以征服者姿态直接下令强制推行，而是召集五百前修大德进行讨论之后才开始执行。② 这些"形式"本身所蕴含的历史信息足够丰富，只是在目之为"虚文"的现代研究者眼中，才变得毫无价值。"政令"代表的是一种政治权威，③ 而这种权威的基础，是权力的合法性。自汉代以降形成的延续近二千余年的国家制度，其合法性的根据不是"武力"而是"价值"，这一价值来源于儒学，以经学为其具体形态。正如已有研究所指出的，两汉时期的国家制度经历了"儒家化"，完成了理念与行动、价值与规范的统一。④ 前述两次灭佛的"程序正义"，正是经学对制度加以价值化改造、对政治进行"规训"的结果。在为制度赋予价值内涵的同时，儒家也在制度化，成为国家制度的一部分。但是，这并不意味着我们有理由"想当然"地将国家与经学视为一物。不能否认，经学制度化之后成为干禄

---

① ［北齐］魏收：《魏书》卷一百一十四《释老志》，中华书局 1974 年版，第 3034 页。
② ［唐］道宣：《广弘明集》卷十《周祖平齐召僧叙废立抗拒事》，《大正藏》第 52 册，第 153 页上—154 页上。
③ 张志强：《"三代"与中国文明政教传统的形成》，《文化纵横》2019 年第 6 期。
④ 干春松：《制度化儒家及其解体》，中国人民大学出版社 2003 年版，第 2 页。

之途，历代不乏以经术仕进却媚君上、致名利之人，[①] 但也不能因此以偏概全，轻易就将经学与国家的立场与思想等同起来。中国的经史传统虽然积极面向现实，但始终或隐或显地保持了对现实政治的批判。[②] 这一现象不仅存在于汉晋之间与南朝，于北朝亦然。如北魏灵太后动议兴建永宁寺，永宁塔落成后，灵太后准备亲自登临高塔，对灵太后的这一动议，崔光即以《礼记》"不登高，不临深"为理据进行谏净，力陈这一行动对"孝治"可能造成的不良影响。[③] 经学虽然与国家关系密切，但二者之间始终存在着张力，虽然不乏经师委身国家的事例，但不能以此为"定论"、为不言自明的"共识"来想象经学与国家的关系，至少要做到具体问题具体分析。[④]

---

① "叔孙通作为'汉家儒宗'，说出'人主无过举'这样的话，最大限度地显示出：当时习儒术者面对一人专制政治，急切地调整自己，适应新的政治体制，以求在这个体制中获取功名利禄，即便丧失儒者底线也在所不顾。"陈壁生：《经学、制度与生活——〈论语〉"父子相隐"章疏证》，第 146 页。

② 张志强：《"三代"与中国文明政教传统的形成》，《文化纵横》2019 年第 6 期。

③ ［北齐］魏收：《魏书》卷六十七《崔光传》，第 1495 页。

④ 对于经学、佛教与国家三者间的关系，净影慧远与北周武帝有关废佛的争论提供了一个极为有趣的视角。在北周武帝的理解中，三教的理论都不完善，仅仅从"道"的层面看，都应该被废置。但是从"教化"的角度看，经学的作用持久而显著，不能废置。在与净影慧远的论辩中，宣称要坚持六经儒教的北周武帝甚至扬言要废弃"宗庙"制度。凡此种种，足见国家与经学之间的"貌合神离"。而净影慧远与北周武帝的十数轮往复辩论，除了以《大集月藏经》为理据指出灭法废佛将遭受的"报应"之外，其余抗辩完全基于经学立场。可以说，在这场论辩中，"经学"成了一种佛教与国家对抗的"中间力量""公共资源"。详细分析，见本书第五章。另一方面，在北魏政治斗争中，以"人伦"为其合法性根据的皇权，深受"人伦"的限制，孝明帝登基初期掌控朝局的权臣于忠，虽不乏矫诏之行，却始终不敢以皇帝的名义对皇帝嫡母高太后轻言废立，最终通过高太后"出家"的方式，以褫夺她的政治权力，利用"出家"对冲"人伦"对权力的限制。但即便如此，在高太后死后的丧仪问题上，即使孝明帝生母灵太后大权在握，以高太后"出家"为托词，违背礼制的规定，对高氏的葬仪肆意降杀，却始终未敢断然取消这位事实上的"废后"的太后丧仪。（见下页）

经学史研究对佛教与经学交涉的讨论，导源于牟润孙先生在 20 世纪 40 年代撰成的《论儒释两家之讲经与义疏》[1]，开创了从义疏学起源问题探讨佛教与经学交涉的研究方向。在这篇长文中，佛教与经学的关联源自宫廷，由于在禁中讲论佛经需要提前制讲义，参与讲经的经师将这种方法引入儒家典籍的解释。在此后近半个世纪的研究中，学者们苦心极力地对南北朝义疏学的起源问题进行探索，但至今仍无定论。[2] 最终，对这一问题的研究

（接上页）在这一事件中，佛教与经学在"家与孝"这一问题上的矛盾得以完全暴露，经学在"政教场域"中的真实影响力也得到的淋漓尽致的展现——无论信仰还是权力，都无法撼动"礼制"的规定。详细分析，见本书第六章。值得注意的是，从历史的实际来看，权力利用佛教牵制经学，只能发生在"政教场域"中。超出这一场域之后，"出家"作为一种"权力退出机制"的作用也荡然无存。尔朱荣领契胡卒冲击洛阳之际，灵太后欲如法炮制，以"出家"的方式宣示自己对权力的放弃，最终还是被尔朱荣所杀。杨衒之《洛阳伽蓝记》中对瑶光尼寺在河阴之变中悲惨遭遇及遭到天下人耻笑的记载，也是对佛教实际教化能力的一种反映：在以"武力"而非"价值"为基本逻辑的场域中，佛教也无法有效传播。［北魏］杨衒之：《洛阳伽蓝记校笺》，杨勇校笺，中华书局2006 年版，第 47 页。笔者并非要以此为据说明佛教教化的无效，而是希望提示这样一个问题：奠立于经学核心价值之上的"教化场域"，虽然限制了佛教在中国的"表达"，但也为佛教提供了一个理性而平和的外部环境。

[1] 牟润孙：《论儒释两家之讲经与义疏》，《注史斋丛稿》，中华书局 1987 年版，第 239—302 页。

[2] 华喆在对义疏学的研究成果进行综述时，明确指出："前辈学者针对南北朝义疏进行过很多卓有见地的研究，譬如牟润孙的《论儒释两家之讲经与义疏》、孙楷第的《唐代俗讲轨范与其本之体裁》、张恒寿的《六朝儒经注疏之佛学影响》等等，这些论文几乎无一例外地认为，南北朝义疏之学与佛经讲疏有关。与此相对，台湾的戴君仁则在其《经书的衍成》一文中提出儒家经疏的产生是两汉章句学自然发展的结果。近年来，关于义疏的来源问题已经被逐渐搁置下来，学者转而关注其文本内容与思想体系方面。"见华喆《礼是郑学：汉唐间经典诠释变迁史论稿》，生活·读书·新知三联书店 2018 年版，第 277 页。此后，尚永琪《六朝义疏的产生问题考略》（2000）、申屠炉明《南北朝儒家经学义疏三论》（2001）、菅野博史《初期中国仏教の経典注釈書について》（2005）、古胜隆一《釈奠礼と義疏学》（2006）、谷继明《再论儒家经疏的形成与变化》（2013）、王征《中国南北朝时代の仏教論書に対する注釈》（2017）均对此问题有所讨论。

被搁置，经学史研究转而回到对义疏作品本身的关注中。义疏学起源研究的这种现状提示我们，在当前文献不足征的情况下，作为一种研究佛教与经学交涉的视角，义疏学起源问题已渐露疲态，无法推进知识的有效积累，更遑论加深对佛教与经学交涉的理解。另一方面，由于历史上存在着经师注佛典、僧人注儒经的记录，在以历代《儒林传》《经籍志》为核心材料的经学史研究中，"经学与佛教"的交涉不断被提及，却极少被深化。在专论南北朝经学史的著作中，① 作为解释学之材料的"经学"与佛教再次以"个人身份"被关联起来，"佛教与经学有所交涉"这一结论被不断重复，却并未被详细说明。② 上述研究的重点或者在义疏学，或者在经学史，佛教与经学交涉并非其研究的重点。但是，在旁及这一议题时，前述种种研究不能给出更为深入的解释，其实具有必然性，这一必然性在于文献学、解释史进路的经学史研究同样是外在于经学的，未进入经学之内，不关注经学的义理及其对不同历史时期的可能影响。③

---

① 焦桂美：《南北朝经学史》，上海古籍出版社 2009 年版，第 101—122 页。

② 经学通史、断代史叙事在刻画南北朝经学流变的脉络时，虽然注意到这一时期佛教在中国尤其是北方的崛起势必与作为"意识形态"核心内容的经学发生关联，但在阐述二者关系时仍未脱出汤用彤的论述框架，如章权才在《魏晋南北朝隋唐经学史》中讨论北朝佛教与经学关联，就从佛教在传播过程中的谶纬化以及经学家的"亦儒亦佛"为切入点，其核心材料、观点与汤用彤并无二致。详见章权才《魏晋南北朝隋唐经学史》，广东人民出版社 1996 年版，第 203—207 页。

③ "目前流行的单经学史写法主要有两种：一是学术史与解释史，一是文献史。从学术史角度写单经学史，注重其传承之源流脉络，解释特征等问题。从文献学角度写单经学史，则更侧重对各种经注版本、人物的介绍。此二者对了解一经都甚有价值，但都是'整理国故'的思路，将经学视为死去的史料，进行解剖式的学术梳理。"陈壁生：《孝经学史》，华东师范大学出版社 2015 年版，第 1—2 页。

　　值得一提的是，在陈壁生对《孝经》的单经学史研究中，指出南北朝时期《孝经》的宗教化倾向，认为《孝经》治病等现象的出现，是受到佛教诵经消灾的影响。对此，笔者认为有必要提示一个问题。"《孝经》治病"的例证之一，来自南朝齐梁之际的顾欢。[①] 作为名震佛教史的历史人物，道士顾欢最知名的论著，是质疑佛教在中国传播合理性的《夷夏论》。顾欢认为《孝经》能驱邪是否当真受到佛教影响，或许还需要进一步探讨。[②]

　　总结而言，现有关于佛教与经学交涉的研究，主要存在于佛教史、经学史这两个领域之中，将散见于文献中的零散记录加以综合，未能说明经学与佛教交涉的必然性，二者的本质冲突何在，又是如何彼此影响的。导致这种研究现状的根本原因，在于现代学人对经学的理解偏离经学的本真，将"经学"局限于文献学、解释学的范围之内，忽视了"经学"作为政治价值与公共知识供给者，在知识、制度与生活领域中以"观念"的形式发挥影响这一事实。"（经学史）首先是经学，其次才是史学。如果仅仅是要对单经学史进行文献学、解释史或学术史的梳理，那么作者本身不需要对经义有特别的看法，只要熟悉文献源流，认识诸种解释，了解学术脉络即可。……在古人的思想世界中，解释的目

[①]　陈壁生：《孝经学史》，第 202—203 页。

[②]　认为《孝经》治病是受到佛教影响的观念不独见于陈壁生的著作。在《六朝精神史研究》的《〈孝经〉的宗教化》一章中，吉川忠夫也提到这一问题，认为顾欢坚持《孝经》能祛病是受到佛教影响。但在《东汉生死观》一书中，余英时明确指出，东汉道教在将"孝"观念引入道教教理的过程中，已经开始强调《孝经》的超理性功能，其立论的理据在于《后汉书》和《后汉纪》中都有关于《孝经》能够御敌、治病的记载，并提及顾欢认为《孝经》能治病的相关记载，认为顾欢的这种认知可能是道家对《孝经》的传统理解。详见余英时著、何俊编《东汉生死观》，侯旭东等译，上海古籍出版社 2005 年版，第 11 页。

的在于明经，而一代代伟大的注经家之所以对经文做出不同的解释，正是因为在不同的时代需要以不同的语言、思维来明经，才能真正有效地将经义带入新的时代思想之中。"①"经学"确立之后，深刻影响着人们对如何确立文本-知识体系、什么是好的教化、教化如何制定与实施等问题的认识。而这些观念在时人之于佛教的理解与评价中，发挥着巨大的影响力，规范着汉地僧众在思考佛教的中国转化时的方向。然而，凡此种种重要观念，皆因现代学术对经学历史文化功能的否定而遭到误解或忽视。因此，我们有必要对经学在历史上的功能与地位作出说明，以明确经学在古代中国的切实内涵。

佛教传入之际的华夏，是一个经学炽盛的时代。无论学术形态还是教化形态，经学都具有典范意义。对于经学在这一时期的地位与作用，李源澄曾有精当概括："吾国既有经学以后，经学遂为吾国人之大宪章，经学可以规定私人与天下国家之理想。圣君贤相经营天下，以经学为模范，私人生活，以经学为楷式，故评论政治得失，衡量人物优劣，皆以经学为权衡。无论国家与私人之设施，皆须于经学上有其根据。经学与时王之律令，有同等效用，而经学可以产生律令，修正律令。在吾国人心目中，国家之法律不过一时之规定，而经学则如日月经天，江河行地，万古长存。董生言：'天不变，道亦不变'是也。经为明道之书，故经学为万古不变之道，故吾以为以常法释经学，最为得当。"②李源澄论经学在古代中国的"大宪章"作用，提到私人生活、治理天下、政治评论、人物品评等诸多方面，虽然意在说明经学对于

---

① 陈壁生：《孝经学史》，第 7 页。
② 李源澄：《经学通论》，《李源澄著作集》第一册，第 7 页。

古代中国的各个方面都具有影响力，却未能为我们理解经学之内涵提供一个简单有效的视角。

事实上，所谓"大宪章"，意在说明经学为人能过一种"好的生活"指明了方向并提供了理论与制度保障，这是我们理解经学的关键。经学从来就不是单纯的文献学、解释学、伦理学，经学的特点在于"通经致用"："我们必须明白一点，儒学是一种真正面对现实的经世致用的学说，即通过正视现实中的方方面面问题，并且有能力提出自己的解决方案，这才是整全的儒家。我们越来越确认这样一点，即历来学者对于儒家'经世致用'的特质，虽不无认识，然都过于肤浅。因为儒家作为'经世致用'修正的学说，根本在于其整全性。"① 文献学、解释学、伦理学等不同学科理解中的经学，在古代中国被整合进"教化"这一观念之中。从学术形态上看，经学虽然有文献学、解释学的特征，但经师解经，其目的不是纯粹知识性的，而是为了发挥"经"中的义理价值，以应对现实问题。这就意味着在学术形态之外，经学还有政教形态。从根本上讲，学术形态的经学是其教化形态的一种延伸，教化形态是经学的根本形态。作为一种教化，经学关注何谓良好生活、如何建构良好生活。构建"好的政教"需要依凭"圣人之言"。随着经典从"王教经典"时代走向"孔门圣典"时代，经典权威性的依据发生了由"王权"向"圣人"的转移，"圣人不再"，意味着"经典之门"的关闭，但经学之为经学，正是认可圣人或述或作之"经"，蕴含着可资借鉴的常法常道，这正是汉代经学"训经为常"诠释传统的理据所在。② 从"以经为常"

① 曾亦：《儒家伦理与中国社会》，第Ⅱ—Ⅲ页。
② 程苏东：《从六艺到十三经——以经目演变为中心》，第91页。

这一对"圣人之言"的基本认知出发，形成了"以经为尊"的典籍观念。这一观念既表现为经学确立后的"经同尊称"现象，以及"以经为本"的知识整理传统，又表现为《汉书·艺文志》以"六艺"为中心，形成了融典籍与知识整理为一体的"校雠学"传统。总结而言，在历代经师"通经"的实践中，经学形成了"以经为常"的理解与诠释传统、"以经为尊"的典籍观念以及"以经为本"的知识整理传统。"通经"的意义在于发明"圣人之言"中的价值，以作为应对现实问题的基本依据，确保"好的教化"能够在现实中展开。从这个意义上讲，"通经致用"就是通过返回圣人之言，明确圣人如何设教。在历代经师的发明之下，设教的基本逻辑与原则（政教与情俗）、现实中设教的根基（人伦与家国）不仅被完整地诠释出来，这一系列"文教理念"还深刻影响了时人认识、理解教化的方式，成为评价教化优劣的标准。经学通过理解"圣人"而形成的有关"通经"与"设教"的若干原则，成为"政教场域"的常识，构成了时人面对"教化"问题时的前理解结构，成为佛教必须要面对、理解并作出相应调适的"语境"。

第二节　本书的研究方法

如何理解"佛教的中国化"，国内外学界存在不同的看法并业已形成不同的研究传统。[①]正如圣凯教授指出的，"研究中国佛

---

① 对于现有"佛教中国化"研究范式的系统讨论，参见圣凯《中国佛教信仰与生活史》，江苏人民出版社 2016 年版，第 1—5 页；魏道儒《旧课题与新理论：研究"佛教中国化"的脉络》，《内蒙古师范大学学报》（哲学社会科学版）2021 年第 2 期。

教，必须以中国固有的信仰、思想、制度、社会生活、文化心理为'背景'，探讨佛教在中国的'转化'、佛教与中国社会、佛教与中国文化等思想议题，即所谓'中国化'的问题"①。但是，从目前学界的实践来看，"近一百年的中国佛教研究大都集中在佛教思想领域去探讨'中国化'，很少从'整体佛教'的角度考察这一问题；……'佛教中国化'的研究也缺乏将中国作为一种'整体'背景去思考"②。"整体佛教"研究强调佛教在中国展开时"中国背景"的整体性，但在事实上，以"背景"的视角看待佛教传入时"中国固有的信仰、思想、制度、社会生活、文化心理"，本身就难以形成"整体性"。这是因为"背景"这一提法本身就隐含了一种方法论前提，即"聚焦"佛教，将佛教置于研究的中心位置。这是一种目前流行于佛教研究的方法论，其中一种比较极端的研究进路，是一切从佛教的立场与知识传统出发对思想与历史事件进行解读，即"立场先行"③。为了实现这一目标，这种研究或隐或显的以现代的价值标准——如宗教宽容、相对主义、普遍主义的真理表达方式等，进行看似公允的"折衷"，在对佛教中国化历程中的某些思想、事件的解读中，"是"佛教而"非"中国文化传统，将佛教视为具有普适性的知识，将中国文化传统视为狭隘的"地方有效的知识"。

　　这种聚焦佛教、以中国文化传统为"背景"的研究方式，事实上架空了思想展开时真实的"场域"——这一来自布迪厄的理

---

① 圣凯：《中国佛教信仰与生活史》，第 3 页。
② 同上书，第 5 页。
③ "立场先行"不独见于汉传佛教研究，而是中国哲学研究中存在的一个普遍问题。相关讨论，参见陈少明《经典世界中的人、事、物》，第 7 页。

解范式提示我们，在同一"场域"中，不同思想所处的位置、力量的对比并不是"均衡"的，而是存在差异的，这种力量差异深刻影响着不同思想与群体表达的方式乃至内容。以"经学"为"背景"、以"论衡"为"对话"的方法论预设本身就是反历史的、脱离历史文化语境的。在这种处理方式中，一系列佛教中国化历程中的"真问题"，或者因为研究者"聚焦佛教"而以为佛教"翻案"取代了"研究"，或者因为研究者以中国为"背景"而忽视了对"中国"本身的"理解"，以"定性"取代了对思想、事件中"问题意识"的把握。简而言之，以中国为"背景"的方法论预设"聚焦"佛教，这种研究方法在事实上导致了对中国的关注不足，并过分强调佛教立场。以三教论衡中最为常见的《夷夏论》与《二教论》的相关研究为例，研究者在给排佛者"定性"的同时，也否定了汉地学僧在历史文化语境中，以"中国"传统理论资源与运思方式进行理论回应的努力。换言之，否定排佛者的同时，也否定了北朝汉地僧众的努力，最终使论衡过程中提出的有关"文明"与"教化"有效性标准的深刻思考，被解释为无意义的诡辩，断送了从三教论衡中发掘出足为今用的问题意识与理论工具的可能。某些研究即使能够尽可能地贴合文本进行解读，最终也因为缺乏对经学在古代中国基础性地位的充分认识，将本来源自经史传统尤其是经学传统的某些理论与运思，"总结归纳"为时人的创见。可以说，"整体佛教"研究的展开，必须以对中国经史传统的整体理解作为基础，将中国视为"背景"的方法无论如何不可能实现对中国的整体理解。因此，"整体佛教"研究必然是在"场域"而不是"背景"中展开的。

"场域"不是一个孤立的概念，完整的"场域理论"包括

"场域–资本–惯习"等三个基本维度。用布迪厄自己的比喻来说，"场域"就像是一场"游戏"，内涵着权力分配的规则；"资本"就是参与游戏的人手中的筹码，代表在游戏中的力量；"惯习"就是在游戏过程中所有参与者默认的规则。游戏参与者可以通过资本的增加，影响场域规则的制定，使其有利于自己，甚至有可能使新规则成为"惯习"，在潜移默化中影响着场域中的所有人，但无论如何，参与者始终以维持游戏的可持续作为其底线，并深受"惯习"的支配而不自知。[①] 值得一提的是，"惯习"在现实中发挥作用的方式，类似于儒家所说的"日用常行而不知"，构成了人们理解、认知的基本图式，以"前见"或"前理解结构"的方式存在。

如何理解历史情境中行动者的"知识"及其"行动"，布迪厄的"场域–利益–惯习"理论为我们提供了一个适当的视角。"惯习"所刻画的是"社会"对"个体"施加影响的真实过程。社会对个体的影响，不是通过强制，而是通过建构起个体的"性情倾向系统"，引导个体"不自觉"的进行某种符合社会期待的决策与行动。值得注意的是，"惯习"对个体施加影响的方式是"潜移默化"的，这也导致我们对决策与行动的自主性存在误解，把"下意识行为"看作是"自主决定"。"惯习"通过塑造"性情倾向"的方式发挥其影响，就是在塑造人的"偏好"，使"社会期待"与"个体认同"合二为一。故此布迪厄称"惯习是一种社会化了的主观性"[②]。在"场域"维持稳定的情况下，个体很难发现自己受到惯

---

① 〔法〕皮埃尔·布迪厄、〔美〕华康德：《实践与反思》，李猛、李康译，中央编译出版社 1998 年版，第 135—140 页。

② 同上书，第 170 页。

习的支配，反而认为所有行动与决策都是自主决定的。一般情况下，只有在发生了急剧变革的时代，也即"场域"的基本结构发生重大变化时，"惯习"才会被"识别"。具体而言，个体在新时代的"不适感"，其实就是旧场域塑造出的"性情系统"还在继续发挥作用，使个体的决策与行动不符合新场域的预期与基本规则，因此而格格不入。换言之，对于"惯习"的不自知，恰恰是场域稳定、惯习持续发挥影响力的一种表现。场域稳定导致惯习虽然对场域中的个体发挥着深刻而持久的影响，但"惯习"本身却是"隐而不彰"的。经学在教化问题上形成的系统思考，就是以这样的方式发挥着作用，虽然基础、持久，但难以被识别。

　　由于"惯习"是"场域"的产物，因此是具有公共性的。对于受到同样惯习支配的个体而言，"惯习"以"常识"的形态出现，成为默认的前提，在思想交流的过程中，并不会被刻意强调出来。在"对话性"的文献中，"双方都了解特定的语境，因此预设许多不需明言的前提，这就导致其表达缺乏逻辑上推论的完整性"[①]。这些历史中行动者"不言自明"的语境，并没有出现在流传至今的文本中，但其前置性、对论争的规范与引导却始终"在场"。由于历史的变迁，现代研究者在面对这些文献时，原本"不言自明"的语境已经模糊难辨。由于"语境"或者说"底层逻辑"的缺失，历史文本中的很多内容变得难以理解，甚至与现代的基本常识、价值观念不符，在这种情况下，现代研究者很容易在解读文献时滑向"主观主义"，对历史进行主观投射。从本书的研究结果来看，由于对经学"设教"逻辑与原则的陌生，现

[①]　陈少明：《经典世界中的人、事、物》，第9—10页。

有研究在面对《夷夏论》中有关"真理与语境"的相关讨论时，或者将其视为"诡辩"与"民族主义"，或者认为这种论证思路是东晋南朝的创造。[①]重构历史文本中"对话"展开时的语境，是"整体佛教"研究的题中之义。这些在历史文献中"在场"但未"出场"的语境，不仅是我们"破译"时人思想密码的"解码器"，也是我们评价时人相关讨论的唯一根据。

由于"惯习"在场域中发挥作用的独特方式——"在场"而不"出场"，意味着通过对某一具体事件的分析，发掘出事件底层某种不言自明的、具有公共性的知识、信仰，事实上正是对"场域"的确定、对"惯习"的发掘。在历史文化语境中发掘出事件的"底层逻辑"之后，场域与惯习才得以明确。通过对若干单一事件"底层逻辑"的发掘，贯通的"底层逻辑"使我们识别出某一场域，并从这一底层逻辑出发，识别出更多属于这一场域的事件，对这些新识别出的事件的底层逻辑的说明，又再一次确认了场域的真实存在与关系的影响力。这种"解释循环"，正是惯习理论的特色所在。基于"场域-惯习"的方法论，我们讨论北朝佛教与经学关系时的逻辑框架，不是从现代视角投射历史事件的结果，而是总结不同历史事件底层逻辑的结果。我们说"经学"在"政教场域"中处于核心位置，经学设教的逻辑、原则成为时人的"常识"，这不是预设的，而是在理解历史事件背后的逻辑与统一性的过程中得以确认的。例如，正因对深刻影响了北周道安《二教论》论证逻辑与问题意识的《夷夏论》底层逻辑[②]的发掘，我们

---

① 对这一问题的详细讨论，见本书第四章。

② ［唐］李延寿：《南史》卷七十五《顾欢传》，第 1876 页："其入不同，其为必异，各成其性，不易其事。"［唐］李延寿撰：《南史》卷七十五《顾欢传》，第 1878 页："观风流教，其道必异……故知俗有精粗，教有文质。"

发现了经学有关"设教"的系统思考成为道教用以抨击佛教的理据，但道士顾欢的这种"引用"，是不可能在同时代的经学文献或实践中找到对应例证的。甚至可以说，如果不是对顾欢致思理路的深入发掘，今人难以意识到经学的影响力与作用方式。

即使在最宽泛的意义上使用"场域理论"也足以提示我们注意，佛教在中国的展开，始终是处在力量博弈中的，在整体中理解佛教中国化，势必要在整体中理解参与博弈的他者。佛教的中国形态本来就是这一博弈的结果，是佛教对场域中占据核心位置、有能力设置议题的参与者进行回应的结果。现有汉传佛教史研究的结论都支持这样一种观点，即佛教传入之初，被理解为神仙方术。这实际上是在提示我们，佛教进入后，中国并未"为了佛教"形成一个新的场域。镰田茂雄"国家佛教"[1]理论模型的不足之处，就在于"苛责"古代中国没有为佛教提供一个符合现代"政教关系"模式的发展环境，这只是现代研究者的迷思，不足为论。由于中国对佛教的"误解"，佛教的异质性一开始并没有显现，[2]佛教传入中国后只是作为一个新加入者，参与到原有的场域之中，不仅要服从场域的基本规则，按照场域中已

---

[1] 〔日〕镰田茂雄：《中国佛教通史》第一卷，第3—4页。

[2] "在佛教传来之前，中国由于没有经历过与达到自己对决程度的巨大文化体系相遭遇的历史，那么即使对于佛教也没有什么值得加以警戒的，这种情形大概也是存在的。但是更大的理由则在于，因为在中国初期佛教伪装作与中国固有的信仰没有不同之处的情况，还有因此而难以产生摩擦的情况，这不也是可以注意到的吗？就是那些所谓'黄老佛教'的胡沙门们，即作为掌握道术的方士的一个类型而为中国人所注目，并且他们自身也是尽力于从事这样的活动的。中国人所具有的关于佛教在其信仰内容上、思想上，还有习俗上是异质性的东西的这种实际感受是很少的，而且原本佛教传来的最初，当然还不可能是引人注目的势力。"〔日〕吉川忠夫：《六朝精神史研究》，王启发译，江苏人民出版社2010年版，第392页。

有的规则获得资本、参与分配，更重要的是，出身中国的信仰者正是生长在这一场域中的，深受场域中"惯习"的影响，经学在"通经""致用"方面形成的方法与观念，成为他们理解、解释佛教时的"前理解结构"，进而塑造了佛教的中国形态。[①]"场域"不是由"事件群"作为其划分依据的，而是以基础性原则的影响力之所及为边界的。由于场域本质上是一种利益博弈、分配机制，因此直接以利益平衡、分配为内容的"政治场域"构成了最基本的场域，"政治资本"是场域中三种最基本的"资本"之一。但是，我们必须注意到这样一个问题，即在古代中国的理解中，"政治"的含义不是"利益的博弈与分配"，而是"道德教化"。[②]换言之，在现代社会理解中二分的"政治场域"与"文化场域"，在古代中国的历史情境中高度重合，笔者称之为"政教场域"。然而，"政教场域"既然是"场域"，也就意味着竞争的存在。

在"政教场域"中，"政治资本"或者"权力"仍是对"场域"而言最具影响的一种力量。但是，基于权力必须要依靠价值维持其可持续性的"现实"，决定了"价值"在场域中登场的必然性，并对场域的规则施加不同于"政治资本"的影响力，这种力量就是"文化资本"。在古代中国的"政教场域"中，真正塑造了场域基本规则，形成了包括学术形态、文教形态、知识理解方式在内的最大的"文化资本"正是儒学，在汉唐之间

---

① 如在面对"群经异义"这一问题时，以北朝为例，菩提流支不仅不认为"群经异义"构成问题，对汉地僧人致力于平衡"群经异义"的作法十分不解。汉地僧人围绕"经"整理知识、建构知识体系的方式，虽然在印度义学僧的眼中显得"怪异"，却与经学创立以来中国本有的经史传统高度契合。详细分析，见本书第三章。

② 陈壁生：《经学、制度与生活——〈论语〉"父子相隐"章疏证》，第76页。

则以"经学"这一形态出现。^①因此，以"整体佛教"作为基本
的研究方法，考察北朝佛教的中国转化时，无法回避居于场域
中核心位置的"经学"——我们再次强调，场域关注的不是偶
发性的"事件"，而是具有实际影响力的基本规则，即使在佛教
史的叙事中，佛教在北朝（尤其是北齐）一时风头无两，但佛
教始终并未获得经学在"政教场域"中的基础性影响，并未在
"政教场域"中掌握话语权。这一点不仅体现在帝王对于三教必
要性的认知上，^②也体现在北朝佛教僧众以经学的理论资源进行
自我说明这一事实上——在涉及"政教"问题的讨论时，引导
议题设置、构成论域基本规则与逻辑的，始终是经学的"文教
观念"，即使论争由道士发起，经师虽未"出场"，经学却一直
"在场"。现有研究中不乏将道士以"夷夏之辨"批评佛教的作
法视为"道教与儒家合谋"的论调，实在大可商榷。生活在某
种场域中的个体，无可避免地受到场域中惯习的影响，在后文

---

① 有关儒家如何与权力进行互动，参见干春松《制度化儒家及其解体》（修订
版），中国人民大学出版社 2012 年版，第 33—143 页。经学如何影响汉代政治，
可参见陈苏镇《春秋与汉道：两汉政治与政治文化研究》，中华书局 2011 年版。
汉代的制度为整个帝制中国奠基，汉代的思想至少以其"原貌"影响了汉至唐
这一时期。自汉代以降，"帝国"体制成为辛亥革命前中国国家组织形式的基本
模式，与这一制度相关的文教制度、价值准确也得以延续与保存，即使在异族
入主中原的时期也不例外，相关研究参见胡鸿《能夏则大与渐慕华风：政治体
视角下的华夏与华夏化》，北京师范大学出版社 2017 年版。
② 北周武帝对经学与教化之间的认知很具有代表性："世弘三教，其风逾远，考定
至理，多惩陶化，今并废之。然其六经儒教，文弘政术，礼义忠孝，于世有宜，
故须存立。"［唐］道宣撰：《广弘明集》卷十《周祖平齐召僧叙废立抗拒事》，
《大正藏》第 52 册，第 153 页中。在本书第五章中我们将说明，至少从佛教的
记录来看，北周武帝对于经学的理解绝对称不上深刻，但也正是北周武帝对经
学、佛教理论的陌生与否定，使得其以生存经验为根据对教化提出的评价具备
了一种普遍性与代表性。

的具体研究中我们将指出，经学的"文教观念"从知识形态上说是一种"常识"，是一种在无形中支配知识人思考文教问题的"惯习"。从这个意义上说，道士使用经学的理论资源，与其说是一种策略性的选择，不如说是深受经学文教观念这一惯习支配的结果。在佛教僧众对圣人之言、圣人设教相关问题的回应中，真正有效的不是那些强调佛教"特殊性"、强调佛教"超语境"的回应，恰恰是那些在深入理解了经学文教观念这一具体"语境"的内在逻辑与基本要点后，对经学理论进行了创造性推展、引申，使佛教理论完成"语境化"的回应。[①] 佛教文献中的这些内容要求我们必须以符合历史情境的方式理解经学的内涵，不能以简单征引现代"经学研究"成果的方式草草带过——这是现有三教研究中最常见的处理方式。事实上，已有研究者指出，现代学术分科体系内的经学研究事实上是"反经学"的。[②] 依靠这种"反经学"的研究成果去理解"整体中国"，进而构建"整体佛教"，无异于缘木求鱼。

现代经学研究的"反经学"本质表现在将"经"视为史料，

---

① 本书的第五章将对北周道安《二教论》如何在经学文教观念的基本逻辑与框架之内，以"形神"而不是"风俗"作为设教的"起点"，论证佛教作为一种教化存在的合理性。

② 如唐文明曾指出："古典意义上的经学和近代以来的经学研究根本上就是两回事——岂止是两回事，后者根本就是前者的反动！"唐文明：《中国思想的转向与经学问题》，《近忧：文化政治与中国的未来》，华东师范大学出版社 2010 年版，第 128 页。又如陈壁生指出："经本为中国文明之核心，一旦成'史'，则失去其作为'常道'的价值，而一旦成为'史料'，则成为真伪并存的史料。在从'史'到'史料'的转化中，经学的价值早已荡然无存。而在中国现代学术的转型中，现代学科的建构，正是建立在以中国一切典籍为'史料'的基础之上。当经书纳入哲学、文学、历史的研究中，虽然不同学科的研究者也必须阅读经学，但已经与经学无关。"陈壁生：《经学的瓦解》，第 149 页。

这种看待"经"的方式，事实上遗弃了经学的问题意识、内在逻辑。不在经学问题意识的范围内设置议题、不在经学的逻辑中展开思考，这样的研究断难被视为是"经学的"。虽然从内容上看，六艺被不同学科加以"继承"，但"经学"的核心在于理解六艺的方式、看待六艺的态度，以及对六艺背后"圣人"以及"圣之为圣"的理解。我们实在无法想象，文献学、解释学、学术史等研究方法刻画出的或专研"鸟兽虫鱼"，或一心"利禄功名"，或"为知识而知识"的"经学"，究竟如何面对现实。不理解"经何以为经"，就不能理解"经何以致用"；不理解经学语境中"圣何以为圣"，就不能理解"经何以为经"。① 正是这一完整而贯通的逻辑，构成了汉唐间知识人理解信仰、知识与生活的基本范式，成为他们面对佛教时早已不言自明的"前理解结构"。从"整体佛教"的叙述脉络出发，对于"整体佛教"研究而言，对经学的把握不能达到这一层次，就不可能还原完整的"背景"。②

为了更好地说明"场域"尤其是"经学"对佛教中国化研究的必要性，我们在此引入"语境""文明""文化"这一理论工具。简单来说，任何"文明"都发源于某一具体时空，不可避免地具有地域性的特征。"文明"在越出原生地域的范围之前，必然是一种"地方有效的知识"，如果某一地方有效的知识成功地向外传播，这种"地方性知识"就成为"普遍有效的知识"。但

---

① 如边家珍就明确指出，"经学表现为经、圣、道、王的统一"。边家珍：《经学传统与中国古代学术文化形态》，人民出版社 2010 年版，第 2 页。

② "经学之所以成为经学，正在于其作为中华文明的思想源头，规定并表达了中华文明自身的价值系统，因此，有必要从经学自身的角度来理解经学的演进。而这种理解，所重视的必定是经学的义理。"陈壁生：《孝经学史》，第 2 页。

是，在不依靠强制力量的前提下，从"地方性知识"到"普遍有效的知识"，或者说从"文化"到"文明"的"跃迁"，并非"原封不动"的"移植"，而是伴随着"脱语境"与"语境化"的过程。[①] 所谓"脱语境"与"语境化"，就是某种文明摆脱"地方性"的内容与"表达"，保留与其真理内核密切相关的部分，再以传入地区的"文化"传统为标准进行"表达"。[②] "脱语境"不是自发产生的。汉传佛教发展的实际历程提示我们，汉地佛教徒希望在最大程度上保留印度传来之佛教的"原貌"，包括其中"地方性"特征极为明显的部分。[③] "脱语境"恰恰是在新语境的"催逼"之下才发生的，"脱语境"与"语境化"的过程，就是佛教在理解语境中加深自我理解的过程，也是使佛教由一种"印度地方文化"上升为一种独立而普适的"宗教文明"的过程。"语境"是给定的，在佛教的历史展开过程中，以"质疑""批判"的方式，设置了佛教中国化的核心议题，引导了佛教中国转化的方向。这并不意味着佛教没有内在的发展动力与自身的逻辑，佛教作为一种独立的宗教文明，其生命力恰恰是在适应"语境"的

---

① 关于这一理论工具的完整阐述，参见赵汀阳《中国哲学的身份疑案》，《哲学研究》2020 年第 7 期。

② 圣凯教授在分析佛教中国化的历史脉络、信仰表达方式时，就曾明确指出，汉传佛教的信仰表达存在礼制化的特征。这一总结在事实上已经触及"文明"的语境化问题。详见圣凯《此世化、空间化、礼仪化：汉传佛教信仰的价值与表达》，《佛教观念史与社会史研究方法论》，宗教文化出版社 2022 年版，第 110—117 页。

③ 如东晋南朝发生的一系列有关沙门的坐姿（踞食）、拜俗（沙门不敬王）问题的争论，以及汉地僧众的"边地情结"。汉地僧众这种"原教旨"倾向还体现在对佛典译名的反思之上，在北朝佛教的释经实践中，就曾发生过一场关于"佛典称经"合理性的反思，甚至有沙门提议，以"修多罗"本义串花之"线"取代"经"这一经学观念。详细论述，见本书第二章。

过程中体现的，这是佛教的"能力"而不是"无力"。"语境"并不虚无，其具体内容正是前引"整体佛教"所关注的中国社会"固有的信仰、思想、制度、社会生活、文化心理"，但必须注意到，这种区分是以西来的现代学科"分判"古代中国以及汉传佛教的产物。这种区分导致的一个现实状况，就是归属于"佛教"这一名目之下的不同研究领域之间，存在着无法贯通的区隔。造成这种区隔的原因，正是现代学科对古代中国经史之学的"肢解"。[①]"整体"不是算数意义上的"相加"，而是一种本质上的贯通。信仰、思想、制度等现代学术区分出的看似清楚明白的"层次"，已在"凿窍"的过程中将历史中"场域"的基本逻辑消磨殆尽。因此，理解古代"语境"，不仅要从具体的制度乃至典籍入手，更重要的是厘清在"语境"中发挥着持久影响的底层逻辑，只有在这一逻辑的统合之下，在现代学科中被"拼凑"在一起的所谓"层次"才能形成真正的"整体"。[②]

　　总结而言，"背景"这一提法大大弱化了历史现实中不同类型的"文教"之间的"本质性"关联，我们提出以"场域"取代"背景"，意在还原这种历史中真实存在的关联，明确它们在历史现实中真实的力量对比关系，在此基础上考察、评估佛教的历史文化作用；我们提出以"语境"补充"场域"，意在强调佛教在

---

① 现代学术分科制研究对"经学"的瓦解最有代表性，陈壁生就曾指出："当经书纳入哲学、文学、历史的研究中，虽然不同学科的研究者也必须阅读经学，但已经与经学无关。"陈壁生：《经学的瓦解》，第148—149页。不同学科在传统经史之学中"各取所需"造成的一个隐而不彰的后果，就是为原有体系提供了统一性的基本逻辑几近失传。

② 对于"整体"的思考，不独见于佛教研究，儒学研究领域也在反思现代中国哲学，尤其是儒家哲学研究方法时，明确指出儒学研究必须要关注"儒学的整全性"。见曾亦《儒家伦理与中国社会》，上海三联书店2018年版，第Ⅱ—Ⅲ页。

古代中国进行自我表达时所遭遇的"限制"。佛教在北朝、在古代中国的"政教场域"的力量对比中处于劣势地位，其真理表达受到经学这一"语境"的限制，并不是佛教自身不足的表现，也不是中国文明狭隘的表现，而是所有文明跨地域传播都会遭遇的一种真实处境，只有正视这一点，摆脱"护教情节""受害者思维"的限制，才能发掘出佛教作为一种独立的宗教文明生命力究竟何在。另一方面，以"场域"与"语境"替代"背景"作为"整体佛教"研究的基础，这一方法本身就提示了佛教与经学交涉研究的必要性。换言之，以现代学术语境下的"民族""政教"等议题为切入点考察佛教的中国化，才应该被称为"视角"。"视角"意味着一种"外部性"，而"佛教与经学的交涉"是佛教中国化历程中的真实际遇，是内在于佛教中国化历史过程之中的。在佛教与经学交涉研究中，"经学"在历史中作为"语境"是外在于佛教的，但对于"佛教的中国化"这一问题而言，却是内生性的。佛教与经学之间这种内生的关联，意味着这一论题虽然长久以来未受重视，但其重要性与必要性是不容忽视的。"经学"不是研究"中国佛教"的"视角"，而是理解"中国佛教"的"基础"。这既是本书的基本立场，也是我们考察二者关系的核心方法。

第三节　经典·教化·人伦：北朝
佛教与经学语境的遭遇

佛教与经学进入彼此的视域，导源于二者在"生活"领域的交涉。在古代中国经史传统的理解中，"佛教"不是宗教，而是一种来自西域的"教化"。佛教传入之际，正是经学极盛之时。"经学"之"经"并不是指六部典籍，在汉代经师的理解中，经学之"经"，义为"常法""常道"。在宗周礼乐文明衰落之后，经典经历了一个由"王教典籍"转化为"儒门圣典"的过程。典籍性质转变的背后，是"道统"的独立。①经历这一转变之后，"典籍"的权威性不再来自王权，而是来自圣人，也即孔子。作为周代文教之内容的"四教"——《诗》、《书》、礼、乐——是经过孔子删订的，《春秋》的生成则与孔子圣人身份的生成互为表里，《易》则是因孔子的圣人身份而进入"六艺"的。②虽然汉武帝立五经博士，但"经典"体系在孔子之后就"封闭"了，不再接纳新的典籍与内容。由此，在经师的眼中，"经"是圣人之道，圣人之道是通行的常法常道，可资借鉴以构建良好的生活。具体说来，圣人之教见乎经典，经典之贵在乎教化，教化之本在明人伦。正是因为"经典"中蕴含着如此丰富的价值、准则、方法，经师才会"以经为常"，并在此基础上形成"以经为尊"的典籍观念、"以经为本"的知识整理传统。"设教"是解读"圣人之言"的目的与意义，"通经"是在解读"圣人之言"过程中形成的传统。从理论上或可将"通经"与"设教"剖分为经学的不同层面，但二者在"通经致用"的实践中是一致的：相信"通经"可以"致用"，正是基于对"圣人"之言是"常法常道"的信仰，这一信仰并不虚无，以"构建好的生活"为目标与检验标准；在这一对"经"中有常法常道的信仰的观照下，面对经典，

---

① 唐文明：《治统与教统》，《近忧：文化政治与中国的未来》，第153页。
② 程苏东：《从六艺到十三经——以经目演变为中心》，第46—47页。

自然会产生以经为尊的典籍观念，所尊不是书籍本身，而是书中那些可以指导构建好的生活的常法常道。

明确了"经学"作为古代中国"政教场域"中最基础的"文化资本"的地位，明确了经学作为"语境"包括"通经""设教"两重内涵，在此基础上审视北朝佛教，不难发现佛教与经学在设教、通经两方面都发生了"交涉"。佛教在"政教场域"中虽然处在一个并不具优势的位置上，但在面对新"语境"的压力时，并未一味"退缩"，而是在阐明自己立场与原则的基础上，深入理解经学这一"语境"；并对印度佛教的传统进行深刻反思，以明确在"语境化"的过程中什么可变、什么不可变。引入"语境"这一理论工具，意在说明佛教在中国化的过程中，发展方向、表达方式受到经学的限制。因此，本书对北朝佛教与经学交涉的说明正是按照经学"语境"的基本内涵为内在逻辑。

一、佛教对经学"典籍观念"与"知识传统"的反思与接受

从佛教释经史的实际来看，经学对中国社会的影响不仅在于为社会伦理、个人道德奠基，还在于在理解、阐释"典籍"的过程中形成的一系列传统——从佛教实际受到的影响来看，包括"以经为常""以经为尊"与"以经为本"——也成为典范，成为人们理解典籍、建构知识体系时的"前理解结构"，既是汉地士人评价佛教典籍、知识体系的理据，又引导了汉传佛教经典诠释、知识整理的方向。在经学内部作为今古文经学争论焦点的"训经为常"，成为北朝佛教释经实践的沉重负担。佛教传入之际，早期译经僧人将"修多罗"翻译为"经"，导致十六国及北朝早期佛教释经中均以经学"训经为常"的方式，解释佛典

中"经"的含义，忽视了"修多罗"的本意。菩提流支来华后，对"佛典称经"正式提出批评，昙鸾在讨论"优婆提舍"的合理译名时，明确意识到"论"之所以并不适合用来翻译"优婆提舍"，原因在于"优婆提舍"来源于佛陀说法，由于佛陀并未在中国说法，中国没有相应的专有名词。在昙鸾的反思中，最值得关注的是明确提出了"典籍"与"圣人"间存在本质关联。对佛典译名的反思逐渐被时人重视，最终引发了净影慧远对"修多罗"各种汉译进行系统反思，甚至欲否定将"修多罗"译名为"经"以及"训经为常"等译经释经传统的强烈冲动。虽然北朝义学僧将"修多罗"翻译为"线"，改《华严经》等佛典为《华严线》的构想并未真正实现，但从中我们不难看出，北朝义学僧对经学之于佛教持久、深刻的影响具有高度自觉，并力图摆脱以经学之"经"指代佛陀言教带来的问题。经之所以是经，其权威来自孔子。以"经"翻译修多罗，意味着借孔子的权威来说明佛陀的权威。在佛教传入的早期，这种"类比"是有意义的，但在佛教知识体系完善、佛教本位意识增强的北朝，却成为一种束缚，刺激着北朝义学僧的神经。拒绝以"经"来翻译"修多罗"，实际上是拒绝以经学的知识系统定位、理解佛教。北朝义学僧对"佛典称经""训经为常"的批评与反思，回应了一种来自经师与现代学者的偏见，即认为佛教有意以"经"翻译"修多罗"，借"经同尊称"以自重。北朝僧人对东汉以降"修多罗"译名为"经"的强烈反弹，正是经学在无形之中发挥着基础性、支配性作用的体现。佛教释经史中的一段"插曲"，却折射出经学在当时知识界的影响力，李源澄所谓"欲知经学对吾国影响之大，当自历史中求之，亦惟于历史中求经学，始能见经学之意义"①，诚非虚言。因此，本书的第二章《"佛典称经"与"训经为常"：北朝佛教的反思与接受》，以"修多罗"译名在北朝的流变为中心，对北朝佛教之于经学"通经"传统的反思与创造性转化进行说明。

经学"释经"的目的在于通经致用，在于对经中义理价值进行创造性转化以便应对现实问题。现代经学研究专从"学术形态"一侧理解、解释经学虽然有失偏颇，但这并不意味着经学的学术形态不值得重视。我们强调经师解经意在"通经致用"只是为了纠偏，而不是说经学完全没有学术形态。经学"学术形态"的影响之深远，直至现代分科之学建立后仍有体现。②通过对北朝佛教释经史、典籍整理方式、知识建构方法的反思，使我们意识到，经学建立后形成的"经同尊称"观念、"以经为本"的修学方式，以一种经学未曾料想的方式在佛教中国化的过程中发挥着影响。反观北朝佛教的解释传统、典籍观念、知识整理方式，汉传佛教在释经以及知识整理的过程中，形成了诸多不同于印度的传统。由于佛经不是佛陀施教的"教材"而是其施教的"记录"，因此佛经中存在大量与佛陀之"理"无关的"情境"性的内容。印度佛教从抽象的"理"的角度理解"经"的价值，在知识整理问题上形成了超越经教的"离经立论"传统。在北朝胡僧

---

① 李源澄：《经学通论》，《李源澄著作集》第一册，第8页。

② 如唐文明总结冯友兰中国哲学史的书写方式："在文体上更多注重，甚至采纳了传统的注疏方式，尽管注疏所依凭的观念已然是西方的了。"甚至不认可冯友兰中国哲学史书写方式的牟宗三，也采用了相似的处理方式："牟宗三自己也受到这种新注疏文体的巨大影响，在新儒家中，融会中西做得最好的牟宗三，他著作等身，但他的许多著作也有这种新式疏解的明显痕迹：首先大段引出原文，然后再以哲学的观念加以疏解、说明。"唐文明：《中国思想的隐秘渴望》，《近忧——文化政治与中国的未来》，第99页。

对汉传佛教知识整理方式的批评中，汉传佛教知识整理的特色得以显现。其中最为典型的就是"以经为本"、重视典籍"教化"功能的"判教"活动。很多为汉地僧众认同与重视的知识内容、典籍观念、知识观念，使来自天竺、西域的僧人感到惊讶。通过分析将会发现，生于中夏、以中夏知识作为其知识结构中初始经验的汉地僧众，虽然能够理解印度佛教的知识整理传统，但仍然坚持使用不同的方式进行知识、典籍的系统化工作。"五经"或"七经"作为经学价值的全部文本载体，体量已经足够精悍，但其中仍有普遍适用的为学次第。受到经学"典籍与教化合一"知识整理方式的影响，"五时判教"理论试图以众生的"修学次第"为典籍赋序，虽然指出了一条具有普遍适用性的缘经修道之路，却造成了大量佛教史冲突，事实上削弱了经的权威，违背了"缘经修道"的初衷。北朝佛教体察到"五时判教"背后"理"与"教"的结构性矛盾，虽然在经典观念上回归印度佛教"以理为本"的传统，但并未走向部派佛教"离经立论"的典籍、知识相分离的知识整理之路，而是在保留了经学知识整理意识的前提下提出了一套融合经、论的知识整理方案。因此，本书的第三章《以经为本：北朝佛教对经学知识整理意识的继承与发展》以北朝的判教理论与知识整理为中心，对北朝佛教之于经学知识整理意识的继承与创造性转化进行说明。

二、佛教对经学"设教原则"的继承与发展

经学始终与制度、生活联系在一起。经学作为一种"学术"提出的众多议题，不是"空言"，始终有现实指向，意在"化民导俗"。经学面向现实设计教化的方法论原则是"政教随其

俗"①，这就意味着生活层面的重大变化，终将经过学理化的化约，成为经学视域中的问题。在政治的理解中，经学教化的价值在于能够保证社会安定，是为现实中政治对于经学的全部关切所在。但对于经学而言，什么是好的社会组织形式，什么是好的教化，教化的根基何在、如何有效推行，才是其核心关切。经学的"设教理念"是当时知识人的"常识"。真正将经学"设教理念"完整引入佛道论争并对此后佛道论争"论域"的设定起着决定性作用的，是刘宋、萧齐之际的道士顾欢。《夷夏论》虽然以"夷夏"为名，其讨论虽然在种族、地域等问题上展开，但其"问题意识"却是文明何以可沟通、文明与文化的关系、真理与教化的关系，以及真理统一性、普遍真理的表达方式等至今仍值得我们关注的问题。由于既有研究过于强调佛教立场优先，未能将顾欢的思想放置在古代中国的经史传统中加以考察，致使由顾欢提出的、至北周道安撰著《二教论》以讨论三教关系时仍专门予以回应的相关观点及其理据，长期被淹埋在"种族主义"的解释之下。为了清楚说明北朝佛教重要的护教文献《二教论》的问题意识、致思理路，本书的讨论必须从《夷夏论》开始，才能揭示说明《二教论》的形成脉络与历史意义。《夷夏论》继承于经学的并非浅表的"夷夏之辨"，而是经

---

① 《尚书》孔安国传中注"二百里流"一句，谓"流，移也，言政教随其俗"。[清]王先谦：《尚书孔传参正》卷六《夏书·禹贡》，中华书局2011年版，第357页。"流，移也，言政教随其俗"意指"教化"的施设要随着地域、风俗的变化而变化，与《礼制·王制》中"修其教，不变其俗"之说互为表里。孔颖达疏"不变其俗"曰："俗谓民之风俗，宜谓土地器物所宜，教谓礼义教化，政谓政令施为，言修此教化之时，当随其风俗，故云'不易其俗'。"正是"政教随其俗"之义。[汉]郑玄注，[唐]孔颖达疏：《礼记正义》，龚抗云整理，北京大学出版社1999年版，第399页。故本书即取"政教随其俗"以概括经学设教的基本原则。

学在长期实践与理论反思中形成的对文明与文化关系的运思模式与有效经验。因此本书的第四章《北朝佛教"设教"问题的起源》，以《夷夏论》及佛教僧众的回应为中心，说明"设教"问题如何在佛教中国化的历史上被完整提出，从"设教"所涉及的教俗关系、真俗关系入手，考察当时汉地佛教僧众对这一"语境"的理解程度与态度。

北朝两次灭佛的理据之一"无益于政教"，使汉地僧众明确意识到，作为来源于另一文明系统的教化方式，佛教必须要回应经学提出的问题：佛教作为一种教化，与生活、制度的内在关联何在。经学是文明的大本大根，制度是经学的展开，生活则是制度性教化的现实与实现。[①] 正是在这样的逻辑中，佛教在中国的传播是否具有合理性、如何获得合理性才成为一个问题。这一问题被现代学者裹挟在"文化""种族"等观念之中，使其内涵与实质被遮蔽，一变而成为一个"普世价值"语境下汉民族中心主义问题。[②] 对佛教在中国传播之合理性的质疑，最极端的形

---

① 陈壁生：《经学、制度与生活——〈论语〉"父子相隐"章疏证》，第 7—19 页。

② 如潘桂明就认为："以顾欢为代表的夷夏论者注意到了中印两国礼仪习俗方面的不同，强调文化传统的差异和矛盾，旨在突出文化的民族性、地域性，以维护中国固有文化的民族特色。持论者的用意虽有可取之处，但也反映出他们狭隘民族心理，表现为文化观上的狭隘态度，客观上不利于中外文化的交流，也有碍于民族文化的创新和发展。"潘桂明：《中国佛教思想史稿》第一卷《汉魏两晋南北朝卷》，江苏人民出版社 2009 年版，第 453 页。这种论调根植于对"夷夏之辨"的误解。再如刘立夫认为："佛教一进入中土，许多人就带着一副传统的'夷夏有别'的有色眼镜来对待佛教，这些人不仅包括了道教徒，也包括儒家的学者在内。我们一般将这样一种对待佛教、对待外来文化的心态视为广义的夷夏之辨。辨别也也，通常所讲的夷夏之辨就是一种文化积淀和社会心理，也是一种文化歧视，没有多少道理可讲。"刘立夫：《弘道与明教：〈弘明集〉研究》，中国社会科学出版社 2004 年版，第 149 页。与潘桂明的理解一样，刘立夫的观点也是对"夷夏之辨"在经学理论体系中的定位、致思理路以及问题意识不甚了解的前提下，对"夷夏之辨"加以"定性"而非"分析"。

式是"灭佛"，虽然诏令、殿前论议以及君臣奏议中有着强烈的经学意蕴，值得进行细致分析，但这一"行政的"而非"政治的"语境[①]导致这一讨论虽然触及"政治"（即不同利益主体对新利益格局的积极塑造），但在"国家"的强势主导、"辩论"这种形式的制约之下，不能充分展开。[②]佛教在中国传播的合理性问题，以理论形态被提出并充分讨论，还是要以顾欢的《夷夏论》为起点，以北周道安的《二教论》为理论高峰。在经过一百余年的消化之后，北朝佛教义学僧基于对经学这一"语境"的深刻理解——包括经学设教的原则、根据、圣人-圣人之言-设教之间的关系、古文经学有关圣王-官师-治教的理解——在理论上完成了佛教作为一种教化在中国存在之合理性与必然性的论证。正是在这些讨论中，我们既看到了经学在"政教场域"中无处不在的影响力，也明确了佛教如何在经学"语境"中进行自我理解与自我阐释，完成了"脱语境"与"语境化"的现实要求，由印度地方文化，走向更具普适性的独立的宗教文明。[③]因此，本书的第五

---

① 〔德〕卡尔·曼海姆：《意识形态与乌托邦》，李步楼等译，商务印书馆2014年版，第145—146页。

② "于时沙门大统等五百余人，咸以王威震赫，决谏难从，关内已除，义非孤立，众各默然。下敕催答，并相顾无色，俯首垂泪。"〔唐〕道宣：《广弘明集》卷十《周祖平齐召僧叙废立抗拒事》，《大正藏》第52册，第153页中。

③ 事实上，"佛教与经学"研究中存在这样一种状况，即我们对北朝佛教中经学内容的发掘越多，越能证明经学在北朝的影响力；对经学的理解越深刻，就越是能在已经广为人知的史料中发掘出新的意涵。佛教与经学研究不仅对我们理解佛教有所帮助，对于认识"政教场域"中基本力量分布、规则的影响力等问题也有帮助。对于这种现象，布迪厄有所解释，但一个更简洁的解释来自汲喆："以场域为中心的群像研究实际上要求进行一种'解释学循环'（hermeneutic circle）：既要从社会空间和历史局势出发建构目标群体、理解人物言行，又要借助人物生平轨迹交织形成的图景来呈现社会空间和历史局势"，参见汲喆《重写佛教史：从传记、群像到场域》，李四龙主编：《人文宗教研究》第三辑，宗教文化出版社2013年版，第275页。

章《从"夷夏"到"形神"：北朝佛教对经学设教原则的继承》，以北周道安的《二教论》为中心，说明北朝佛教在理论层面回应经学"设教"语境的尝试，并通过对净影慧远与北周武帝有关废佛的辩论，对北朝佛教之于经学语境的理解程度进行补充说明。

四、佛教对经学教化"自然根据"的冲击

佛教传入中土之后，在历代屡屡遭到"不孝"的指控，但与此同时，佛教史上却从来不乏名僧虽出家却仍亲力亲为孝养父母，甚至还俗守孝的案例，[①] 在"孝名为戒"[②]正式确立后，孝养父母甚至成为佛教的基本制度，为何后世还是会持续不断地对出家提出"不孝"的指控？这一问题的答案，在于"孝"的内涵在不同历史时期，对整个社会的伦理与制度建构具有不同的意义。[③]

---

① "出家人虽剃发舍名，隔绝爱染，遁入空门，但在某些情况下，亦不放弃对父母的孝养和观照。职业信徒削发背亲，出离家庭，皈依三宝，不问世事，专意于自身的清修，看似完全割舍了与父母的联系，并且解除了奉养双亲的责任，但是，若父母年老体衰，贫病交加，无依无靠，家内又无其他子嗣承担孝养的责任，那么，即便是出家子女，亦可减衣钵之资，以资养双亲之色身。这一点，即便是在某些声名远播的高僧大德身上也有所体现。如南北朝时期的缁林高僧释道安。……北齐高僧释道济……隋初高僧释罗云。"邵正坤：《宗教信仰与北朝家庭》，吉林文史出版社2014年版，第245—246页。

② ［后秦］鸠摩罗什译：《梵网经》卷二，《大正藏》第24册，第1004页上。

③ "在现代社会中国，'孝'纯为家庭道德，关涉的是父子之间的关系。同时，《孝经》被视为童蒙读物，旨在培养阅读者'孝'的德性。然而，如果回到经学体系，《孝经》便不是一本教孝格言的零散集合，而是一本首尾通贯的完整的政治著作。……《孝经》与五经一样，不是孔子对弟子个人的教育，而是孔子对后世的立法，从'孔子之法'的意义上来理解《孝经》，那么《孝经》便不是面向每一个个体，教之如何行孝的伦理书，而是面向政治生活，教导如何安排政治，使每个阶层的人都能行孝的政治书。一言以蔽之，《孝经》的问题，即在于在一个'家天下'而非'公天下'的时代，政治如何开展的问题。而政治的本质，即是道德教化的普遍实现。"陈壁生：《孝经学史》，第126页。"这里（指《孝经》——引者注）所说的'孝'，却不止于现代生活中子对父之德，而必须在古典政治生活中进行理解。"陈壁生：《孝经学史》，第126页。

换言之，只有明确了"孝"在"政教场域"中的作用，在经学"文教观念"中的地位，才能准确把握汉唐间汉地人士对"出家不孝"的指控究竟是在什么意义层面展开的。"出家不孝"既不是说佛教不重亲子之爱，也不是说佛教徒不行孝亲之实，以《仪礼·丧服传》为例，经学传统从来就不否认禽兽、野人有亲子之爱，但亲子之爱不是孝，能够用以建构社会秩序的父子之爱才是孝的具体所指。[①]

"孝"在佛教传入及崛起的东汉魏晋南北朝时期并非"私德"。《孝经》对"孝"的解释，内在于孝与家、家与国等议题之中。在经学的理解中，"为人子"是人最自然、最基本的生存论境遇，"孝"就是对这种境遇的价值化表达，"家"就是陶育这种价值的最核心场域，而家庭生活中的"爱"与"敬"，构成了政治生活中"亲亲""尊尊"原则的基础，"孝"成为"国"的价值本源，"家"构成"国"的制度基础。"出家"就意味着对家与国的双重离弃，更意味着对"为人子"这一人之为人的本质性规定、对这一不可再化约的生存论境遇的否定，使"人伦"不再具有"无所逃于天地"的本源性与必然性，也使沙门在放弃自己与家庭的关联后失去了参与政治的合法身份。

---

① "禽兽、野人虽然被排在最低等，但并没有被彻底否定。知母不知父，是因为只知亲亲之爱，不知尊尊之敬。……知母即爱母，这是最自然的亲亲之情；野人知父，却不知该如何敬父，因为父子之情兼有爱敬两端。……所以父一身兼爱与敬两种情感，而母仅有亲亲之爱，祖与君仅有尊尊之敬。不仅知道爱母爱父，而且知道尊父敬父，便脱离了完全朴素的状态，已沾政教之文。但这还只是最初的阶段。只有能够尊祖以后，才能敬宗收族，而成宗统；同理，只有在知道敬君之后，才能全备人伦之礼，有益于天下。"吴飞：《人伦的"解体"：形质论传统中的家国焦虑》，生活·读书·新知三联书店2017年版，第193—194页。

佛教对"人伦"的这种冲击直接体现在十六国北朝的若干政治事件中。北魏宣武帝皇后高氏出家一事中，"出家"暗含的对"人伦关系"必然性与本源性的否定，被权力加以利用，通过解构人伦身份，褫夺政敌的政治身份，"出家"在原本"无所逃于天地"的人伦秩序上打开了一个缺口。另一方面，在以三纲为主轴的人伦秩序中，子之事父，有爱有敬，臣之事君，只需有敬即可。这正是家国同构的理据所在，也是"孝"能够贯通家、国的本源性之所在。在这种情况下，国家在面对沙门这一群体时，不能不对如何理解其身份感到疑惑：在以"爱敬"贯通家国的身份秩序中，一个人不敬君、不作臣仍能保有孝子的身份，爱敬之心不泯；但一个人不作孝子，意味着断灭爱敬之心的自然基础，在家国同构的框架之下，又如何期待不孝之人能够对君有真诚的"敬"？这种困惑实实在在地出现在后秦姚兴征名僧入仕之事上。正是由于"孝"贯通家国，因而在征沙门为官时，虽然鸠摩罗什等长安僧团的耆宿参照印度佛教惯例，以佛陀成佛前某一世的"从政"经历为据，几次强调沙门虽出家而仍是王臣，但姚兴还是强烈要求其还俗，并非毫无理据。一个影响更为深远的问题是，在理论层面，因"出家"对孝——符合人情自然的爱与敬——的弃绝，导致"沙门"始终无法在人伦秩序中寻找到合适的身份。但是，与隐士居于深山海滨、远离公共生活不同，无论是基于弘法利生的宗教誓愿还是接受供养的现实考量，佛教始终积极进入公共生活。虽然在事实上"沙门"以群体形式存在，但从制度设计的角度看，"沙门"在以人伦秩序为基础建构的天下之中，始终没有一个"合法"身份。"出家不孝"也成为随时可以为佛教批评者使用的理论资源。[1] 本书的第六章《人伦与家国：北朝佛教对经学设教根据的冲击》通过反思当代佛教孝观念研究存在的问题，在说明汉唐之间"孝"的历史文化作用的同时，通过对两个具有典型意义的历史事件的分析，说明佛教在十六国北朝时期引发的经学身份秩序危机。

---

[1] 如东晋孙绰曾撰著《喻道论》回应时人对佛教的抨击。在时人理解中，出家不孝的核心就在于否定了父子之恩的切身性、先验性，并由此动摇了社会政教的自然基础，无异于是在斩断树根的同时宣称有能力使树木枝繁叶茂，这一批评的基本逻辑，就是以父子之间的自然关系、自然秩序（父子之伦与家）作为社会关系、社会秩序（人伦与国）建构的基础。值得注意的是，作为居士的孙绰承认并着重强调父母子女关系的先验性，不可颠覆，进而以玄学"崇本息末"的逻辑区分孝心与孝行，并在此基础上解构儒学对"孝行"的独断界定（名教），以佛陀一生的行止如何惠及世人、惠及母邦为例，说明出家修道同样是孝行。在这一解释框架中，玄学对"孝"与"礼"之关系的反思构成了孙绰立论的基本思路，儒佛在孝问题上的冲突看似被调和，但二者在如何看待自然生活，尤其是是否以自然生活作为构建教化与社会秩序的根本等核心问题上的冲突，并未被妥善安置。

第二章

"佛典称经"与"训经为常"：
北朝佛教的反思与接受

　　为了在现实中建构起"好的生活"，经学形成了一套完整的设教原则，以人情自然为设教的起点（因质立文），以"政教随俗"为设教原则（文质相应），并通过反思人的基本生存论境遇，确定了"孝与家"作为现实中的设教根据。"圣人"是普通人理解"道"的"管道"，记载了圣人之言的典籍，则是普通人理解"圣人"的"管道"。"圣之为圣"的原因不是简单地通过知识生产创作典籍，而是通过制作礼乐，引导人过一种好的生活。虽然"六艺"在成为儒门圣典之后获得权威性的方式各有不同，但都因为经过孔子的整理而成为"载道之书"。由于"六艺"的权威性来自圣人，因此孔子殁后，经典体系自此封闭。经师可资"体圣人之道"的典籍，就只有"六艺"。由于典籍"载圣人之言"，"圣人之言"则是"道"的体现，"道"作为贯通宇宙-世界-社会的法则具有恒常性，故而"经学"之"经"被理解为"常"，也即恒常的法则、规律。换言之，经学"训经为常"的诠释传统传递出时人对于"经"之性质的基本认识。基于这种"以经为常"的理解，经学又形成了"以经为尊"的典籍观念，其具体的历史表现，就是"经同尊称"，也即"经"成为孔子手订之"六艺"的专名。简言之，在经学确立之后，"经"成为"权威性文本"的代名词，同时意味着对圣人之圣、圣人之言的尊重。净影慧远对经学典籍观念的深入理解并非偶然。在本章中，我们就将对"训经为常""经同尊称"如何深刻地影响了佛教的释经实践，对北朝佛教界，尤其对净影慧远这样的义学僧产生了多大的影响乃至困扰作出说明。

第一节 "经同尊称"与"佛典称经"

当我们在现代汉语的意义上使用"经典"指称儒家与佛教的典籍时，由于语境的变化，对儒经、佛经等量齐观，已经无法从书籍的分类上区分出二者在古代思想世界中的不同地位。在隋代以降影响最大的典籍分类方式"四部之学"中，"佛经"虽然有"经"之名，但其在"四部"中只属于最末的"集部"，儒经则在四部之首的"经部"。"儒经""佛经"虽然同以"经"为名，但在典籍系统中的地位却存在霄壤之别。典籍在四部之中的归属，看似只是一个"形式"问题，但这一"形式"是"有内容的形式"，其实质是对某一部或某一类典籍在传统思想体系中的"定位"，是对典籍所代表的思想的重要性乃至权威性的确认。换言之，"四部之学"以及更早的"七略"的典籍分类方式，形式上看只是典籍的归类整理，其内里却涉及对典籍中所承载的知识的系统化。正因如此，在经学成立之后形成的典籍-知识系统中，

"典籍称经"并不寻常。在佛教传入的东汉时期，[①] 经学不仅已经建立，且正值发展的兴盛时期。

虽然经学内部存在着今古文的分化，但经学在西汉时期兴起、在东汉发展至全盛，却属公认的事实。如皮锡瑞所指出的，"经学自汉元、成至后汉，为极盛时代"[②]。皮锡瑞进一步指出，东汉经学"其所以极盛者"，理由有二：其一是"宰相须用读书人，由汉武开其端，元、成及光武、明、章继其轨"[③]，其二是"四海之内，学校如林……为古来未有之盛事"[④]。通过选官制度、学校制度的建立与完善，经学成为进入权力场域的重要"文化资本"，这也正是其时"黄金满籝，不如教子一经"[⑤]之说得以成立的内在逻辑。这一时期经学在国家体制、社会生活的各个方面发挥着重

---

① 汤用彤指出，"汉明帝永平年中，遣使往西域求法，是为我国向所公认佛教传入中国之始"，但综合各类史料的记载加以推敲，"永明求法"以肇起佛教东渐之端的说法虽未必完全为真，其事虽不假，但"佛教之流传，自不始于东汉初叶"。详见汤用彤《汉魏两晋南北朝佛教史》，第22页。汤用彤在讨论佛教传入中国之确切时间的问题上，提出这样一种看法："治佛教史，尤当致意于其变迁兴衰之迹，入华年代之确定，因非首要问题矣。"汤用彤：《汉魏两晋南北朝佛教史》，第3页。汤用彤此说自有其合理之处，但因本书以"佛教与经学"为题，意在查考二者的相互影响。虽然经学自西汉确立之后就成为中国"文化场域"中最为基本的客观结构，形塑着知识人在面对世界社会时的"感知图示"，但作为学术的"经学"也在"经师"这一行动者的"释经"实践中发生着变化。与这一主观结构互动相应的，是"经"这一观念在实践历史中的流变。因此，佛教传入之时间，关系到对相应时期经学发展情况的判断。在"经典"观念的讨论中，"经"作为一种观念、一种理论资源在异质文化传入时的"登场"，以译胡梵为汉最为典型。"译经"二字本身就是"经"这一观念被"引用"的体现。因此，本书在涉及佛教传入的时间问题时，以史有所载的、最早的"译经"作为断限依据，即以《四十二章经》为准，故仍持东汉传入之说。
② ［清］皮锡瑞：《经学历史》，中华书局2015年版，第35页。
③ 同上。
④ 同上。
⑤ 同上。

要且基础性的影响，也是时人知识的最重要来源，李源澄总结经学之于现实的影响，谓曰：

> 经学者，统一吾国思想之学问，未有经学以前，吾国未有统一之思想。经学得汉武帝之表彰，经学与汉武帝之大一统政治，同时而起。吾国既有经学以后，经学遂为吾国人之大宪章，经学可以规定私人与天下国家之理想。圣君贤相经营天下，以经学为模范，私人生活，以经学为楷式，故评论政治得失，衡量人物优劣，皆以经学为权衡。无论国家与私人之设施，皆须于经学上有其根据。经学与时王之律令，有同等效用，而经学可以产生律令，修正律令。在吾国人心目中，国家之法律不过一时之规定，而经学则如日月经天，江河行地，万古长存。董生言："天不变，道亦不变"是也。①

李氏的这一总结，提示我们注意这样一个事实：西汉以来"经学"成为中国知识场域、权力场域以及各个子场域最基础的"客观结构"，"通经"成为进入权力场域的重要资本，对形塑当时知识人的文化惯习、形成对世界社会的感知图式，发挥着持久而稳定的作用。经学确立产生了诸多结果，其中之一，就是"经"这一观念的内涵与外延发生了重大变化。

一、"经"的专名化及"训经为常"诠释传统的确立

自西汉经学创立以来，"经"的内涵与先秦时代相比发生了

---

① 李源澄：《经学通论》，《李源澄著作集》第一册，第6—7页。

重大的变化，能够以此为名的典籍，最终聚焦在了经过孔子删述的"六艺"之上。清人章学诚在对儒家之"经"的内涵进行"源流互质"的校雠工作时就明确指出，在先秦时代，"经"并未成为儒家权威文本的专名，只是在与"传"的对举中，而有"经"之名，① 经、传的内涵，原只是为了根据来源对文本进行区分，"经"指本文，"传"指后学将自己所见闻、所传闻以及与"经"相关的逸文增附于本文之后的内容。② "经"之内涵发生重大变化，始于儒家的成立："儒家者流，乃尊六艺而奉之为经，则又不独对传为名也。"③ 但这一时期对"经"的使用尚且宽泛，如《管子》《墨子》《韩非子》中都存在"自分经传"的现象，④ 还是在前述经、传对举的意义上使用"经"这一概念。"儒者著书，始严经名，不敢触犯，则尊圣教而慎避嫌名"⑤，由此肇启"经同尊称"⑥之端。今人李源澄也明确指出："观于经学未成功以前，诸子皆可称经……及经学成立以后，则尊经而不敢僭……自儒学托于经以成经学，于是经学与儒术不分，经学统一全国思想，故读书人皆名为儒。"⑦ 经学成立之后"经"这一观念的内涵与外延固定在"六艺""五经"之上，虽然在"经目"的数量上存在变化，但能够符合经学之"经"内涵的典籍，始终是相对固定的。对于这一

---

① ［清］章学诚著，叶瑛校注：《文史通义校注》，中华书局 1985 年版，第 93 页："六经不言经，三传不言传，犹人各有我而不容我其他也。依经而有传，对人而有我，是经传人我之名，起于势之不得已，而非其质本尔也。"
② 同上书，第 93 页："然夫子之时，犹不名经也。"
③ ［清］章学诚著，叶瑛校注：《文史通义校注》，第 93 页。
④ 同上书，第 94 页："当时诸子著书，往往自分经传。"
⑤ 同上。
⑥ 同上。
⑦ 李源澄：《经学通论》，《李源澄著作集》第一册，第 7 页。

点，《汉书·艺文志》的一个细节是值得我们留意的：虽然西汉已有所谓"七经"之说，即视《论语》《孝经》为"经"，"六艺略"之下也列举出《论语》《孝经》与"小学"等若干典籍，但在总论"六艺"时，班固还是在强调"序六艺为九种"，明确指出"六艺"与其他三种（类）典籍的区别，《论语》《孝经》虽然重要，但其本质仍只是"传"而不是"经"。在之后的发展中，"尊经"逐步由独尊"六艺"，发展到以"六艺"为核心建构起囊括诸子百家在内的典籍系统。"经"是时人知识的基础与重要来源，一个重要的判断依据，是《汉书·艺文志》对典籍性质的判断与分类。诸子之学出于王官，王官之书仅为六艺，这就意味着，对典籍–知识的整理，是围绕"六艺"展开的。"源流互质"的工作不仅指出"六艺"是其后各种典籍、思想的根源，还是对"知识"的一次系统整理，"六艺"之外的诸子之学、各种典籍，被整合进一个以"六经"为中心的典籍体系，各类思想在这一典籍–知识体系中被定位与解释。"经"的基础性与权威性在这一典籍–知识系统中体现得尤为明显。正是在这种"经同尊称"且儒生"严经名"的语境中，"典籍称经"构成了一个值得注意的问题。①

二、经学内部对"佛典称经"合理性的争论

随着经学的瓦解，自《隋书·经籍志》开始流行中国一千余年的"四部之学"被现代学术分科所取代，随之而来的是传统

---

① 对于"经"作为权威文本专名的流变，及其在汉代经学成立后的独尊，程苏东曾做过清晰完整的阐释。参见程苏东《从六艺到十三经——以经目演变为中心》，第88—92页。

典籍观念的瓦解与重构。① 无论是刘向、刘歆父子提出，经由班固《汉书·艺文志》保存下来的"七略"分类方式，还是经《隋书·经籍志》正式在官修史书中确立起的"四部之学"的分类方式，中国经典始终是一个有条不紊的系统。这一系统以经学的核心典籍——在《汉志》为"六艺"、在《隋志》为"经部"——为中心，将中国的典籍加以组织、整理。无论"七略"还是"四部"，在典籍分类的传统之中，存在着一类权威文本，这些文本是知识的来源与根据，在这一系统中居于核心地位，这就是"经"。换言之，当我们在讨论古典时代的"经典观念"时，一个极为重要的观念，正是"经"。现有的研究或关注一部部具体的"经"及其内容，或关注"经目"的变迁，或关注"经学"，却并未对"经"作为一种观念的历史影响力有所措意。

经学的确立对典籍观念的塑造，最直接的影响有二：其一是作为典籍之名的"经"，自此成为权威性文本的专名，形成"经同尊称"的典籍传统；其二是经学对"经"之内涵的阐释成为公认的解释，今文家"经，常也"的训释，通行于汉晋之间，成为知识人的常识，形成"训经为常"的知识传统。这一点在汉传佛教的释经传统中表现得尤为明显，具体内容将在后文详述。

从根源上说，在"经"的具体所指被儒者集中到经过孔子删述的六部典籍之后，这种对"经"的理解如何越出一家之言获得普遍的合理性、树立放诸天下皆准的权威性，就构成了一个问

---

① 对这一问题，李源澄明确指出："故近人目录分类，多不录经学之名，而依其性质，分类他目，此由于不知经学之为经学也。"见李源澄《经学通论》，《李源澄著作集》第一册，第6页。

题。已有研究指出："经典诠释时经学家对于经书的解释与发挥，是将经学与经书联系在一起的必要过程。众所周知，在古代中国，经书之所以会被奉为经典，在于经书记载了圣人之言，抑或反映了圣人之意。对国家而言，经书包含了圣人治道，提供了通往理想中的'三代之治'的途径；对个人而言，则提供了孔子作为理想人格的典范，从而引导和约束个人的行为。这就是所谓经典'典范性'的体现。但典范性并非经书本身所具有的，而是被人赋予的，经书本身只是单纯的文献，并不能够独立成为经典，如果试图对国家或个人实现其影响，则要仰赖经学为其提供内容诠释。"① 经学内部存在着今古文的分化，在对这一问题的回答上形成了两种不同的思路。在今文家看来，"六经"之所以具有权威性，在于经过孔子的删述，使原本作为先王政教典章而存在的"记事"之文，被赋予了价值。这种价值是孔子总结三代的经验，遵循"载之空言，不若见诸行事之深切著明"的方法论原则，为后世所立之法度。因此，这六种文本虽来源于"记注"，但经过孔子的删述——意义化、价值化，已不再是单纯的"史料"，而是具有了一重"哲学"的内涵，具有超越具体时空的普遍性。但经学与哲学毕竟有所不同，经学具有哲学所不具备的"宗教"特质，因此具有在实践中推广的可能性，超出了诸子之学。② 从这个意义上讲，"训经为常"是从典籍的内容出发，因为对"六艺"之中所具之常法常则的尊重而特重、独尊六部典籍，以典籍之特

---

① 华喆：《礼是郑学：汉唐间经典诠释变迁史论稿》，第 4 页。
② "经学"作为一种特殊的学术形态，其特质在经与史、经与子的对比中尤能得到突显。对于这一问题，李源澄在《经学通论》的"论经学之范围性质及治经之途径"一节，给出了详尽说明，此处仅引述其基本论点与论证思路。见李源澄《经学通论》，《李源澄著作集》第一册，第 4—10 页。

殊性为之命名。"训经为常"正是"经同尊称"的内在理据：经学之"经"，其意为常法常道，因而记载了常法常道的典籍，获得了独尊的地位，其名"经"成为权威性文本的专名。[①]

从古文家的角度来说，以《汉书·艺文志》的观点为例，"六艺"单独列于群书之首，是因为"六艺"本是先王的政教典章，经过孔子的保存得以流传于后世，是"德位合一"的圣王的治教之迹，足以垂范后世，为后人效法。只是在战国诸侯纷争的情况之下，出身王官之不同职司的诸子，发挥其所守之典籍以成立一家之言，以备世患，回应时代议题。相比之下，"六艺"才是系统的王官之学，与偏守一典以立言的诸子存在明显不同。正因如此，"六艺"与诸子之说是源与流的关系，故而班固指出诸子"亦六经之支与流裔"[②]。如此，作为诸子学说之源的"六艺"，相较于诸子之书，具有优先性和权威性。儒家所尊之书，并非私人著作，而是系统的先王政典"六艺"，因此并不是"一家之言"；因"六艺"起源于历史上的政治实践，是德位合一的圣王之有效政治经验的总汇，正是在这个意义上，"六艺"内在地具备普适性与权威性，"经同尊称"虽然起源于儒家尊奉"六艺"，但自有内在的合理性。古文经学这种历史化的解读，并

---

① "《孝经》的'孝'，是指敬事父母，'经'一开始不是'六经'意义上的'经典'，而是指常道。……《孝经》之经，是在常道的意义上言'经'。这样，《孝经》一书，成了古往今来第一本称'经'之书。自此以后，战国时期出现《山海经》《墨经》诸书，也自称为'经'。《汉书·艺文志》所列《老子邻氏经传》四篇、《老子傅氏经说》三十七篇、《老子徐氏经说》六篇，盖亦战国秦汉间著作，而以《老子》为'经'并为之作传、说。汉武帝立五经博士之后，五经独称'经'，后有七经、九经、十三经之名，释家、道家也自称为经，皆沿袭自《孝经》。"陈壁生：《孝经学史》，第15—16页。

② ［东汉］班固撰，［唐］颜师古注：《汉书》卷三十《艺文志》，中华书局1962年版，第1746页。

未解构"道"与"法"的恒常，而是形成了一种通过回溯历史，贯通过去与当下，直面未来的历史经验与价值理想合一的独特的运思方式："'三代'是'中国'这个国家形态的开端，……'中国'这一词语内涵着在自己漫长的历史中形成了一套文明的价值原理和理想，这套理想和价值既是历史的结果，在某种意义上也是历史的前提。"① 在这个意义上，虽未见古文经学"训经为常"，但在古文经学理解中，经中所蕴含的不只是一时一地之法与道，而是源于历史仍对现实与未来具有影响力的常法、常道。

回到经学与佛教这一议题，经学对佛教最深远的影响之一，正是在"经同尊称"典籍观念的触动下，"修多罗"译名为经。如果从现存最早传入中国的典籍《四十二章经》算起，"佛典称经"现象可以说与佛教在中国的传播具有同样长的历史。虽然这一现象未能充分吸引佛教研究者的目光，却在古典时代就被儒家学者意识到。章学诚在《文史通义》中对汉、隋之儒模仿经、传进行"著作"，乃至以"经"命名自己的作品，进行了激烈批评。但与经学家对儒家内部"经"之滥用的强烈抵制形成鲜明对比的是，"佛典称经"现象在章学诚展开的系统"清算"中逃过了激烈批判。不唯如此，在清末经学内部今古文的斗争之中，佛教对"修多罗"译名为"经"的解释，还成为一种重要的思想资源，成为古文经学家借以解构"训经为常"、抗衡今文家的"理据"。由于章太炎的巨大影响力，即使他对"修多罗"译名为"经"这一理论资源的"借用"存在着误读与曲解，且并未充分留意汉传

---

① 张志强:《"三代"与中国文明政教传统的形成》,《文化纵横》2019 年第 6 期。

佛教发展史的真实情况，却仍然成为当时学术界对"经"之训释的"常识"，继而导致了信奉章太炎相关说法的学者对"修多罗"译名为"经"产生误解。从章学诚的评论来看，佛道教的典籍称经现象，只是一种对"经"之权威性的"东施效颦"，是受到"经同尊称"观念的影响，将佛陀言教"自我标榜"为"经"，从"经同尊称"的观念中"借力"。从章太炎对佛教理论资源即"修多罗"直译为线、意译为"经"①的使用上看，似乎佛教使用"经"这一概念自有合理之处，且一直是在他所解释的意义层面将"修多罗"翻译为"经"的。

在章学诚对"经"这一观念之变迁的考辨中，特别指出"经同尊称"的风气开创以来，"经"在实际中存在的各种用法。在实际的使用中，"经"的"滥用"可以细分为"异教之经""制度之经""术艺之经""谐戏而亦以经名"，②但从本质上说，只有两种类别，即"异学称经以抗六艺"与"儒者僭经以拟六艺"。③对于"异学称经"与"儒者僭经"，章学诚的态度十分不同。章太炎在讨论"经"之源流时，就对章学诚这种态度上的差异提出了批评。章太炎指出，对于"儒者僭经"，章学诚"深非扬雄、王通"④，即对扬雄模仿《易经》《论语》著《太玄》《法言》、王通"续六经"之举加以强烈谴责；但在"异学称经"的问题上，章学诚的态度却甚为和缓，"至于释道，其题号皆曰经，而学诚所

---

① ［清］章太炎撰，庞俊、郭诚永疏证：《国故论衡疏证》，中华书局 2008 年版，第 266 页："修多罗者，直译为线，译义为经，盖彼以贝叶成书，故用线联贯也。此以竹简成书，亦编丝缀属也。"
② ［清］章学诚著，叶瑛校注：《文史通义校注》，第 103 页。
③ 同上书，第 110 页。
④ ［清］章太炎撰，庞俊、郭诚永疏证：《国故论衡疏证》，第 276 页。

不讥"①，认为章学诚的这种作法无异于同室操戈，"儒家称经即
悖，道家称经即我悖，何其自相伐也？"②在此需要说明的是，章
学诚之所以极力抵制扬雄、王通等人模仿六经进行"著作"的原
因。章学诚认为，"六经皆史也。古人不著书，古人未尝离事而
言理，六经皆先王之政典"③，"六经"之所以具有权威性，乃是
由于六者皆非私人著述、一家之言，而是"周公之政典"，是其
有效性已被历史实践证明了的政教典章。换言之，只有"德位合
一"的圣王才有资格"制作"。即使圣贤如孔子，也并无"著作"
的权力，而是"恐惧先圣王法积道备，无以续且继者而至于沦失
也，于是取周公之典章，所以体天人之撰而存治化之迹者"④，对
周公的制作加以删述、传讲，以面对"治教分离"之后王官之学
无专门之人保存的迫切境况。当"制作"专指"经"——政教典
章——的创作时，"制作者"自然需要有"合法身份"，需要有制
作的"正当性"。这种正当性就是"德位合一"。正因如此，孔
子虽然是圣人，但因为"有德无位"，"夫子之圣，非逊周公，而
《论语》诸篇不称经者，以其非政典也。后儒因所尊而尊之，分
部隶经，以为传固翼经者也"⑤。后世儒者忽视了孔子"删述"的
不得已，拟《论语》尚有可原，拟《易经》乃至"续六经"，则
实在是一种"僭越"：无德无位，著作只是一家之私言，而不可
能是具有公共性的政教典章。

在章学诚的理解中，佛道典籍称经，同属"异教称经"，"佛

---

① ［清］章太炎撰，庞俊、郭诚永疏证：《国故论衡疏证》，第 287 页。

② 同上书，第 288 页。

③ ［清］章学诚著，叶瑛校注：《文史通义校注》，第 1 页。

④ 同上书，第 93 页。

⑤ 同上书，第 110 页。

老之书，本为一家之言，非有纲纪政事；其徒欲尊其教，自以一家之言，尊之过于六经，无不可也。强加经名以相拟，何异优伶效楚相哉？"①但是，即使佛教、道教强用"经"来表示对自宗的崇奉，也并没有削弱"经"的权威性，从另一种意义上讲，反而是对"经"作为经学权威性文本之专名的再确认，且"不能窃而据也"②。章太炎虽然不同意章学诚将佛道典籍称经归为一类，但在面对"佛典称经"这一问题时，却与章学诚的态度相似，认为"释者有修多罗，传自异域，与诸夏异统，不足论"③。从章学诚、章太炎对"佛典称经"这一现象的评价中可以看出，在经学家的眼中，"佛典称经"只是来自不同教化系统的典籍在翻译的过程中，借用了当时经学的理论资源，在"经同尊称"观念盛行的时代，以"经"这一权威性文本的专名"自我标榜"。而这种"挪用"正是"经同尊称"观念影响力巨大的体现，又因为经学与佛教的教化存在着显著的不同，即使"佛典称经"也不会影响世人对"经"之所指与内涵的理解。因此，并非出自"王官之学"、与华夏渊源不同的佛典称经，并不构成对"经"的冲击。尤其是在章学诚的表述中，虽然对"佛典称经"现象并不强烈谴责，但已明显透出轻视之意，将"佛典称经"比作"优伶效楚相"。

　　章学诚并未对"佛典称经"表示强烈谴责而是充满自信地将这一现象视为无伤大雅的"盗用"、拙劣的模仿，章太炎以一句"与诸夏异统，不足论"就终结了对"佛典称经"问题的讨论，

---

① ［清］章学诚著，叶瑛校注：《文史通义校注》，第110页。
② 同上书，第103页。
③ ［清］章太炎撰，庞俊、郭诚永疏证：《国故论衡疏证》，第287页。

导致这种局面的一个重要原因，是二人的思考始终是站在经学的立场上展开的。这种强烈的立场性，导致二人分别从"政教""夷夏"的宏大视野出发对"佛典称经"现象加以"定性"而非"分析"，按照自己的理解将"佛典称经"的原因进行超越历史的"抽象"，并以此为据，对"佛典称经"现象进行评论。在他们的刻画中，似乎汉地僧人对"经"这一具有权威性的专名，只有"盗用"的自觉，而无"理解"的自觉；而且是明知二者不同而强行借用，可谓"明知故犯"。事实上，后文对十六国北朝佛教内部有关"经"的训释、"经"的合理译名的分析将表明，在佛教知识系统尚未建立健全、汉传佛教主体意识尚未被充分激发、佛教徒的边地情结尚不强烈的时期，汉地佛教僧众对"经"的解读虽然延续了经学"训经为常"的解释传统，但仍然是一种创造性的使用，而非简单"挪用"，是在理解"训经为常"内涵的基础上，架空"训经为常"背后的经学内涵，沿着"训经为常"开创的诠释脉络对佛陀言教（"修多罗"）的特性进行说明，进而解释"佛典称经"的合理性。事实上，"佛典称经"原不是章学诚想象中在佛典之后附益一个"经"字这么简单。"经"这一权威性文本专名，以及与之相关的"训经为常"的解释传统，深深影响着佛教对"修多罗"最合适之译名的选择。

"佛典称经"现象不仅被经学家所留意，经学瓦解后，现代研究者也有所关注，但从具体的分析与结论上看，仍然不出章学诚的论调，即"佛典称经"只是汉地佛教徒借用"经"这一内涵权威性的专名以"自抬身价"的手段。如饶宗颐先生就曾明言，将修多罗译为"契经"，正是"借汉土五经之义以尊重其书"[①]。饶先生还从时代的"风气"出发，说明这种情况的普遍性与必然性：

> 东汉以来，佛籍传入，其时儒家思想既定于一尊，而诸经为三极彝训，群言之祖，贤哲所宗。……经之地位既高，道教之书亦效之，而自称曰经……故佛徒迻译释典，每附益"经"。举例言之，如《本生经》，原但称"本生"……并不称修多罗，汉译乃附盖"经"字，称曰《本生经》。马鸣之《佛所行赞》……本应译为《佛传》，亦不称修多罗，而汉译为竺法兰及宝云所译者称为《佛本行经》，北凉昙无谶译则称为《佛所行赞》。又佛陀传记之 Lalita-vistara，汉译称《普曜经》，并益"经"字。试观《出三藏记》《大唐内典录》诸书所著录，自《四十二章经》以下累百数十种，无不称"经"者，疑佛土之译经者托汉土"经"名以自重，东汉以来佛教与道教之书，群起称经，正如出一辙。[②]

饶先生对东汉思想界之状况的说明，可谓精当。所谓"诸经为三极彝训，群言之祖，贤哲所宗"，正是对经学作为当时知识场域的基础性客观结构与文化资本的重要形式的生动说明。在这种知识场域中，"经"处在一个突出的位置上，形成了"经同尊称"的典籍观念。但是，必须指出的是，虽然在佛教传入之初，"佛典称经"极有可能是汉地僧众受到自身文化惯习的支配，在

---

① 饶宗颐：《华梵经疏体例同异析疑》，《梵学集》，上海古籍出版社 1993 年版，第 267 页。

② 同上书，第 268 页。

典籍观念领域进行的一次"格义"，"托名为经"未必全是为了"自重"，而是在佛教理论资源尚不充分的情况下，汉地僧众通过调动汉文化的理论、观念资源进行自我理解与解释。但在译经数量已积累到必须加以整理、佛教释经学发达、判教思想兴盛的北朝中后期，以昙鸾、净影慧远、吉藏为代表，佛教典籍观念领域也兴起一场"去格义化"的运动，这一问题将在后文加以详细论述。

不唯如此，饶先生还进一步指出，从印度的传统来看，"修多罗"一词所指涉的文体，并非佛教所造，而是来自于婆罗门教："以文体论，释氏之所谓'经'，多讲论叙述之文，与婆罗门修多罗之为短句奥义，文体迥异，佛为众生说法，不厌繁缛重述，务为叮咛反覆，其体裁与原有之修多罗实大有径庭，不过袭用其名，以尊重其书耳。"[1] 如饶先生所言，"修多罗"也不是"佛陀言教"的专名，只是印度佛教使用婆罗门教理论资源进行自我解释的一种理论活用。饶先生在印度文化的语境中对"修多罗"进行的考察，从"源流互质"的角度看，虽然澄清了"修多罗"一词的根源，提示我们认为"修多罗"是"佛陀言教"之专名只是一种"误解"。但是，在现代历史语文学研究兴起之前，被"误解"了的"修多罗"才是真正在汉传佛教的典籍观念中发挥作用的有效观念。印度学-佛教学方法的理论前设——完全以印度佛教为范本，佛教在传播、发展过程中出现的变体，都不值得关注——是导致饶宗颐研究未能充分关注汉传佛教在"佛典称经"问题上的历史细节，研究结论不能有效揭示"佛典称经"之

---

[1]　饶宗颐：《华梵经疏体例同异析疑》，《梵学集》，第 269 页。

于汉传佛教发展之意义的原因所在。

一个有趣的现象是，饶先生从译经史的脉络出发，指出汉译佛经历史上存在着本不以"经"为译籍之名的情况，但这种情况并非主流。在章学诚对"佛典称经"的论述中，也指出了这一情况："东汉秦景之使天竺，《四十二章》，皆不名经；其后华言译受，附会称经，则亦文饰之辞矣。"① 对于"皆不称经"一句，章学诚自注"佛经皆中国翻，竺书无经字"②。叶瑛注《文史通义》此句，条列《高僧传》《书录解题》的记载，两种史籍所载，均记为《四十二章经》。叶瑛虽并未对章学诚的判断进行直接反驳，但似有不认同之意。章学诚选择以《四十二章经》为例说明佛典原不称经，原因在于《四十二章经》是公认最早传入中国的佛经，在释氏目录以外的载籍中也有此说法，如《书录解题》就记载"佛书到中国，此其首也"③。但章学诚究竟是根据何种材料得出这一结论，尚不得而知。叶瑛对章学诚认为"佛典称经"是"附会""文饰"之说的不认同，出现在另一则注释中。在这条注释中，叶瑛举出章太炎《国故论衡·文学总略》中的一段话作为论据，对章学诚之于"佛典称经"的看法加以反驳："经者，编丝缀属之称，亦犹浮屠称修多罗。修多罗者，直译为线，译义为经，盖彼以贝叶为书，故用线连贯也。此以竹简成书，亦编丝缀属……是故绳线联贯谓之经，簿书记事谓之专，比竹成册谓之仑，各从其质以为之名。"④ 叶瑛进而指出"据

---

① ［清］章学诚著，叶瑛校注：《文史通义校注》，第 102 页。
② 同上。
③ 同上书，第 104 页。
④ ［清］章太炎撰，庞俊、郭诚永疏证：《国故论衡疏证》，第 266—268 页。

此佛书称经，质素相应，非尽缘文饰矣"①。认为从"修多罗"的翻译来看，"佛典称经"名实相副，并无不妥。叶瑛的批评建立在章太炎对"修多罗"的解释之上，足见章太炎对"经"的解释所具有的影响力，相关内容确在学界广为流传。但这并不意味着专精小学的章太炎对"修多罗"的理解是正确的。针对章太炎这一影响深远但并不完全准确的说法，饶宗颐先生曾指出其中的问题：

> 案修多罗梵文……语根为……缝缀之意，故修多罗有贯穿之义（见隋笈多译《摄大乘论世亲释》），《说文》"经"字训织纵丝，与修多罗语根之为缝缀义相近。但汉语之经，所重在于纵丝，与纬之为横丝相对，与梵语之修多罗同中实有其异。章氏谓修多罗之为经，取义于用线联贯成书，不知修多罗本指缀字为短句，推之用此种文体写成之著作，亦曰《修多罗》。其所取连缀之义，实指缀字缀音为经，而非缀叶成书，章氏之说，颇昧其本义；故修多罗者，非从书之质料立名，乃因撰书之文体为号。婆罗门经书体裁，与汉土之经，在性质上截然二物，无庸牵附为说也。②

章太炎解释"修多罗"为"编丝缀属"，是为了进一步说明"经"字本义原本平淡无奇，并无任何权威性内容可言，最终将"经"解释为"线装书"，其目的在于解构今文家对"经"之权威

---

① ［清］章学诚著，叶瑛校注：《文史通义校注》，第104页
② 饶宗颐：《华梵经疏体例同异析疑》，《梵学集》，第266—267页。

性的强调,因此不惜"牵附为说"。① 饶宗颐指出"经"与"修多罗"本义并不相同,亦无相关处,不必牵强附会说明二者存在内在关联,对于将佛教从清末经学今古文之争中"解救"出来不无功劳,但其对"修多罗"与"经"之关系的审视,却缺少了一种对汉传佛教历史的同情,没有注意到汉传佛教发展的历史上存在这样一种现象,即在对"修多罗"本义有着清楚了解的情况下,解释者虽然明知"修多罗"的本义并非"经",却仍对"修多罗"译名为"经"的合理性进行了说明。对"修多罗"原义进行"正本清源"的考辨,将其从经学内部争论不惜误读、误用的泥淖之中解放出来,这一贡献是有目共睹的。但是,汉传佛教发展历史上佛教徒的主动"汇通"这一现象背后的"不得不然",同样值得我们关注。后文的分析将指出,"正本清源"虽然能够有效推进知识的更新,却极易导致佛教史之"过去"与"当下"的断裂,对汉传佛教史之连续性造成重创。饶宗颐以历史语文学方法推进了我们对"修多罗"内涵的理解,同时也受到这一方法的局限,对汉传佛教的历史实践尤其是其中重要的历史细节,并未予以必要的关注与同情。

总之,在章学诚的论述中,虽然注意到了"佛典称经"的现象,但并未深入考察在汉传佛教发展早期,身处汉文化知识场域之中而深受汉文化"文化惯习"影响的僧人,究竟如何理解"经"的含义,将"佛典称经"视为明知不同而故意为之的蛮横"盗用"。章太炎指出佛陀言教本名"修多罗",意译为"经",较之章学诚似乎对"佛典称经"问题的讨论有所深化,但详考早

---

① 有关章太炎"训经为线"理论意图的分析,参见陈壁生《经学的瓦解》,第41—45页。

期汉地学僧对"经"之内涵的训释，不难发现，章太炎对"佛典称经"之合理性的解说有以偏概全的弊病。至于专门讨论华梵经论注疏系统之关联性的饶宗颐，在使用历史语文学方式说明了"修多罗"之来源的同时，也深受这一方法之弊端的困扰，对汉传佛教的历史缺少必要的同情，只对汉传佛教"佛典称经"现象进行了"定性"，落入章学诚有关"佛典称经"现象之解释的窠臼，似乎"佛典称经"的全部原因就只是出于功利的目的，对汉地学僧在这一过程中的复杂心理、所面对的理论困境以及艰苦探索，未能给予足够的重视。在后文的论述中我们将用证据说明，自十六国至北朝末年，随着译经的增多、佛教知识体系的初步建成，以及汉传佛教主体意识的兴起，"佛典称经"经历了一个由"借用"经学之"经"到复归天竺传统进行训释并严格区分"经"与"修多罗"二者背后华梵知识系统的过程。但是，即便已经清楚认识到"修多罗"与"经"之间并不存在直接的对应关系，将"修多罗"翻译为"经"不甚合理，但古典时代的义学僧却并未切断"修多罗"与"经"的关联，而是对二者之关联进行了曲折的解释。这一问题不仅涉及佛教与华夏文化的相互沟通，更涉及汉传佛教如何面对、整理自己的传统这一重大问题。从某种原教旨倾向的立场来看，这些对印度传统的偏离都是不应被投注过多关注的，但对于汉传佛教的研究而言，汉地僧众在处理这一问题时的"不得已"及其解决方式，才是我们应该关注的重点。

总结前述三位学人对"佛典称经"现象的研究，存在着一个具有共性的问题，即在他们的刻画与论述中，似乎汉地僧众对"佛典称经"这一事件只有"借用"的自觉，而无"理解"的自觉。事实若果真如此，则章学诚称僧众使用"经"指称佛典是

"盗用"、是"附益"，确实没有什么不妥当。只是我们不禁要问：汉传佛教在历史上的实践是否果然如此？面对历史时一个恒常出现的问题再一次浮现：我们究竟有什么理由，将历史中的行动者视为野蛮人，认为他们的实践是纯然出于功利的计算、外部条件的限制而不具有内在的自觉，不需要自我说服？

此外，对"佛典称经"现象的研究还存在一个技术层面的问题，即本就具有"总汇"性质的辞书，究竟能够在多大程度上反映出某一观念内涵在历史上的演进脉络？笔者认为，现存的古典时代的佛教辞书不可能给我们提供这些信息。原因在于，辞书通过搜讨散见于各种典籍的"异说"，将之汇聚一处，在"选择"与"汇总"的过程中，首先刊落的就是有关某一解释的"时代性"的部分，这就遮蔽了某一观念的发展脉络。因此，在对佛教僧众如何理解"经"这一观念进行考察时，笔者采取了一种更贴近"思想现场"的方式，即通过考察特定时期内见于各类佛典注疏的"经"之训释，来把握这一观念之内涵的变化过程。

第二节 十六国至北朝中期佛教对
"训经为常"的接受与反思

"经同尊称"这一典籍观念随着经学的成立而确立，在佛教传入的东汉时期，"经同尊称"的观念已经确立，刘向、刘歆父子建立起的以"六艺"为核心统合诸子百家的典籍-知识分类系统也已经确立，从客观上为佛教在传入之后进行自我理解与解释提供了充分的理论资源。不同于章学诚与章太炎对佛教的想象——前者认为汉地学僧只是因为"经同尊称"而借用"经"这一权威文本的专名以"自强实际"，后者则认为汉地学僧是在深刻理解"修多罗"本义为线的基础上使用"经"字来指称记载佛陀言教的典籍，早期汉地学僧在对"经"的理解上，始终未能摆脱经学成立以来"训经为常"的解释传统。作为权威文本专名的"经"并不是一个孤立的概念，前文也已明确指出，"经"的内涵在经学成立之后发生了变化，不是一个宽泛的概念，而是专指孔子删述的六经，在《汉书·艺文志》的典籍系统中，"经"更是成为一套完整的典籍体系中的核心组成部分，或者说"经"这种典籍成了典籍与知识分类的标准本身。从这个意义上来讲，"佛典称经"不仅是一个名词借用问题，还涉及对典籍内涵的理解。在佛教使用"经"指称记载"佛陀言教"的这类文本时，并不是全然无意识的行为，其实是在进行一种"格义"。我们无法想象，至少接受过完整汉文化教育、深受汉地文化惯习影响的学僧会在"经"与"佛陀言教"毫无关联的情况下，借用一个权威性建立在另一种教化系统之圣人（孔子）基础上的典籍概念，来指称佛教教义的根本来源：佛陀亲口宣化的教导。这种对内涵不加分辨只一味"盗用"的想象严重缺乏对信仰感情的同情与体会。如果因孔子而具备了权威性的"经"这一概念，与"佛陀言教"（修多罗）毫无关系，但佛教徒还是要将修多罗翻译为"经"，这究竟是在自我拉抬，还是自我贬低，十分值得分辨。在十六国乃至北朝中期的佛经注疏中，"训经为常"诠释传统的顽强存在，不仅说明了这一诠释传统影响深远，也说明了汉地学僧对"佛典称经"合理性的思考。如果说这种思考存在着某种"自发"或者说"不够自觉"，就是在经学的解释传统中对这一问题加以讨论。我们的讨论将从现存最早的三部佛典注释作品之一——僧肇的《注维摩诘经》入手。

一、僧肇对"训经为常"的接受与转化

在现存最早的几部汉传佛教经典注释中，僧肇在《注维摩诘经》中对"经"字的训释，尤其值得我们注意：

> 【经】经
> 【注】肇曰：经者，常也。古今虽殊，觉道不改，群邪不能沮，众圣不能异，故曰常也。①

《注维摩诘经》虽然作者题名为僧肇，但其实集合了鸠摩罗什、僧肇、道生三家注释，而对"经"字，仅有僧肇注释。僧肇对"经"的理解与阐释，基于经学对"经"的训释。在《白虎通·论五经象五常》中，对"经"的解释就是"经，常也"：

> 经所以有五何？经，常也。有五常之道，故曰五经。《乐》仁，《书》义，《礼》礼，《易》智，《诗》信也。人情有五性，怀五常不能自成，是以圣人象天五常之道而明之，以教人成其德也。②

在《白虎通》的训释中，"经，常也"成为勾连起"五常"与"五经"的关键。正因如此，"训经为常"并不是对字义进行

---

① ［后秦］僧肇:《注维摩诘经》卷一,《大正藏》第38册, 第327页下。
② ［汉］班固撰集,［清］陈立疏证:《白虎通疏证》, 中华书局1994年版, 第447页。

简单的解释，而是为了将"经"所载之常法、常道，引向具体的"五常"。正因如此，"训经为常"的解释有着强烈的经学背景。换言之，这种训释本身的理论意图是明显的。僧肇虽然继承了"训经为常"这一解释传统，但对"常"的含义进行了修正。"古今虽殊，觉道不改"一语，说明僧肇也是在"天不变，道亦不变"的意义上理解"常"的内涵，但"常道"的内容却已经由经学所强调的"天五常之道"，转换为佛陀开示的"觉道"。由此可见，身为义学僧的僧肇，在注释"经"字时，采取的策略是调动经学"训经为常"的理论资源，在具体的阐释过程中，只保留"常"贯通古今而不改易的内涵，将这一解释的具体内容由"五常"改换为"觉道"。然而，在僧肇对"经"的注释中，完全没有提及"修多罗"。

据僧肇在《注维摩诘经序》中的记录，鸠摩罗什重译《维摩诘所说经》的时间在后秦弘始八年（407），《注维摩诘经》作为罗什译经期间讲解《维摩诘所说经》的"记录"，成书也在弘始八年。[①] 另据鸠摩罗什传记的记录，《法华》的译出在《维摩》之前。[②] 在鸠摩罗什翻译的《大庄严经论》《妙法莲华经》中，均已出现"修多罗"一词。由此可以推断，僧肇并非不知晓"修多罗"的存在。同时，僧肇在《长阿含经序》中列举三藏之名，分别为"禁律""法相""契经"三类。[③] 除了以"阿毗昙藏"解释"法相"之外，并未使用"毗尼""修多罗"来解释"禁律""契经"。据僧肇在《长阿含经序》中的记录可知，《长阿含经》的翻

---

① ［后秦］僧肇：《注维摩诘经序》，《大正藏》第 38 册，第 327 页中。
② ［南朝梁］僧祐：《出三藏记集》卷十四《鸠摩罗什传》，《大正藏》第 55 册，第 101 页中。
③ ［后秦］僧肇：《长阿含经序》，《大正藏》第 1 册，第 1 页上。

译时间始于弘始十二年（411），完成于弘始十四年（413），僧肇作序则在弘始十五年（414）。[①] 在鸠摩罗什的译经中，已经出现了"修多罗"一词，僧肇在明知"修多罗"一词存在的情况下，不仅坚持使用"经"来指称"修多罗"，还在注释"经"字时，完全不考虑"修多罗"的含义，而是从经学"训经为常"的解释传统出发，对其内涵进行改造以解释"佛陀言教"的特质："群邪不能沮，众圣不能异"。僧肇对"经"之内涵的理解不是从"修多罗"直译为"线"出发的，而是从"经学"之"经"训常训法的脉络中，对"佛陀言教"这一类型典籍的特质加以说明。换言之，对于记载着"圣人之言"的典籍，僧肇的理解方式是经学的，而非佛教的。僧肇在训释"经"字时采用经学立场、忽视"修多罗"本义的作法，也许正是其深受汉文化典籍观念影响的结果。与此类似，在比僧肇更早的陈氏注《阴持入经注》与道安《人本欲生经注》中，甚至并未对"经"字作任何解释，而是直接以之指涉"圣人之言"。[②] 从僧肇对"经"的诠释从经学的思路出发完全不考虑"修多罗"本义这一现象看，陈氏与道安的在用"经"指涉"佛陀言教"上的"沉默"，或许基于与僧肇相似的理由：圣人所宣谕的常法常道，就是"经"，并不需要再做解释。由此可见，虽然我们对《四十二章经》何以称经的原因已经无法进行考证，但从僧肇对"经"字的训释上可以明确看出汉地

---

① ［后秦］僧肇：《长阿含经序》，《大正藏》第 1 册，第 1 页中。

② 据横超慧日，现存最早的三部汉传佛教注释著作，分别为陈氏注《阴持入经注》、道安《人本欲生经注》与僧肇《维摩诘经注》，详见〔日〕横超慧日《释经史考》，王磊译，《汉语佛学评论》第五辑，上海古籍出版社 2017 年版，第 126 页。另可参见〔日〕菅野博史《初期中国仏教の経典注釈书について》，《大乗仏教思想の研究：村中祐生先生古稀記念論文集》，山喜房仏林 2005 年版，第 19—36 页。

义学僧人对"佛典称经"一事的自觉，不是对"经同尊称"的粗暴借用，而是在深刻理解"经同尊称"的原理机制——"训经为常"——的基础上，在"圣人宣谕之常道常法则称经"的意义上，将佛陀言教命名为"经"。至于章太炎所强调的"修多罗"直译为"线"的解释，则完全不见于僧肇对"经"的训释之中。汉传佛教早期经注中的这些细节提醒我们注意经学——尤其是"经同尊称"观念及其内在理据"训经为常"——对这一时期义学僧人的深刻影响。由此，我们已经可以确定，至迟到僧肇所处的时代，"佛典称经"并不只是对"经同尊称"拙劣模仿，而是在深入理解经学之"经"的涵义之后，对经学的诠释思路加以发挥的结果，不只有使用的自觉，更有理解的自觉。另一方面，这种现象也说明了经学对生长于汉文化知识场域中的汉地义学僧有着强大影响力。但这并不意味汉地义学僧人只是被动接受，而是积极调用经学的理论资源，进行自我理解与解释。

二、《金刚仙论》对"修多罗"正确译名的反思

菩提流支、勒那摩提等人来华并对《十地经论》等典籍进行传译，将北朝佛教义学的发展推向高峰。在菩提流支译出的重要论典《金刚仙论》中，对汉传佛教将"修多罗"译名为"经"并训释为"常"的翻译、解释传统，正式提出了反对意见：

> "经"者，旧人相传，训之曰常。依西国正本，云修多罗。若翻其名者，外国云修多罗，此方翻之为本。此明理、教皆有本义。理为本者，明所诠证法无为之理，能与十二部经言教为本，故名理为本也。教为本者，明寻此言教能得证

法，故名言教与证法为本。故以教为本也。故今言经者，非翻名也。但此中人，义以经字显修多罗处，故言经也。①

菩提流支认为，"旧人相传"将"修多罗"翻译为"经"，并将其内涵理解为"常法常道"之"常"是对"修多罗"本义的误解。与其说是对"修多罗"的翻译，不若说是借用汉地典籍传统中权威文本之名"代称"，因此"经"之于"修多罗"，"非翻名也"。相较于"旧人所传"译名为经、训经为常的错误翻译、解释之法，"修多罗"的翻译应该从其本义入手。在菩提流支的解释中，"修多罗"的本义不是由"修多罗"之字义，而是由"修多罗"这种文本的功能决定的：在证法的过程中所证得的"理"，正是经教背后的"本"；由于经教之言所传达的"理"能够帮助修行者证法，所以经教同时也是证"理"之"本"。简单来说，修行体证所得，就是经教所载，因此在证得教理后，所得之理与经教所载之理相同，修行实践证明了经教所言不虚，故而理为教本。在修道过程之中，经教因其作为得道者修行实践的总结，指引着修道者修证的方向，所以是教为理本。教理互为本被统合在"修行实践"之中，是不同修证阶段的解释。将"修多罗"翻译为"教理互本"之"本"，还见于《金刚仙论》对"胜余修多罗"的解释中：

> "修多罗"者，此是西域之名，汉翻为本。……明此经所诠证理既胜，故能诠之教亦胜，以胜于二乘理教故，云胜余修多罗也。又更有一解：泛明本义，理教具有。以所诠法

① ［北魏］菩提流支译：《金刚仙论》卷一，《大正藏》第 25 册，第 799 页上。

身，无名相理，能与十二部经言教为本，亦云能生有善，故
名为本。能诠言教，修多罗亦与诠法为本，诠于法身，能生
万善，故名为本。①

这则解释的重点，同样在于说明为何"修多罗"应该被翻译
为"本"，理由也与前引《金刚仙论》的内容并无二致：经教与
理的关系，在修道过程之中，是经教为理之本；在修证有所得之
后，实践印证了经教之言，故而理为经教之本。

虽然菩提流支认为"修多罗"应该被翻译为"本"，但在其译
经实践中，并未如后来的汉传佛教义学僧人提出以"线"翻译"修
多罗"、改《华严经》为《华严线》的原教旨构想，在他翻译的经
论中，仍然采取了继承译经传统将"修多罗"译名为"经"的处
理方式。但是，菩提流支在训解"经"字含义时提出的"修多罗"
本义及其合理翻译等问题，却开启了后来北朝佛教释经实践中的
一种新风气：在对"经"字进行释义时，讨论的重点逐渐由译名
为经、训经为常，转向对"修多罗"本意及翻译方式的反思，而
"经"以及"训经为常"在北朝佛教释经实践中虽然并未退场，却
从诠释的中心滑向边缘，仅以"备为一说"的地位出现。②

---

① ［北魏］菩提流支译：《金刚仙论》卷一，《大正藏》第 25 册，第 835 页下。
② 保存于敦煌的斯 1087 号卷子（已收入《大正藏》第 85 册）中有关"经"与"修
多罗"关系的讨论，为我们展示了当时义学僧人在文化归属上的立场，以及对
华梵文化差异的自觉："经者，中国名修多罗，此方名为本，明圣人言语，能
与众生，生善灭恶，修道之本。又理教相望，互为本义，明理不自显，由教故
彰，若不得言，无以得证。故论云：'果虽不住道，而道能为因。'此明教为理
本。然教不自发，由理故生。故论云：'若不证者，则不能说。'此明理为教本。
具此二义，故名为本。今言经者，乃是此方'五经'之名，须其字当修多罗，非
正相翻所以得用经字。佚名：《金刚般若义记》，《大正藏》第 85 册，（见下页）

（接上页）第 138 页中。有关这一残卷的时代，方广锠在《敦煌文献中的〈金刚经〉及其注疏》中有所讨论，认为是南北朝时期北方佛教的作品。首先需要加以说明的，是"经者，中国名修多罗"一句中，"中国"究竟指什么。在净影慧远的诸多注疏作品对"经"的释义中，采取了"经者，外国名修多罗"的表述，这就提示我们，此处所谓"中国"，实则是指印度，这种表述的背后，是汉传佛教僧众的"边地情结"。基于强烈的边地情结，残卷作者将净影慧远口中的"外国"说成"中国"。对"中国"具体所指的判定，为我们判断残卷作者的文化立场提供了支点。与这一立场相应，残卷作者在训释"经"时，首先回到"修多罗"，以"修多罗"为解释的起点与核心，这与此前汉地学僧注释佛典解释"经"字的进路迥然有别。在残卷作者看来，"修多罗"的准确翻译，不是"经"，而是"本"。以"本"翻译"修多罗"的理由有二。其一，"修多罗"作为"圣人言语"，具有指导众生修行实践的作用，因此是"修道之本"。其二，"修多罗"是"教"，虽然"教"与"理"是"互为本义"的关系，但从开显"理"的角度而言，"教"是本。据此，残卷作者认为"修多罗"的准确译名当作"本"。在"经"与"修多罗"的关系问题上，如果说在佛教传入之初，汉地佛教僧众受到"经同尊称"的影响，下意识地选择了"经"作为"修多罗"的译名；至僧肇时，则是主动在经学给出的"经者，常也"的训释脉络中加以"引申"与"转化"，以说明"佛陀言教"的特质；在《金刚般若义记》中，作者已经对使用"经"称呼"修多罗"的合理性上提出了反对意见。此时，"佛典称经"对于佛教而言，并非是在分享"经同尊称"语境中"经"的权威性，"佛典称经"反倒成为他们讨论"修多罗"之内涵的"引子"。可即便如此，在这则对"经"的注释中，我们仍然见到了"经者，常也"的训释。残卷作者明确指出"训经为常"只是"五经"之名中"经"的含义，汉传佛教只是借用"经"来指代"圣人之言"，这种处理方式的合理之处仅在于符合汉地的文化习惯，便于佛教的自我解释，但这绝不意味着内涵是常的"经"可以作为"修多罗"的准确翻译。

《金刚般若义记》对"经"的注释，与其说是对"经"进行训释，不若说是对"修多罗"的内涵及翻译进行的再讨论。这一讨论的结果，是"修多罗"的合理译名不是"经"而是"本"，"经者，常也"的诠释确实可以成立，但只是在"五经"所代表的典籍-知识系统的范围内，不仅"经"不适合用来翻译"修多罗"，"训经为常"的诠释传统，更是只能在经学典籍-知识系统中成立的解释，在对佛教权威性文本的理解中是无效的。可以说，从《金刚般若义记》对"经"的注释中可以看出一种倾向：汉地学僧在对佛教典籍中"圣人言语"这一类核心权威文本的解释上，摆脱了对经学"训经为常"这一诠释路径的依赖，对于经学"经同尊称"的典籍观念也并无多少认同，对于已经将佛陀言教译名为"经"，除了出于对汉传佛教译名"传统"的尊重外，"佛典称经"在残卷作者看来并不具备合理性。

三、昙鸾对"经"字"修多罗"本义的强调

北魏统一北方之后，经过太武帝灭佛的沉重打击，北方佛教义学的恢复，至孝文帝推行以文治国的政策之后，佛教与经学同时得到国家的支持，开始复盛。生活在北魏、东魏时期的高僧昙鸾（476—542）曾作《无量寿经优婆提舍愿生偈婆薮槃头菩萨造（并）注》，已经开始反思华夏典籍系统的渊源，对佛教典籍系统与华夏典籍系统的差异有着清醒的认识。在"解论名目"中，昙鸾对佛教与经学经典体系之间的差别进行了说明：

> 梵言"优婆提舍"，此间无正名相译。若举一隅，可名为论。所以无正名译者，以此间本无佛故。如此间书，就孔子而称经，余人制作，皆名为子，国史、国纪之徒，各别体例。然佛所说十二部经中，有论议经名"优婆提舍"。若复佛诸弟子解佛经教，与佛义相应者，佛亦许名"优婆提舍"，以入佛法相故。此间云论，直是论议而已，岂得正译彼名耶？又如女人于子称母、于兄云妹，如是等事，皆随义各别。若但以女名泛谈母、妹，乃不失女之大体，岂含尊卑之义乎？此所云论，亦复如是。是以仍因而音，存梵音曰"优婆提舍"。①

昙鸾认为，作为十二部经之一的"优婆提舍"，在汉语中"无正名相译"，无法进行准确翻译。造成这种"不可译"的原因在于汉地"此间本无佛"。乍看之下，这一论断着实费解。昙鸾

---

① ［北魏］昙鸾：《无量寿经优婆提舍愿生偈婆薮槃头菩萨造（并）注》卷上，《大正藏》第 40 册，第 826 页中。

的这一理据，只有在"如此间书，就孔子而称经，余人制作，皆名为子，国史、国纪之徒，各别体例"的语境中才能获得完整理解。仅从"如此间书，就孔子而称经"一句，我们就可以确定，昙鸾对于"经同尊称"的观念是熟悉的，这也说明这一典籍观念在当时仍具生命力。更重要的是，昙鸾深刻意识到华夏的典籍分类系统中，孔子所具有的重要意义，只有与孔子相关的典籍，才可以称经，"经"是与"圣人"密切相关的一种文体，与子、史存在着明确的区别。在《汉书·艺文志》的分类中，六经成为子、史等典籍的纲目，四部分类中的"史部"，此时并未单独成为一类，而是附在"春秋"之后。[①]诸子书虽单独成为一种，但从根源上讲，由于诸子学说出于王官之一守，在本质上又与作为先王政典的"六经"存在着本质上的联系。经过《汉书·艺文志》，正式建立起一个以六经为核心的典籍系统。六经与孔子的关系，在今文家看来是孔子制作，在古文家看来是孔子传述，昙鸾或许是意识到这一点，在叙述六经与孔子的关系时，使用了"就孔子"的模糊说法。但从六经皆与孔子有关这一点看来，说"以经为本"的典籍系统之确立，系乎孔子一身，确有道理。正如昙鸾所说，"优婆提舍"作为十二部经教之一，其确切含义，是指符合佛陀本义并经过佛陀认可的佛陀弟子对经教的理解。这种文体姑且可以被称为"议论经"或"论议经"，但"议论"或"论议"二字在汉语中的涵义不能充分表达"优婆提舍"的内涵，所欠缺者，是典籍所蕴具之神圣性或谓权威性。典籍的形态与教化的多样性具有密切关联，典籍的形态是教化的自然产

---

① ［汉］班固撰，［唐］颜师古注：《汉书》卷三十《艺文志》，第 1712—1714 页。

物。因此，没有佛陀的直接教化，也就没有相关的典籍形态。在这种情况下，"音译"才是更好的选择，故而"仍因而音，存梵音曰'优婆提舍'"①。昙鸾在注释中解释何以当初的译者没有以"论"翻译"优婆提舍"，而是保留了音译，即"论"过于宽泛，不足以表示"优婆提舍"的内涵。从中我们不难看出昙鸾明确的佛教本位意识。同样是"圣人制作"，在经学是源乎孔子的六典，在佛教则是佛陀亲授。

值得一提的是，在昙鸾的论述中，按经、子、史叙述华夏典籍的类别，已隐约可见四部分类法的影子，可能是受到了早期四部分类法的影响。据现存于《广弘明集》中阮孝绪的《七录序》可知，四部之法始自曹魏秘书郎郑默的《中经簿》，至西晋领秘书监荀勖《中经新簿》"总以四部别之"②，至东晋时著作佐郎李充"始加删正，因荀勖旧簿四部之法，而换其乙丙之书，没略众篇之名，总以甲乙为次，自时厥后，世相祖述"③。此后阮孝绪（479—536）曾对这一方法进行完善，但因阮孝绪与昙鸾生年相近，昙鸾虽曾去过南方，但是否了解阮孝绪的学术思想，不得而知。

不同于僧肇对经与修多罗的关系避而不谈，昙鸾在注文中明确指出，"修多罗是佛经名"④。所谓"修多罗"，是"十二部经中直说者名修多罗，谓四阿含三藏等"⑤，以及"三藏外大乘诸经，

---

① ［北魏］昙鸾：《无量寿经优婆提舍愿生偈婆薮槃头菩萨造（并）注》卷上，《大正藏》第 40 册，第 826 页中。
② ［唐］道宣：《广弘明集》卷三《七录序》，《大正藏》第 52 册，第 109 页上。
③ 同上。
④ ［北魏］昙鸾：《无量寿经优婆提舍愿生偈婆薮槃头菩萨造（并）注》卷上，《大正藏》第 40 册，第 827 页下。
⑤ 同上。

亦名修多罗"①。但是，即便昙鸾对"修多罗"的具体所指有着如此清晰的认识，清楚地看到佛教典籍系统与经学成立以来建立的典籍系统之间存在着明显差异，但在对"经"字的训释上，昙鸾仍没有突破经学"训经为常"的解释传统：

> 经者，常也。言安乐国土，佛及菩萨清净庄严功德，国土清净庄严功德，能与众生作大饶益，可常行于世，故名曰"经"。②

如果说僧肇继承了经学"训经为常"诠释传统的诠释脉络，虽然在常道常法的解释上拒绝了经学的内核，但对"训经为常"这一诠释思路的继承，加之其有意忽略了对"修多罗"的讨论，尤能显示出"训经为常"的诠释传统对于汉地学僧在典籍与思想的理解图式上的深刻影响。到了北方政局稳定、佛教复盛的时代，尤其是崇信佛教已在全社会形成一种普遍风气、佛教势力大大增强的情况下，已显露出佛教本位意识的昙鸾虽然对"常"的具体内涵做了一个与经学在内容与致思理路上都大相径庭的解释，但仍未断然放弃"训经为常"的解释传统，这一点十分耐人寻味。充分意识到佛教典籍系统与华夏典籍系统的差异，并指出教化形式对典籍形态具有决定性作用的昙鸾，未必对经学典籍传统中"经同尊称"的观念有多强烈的认同，却仍没有放弃"训经

---

① ［北魏］昙鸾：《无量寿经优婆提舍愿生偈婆薮槃头菩萨造（并）注》卷上，《大正藏》第 40 册，第 827 页下。

② 同上书，第 826 页下。

为常"的解释，足以说明这一解释传统的强大影响。① 对于"修多罗"本义的回归、对佛教典籍的解释中使用"训经为常"进行抵制，出现在北朝晚期。

---

① 本书虽然以北朝佛教为研究对象，但在南朝佛教的注释中，"训经为常"的现象也存在。在昙鸾自觉区分华梵典籍系统与观念之别的同时，南朝重要的释经作品《大般涅槃经集解·法智序》中，就仍能看到"训经为常"的影响力："经者，唯金口所吐言理，乃得称经。弟子制作，非佛印可，不得称也。何者？经之字训，略有二义：一训言'常'，其二言'由'。常者，夫至人智极而后言，言必称理矣，众圣莫能改言，故言常也。出凡入圣，靡不由之。佛之所说，既穷兹二，故得称为经也。弟子所说，理有所未鉴，言有所未真，既于常、由二义，有所未极，故不得称为经，是以《维摩》《胜鬘》，虽有所说，要须佛印可，方得称经。"法智对"常"的解释与僧肇的思路相近，也即继承了经学"训经为常"的致思理路，在强调道之不变的意义上使用"常"，并有所推进，强调"道"的实践指向，故训"经"为由。在法智对"经"的训释中，也没有出现"修多罗"，不论是"常"还是"由"，都是在汉文化的诠释路径上展开训释，完全没有涉及对华梵典籍观念与系统之差异的内容。在同时代南朝梁的另一部释经作品《法华经义记》中，法云也在"训经为常"的诠释理路中训解"经"的含义："经者，盖是佛教之通名、圣语之别号。然经之为义，本训常训法。常是不坏之称，法是可轨为目。欲明诠之义不可移易，先圣后圣不能改其长度，天魔外道不可俎坏此法，令其不害理，故称为常。从之者则离恶行善、出凡登圣，故称为法也。然经中正明因果果，但因果两法喻若莲花，今举所明理以目此教，故言《妙法莲花经》也。"从僧肇、昙鸾、法智、法云对"经"字的解释始终围绕"常"与"法"展开这一点而言，虽然经学"训经为常"的内涵是"五常之道"，佛教义学僧在使用"训经为常"的解释时往往通过全新的阐释对其理论内核加以更换，但从观念史的角度来看，"训经为常"的解释路径成为一种重要的观念资源，其经学的"内里"虽然在使用时屡屡被抽空，但这一解释却成为一种典范与标准。观念与概念的区别，正在于是否能够对思想体系之外的生活实践产生影响，概念只能存在于思想之内，观念却能越出思想，对现实施加影响，成为现实中种种理论实践、生活实践的"理据"——即使在使用中存在着误读、误用的情况。此外还需要说明的一点，是汉传佛教义学僧人在对"经"的解释上，在"训经为常"之外，确实存在其他解释。如竺道生在《法华经注》中对经的训释即为"经者，世之经纬，成自素帛。斯之经纬，显乎行者真光之彩也"。将"经"理解为"经纬"，虽然并未采用"训经为常"的诠释传统，但其训解"经"，仍然是在汉语的语境中加以引申、发挥，而不是从"修多罗"出发进行理解。这种在解释"经"的含义时不涉及"修多罗"的现象，值得关注。

第三节　北朝晚期隋初佛教对"训经为常"的贬抑与再接受

随着菩提流支等人在北魏末期进入中国，《十地经论》《金刚仙论》等典籍的传入与译出，北方佛教在义学领域走向了一个新的高度。北方佛教学派的成立，佛典注疏的大量涌现，为系统整理佛教义理而出现的"义章"体裁，无不是这一时期佛教义学兴盛的标志。这一时期佛教义学的一大特征，是佛教思想体系的确立，在对诸多问题的自我理解与解释上，佛教义学僧不再借助汉文化的理解图式，而是以佛教内部的理论资源为依凭。

一、净影慧远对"训经为常"的贬抑

与前述背景相应，净影慧远在其注疏作品中，采取了与菩提流支相似的作法，也在注释"经"字时，展开了对"修多罗"本义与合理译名的讨论。在现存净影慧远的释经类著作中，对"经"的注释有五则，[①] 由于内容同质，兹仅引用《无量寿经义疏》

---

① 另外四则内容分别见于：
  1. ［隋］慧远撰：《观无量寿经义疏》，《大正藏》第 37 册，第 173 页下—174 页上："经者，外国言修多罗，此翻名綖（或线），圣人言说，能贯诸法，如线贯花，是故就喻，名之为线。而言经者，线能贯华，经能持纬，其用相似，故复名经。若依俗训，经者常也，教之一法，经古历今，恒有曰常。"
  2. ［隋］慧远撰：《大般涅槃经义记》，《大正藏》第 37 册，第 614 页中："经为能诠，外国正音，名'修多罗'，此翻名线，以能贯穿一切法相，如线贯华，是故就喻，说之为线。而言经者，线能贯华，经能持纬，其用相似，故复名经。若依俗训，经者常也，教之一法，经古历今，恒有曰常。"
  3. ［隋］慧远撰：《维摩义记》，《大正藏》第 38 册，第 422 页上："经者，外国名'修多罗'，此翻名线，圣人言说，能贯诸法，如线贯华，（见下页）

的内容为例进行说明：

> 经者，外国名"修多罗"，此翻名线。圣人言说，能贯诸法，如线贯华，故名为线。而言"经"者，线能贯华，经能持纬，其用相似，故名为经。若依俗训，经者常也。人别古今，教仪常楷，故名为"常"。经之与常，何相开顾？将"常"释经，释言"经"者，是"经历"义，凡是一法，经古历今，恒有不断，是其常义，故得名常。①

在上引注释中，净影慧远对以"经"译"修多罗"的合理性，做出了两个方面的解释。其一，"修多罗"的本义是"线"，之所以以"线"指称佛陀言教，是基于一个比喻：圣人言说，能贯诸法，如线贯花。在汉语的语境中，如《说文解字》就训经为织，其含义正如净影慧远所言"经能持纬"，具有统摄作用。能贯花之"线"与能持纬之"经"的作用相似，在这一意义上，以"经"翻译"修多罗"，仍有可取之处。我们始终强调，在经学的语境中，"经"的含义不是"线"，而是"常法""常道"。净影慧远则在"训经为织"的意义上，在"修多罗"的本义"线"

（接上页）是故就喻，说之为线。线能贯花，经能持纬，其用相似，故复名经。若依俗训，经者常也，人别古今，教义恒定，故名为常。经之与常，何相关预？以常释经，经者是其'经历'之义，教之一法，经古历今，恒有曰常。"
4.［隋］慧远撰：《十地经论义记》，《大正藏》第45册，第24页中："经者，外国名'修多罗'，此翻名线，线有何义，而名线乎？释言：线有贯持之义，圣人言说，能贯诸法，是故就喻，说名为线。若尔，何故不名为线，乃名为经？解亦有。以线能贯华，经能持纬，其用相似，故号为经。若依俗训，经者常也，教之一法，经历古今，恒有不绝，故名为常。"
①　［隋］慧远：《无量寿经义疏》卷上，《大正藏》第37册，第92页上。

与"经"之间建立其关联，以说明"修多罗"译名为经的合理性，这也是为"佛典称经"寻找一种合理性依据。对于经学语境下的"训经为常"，净影慧远保持了足够的警觉，将"训经为常"视为"俗训"，是对真俗语境及语境背后意义系统的主动区分，足见其佛教本位的立场性。对于"训经为常"这一在汉传佛教早期自我理解与解释的过程中发挥了重要作用的"俗训"，净影慧远没有回避，而是在"教"经历古今而"恒有"的意义上加以理解，这与僧肇的处理方式是一致的，只取"训经为常"中"常"的恒久与不可改变，却将经学语境中"训经为常"这一解释中的"经"解释为"经历"，表"经古历今"之义。经学对"经"的训释以"五常"也即真理内涵为根据，因真理的恒常而"训经为常"。净影慧远则是以真理能够克服时间-历史来解释"经"何以为常。

通过散见于注疏之中诸家对"经"字的解释，我们已经大致可以看出净影慧远在"训经为常"问题上的态度。本节开篇处既已提及，北朝中后期北方佛教出现了"义章"这一文体，以不同的理论框架，对佛教的理论进行系统化的整理。在前述五种注疏中我们看到净影慧远有关"经"的论述几乎完全相同，但这只是他对"修多罗"译名的学术史述评的结论部分，完整的讨论见于净影慧远的《大乘义章·三藏义》。在对"三藏"进行释义时，净影慧远首先指出，对于"修多罗"的翻译，在当时已不止一种：

> 言三藏者，谓修多罗、毗尼、毗昙。"修多罗"者，中国之言，此方释者，翻译非一，或名"法本"，或复翻为

"真说语言"，或名"契经"，或翻名"线"。①

到净影慧远时，"修多罗"的译名已有"法本""真说言语""契经"与"线"四种。慧远对于这四种流行说法，逐一加以评述。首先是对见于前引菩提流支《金刚仙论》中的"修多罗"译名为"本"的述评，这也是慧远对"修多罗"译名的述评中篇幅最长的一种。在此提请注意的是，《金刚仙论》将"修多罗"翻译为"本"，而净影慧远的述评中，这种翻译的译名是"法本"，但在慧远的具体论述中，又出现了"经本"等名目，但在对译名的理据进行分类时，又统称为"本"。

> 人家所以翻为"经本"，盖依《仁王》《百论》故尔。如《仁王》中，佛告大王，经本偈经，乃至论义，一切皆如，以彼经中，名修多罗，为经本故。人即执此，用为翻名。又《百论》中，名其经本为"修妒路"，或云"经本"。人复执此，定为翻名。盖乃随义，以名经体，非正翻名。②

慧远指出，以"本"作为"修多罗"的译名，经典出处是《仁王般若经》与《百论》。由于在这两部经论中出现了将"修多罗""修妒路"解释为"经本"的情况，故而后人在翻译"修多罗"时，以"经本"为名。但慧远并不认可这种说法，理由在于，《仁王经》中称"修多罗"为"经本"，是在十二部经的语境

---

① ［隋］慧远：《大乘义章》卷一《三藏义七门分别》，《大正藏》第44册，第467页上。

② 同上。

中,指出"修多罗"这种"经体"(经之体裁)的根本地位,这也就是慧远"以明经体"的意涵。因此,《仁王经》与《百论》中在谈及"修多罗"时使用"经本"一词,并不是翻译,而是解释,是在说明"修多罗"作为十二部经中的一种经的地位,所以说"非正相翻",并非"对译"。在说明了以"本"翻译"修多罗"的理论根据之后,净影慧远还对持这一译法者对"本"的"再诠释"进行了汇总,总计四种。

何者"本"义?"本"义有四:

一理教相对,教为理本,故名为本。①

第一种就是在"教"与"理"互为本的意义上加以理解的,这种解释也正是前引《金刚仙论》及《金刚般若义记》中的理据。但在前文对《金刚般若义记》的分析中笔者既已指出,残卷作者使用"本"来翻译"修多罗"的理由有二,除了教为理本的涵义之外,还有"修道所本"这一重涵义。

在接下来的讨论中,慧远指出:

二就教中经论相对,经为论本,故名为本。②

"本"的第二种含义很简单,也即在由经、论组成的典籍系统中,"经"作为佛陀言教具有最高的权威性,"论"是依据佛陀

---

① [隋]慧远:《大乘义章》卷一《三藏义七门分别》,《大正藏》第44册,第467页上。
② 同上。

言教成立的，因此经是论的根本。

"本"的第三种含义，是在"经"这类典籍系统内部进行区分的产物。

> 三就经中自有本末，本自三义：一总为别本，二初为后本，三略为广本。是义云何？修多罗中，义别有三：一总修多罗，绫摄十二，莫不皆成一修多罗，故《涅槃》云："始从如是，终至奉行，如是一切，名修多罗。"二别修多罗，就前总中，开分十一，余不收者，还复摄在修多罗中，名之为别。三略修多罗，十二部中，初略标举一切，通名为修多罗，后广解释，说为十二，如言"色"者，即是根本略修多罗部，谓十一种青黄等色，是其广释修多罗部，如《喻经》中："譬如长者，有一大宅。"即是喻说，略修多罗，其宅朽等，是其广释，譬喻经摄，如是一切。此三种中，总修多罗，望别十二，总为别本，故名为本。别修多罗，望彼祇夜，重诵之偈，及望譬喻、论议之经，初为后本，故名为本，望余非本。略修多罗，望广十二，略为广本，目之为本。①

具体而言，由于佛陀言教共有十二部经，这十二种文体的权威性是不同的，存在着本末之别。修多罗为其中最重要的一种，也就是"总为别本"；十二部经中，自修多罗开始，每一种先出现的文体，都是后出现的文体的"本"，故而有"先为后本"；

---

① ［隋］慧远：《大乘义章》卷一《三藏义七门分别》，《大正藏》第44册，第467页上一中。

"修多罗"作为十二部经的"总括"，其余十一种实则都是对"修多罗"的具体阐释，因此内容上简"略"的修多罗是剩下十一部经的"本"，也就是"略为广本"。净影慧远从总别、先后、略广三个维度，对十二部经的内部结构进行了梳理，指出"修多罗"在十二部经中具有的核心地位，进而说明何以要以"本"为修多罗的第三重含义。

> 四就论中，自有本末，有二种：一略为广本，如迦旃延所作之论，与《毗婆沙》《广论》为本；二广为略本，如《毗婆沙》与《阿毗昙》及《杂心论》以为本等。本义如是。①

"本"的第四种含义，是从"论"这类典籍系统内部的从属关系引申出来的。具体而言，由于论典系统内存在"略为广本""广为略本"两大类关系模式，而广略关系又可以在"本末"的概念下加以理解，故而有了第四种含义。对于前三种含义，并不存在理解上的困难，但在第四种解释中，似乎坚持将"修多罗"译名为"本"的人，其理据在于"论典"内部存在"本末"结构，这种解释令人费解。对此，慧远点明了第三、第四种"本"之涵义的来源：

> 彼《仁王》中所云"本"者，就经以说，总为别本，故名为本。初为后本、略为广本，亦名为本。彼《百论》中，

---

① ［隋］慧远：《大乘义章》卷一《三藏义七门分别》，《大正藏》第44册，第467页中。

就论以说，略为广本，故名为本。此等乃是，随义傍翻，非
正翻名。①

对于以"本"为"修多罗"的译名，慧远始终认为是存在问
题的，这个问题就在于，不能将典籍中对"修多罗"涵义的具体
解释，用作译名。以"本"翻译"修多罗"并不仅见于前述敦煌
残卷，吉藏的《仁王般若经疏》在训释"修多罗"时，亦认为应
该翻译为"本"，足见这种翻译方式在当时的影响力。

"修多罗"的第二种译法是"直说"。这种译法的根据是《成
实论》：

人复所以翻为"直说"，依《成实论》，故为此释。彼
文说言："修多罗者，直说语言。"人即执此，以为翻名。盖
乃是其辨释之辞，非正翻名。诃梨跋摩，作论解释十二部
经，对彼《祇夜伽陀偈经》，故指序言"修多罗者，直说语
言"。如似说言热者是火，岂是翻名？何故偏对祇夜伽陀？
以此二种，一向别故。②

对于这种译法，慧远认为也存在问题，问题在于将对"修
多罗"的解释，当作译名使用。慧远还特意以"如似说言热者是
火，岂是翻名"，说明这种作法的不妥之处。

"修多罗"的第三种译名，则是至今仍有影响力的"契经"。

① ［隋］慧远：《大乘义章》卷一《三藏义七门分别》，《大正藏》第 44 册，第 467
页中。
② 同上。

这种说法的典籍依据，在《增一阿含》：

> 人复所以翻名"契经"，依彼《增一阿含序》故，便作
> 此释。彼言："契经是第一藏，毗尼第二，毗昙第三。"明知
> "契经"是修多罗。又依《杂心·业品》之文，彼文说言：
> "断律仪者，如《契经品》。"乃其所指，是《修多罗品》，
> 人即执此，以为翻名。斯乃随义，以名其经，非是翻名。以
> 其圣教，称当人情，契合法相，从义立目，名之为契。此既
> 方言，何用私情，种种图度？①

对于这种译名，慧远仍持否定态度，认为"契经"并非译
名，而是在汉语"经"的基础上增加一个契字，说明"修多罗"
这种"圣教"是"称当人情，契合法相"的，即与人情、法相相
契合。"契"之一字，是基于对"修多罗"这一"圣教"的理解
与阐释而特意提出的，并非来自"修多罗"这一名词本身，因此
慧远才会批评译成"契经"是私情图度，并不是直译。

在总结、批判了"本""直言""契经"等译法之后，慧远提
出了他理解中唯一确当的译名，也即见于前引慧远五种著述中的
译"修多罗"为"线"的观点。不同于在注疏中直接给出结论的
做法，慧远着重讨论了为何将"修多罗"翻译为"线"才是最适
合的译名。

> 若正相翻，名之为线，何以得知？今此且以三门释之：

①　［隋］慧远：《大乘义章》卷一《三藏义七门分别》，《大正藏》第44册，第467
　　页中。

一准定方言，二以义解，三以文证。

准方言者，外国之人，正名世人，缝衣之线，为修多罗，那得异翻？

言义解者，诸法星萝，散周法界，所以次第显理，在世不坠不失，良以圣教贯穿故，尔贯法之能，如线贯华，故名为线。

言文证者，如律中说，如种种华，散置案上，风吹则落。何以故？无线贯故。如是种种名、种种性、种种家、出家，令佛法疾灭不久住。何以故？不以经教摄取法故。故目圣教以之为线，佛法如华，所被众生，三业如案，造过非如风，由过灭法，如华零落。若无言教，记持彼法，法则隐灭，良以言教记持，在世人虽造过，法常不灭，以有此能，故说如线。又《杂心》言："修多罗者，名曰结鬘，能贯诸法。"贯法犹是"线"之义也。①

慧远的理由有三。其一将修多罗翻译为线最符合印度语言原义，不应该在翻译时过分偏离原义。其二是"线"的譬喻义最能体现出修多罗的作用，也即统合佛陀针对不同根基的众生而说的各各不同的教，以保证教义体系的完备而不至散乱。其三则是以"线"翻译"修多罗"有来自经典的证明。在此，慧远举出两个例证，一是律藏，二是《杂心论》。总之，以"线"翻译"修多罗"，既符合"修多罗"在梵文中的本义，又能恰如其分的表征"修多罗"这一类"佛陀言教"的作用，故而最合适。前文中

---

① ［隋］慧远：《大乘义章》卷一《三藏义七门分别》，《大正藏》第 44 册，第 467 页中—下。

我们提到，在清末经学今古文的内部争论中，章太炎以将"修多罗"直译为"线"、意译为"经"作为例证，来解构今文经学"训经为常"的解释传统。在章太炎的解释中，"修多罗"的原义是"线"，而贝叶需要用线贯穿起来，才能成为典册，故而可以意译为"经"。① 也即以"经"作为一种书籍的装帧形式。饶宗颐指出章太炎理解中的不当之处，但理据来自历史语文学的研究成果，从婆罗门教的传统中发明"修多罗"的本义，虽然也参考了汉传佛教的"字书"，② 却未曾注意到在北朝时对于"修多罗"应译为"线"及其合理性就已存在着系统反思。

还有一点需要提请注意的是，净影慧远在不同著作中对"训经为常"这一说法的回应方式。慧远在注疏中释"经"的部分，和僧肇的处理方式一样，对"训经为常"进行了一次转化，以说明以"经"指称"修多罗"的合理性；但在《大乘义章·三藏义》的分析中，却始终没有涉及"经"。这可能是因为，在一部纯粹的理论书中，净影慧远解释"三藏"，直接以音译之名指称三藏，既表达了对"佛典称经"的态度，又避开了"经"字，也就不必对"修多罗"译名为"经"进行回应。但在注疏中面对佛教典籍中出现的"经"字时，作为注释者却不能回避这一问题。在注疏中论及"训经为常"时，慧远虽然明确了这种解释是与佛教解释迥然有别的"俗"训，以此标明自己的立场，但与《金刚般若义记》残卷中明确拒绝用"经"作为"修多罗"译名的

---

① ［清］章太炎撰，庞俊、郭诚永疏证：《国故论衡疏证》，第 266 页："修多罗者，直译为线，译义为经，盖彼以贝叶成书，故用线联贯也。此以竹简成书，亦编丝缀属也。"
② 饶宗颐：《华梵经疏体例同异析疑》，《梵学集》，第 267 页。

做法①相比，净影慧远在面对整个汉传佛教的传统时，采取了尊重、维护的态度，并没有对历史上存在过的义学僧"训经为常"的事实加以否定。与慧远同为隋代三大师之一的吉藏，面对"佛典称经"问题时的态度与慧远相似，但其论述更加圆融。在《胜鬘宝窟》中，吉藏对"修多罗"的译名问题，尤其是在如何面对以"经"翻译"修多罗"这一"历史遗留问题"时，展示出一种开放的姿态。

二、吉藏对华梵异义的贯通

对于"修多罗"的准确翻译，吉藏认可"线"与"本"这两种译法，并指明这两种译法都有经典依据（"文证"），这一处理方式与净影慧远相似，对具体理由的阐述也与前文中慧远对"修多罗"四种译名的分析并无差异②：

> 言经者，天竺名修多罗，此方随义，翻译非一，传译者多用"线""本"二名以翻修多罗。若依《分别功德论》及《四分律》，并验现今天竺僧，名缝衣之线为修多罗，则以"线"翻修多罗。若依《仁王经》及留支三藏所云，则以

---

① 详见第 68 页注释②。
② 在吉藏有关"本""线"为"修多罗"原义的讨论中，唯一需要提请注意的，是吉藏明确指出以"本"翻译"修多罗"的理据，除《仁王经》之外，还有"留支三藏所云"。"留支三藏"应指菩提流支。前文对敦煌残卷《金刚般若义记》年代及其学派归属的讨论中，引用方广锠之说，认为这篇残卷应该是北朝佛教的作品，方广锠的理据在于残卷中使用了"半、满二教"教相判释标准。已有研究指出，主张半满二教判释的僧人即为菩提流支。在笔者引用的内容中，明确可见残卷作者在"修多罗"的释义上认可"本"这一译法，由此推断，残卷的作者受到菩提流支学说的影响应该很深。

"本"翻修多罗。若线若本，并有文证，但验方言，难可偏定。所言"线"者，如世间线有贯穿摄持之用，诸佛言教，亦有贯法相摄人之能，与线大同，故从喻立名。所言"本"者，以教能显理，教为理本，教能起行，故教为行本，今行为经。①

但在"训经为常"的问题上，吉藏对翻"修多罗"为"经"的古人之心，进行了一次深入的体察：

言"线""本"者，盖是翻译之家，随方音便，故以"经"名代于"线""本"，类如毗含藏，正翻为"灭"，若依根本翻名，应言《四分灭》《十诵灭》等。但翻译之家，见此方俗法判罪教门名之为律，是以佛法制罪教门，亦为律，故名《四分律》《十诵律》等。此亦如是。若依根本翻名以为"线""本"，应言《涅槃线》《法华线》等，亦是翻译之家以见此方先传国礼，训世教门名为"五经"，是以佛法训世教门，亦称为经，故言《涅槃经》等。既随俗代名，还依随俗释义。俗言："经者，常也。"虽先贤后圣，而教范古今恒然，故名为常，佛法亦尔，虽三世诸佛随感去留，教范古今，不可改易。②

对于为何"翻译之家"不以"线""本"这些更贴合"修多罗"原义的说法指称"修多罗"，吉藏认为原因在于"随方音

---

① ［隋］吉藏撰：《胜鬘宝窟》卷上，《大正藏》第37册，第4页中。
② 同上。

便"。这里的"方"，就是指华夏。对此，吉藏还特意举出了三藏之中的"毗尼藏"为何翻译为"律"，来对这一观点加以说明。按吉藏之说，毗尼的本义是"灭"，如果按照原义进行直接翻译，则通行于汉传佛教的《四分律》《十诵律》则应该直译为《四分灭》《十分灭》，《华严经》《法华经》等译名应为《华严线》《法华线》。但"翻译之家"在翻译时考虑到本土的理解，从毗尼藏灭罪的目的与功能出发，指出本土的"灭罪教门"是"律"，故而选择了"律"翻译"毗尼"。与此类似，"修多罗"是佛陀对世间的教化，而在华夏的传统中，具备"教化世间"功能的，正是"五经"，因此选择了"经"作为"修多罗"的译名。吉藏对古人之心的体察，反映出吉藏对经学教化体系的理解之深刻，将"经""律"用于翻译"修多罗""毗尼"的发生学考察，紧扣在"礼教"与"刑政"结合的经学教化体系中加以诠释，不可谓不高明。将吉藏对"佛典称经"的解释与章学诚进行对比，更能看出章学诚在这一问题上的偏颇。

在汉传佛教早期释经著作中出现的"训经为常"这一"历史遗留问题"，吉藏的态度比净影慧远更为通达，并提出了一条"原则"，以妥善安置汉传佛教早期理论资源不足时期的译经、释经实践。吉藏明确指出，"训经为常"之所以适用于诠释佛典，原因在于：翻译"修多罗"时选择"经"代替"线""本"，是遵循了"既随俗代名，还依随俗释义"[1]的原则。在这一原则的背后，既有对华梵知识体系的区分，又为佛经中出现基于华夏知识体系的解释留出了空间，妥善解决了新知识传入后早期诠释的去

---

[1] ［隋］吉藏：《胜鬘宝窟》卷上，《大正藏》第 37 册，第 4 页中。

留问题。从佛教的角度看，这一原则使存在于既往佛教注疏中的"训经为常"解释可以被合理地保留下来，对汉传佛教释经史上存在的引用汉文化的理论资源解释佛经的行为的合理性作出了说明，使汉传佛教释经史的"过去"与"当下"得以贯通，而不是在新知识传入后造成佛教传承上的断裂，从后来者的视角出发挤压、贬低初传时代的译经、释经实践。正是基于这一原则，吉藏在使用"训经为常"这一解释时不再有菩提流支、昙鸾以及慧远等人注疏中的"断裂感"，即"本义"与"旧解"只能勉强牵合一处，而不能在理论上贯通。更为重要的是，"既随俗代名，还依随俗释义"的原则又避免了类似僧肇只取"俗训"所导致的佛教"本义"被遮蔽、华梵知识体系差异未能充分体现的弊病。可以说，在吉藏的解释中，不仅摆脱了"佛典称经"仅仅是为了借"经同尊称"之势的流俗解释，又为僧肇以降创造性转化"训经为常"为佛教所用的释经实践留下了合理的位置，在真俗之间确立起一个既边界分明又可充分交流的空间。

小　结

从《大乘义章·三藏义》解说"修多罗"译名先列三家异说来看，至迟到净影慧远的时代，佛教义学僧对于以"经"来指称"佛陀言教"中最重要的文体"修多罗"，已经产生了反思，并开始了"重译"的实践。经由吉藏的论述，我们得知激发起这种再诠释冲动的原因，是佛教知识的传入、汉传佛教知识体系的完善。但是，新知识的传入却在新旧解释之间造成了一种紧张，如何在摆脱汉文化知识体系的情况下，保留前代借用汉文化理论资源进行的解释，或者说，如何在佛教知识背景的诠释中合理安置历史上基于汉文化理论资源展开的诠释实践，成为这一时期佛教义学僧的一个理论困境。最终，这一问题为吉藏妥善解决。从强调本义、提倡重译，到妥善安置历史传统，足以说明佛教内部在"佛典称经"问题上的困扰与审慎，这与章学诚在《文史通义·经解》中刻画的对"经同尊称"的"盗用者"形象[①]存在着巨大差异，也与饶宗颐"借五经之名"以自重[②]的简单判断有一定距离。

　　然而，"训经为常"只是这一时期佛教译经、释经的一个微观切面，在更为宏观的佛教典籍层面的知识整合，考验着汉地学僧的心智与创造力，也在这一理论实践中更加明显地体现出汉传佛教的理论偏好，以及经学这一"语境"的影响力。这就是"判教"问题，一个汉地学僧的"中国问题"。

---

① ［清］章学诚著，叶瑛校注：《文史通义校注》，第 103 页。
② 饶宗颐：《华梵经疏体例同异析疑》，《梵学集》，第 267 页。

第三章

以经为本：北朝佛教对经学知识
整理意识的继承与发展

在《博睿佛教大辞典》第一卷"Canonicity"条目下，区分出两种"经典"，一种是"开放的经典"，另一种是"封闭的经典"。汉传佛教的"藏经"系统则属于前一种。[①]经典的开放性导致了一种独特的"经典"现象，即：佛教的核心典籍不是一部，而是一组，并且始终处于吸收、接纳新经典的状态，这与亚伯拉罕信仰系统仅有一部"经"的情况形成鲜明对比。"中国（包括儒家）经典不是单数，而是复数。而且，经典的确立不是同一时期以同一种方式进行的。汉人重五经，而宋人重四书就是证明。还有解释经典的作品，也有机会进入经典的行列。这些现象，涉及权力与解释，解释与历史环境等问题。"[②]"开放"与"复数"，乃至于"传"在历史的发展进程中甚至可以成为"经"，却并不

① *Brill's Encyclopedia of Buddhism. Volume One: Literature and Languages.* Leiden: Brill, 2015, pp. 5–6.
② 陈少明：《经典世界中的人、事、物》，第23页。

意味涵括儒家、佛教在内的"中国经典"是无序的。

"经典的秩序"不是自发形成的，而是笃信经典有效性与权威性的诠释者，基于"圣人之言必然存在内在统一性"这一信念，平衡群经异义的结果。有趣的是，虽然经学与佛教都将"经"或"修多罗"视为"圣人之言"的载体，但从相同的信念出发，汉僧与胡僧在面对"群经异义"问题时，却有着迥然不同的态度。对于经学而言，虽然"五经"之于"教化"功能各有不同，群经之间存在内容上的歧异"似乎"是自然的，但由于笃信"六艺"经过孔子手订，孔子将自己的政教理想贯注其中，因而"六艺"或"五经"之间因文献形成时期、功用等差异造成的异义，必然可以被合理解释、统合起来。换言之，正是因为"群经"是圣人亲定的，因此群经异义才构成一个问题，并深刻影响了经学成立后经学学术的走向——无论两汉时期的两次经学会议，还是东汉末年名儒致力于平衡"五经异义"。

相比之下，印度佛教对"修多罗"之间歧异的看法与此迥然有别。最能体现印度佛教之于群经异义之认识的，是胡僧的判教观。无论"一音判教"究竟出自鸠摩罗什还是菩提流支，这种判教观念与其说是一种"典籍整理"的思路，不如说是对群经歧义的"态度"[①]：佛陀说法，受到听者的限制，因而不同的经——佛

---

① 廖明活在对一音判教进行说明时，已经明确意识到，相比于汉僧的判教理论，菩提流支的一音判教理论事实上并未建构任何典籍分类标准："判教工作包括：'类别'和'会通'两方面。菩提流支判别佛法为半、满两门，这便是'类别'。又菩提流支主张佛陀以一音说法，虽然对菩提流支所谓'一音'，不同来源的资料有不同的记载，不过菩提流支是以一音的观念，说明表面上相异各门佛法，其本质和功能为相同，从而'会通'它们，则是甚清楚的。又现存资料记载菩提流支的判教学说，述及'一音教'者要比述及'半满二教'者为多，亦较为详尽；又菩提流支反对时人把佛法划分为渐、顿两类，（见下页）

陀之言——之间存在异义是自然的，不需要特别加以关注。在此我们借用菩提流支在解释"修多罗"内涵时提出的"教理互本"作为理论工具，概括理解佛典的两种不同视角。从"理"的角度看，群经虽然作为"教"而呈现出复杂的"表象"，但"表象之下"是"理"的不同侧面，因此自然是统一的。如果非要强调群经的内在一致性，唯一能够提供这种一致性的，正是佛陀本人。佛陀本人在不同的"语境"（众生的根机）中表达的"真理"，虽然因为"语境"的差异导致"教"之间存在差异，但其背后的"理"则是一致的。"一音判教"对群经歧义的这种理解，并不仅见于出身印度的佛教义学僧，在题为东汉末年牟子撰著的《牟子理惑论》中，牟子对"群经"关系的理解，与菩提流支几乎完全一致。这一点我们将在后文详细论述。佛教传入早期汉人对佛教"群经"关系的理解，与北朝胡僧的理解之间的高度重合，意味着"一音判教"所代表的或许正是印度佛教传统的典籍观念。

　　从现有研究来看，"判教"已经成为一个几近"封闭"的研

　　（接上页）宣说'渐教'和'顿教'，是指同一的佛法整体；凡此，都显示出菩提流支的判教思想，较为着重'会通'方面。"廖明活：《地论师、摄论师的判教学说》，《中华佛学学报》1994 年第 7 期。从菩提流支本人重视、传译"论"典这一事实看，菩提流支对于汉地义学僧的批评不是针对知识整理，而是针对围绕"经"展开知识整理这一方式。这并不意味菩提流支不重视经在修道过程中的作用。在上一章我们就曾明确指出，在菩提流支的理解中，"经"应该翻译为"本"。以"本"为"修多罗"之正确翻译，与"训经为常""经同尊称"反映了时人将"经"视为常法常道一样，菩提流支认为在修道的过程中"理为教本"，修多罗记载的"理"是修道必须依据的路径；当修道取得结果时，实践的结果本身就是对修多罗之"理"的引证，故而说"教为理本"。菩提流支对以"本"作为"修多罗"的正确译名，其致思理路正是基于对"缘经修道""借经悟教"的反思。问题的关键在于，当一个普通的修行者面对浩瀚的经藏时，究竟应该如何"选择"适合于自己的经典。

究领域。所谓"封闭"，体现为两点。其一，对"判教"兴起的外部因素关注不足。从现有研究刻画的"判教"起源来看，促成"判教"兴起的原因只是佛典的大量传入，使知识整理成为汉传佛教发展的逻辑必然。[①] 但是，早在《牟子理惑论》中，就出现了汉人对佛教典籍规模庞大、一般人在现实中无法"缘经修道"的批评。"典籍"的规模、次第，也成为三教论衡的一个重要主题。在《夷夏论》中，顾欢就明确指出，道教的典籍简约，而佛教的典籍汗漫，[②] 这是佛教作为一种"教化"不适合在中国传播的理由之一。《夷夏论》立论的基本思路是从"语境"的角度出发，考察"文明"的脱语境与语境化能力。从《牟子理惑论》到《夷夏论》，汉人屡屡对佛教典籍的规模庞大、缺乏修学次第提出质疑，这使我们不能不正视这样一个问题：古代中国在"典籍"的规模次第上，究竟形成了一个怎样的传统。

"判教"研究走向"封闭"的另一个表现，是对判教的考察过于孤立，没有将"判教"放置在实践形式更为丰富、多元的"佛教知识整理"这一脉络中加以考察。换言之，"判教"虽然是一种智识层面的"创新"，但布迪厄的"场域"理论提示我们，个体的知识创造不能被孤立的理解，必须在一个完整的"场域"中，理解知识活动的"新"与"旧"。[③] 从源流的关系上看，"判

---

① 如汤用彤《汉魏两晋南北朝佛教史》，第 589 页；蓝日昌《六朝判教论的发展与演变》，文津出版社有限公司 1992 年版，第 2 页。

② ［唐］李延寿：《南史》卷七十五《顾欢传》，第 1877 页："佛经繁而显，道经简而幽。"

③ 虽然我们并无直接证据证明在判教理论上慧远受到经学影响，但正如我们在绪论中对"场域-惯习"理论的阐释所指明的："人类的行动不是对直接刺激的即时反应。某个个人对他人哪怕是最细微的'反应'，也是这些人及其关系的全部历史孕育出来的产物。"〔法〕皮埃尔·布迪厄、〔美〕华康德著：（见下页）

教"虽然是汉传佛教知识整理史上的一次突破、一个高峰，但它首先是知识整理史的一个环节，是对此前全部知识整理实践的扬弃。在"佛教知识整理"的视野中，判教与译经、注经等南北朝时期重要的佛教义学实践，呈现出一种内在的关联与互动。虽然现有研究注意到"译经"对"判教"兴起具有决定性的影响。但是，"译经"只是以判教研究的"背景"而非"前史"的形象出现在判教研究中。

一个显见的事实是，"译经"并非仅仅只是"翻译"活动，正如横超慧日所指出的，最早的"译经"活动是与"讲经"乃至"注经"同时发生的："经典最初的传译者，对于自己传译经典的传承史以及内容义理，大概有比其他任何人都多的知识与理解。因此在经典传译的时候或者与此相关的人进而发表解题就是理所当然的责任，这也是经典传译同时大量经序被创作的原因。因此解题的经序是讲经的原始状态，讲经的起源与译经同时。"[1] 笔者强调在佛教知识整理的脉络中理解"判教"的必要性，说明"释经"与"判教"的内在联系，意在指出这样一个事实，即汉传佛教在知识整理的过程中，对"经"持有一种远超印度佛教传统的重视。即使在菩提流支以后，北朝佛教的判教理论中已经出现将"设教原则"从"经典"系统化的过程中剥离的倾向，但汉地僧人仍表现出对"经"的重视。

（接上页）《实践与反思》，李猛、李康译，第168页。这提示我们注意，"初始经验"对于个体世界认知图式建构的重要性，"生成性偏好结构的生成和获得的各种社会条件，是一个极其复杂的问题。……每时每刻，我们都通过已由以往经验建构而成的范畴来领会感知各种外在刺激和制约性经验"。〔法〕皮埃尔·布迪厄、〔美〕华康德著：《实践与反思》，李猛、李康译，第178—179页。

[1] 〔日〕横超慧日：《释经史考》，王磊译，第125页。

在接下来的讨论中，我们将首先分析《牟子理惑论》中对佛典问题的讨论，以说明包括"判教"在内的汉传佛教知识整理实践兴起的外部因素，尤其是"以经为常"所揭示的"圣人殁后"普通人修学圣人之道的现实困境，并在这一背景下说明"五时判教"的致思理路（经学的经、教合一）与内在矛盾（佛教的经、教逻辑存在结构性矛盾）。虽然从具体内容上看，北方佛教的判教理论与南方存在明显的差异，①但是，对"五时判教"的反思却是北方佛教判教思想的"起点"与重要组成。因此，说明北方佛教的判教思想，必须以说明流行于南方的"五时判教"理论为基础。

第一节　经学"通经"传统对佛教知识整理的刺激

典籍的规模、典籍的修学次第是三教论衡的重要议题之一。在《夷夏论》中，顾欢曾对比佛道二教在经、教等问题上的不同，并以此作为佛教不适合在汉地传播的理据。顾欢认为：

> 佛教文而博，道教质而精，精非粗人所信，博非精人所能。……佛经繁而显，道经简而幽，幽则妙门难见，显则正路易遵。此二法之辨也。②

对于这段材料，以往的研究关注的是顾欢对佛道经、教差异的说明，并从佛教或"现代"的视角对顾欢的观点进行回应或

---

① 蓝日昌:《六朝判教论的发展与演变》，第 134 页。
② ［唐］李延寿:《南史》卷七十五《顾欢传》，第 1877 页。

评价，对于顾欢立论的基本框架却鲜少留意。在顾欢的理解中，佛教在"教化"上"文而博"，在典籍上则"繁而显"，是佛教不适合在中国传播的理由之所在。在"圣人设教"的通则之下，"教化"出于"典籍"，以"典籍"为依据，其"教"文而博，与其"经"繁而显是一体两面。但是，顾欢却并未说明何以"简而幽"的典籍规模与形态就是适合于中国人的。理解顾欢这一论断之合理性的关键，正在于《牟子理惑论》。

一、《牟子理惑论》中汉人对佛经规模与修学次第的质疑

在《牟子理惑论》的第五和第六问中，时人针对佛教典籍的规模、修学次第提出了质疑。其一是关于经典的"规模"过于庞大，导致普通人无法"穷经"：

> 问曰：夫至实不华，至辞不饰。言约而至者丽，事寡而达者明。故珠玉少而贵，瓦砾多而贱。圣人制七经之本，不过三万言，众事备焉。今佛经卷以万计，言以亿数，非一人力所能堪也，仆以为烦而不要矣。
>
> 牟子曰：佛经前说亿载之事，却道万世之要，太素未起，太始未生，乾坤肇兴，其微不可握，其纤不可入。佛悉弥纶其广大之外，剖折其窈妙之内，靡不纪之，故其经卷以万计，言以亿数。多多益具，众众益富，何不要之有？虽非一人所堪，譬若临河饮水，饱而自足，焉知其余哉。[1]

---

[1] ［南朝梁］僧祐：《弘明集》卷一《牟子理惑论》，《大正藏》第52册，第2页上一中。

在时人看来，佛经"卷以万计，言以亿数""烦而不要"，数量规模巨大，以至于"非一人力所能堪"。古典时代"缘经修道""借经悟教"的修学方式提示我们必须重视"非一人力所能堪"这一问题。对于修道者而言，在圣人殁后，"经"作为"圣人之言"的记录，成为求道、修道过程中最具权威性的凭据。圣人与经之间存在关联，不仅见于前述昙鸾的论述，还出现在北朝末年有关佛教存废的论争中。[①]"经典"缘何具备了如此之高的权威性，是需要加以说明的。

自"六艺"经过孔子删述而确立，典籍的权威性依据完成了从"王权"向"圣人"的迁移。通过孔子的删述，作为周王室子弟德性教育"教材"的《诗》、《书》、礼、乐等"四教"的时代价值被激活，经孔子对《春秋》"加乎王心"、重构《易》之解读方式而扩充为"六艺"。[②]但是，虽然不得其位的孔子以其德为后世的教化奠基，"加乎王心"的典籍成为后世"设教"的价值依据，但这也引发了另一个问题，即圣人殁后，"经典之门"彻底关闭："与王权的持续存在不同，'圣人'的出现是间断性，甚至是偶然性的。'经典'的权威性一旦与'圣统'结合起来，则除非出现新的圣人，'圣典'就无以改变，'经典之门'也就无法打开。……随着'圣统'的终结，基于圣人权威的'经典之门'也就此关闭了；此后，尽管汉武帝建元五年立'五经博士'，'六艺'从'孔门圣典'又变身为'帝国经典'，皇权以一种更加强势的方式获得了对于'经典'的主导权，但在'尊儒'的国家

---

① ［唐］道宣：《广弘明集》卷十《周祖平齐召僧叙废立抗拒事》，《大正藏》第52册，第153页中。

② 程苏东：《从六艺到十三经——以经目演变为中心》，第82、88页。

意识形态主导之下，'六艺'的阐释体系虽不断更新，但其自身的文本之门却始终紧闭，并以这种方式宣示其难以触及的神圣地位。"[1] 正是圣人与天道、经典与圣人之间的这种密切关联，催生了"以经为常"的理解，将"经"理解为常法常道。"天道"或"真理"虽然并非圣人独占，但没有圣人也难以为人所知，更遑论为人所理解。因此，当"圣人不再"，人们可理解、可把握的天道，也就是圣人所揭示的天道。承载了圣人"教化"理想的"经"，就成为后世"求圣人之心"以理解天道的核心依据。在"以经为常"观念的基础上，"以经为尊"的典籍态度不仅体现在"经典之门"对皇权的关闭，即使是来自儒者的努力也遭到拒绝与贬抑。

　　"圣典之门"的关闭与"以经为尊"都是"以经为常"这一观念的具体表现。直观上看，这是对圣之为圣、圣人权威的维护，这种"是往圣"而"非时贤"的取向，向我们传递出圣人殁后修学圣人之道者的深层忧虑。虽然《论语》中多有孔子因材施教的记载，但这种"设教"的方式对"圣人"有着严重的依赖，对于生在"圣人殁后"世代的普通人而言，唯一能够把握与信任的，只有圣人手订的"六艺"。正因如此，在经学兴起之后，《春秋》而不是《论语》，才是理解圣人之道的锁钥。相比于《春秋》这一经圣人亲自删述因而完整、系统蕴含了圣人价值关切与政教理想的著作，《论语》不仅不是孔子亲定的，且只能被视为对圣人"施教"的记录，而非以《春秋》为代表的圣人直接"设教"的典籍。

---

① 　程苏东：《从六艺到十三经——以经目演变为中心》，第91—92页。

从这个意义上说，佛陀在世时亲自制定的只有"律"，"修多罗"事实上只是对佛陀"施教"的记录。因此，若以"修多罗"比附"七经"，最接近的只有《论语》。[①]施教记录的性质，决定了"修多罗"的内容先天就具有"理"与"教"两种理解维度。从经中之"理"的角度出发进行典籍的整理，其基本逻辑是通过"脱语境"——也即"去情境化""去特殊化"——的方式提炼某部修多罗的主题，实际上也是一种"以经为常"的理解方式。以主题聚合不同的经，就是所谓"宗要判教"，简称"宗判"，我们称之为"以理为本"的知识整理方式。"以理为本"是一种"知识主义"取向的典籍整理方式，最典型的形态是印度佛教的"论"。[②]从"教"的角度出发进行典籍整理，也就是重视限制了"教"之表达的"语境"，具体而言是重视情境中的人的根机。以顿渐、深浅说明"人的根机"是一种合理的方式，我们将之称为"以教为本"的知识整理方式。然而，当"以教为本"成为"典籍"整理的逻辑时，"理"的超时空性，与在具体时空情境的限制中展开的"教"之间的结构性矛盾就被凸显出来，这正是"五时判教"令人费解的原因之所在。

我们在此指出佛教典籍整理中"以理为本"与"以教为本"的差别，意在说明这样一个问题，即经学的典籍尤其是《春秋》这种脱胎于历史记录的典籍，原本也应该深受"事件"之情境性尤其是"编年"这一体例的困扰，但正是经过孔子的删述，保留

---

① 与《论语》同为汉代"小经"的《孝经》，也是孔子的著作，也是直接传递了圣人价值关切与政教理念的典籍，因而纬书《孝经钩命诀》中有"吾志在《春秋》，行在《孝经》"的记录。

② 关则富：《从经到论：管窥印度佛教文献史上的重大变迁》，《成大历史学报》2017年第53号。

了"事件"在理解"义理"上的便利之处，而摆脱了"事件"对义理表达的限制。"论藏"在部派佛教时期的兴起，正是致力于摆脱"修多罗"中事件、人物等具体情境之限制的一种理论实践，并形成了一种"离经立论"的传统。[①] 但是，"论藏"在印度佛教发展过程的早期始终没有获得普遍的权威，影响力仅以部派为其边界。[②] 造成这种局面的原因在于"论藏"不是佛陀口传，而是后人的总结，从其来源上不具备"修多罗"与"律"的权威。虽然对"事件"在"言理""设教"的作用上存在不同的认知，但部派佛教发展出"论"这一知识整理形式，在"语境"限制了"理"的表达这一问题上，与经学有着相同的认知。不同之处在于，孔子亲自完成了限制"语境"的工作，而佛陀则没有对其"教"作出系统整理，因此在如何整合经中之"理"与经中之"教"的问题上，并未形成固定的传统。在经学发挥着主导作用的"政教场域"中生长起来的汉地义学僧，在佛教知识整理的初期，似乎深受经学典籍-教化合二为一这一模式的影响，故而提出了"五时判教"的构想：以教为本，以现实中修学的"时序"为"经典"赋序。

二、《牟子理惑论》中典籍疑问的经学理据

无论是今文家通过发明经中的"价值原则"以决事，还是古

---

① 关则富：《从经到论：管窥印度佛教文献史上的重大变迁》，《成大历史学报》2017 年第 53 号。
② 对于论藏性质、作用以及权威性的讨论，在净影慧远撰著《大乘义章》的时代仍然存在。

文家致力于复原五经中的制度以立制，"通经"都是必要的。① 如何恰切地传习经典，自孔子殁后就一直是儒家视域内的核心问题。"经"居于设教问题的核心，"以经为本"正是经学教化的一大特征。孔子本人对待著述的态度，也使因圣人之言以求圣人之道成为可能：

> 上大夫壶遂曰："昔孔子何为而作《春秋》哉？"太史公曰："余闻董生曰：'周道衰废，孔子为鲁司寇，诸侯害之，大夫壅之。孔子知言之用，道之不行也，是非二百四十年之中，以为天下仪表，贬天子，讨大夫，以达王事而已矣。'子曰：'我欲载之空言，不如见之于行事之深切著明也。'"②

对于孔子立言的这一特殊方式，清人章学诚有过精当的总结："古人不著书，古人未尝离事而言理。"③ "即事言理"的表达方式，决定性地塑造出一种华夏的文化惯习：重视"事"在论"理"中的作用。对此，李源澄还特意对"经"在四部分类中与"史""子"之间的差异加以说明："吾国载籍分类，其最简者，莫过于四部，以其内容大别之，则理与事而已。然事则史，于理则子。虽史中未尝不言理，子之中未尝不记事，从其多者，则一

---

① "《诗》、《书》、礼、乐作为周人王官'四教'的基本科目，已构筑起华夏民族最古老的经典体系，并就此奠定了此后所有经目的基本形态：经典应包含多重门类的知识与技能，而学习者则应在广博的汲取中获得一种简约可行的价值观念。"程苏东：《从六艺到十三经——以经目演变为中心》，第45页。

② ［汉］司马迁撰，［南朝宋］裴骃集解，［唐］司马贞索隐，［唐］张守节正义：《史记》卷一百三十《太史公自序》，中华书局1982年版，第3297页。

③ ［清］章学诚著，叶瑛校注：《文史通义校注》，第1页。

言理，一纪事耳。……夫经学者，史与子合流之学问，固非史学，亦非子学，而与子、史皆有密切之关系。"① "事"或"史"的一大特质，就是内涵特殊的时、空、人等因素。但是，经过孔子的删述，原本以"编年"方式纯粹按照时间顺序组织起来的事件，被价值维度所贯通，这就使"编年"不再成为我们关注"事件"时首要考虑的内容，事件中呈现出的"价值"才是我们面对"事件"时关注的重点。圣人"即事言理"②，而非"载之空言"③，不仅是其表达真理的方式，也是其"设教"的方式：通过理解圣人手订的典籍，在可理解的"事件"中理解圣人之心，领会圣人之道。更重要的是，经中的"事件"不是零散的，而是被价值义理所贯通的。因此，"经"虽然以历时性的"事件"为其基本内容，但经过圣人的删述，"事件"的价值与意义，不在于事件本身，而在于事件"便于理解"。没有价值维度的贯注，事件历史本身所能提供的价值意义是有限的："历史之于人生，言其意义，充其量不过知往察来，惩恶劝善而止耳。"④ "历史"，尤其是"事件"为修学之人理解圣人之心提供了便利。从"设教"的角度理解"即事言理"，意味着圣人在设想"读者"时的"去特殊化"取向，圣人立言是为后世立法，"守先待后"⑤ 意味着圣人对阅读者的"身份"有所期待（有位之人），但经典内容的普遍可理解，

---

① 李源澄：《经学通论》，《李源澄著作集》第一册，第5—6页。
② ［清］章学诚著，叶瑛校注：《文史通义校注》，第1页。
③ ［汉］司马迁撰，［南朝宋］裴骃集解，［唐］司马贞索隐，［唐］张守节正义：《史记》卷一百三十《太史公自序》，第3297页。
④ 李源澄：《经学通论》，《李源澄著作集》第一册，第7—8页。
⑤ ［清］章学诚著，叶瑛注：《文史通义校注》，第131页："于是守先王之道，以待后之学者。"

是实现这一目的最基本保证。从"因材施教"的角度说，孔子删述六艺，"教"的内容是功能各异的"六艺"，对"材"则并未加以限制或归类。孔子通过"春秋笔法"将编年史这一"语境"对价值表达的束缚降到最低，只保留了易于理解的"事件"以便于读者理解"义理"。

经学对经典的整理使"以经为本"不只是一种面对经典的态度，而且是切实可行的修学过程。正因如此，《牟子理惑论》中时人批评佛典汗漫，其理据在于"圣人制七经之本，不过三万言，众事备焉"①，恰恰是因为完整地学习"七经"不仅必要，而且可能。对这一问题，牟子答以"虽非一人所堪，譬若临河，饮水饱而自足，焉知其余哉"②，在圣人不再的现实处境中，没有佛陀应机设教，修道者如何确定自己的根器适合哪一部典籍？在这种情况下，不穷经又如何确认自己的根器和哪一部经典匹配？考虑到六艺旨趣各别，孔子特意制作《孝经》以作为"六艺"的总会。③换言之，"六艺"之教功能不同，对于通过修学圣人之道以成就完整的人格而言，"穷经"是必然的。④"（《荀子》强调）五

---

① ［南朝梁］僧祐:《弘明集》卷一《牟子理惑论》,《大正藏》第 52 册, 第 2 页中。
② 同上。
③ ［清］皮锡瑞:《孝经郑注疏》, 中华书局 2016 年版, 第 8 页:"郑玄之《六艺论》曰:'孔子以六艺题目不同, 指意殊别, 恐道离散, 后世莫知根源, 故作《孝经》以总会之。'"
④ 程苏东:《从六艺到十三经——以经目演变为中心》, 第 118 页:"贾谊的逻辑体系是, 一'德'而生'六理','六理'生'六法','六法'外显为仁、义、礼、智、圣、乐'六行','六行'为人与生俱有之禀赋, 然细微难识, 必须借助对于'六艺'的研习方能涵养,'六艺'遂成为凡人修成其'德'的必由之路。"又, 第 120 页:"贾谊将'六艺'分成两个部分, 其一是通过不同方式呈现'德'的《书》、《诗》、《易》、《春秋》、礼,……'五学'对于德各有体现, 但必须将此五者加以贯通, 然后才能获得完备的'德', 而这个'合德'再对应'六艺'中的另一部分——（见下页）

学各有所长，共同构成一个互补、封闭而自足的知识体系，囊括了君子所需的一切学养，足以辅助其圣人品格的修成。"① 所谓"七经"，即在"五经"之外增入《论语》《孝经》，这两部典籍的学习是"小学"的内容，是入"太学"学习"五经"的基础，在七岁之后、十五岁之前就已经完成。② 在经学视域中，"经典"与"教化"不仅逻辑贯通，而且存在着完整的修学次第。换言之，经学的"典籍系统"——五经或七经——本身就是一套可以直接施行的"教化系统"。更关键的是，这套完整的教化系统不是以某一特殊群体为对象设置的。虽然在古代中国，能够识读文字、接受教育只是少数人的"特权"，但经学设教对于有资格接受教育者而言，是具有普遍有效性的。经学在"设教"对象上的"去特殊化"处理，乃至圣人有意在"设教"问题上以具有普遍性的"群体"而不是"个体"作为参考依据，决定了其"教化"的普适性。

总结而言，经学的"典籍"体系与"教化"体系是一致的，典籍的系统化完全可以以"设教"的逻辑作为依据，由浅入深地

（接上页）乐。……通过对'乐'的架空式处理，解决了'六艺'之名与'五经'之实的矛盾；再通过对'五经'与'德'之间关系的陈述，树立起'尚通'的经学的主张。'六艺'的一致性、互补性与完备性至此得到了全面的论证，'六艺'作为一种'经目'理论获得了经典化的全部理由。"又，第124页："（在《春秋繁露·玉杯》中）'六艺'被塑造为'君子'用以'赡养'君主的知识体系，……（董仲舒主张）'六学皆大，而各有所长'一句，这里'各有所长'强调'六艺'的互补性，但'皆大'则暗含了一种可能性，即任何一种经典个体都具有完足的教化作用，足以化成民性，臻于德政。因此，究道明德的途径虽然仍然是经典，但似可不必贯通全部经典，只需选择其中的一条路径即可。"

① 程苏东：《从六艺到十三经——以经目演变为中心》，第97页。
② 陈壁生：《孝经学史》，第54页。

修学。① 正是由于"经典"本身就是圣人"施教"的内容，虽然"即事言理"中隐含着"语境"限制真理表达的危险，但经过孔子的删述，摆脱了"情境"对理解价值义理可能造成的束缚，只保留了"事件"对理解"价值"的助益。由此，以"通经"的方式修学圣人之道，对于君子的成德而言，不仅必要，而且可能。圣人在设教时整理出载道的典籍系统，并在设教时在"对象"上进行了"去特殊化"的处理，使"经典"与"教化"的逻辑相贯通。

从经学"经典""设教"合而为一的体系审视佛教，在"圣人不再"的现实处境中，修学圣人之道而不能穷经，本身就构成一种重大"缺陷"。因此，在时人针对佛典提出的疑问中，提出了一种"通经"的方法：

> 问曰：佛经众多，欲得其要而弃其余，直说其实而除其华。
>
> 牟子曰：否。夫日月具明，各有所照。二十八宿，各有所主。百药并生，各有所愈。狐裘备寒，缔绤御暑。舟舆异路，具致行旅。孔子不以五经之备，复作《春秋》《孝经》者，欲博道术、恣人意耳。佛经虽多，其归为一也。犹七典虽异，其贵道德仁义亦一也。孝所以说多者，随人行而与之。若子张、子游，俱问一孝，而仲尼答之各异，攻其短也，何弃之有哉？②

---

① 程苏东：《从六艺到十三经——以经目演变为中心》，第 118—119 页。
② ［南朝梁］僧祐：《弘明集》卷一《牟子理惑论》，《大正藏》第 52 册，第 2 页中。

时人提出的"通经"方式，是"欲得其要而弃其余，直说其实而除其华"。我们无法确定时人理解的"要"与"实"究竟何指，是否就是以"离经立论"的方式，将佛典中的义理从具体的情境中抽象出来，使"理"与"教"相分离。但是，佛典汗漫、不易系统学习，[①] 不仅是《牟子理惑论》中的问题，从东晋南朝汉传佛教的一系列实践来看，佛经难以穷尽作为一个真实的问题而存在，催生出"抄经"这一知识整理方式。横超慧日曾指出："齐文宣王开始将六十卷《华严经》略省为十四卷，又依样制作了三十六部抄经，梁武帝下敕让僧旻等三十三人撰《众经要抄》八十八卷，但从佛教学专门研究的立场看，在此时这种努力终究还是外行人的事业。庐山慧远在将《大智度论》抄为二十卷，在东晋时代是有意义的功绩，在齐梁这样释经朝着专门化的方向急速进步的时代，已经不为学界所重。"[②] 僧祐在《出三藏记集》中评价齐竟陵文宣王萧子良抄经的行为，给出了"既使圣言离本，复令学者逐末"的评价。[③] 由此可见，牟子对时人提出的"通经"方式的拒绝，确实具有典型意义。虽然明确知晓典籍内容繁复且数量规模巨大，但仍坚持以"经"作为修道、悟教的唯一根据。

在解释自己为何拒绝时人的提议时，牟子的理据体现出一种汉传佛教对"经"的特殊理解方式。面对时人对佛典"烦而不要"[④] 的批评，牟子回复以"多多益具，众众益富，何不要之有？"[⑤] 认为佛典之"要"，自在于佛典之中，但具体是什么，牟

①［南朝梁］僧祐：《弘明集》卷一《牟子理惑论》，《大正藏》第 52 册，第 2 页上—中。
②〔日〕横超慧日：《释经史考》，第 131 页。
③［南朝梁］僧祐：《出三藏记集》，《大正藏》第 55 册，第 37 页下。
④［南朝梁］僧祐：《弘明集》卷一《牟子理惑论》，《大正藏》第 52 册，第 2 页中。
⑤ 同上。

子却并未加以说明。在这一则提问中，牟子否定了时人以"去取佛典"来通经的方式，其理据是"佛经虽多，其归为一也"[①]，并以类比的方式给出了详细的解释。牟子认为佛经众多，但主旨是贯通的，就好比经学虽有不同的七部经典（"犹七典虽异"[②]），但其中存在着一贯之道。这个一贯之道，就是"其贵道德仁义亦一也"[③]。以"七经"为教不同但价值义理相同来理解群经内部的贯通，事实上是从"理"的角度理解经典的内在统一性。换言之，在牟子的理解中，"经"统一于"理"，但牟子又不同意将"理"从"经"中提炼出来以直指其要的作法。正是这种既重视经中之理又重视经中之教，并明确拒绝离经立论以修道、悟教的方式，显示出汉传佛教的特殊偏好，成为此后汉传佛教在典籍系统化问题上的基本思路。这也意味着，佛典中"理""教"两种逻辑并存的结构性矛盾，成为汉传佛教知识整理的难题之一。

在解释为何拒绝脱离"经"而言理的做法时，牟子以孔子论"孝"内容多样作为自己的理据："孝所以说多者，随人行而与之。若子张、子游，俱问一孝，而仲尼答之各异，攻其短也，何弃之有哉？"[④]"孝所以说多者，随人行而兴之"的论孝方式，只出现在《论语》《礼记》，而不见于《孝经》。[⑤]《礼记》不在汉时

① ［南朝梁］僧祐：《弘明集》卷一《牟子理惑论》，《大正藏》第52册，第2页中。
② 同上。
③ 同上。
④ 同上。
⑤ "《孝经》之中，极少涉及具体的孝事父母的伦理教条，而多为人伦秩序的具体设计。……爱亲、敬亲即是孝，其他经典如《论语》《孟子》及大小戴《礼记》，多有论孝之格言，然多直接言孝，而不言爱敬，但《孝经》则以爱、敬解'孝'，而爱、敬又可以由爱亲敬亲推至爱人敬人，故不直接言孝，转而言爱、敬，则爱、敬对象可以由父母而至于人伦关系中的一切人。"陈壁生：《追寻六经之本——曹元弼的〈孝经〉学》，《中国儒学》2017年刊，第43页。

五经之列，只是礼经之传文，因为牟子所要讨论的是"经"而不是"传"中"施教"的多样性问题，故而不应在考察"孝所以说多者"时将《礼记》纳入考察范围。在汉代经学的理解中，《论语》不是圣人直接贯注自己的价值关切与政教理想的"经"，其实也是"传"，① 从权威性上说，并不如"五经"强而有力。牟子专以记录了孔子"因材施教"但地位远逊五经的《论语》作为根据立论，不免强词夺理之嫌。从设教的角度看，孔子手订六艺、"即事言理"②，正是在设教对象上"去特殊化"的表现。之所以通"五经"或"六艺"就足以实现人格养成，正是因为孔子"设教"不是从"个体"出发，而是从"群体"出发的。牟子又强调"孔子不以五经之备，复作《春秋》《孝经》者，欲博道术、恣人意耳"③。实在是引喻失义。所谓"复作《春秋》《孝经》"，是引用纬书中孔子说"吾志在《春秋》，行在《孝经》"（《孝经钩命诀》）之说。《春秋》与《孝经》之作，目的在于统合群经，使各有侧重的六艺之"教"有所汇归。④ 在完善政教设计的意义上，确实是"博道术、恣人意"⑤，使教化更具普适性。但是，圣人的处理方式不是增加典籍的数量，而是以设教对象的"去特殊化"这一方式来完成的。例如，"孝"之所以可以越出个人道德、家庭伦理的范围成为整个社会的伦理规范、政治认同的基础，正是因为"孝"根源于"为人子"这一所有人都必然经历的生存论境

---

① 陈壁生：《孝经学史》，第 52 页。
② ［汉］司马迁撰，［南朝宋］裴骃集解，［唐］司马贞索隐，［唐］张守节正义：《史记》卷一百三十《太史公自序》，第 3297 页。
③ ［南朝梁］僧祐：《弘明集》卷一《牟子理惑论》，《大正藏》第 52 册，第 2 页中。
④ 详见第 104 页注释③。
⑤ ［南朝梁］僧祐：《弘明集》卷一《牟子理惑论》，《大正藏》第 52 册，第 2 页中。

遇。由于设教是基于"人"的共性而非特殊性，因此经典总量自然不会如因人设教的佛经一样规模庞大。佛教以"个体"而不是"群体"为设教对象，是其典籍规模庞大的根本原因。对于这一点，净影慧远有着清楚的认知。①

牟子虽然强调不能随意去取佛经，却并未对现实中普通人面对规模庞大的佛典时如何"缘经修道"给出解决方案。佛典规模庞大真正构成一个汉传佛教不得不直面的问题，是在佛典大量传入与译出之后。在鸠摩罗什之后，这一问题就开始被佛教界正视，进而形成了竺道生、慧叡、慧观几乎同时提出"判教"理论的局面。②慧观首倡的"五时判教"不仅在南朝影响力巨大，以至于不同意这一判教理论的梁武帝还曾亲自组织义学僧进行回应。③更为关键的是，北朝佛教界不单持有与南方佛教不同的判教理论，包括菩提流支、净影慧远在内的北朝胡汉义学僧还对五时判教提出了批评。因此，在进入对北朝佛教判教思想的讨论之前，有必要对"五时"判教的理论意图与致思理路进行说明。

三、普通人的"缘经修道"之路：五时判教的理论意图

《牟子理惑论》在面对经典之"理"的简洁明快与经典之

---

① ［隋］慧远：《大乘义章》卷一《众经教迹义三门分别》，《大正藏》第44册，第466页下。

② 竺道生的判教理论见［南朝宋］竺道生撰《法华经疏》卷一，《卍续藏经》第27册，第1页下；慧叡的判教理论见［南朝梁］僧祐《出三藏记集》卷五《喻疑》，《大正藏》第55册，第41页中—下；慧观的"五时判教"之说，见［隋］吉藏《三论玄义》卷一，《大正藏》第45册，第5页中。

③ ［唐］道宣：《广弘明集》卷十九《御出同泰寺讲金字〈般若经〉义疏并问答》，《大正藏》第52册，第238页下—239页上。

"教"的烦而不要时，确定了一种基本立场，即试图在拒绝"离经立论"的情况下，解决佛典因"教化"对象根机各各不一所导致的典籍规模庞杂、无法修学的困境。① 对于"缘经修道"而言，这种庞杂导致的经典不可穷尽，使缘经修道、借经悟教在现实中难以实现。因此，随着译经的增多，《牟子理惑论》中佛典"烦而不要"、非一人所能穷尽的现实困境② 越发突出，激发了"判教"思想的产生。"五时判教"正是这一知识整理实践早期影响最大的一种，这一点从北朝、隋唐判教理论不断回应"五时判教"这一事实上就能体现。

"五时判教"最早由慧观提出，载于《大般涅槃经》的经序中，但其文已亡佚，最初的理论形态已不得而知，吉藏《三论玄义》中对五时判教理论有所概括：

> 言五时者，昔《涅槃》初度江左，宋道场寺沙门慧观仍制经序，略判佛教，凡有二科：一者顿教，即华严之流，但为菩萨具足显理；二者始从鹿苑，终竟鹄林，自浅至深，谓之渐教。于渐教内，开为五时：一者三乘别教，为声闻人说于四谛，为辟支佛演说十二因缘，为大乘人明于六度，行因各别，得果不同，谓三乘别教；二者《般若》通化三机，谓三乘通教；三者《净名》《思益》，赞扬菩萨，抑挫声闻，谓抑扬教；四者《法华》，会彼三乘，同归一极，谓同归教；五者《涅槃》，名常住教。自五时已后，虽复改易，属在其间。③

---

① ［南朝梁］僧祐：《弘明集》卷一《牟子理惑论》，《大正藏》第52册，第2页中。
② 同上。
③ ［隋］吉藏：《三论玄义》卷一，《大正藏》第45册，第5页中。

从吉藏的记录中我们不难得知，慧观的五时判教之说奠定了其后五时判教理论的基本框架。这一点，与现存于净影慧远《大乘义章》中刘虬的"五时七阶"判教理论[①]相对比，尤其明显。本书对"五时判教"的考察，重在从"今佛经卷以万计，言以亿数，非一人力所能堪也"[②]的角度，分析"五时判教"理论关于典籍整理、知识整理的内在逻辑。

从"理"的角度出发理解、整理佛典，与从"教"的角度理解、整理佛典，是两种不同的逻辑。从"理"出发理解经典，只关注经中之"理"即可，需要忽略经中过于具体的时空、人物、情境。从"教"的角度理解佛典，则众生的"根机"繁复，使典籍无法形成内在的一致性，"烦而不要"[③]。从"众生根机"的角度出发解决佛典"烦而不要"这一问题的方法，是对众生根机进行分类。如果只从众生根机、修道次第的角度来看，"五时判教"对"教法"的赋序是有意义的。但是，当修道的次第成为"经典"系统化的基本逻辑时，"群经异义"的问题就被"建构"出来。换言之，如果不是为了融合"以理为本"与"以教为本"两种逻辑，确实如"一音判教"[④]理论所提示的，根本不必对"经典"进行深浅的划分。导致判教理论左支右绌的内在矛盾，就在于试图融合"以理为本"与"以教为本"两种不同的典籍系统化逻辑，但是，究竟是基于什么样的考量，才促使汉地义学僧将"设教"与"经典"融合在一起？

---

① ［隋］慧远：《大乘义章》卷一《众经教迹义》，《大正藏》第 44 册，第 465 页上。
② ［南朝梁］僧祐：《弘明集》卷一《牟子理惑论》，《大正藏》第 52 册，第 2 页中。
③ 同上。
④ ［唐］窥基：《成唯识论料简》卷一，《卍续藏经》第 48 册，第 347 页上。

实际上，从"教"的角度理解典籍，对设教的对象进行归类，已经显示出汉地僧人的设教原则与佛陀的设教原则不同：佛陀"应机设教"不是针对"群体"，而是"个体"。但是，这种个性化的、差异化的"设教"方式是有前提的，前提是圣人在世，并亲自设教。"根机"确实是众生的根机，但判断众生根机的不是众生，而是圣人。当圣人不再时，差异化的、个性化的"设教"不复可能，普通人修道所需要的是一种基于"经"但普遍的、非个性化的修道方式。对这一问题，印度佛教采取了"离经立论"的方式，将"经"中具有普遍有效性的、超越时空限制的"道"提炼出来，以作为学习的对象。[①]汉地义学僧在强烈的"以经为本""缘经修道"意识的驱动下，选择了一条不同的道路，通过对众生根机的归纳，构拟出了一种适合"中人之性"的修学次第，并以这一群体的修道次第作为底层逻辑建构"经典"的体系，为群经赋序。

如果从"理"的角度理解"经典"，以"设教"的逻辑建构起的经典体系是"反经典"的，有违"经典"系统自身的逻辑，但以"设教"的逻辑建构起的经典体系却具备了指导修行的意义，一定程度上解决了佛教典籍汗漫、无法在现实中"缘经修道"的现实困境。最能体现"五时判教"通过归纳众生根机归构拟出普通人缘经修学次第的证据，来自梁武帝对五时判教的批评：

> 般若波罗蜜是诸佛母，三世如来，皆由是生，无相大

---

① 关则富：《从经到论：管窥印度佛教文献史上的重大变迁》，《成大历史学报》2017年第53号。

法，非可戏论，岂得限以次第、局以五时？根性不同，宜闻非一，亦复不但只有五时。往年令庄严僧旻法师与诸学士共相研校，检其根性所应闻，凡有三百八十人，是则时教甚为众多，一人出世，多人得利益，岂容只为一根性人次五时、转大法轮？①

《广弘明集》中的这则记录，最值得注意的是梁武帝指出"五时转大法轮"的"设教"方式，只适用于某"一根性人"，但在梁武帝时期可检索的佛经中，却出现了三百八十种根性。基于这一"事实"，梁武帝再次确认了自己理解"典籍"的基本逻辑是"教"，也即以佛陀施教的对象为根据："根性不同，宜闻非一。"正是从"教"或者说修行者根机的角度出发，教不仅"不但只有五时"，实际上"时教甚为众多"。梁武帝从"教"的角度理解佛典，而他解决佛典规模庞大、现实中无法缘经修道、借经悟教的方式，是抄经、注经。横超慧日明确指出，在专业佛教徒看来，以"抄经"这种方式处理佛典规模庞大、难以尽通的困境，是外行人的作法。② 如何在保证"经"的权威（体现为经的完整性）的同时，还能指出一条缘经修道的道路，才是"正途"。换言之，《牟子理惑论》中时人对经学"经教关系"的重申，③ 成为"五时"判教的基本思路。也正是在梁武帝的批评中，我们看清了"五时判教"的构想：设置一种单一的、通过研经以完成修

---

① ［唐］道宣：《广弘明集》卷十九《御出同泰寺讲金字〈般若经〉义疏并问答》，《大正藏》第52册，第238页下一239页上。
② 〔日〕横超慧日：《释经史考》，王磊译，第131页。
③ ［南朝梁］僧祐：《弘明集》卷一《牟子理惑论》，《大正藏》第52册，第2页中："圣人制七经之本，不过三万言，众事备焉。"

行的次第。在这种设教构想中，设教的对象不是"个体"，而是具有普遍性的"中人"。为了实现这一构想，只能以"教"的逻辑整理典籍，也即以修道次第为典籍赋序。

第二节　北朝佛教知识整理的"经本位"取向

从"理"的内在一致来看，"经"确实不存在深浅之别，深浅之别只存乎现实中人的根机。但是，根机不同的人需要"缘经修道""借经悟教"，如何将"合适的经典"匹配给"合适的人"，衍生出为"经典"赋序这一问题。将判教理解为"佛陀教学史"①并无不妥，只是这种说法尚未明确意识到"以理为本"与"以教为本"两种理解、看待典籍的方式间存在着的结构性矛盾。具体而言，从"载道"的意义上理解"经典"，则关注的重点在于经中超越情境的"理"。但是，"教化"不是"真理"以自身的形态自我展示，而是在语境的限制下进行表达。②在"设教"这一问题上，"道"的限制实则是人。设教的对象不是"时空"，而是现实中的"人"。正是人的有限性决定了道的表达方式，"时空"作为有限的人的基本存在方式被带进"教化"。因此，理解"教化"的"历史"与"时间性"，经典形成的次序（圣人设教）是一种进路，凡夫"修道"的次序是另一种进路。正是"凡夫"将"时序"——无论是生存论意义上的自然时间，还是渐次修道过

---

① 蓝日昌：《六朝判教论的发展与演变》，第 4 页。
② ［唐］李延寿：《南史》卷七十五《顾欢传》，第 1876 页："其人不同，其为必异，各成其性，不易其事。"［唐］李延寿：《南史》卷七十五《顾欢传》，第 1878 页："观风流教，其道必异……故知俗有精粗，教有文质。"

程中的时序——带入教化。当以"修道次第"整合深浅不一的根机，不仅使设教对象的各各不一得到整合，也使这种次第具备了一种适合于普通人修学的普适性。但是，"修道次第"这一具有固定时序的逻辑，一旦被应用于经典的整理，势必导致整理者必须面对这样一个现实问题，即佛陀施教的"应机性"——也即非时序性，如何与普通人修道的"次第性"——也即时序性，融为一体？五时判教的问题在于，虽然"构拟"出的中人的修行次第解决了缘经修道的次第问题，却造成了大量佛教史冲突，群经异义使"经"的权威性遭到瓦解，违背了"缘经修道"的前提。

正如北朝佛教在"佛典称经"问题上体现出的强烈的"原教旨"冲动，在佛教典籍整理问题上，我们仍能看到这一倾向。北方判教之说影响较大，入唐后仍发挥着影响力的，有菩提流支的"一音判教"，慧光的"四宗判教"与净影慧远的"半满判教"三种。[①] 在解决现实中如何"缘经修道"这一问题上，北朝佛教给出了不同于南方佛教的答案。

一、以理为本：北朝胡僧的典籍观念与知识整理传统

从现有文献的记载来看，北朝佛教的判教理论，始自菩提流支。菩提流支直接表达其判教理论的记载今已不传，其观点仅存在于后世文献的引述之中，净影慧远的《大乘义章·众经教迹义》、智顗的《妙法莲华经玄义》、吉藏的《仁王般若经疏》、窥基的《成唯识论料简》《大乘法苑义林章》以及法藏的《华严一

---

① 廖明活：《地论师、摄论师的判教学说》，《中华佛学学报》1994 年第 7 期。

乘教义分齐章》中均有提及。上述五位作者中，只有净影慧远是
北朝义学僧，而他对菩提流支判教观念的引述却最为简短：

> 又菩提流支，宣说如来一音，以报万机，大小并陈，不
> 可以彼顿渐而别。①

在净影慧远的引述中，菩提流支的判教观包含两个部分，其
一是"一音"判教，其二是对"顿渐"判教的批判。②在唐代义
学僧的著作中，对于"一音"判教的记述比较丰富。如在窥基的
《成唯识论料简》《大乘法苑义林章》中都有记载：

> 魏时有三藏法师，名菩提流支，……彼说圣教唯有一
> 时，无有前后、世出世间、渐顿等异，所以者何？由佛本
> 愿，欲令众生证大菩提及涅槃故，既成佛已，便得自在，于
> 一切时，一音演教，都不起心，说有前后、世出世间、渐顿
> 等异。……故佛无心有差别说，众生机感有差别。③

> 后魏有菩提流支法师，此名觉爱，唯立一时教。佛得
> 自在，都不起心，有说不说，但众生有感，于一切时，谓说
> 一切法。譬如天乐，随众生念，出种种声。亦如末尼，随
> 意所求，雨种种宝。《花严经》云："如来一语中，演出无边
> 契经海。"《维摩经》云："佛以一音演说法，众生随类各得

① ［隋］慧远：《大乘义章》卷一《众经教迹义三门分别》，《大正藏》第44册，第
　　465页上—中。
② 对于"一音"的内涵，廖明活曾有详细分析，见廖明活《地论师、摄论师的判
　　教学说》，《中华佛学学报》1994年第7期。
③ ［唐］窥基：《成唯识论料简》卷一，《卐续藏经》第48册，第347页上。

解。或有恐怖或欢喜，或生厌离或断疑，故无一教，定顿定渐。"又《无量义经》言："我得道来四十余年，常说诸法不生、不灭、不去、不来，无此、无彼、无得、无失，一相、无相。但由众生悟解不同，得诸果异。"《法花》亦言："一雨普润，三草二木，生长不同。"《优婆塞经》言："三兽渡河，浅深成别。"故知诸教，但总一时，无二三等。①

在《成唯识论料简》的引述中，由于佛陀悟道之后，希望众生能够通过聆听佛法获得解脱，因此佛陀在说法时并没有差别，差别产生于听者，由于听者的根机不同，所悟解的内容不同，由此产生了千差万别的"教法"。换言之，"教法"的差异源自听法的"众生"，而非说法的"佛陀"。因此，《成唯识论料简》在对"一音"进行阐释时，并未直接解释"一音"的内涵，而是先说"无有前后、世出世间、渐顿等异"②，否定以"顿渐""前后""世出世间"作为标准对佛陀所说的教法进行划分。佛陀施教没有差别，差别产生于听众。佛陀平等的宣说佛法，自有理据，理据就在于"佛无心有差别说"③。由于佛陀作为觉者并无分别心，面对一切众生平等说法，直接开示真理，因此是"一音"。对于这一点，《大乘法苑义林章》还以《华严经》《法华经》《维摩诘经》《无量义经》《优婆塞经》作为文证，说明"一音"的内涵就是佛陀平等演说。法藏在《华严一乘教义分齐章》中引述菩提流支的"一音"判教理论时，内容与窥基的引述基本一致：

① ［唐］窥基：《大乘法苑义林章》卷一，《大正藏》第45册，第247页上—中。
② ［唐］窥基：《成唯识论料简》卷一，《卍续藏经》第48册，第347页上。
③ 同上。

> 菩提流支，依《维摩经》等，立一音教，谓一切圣教，皆是一音一味、一雨等霑，但以众生，根行不同，随机异解，遂有多种。如克其本，唯是如来一圆音教，故《经》云："佛以一音演说法，众生随类各得解。"①

相比于窥基的引述，法藏的引述中已经暗示了理解佛教典籍的不同思路及其内在矛盾。在法藏的叙述中，由于众生"根行不同，随机异解"，导致"圣教""遂有多种"。从内容上，经教种类繁多是一个事实，也即经教的差异是真实存在的，菩提流支的"一音"之说，只是在"理"的层面才成立的，因此法藏特意提示"如克其本，唯是如来一圆音教"②。在菩提流支对"修多罗"的解释中，修多罗是"教理互本"之本，所谓"教"，是指修道的方法，所谓"理"，是如法修道所证之真理：

> "经"者，旧人相传，训之曰常。依西国正本，云修多罗。若翻其名者，外国云修多罗，此方翻之为本。此明理、教皆有本义。理为本者，明所诠证法无为之理，能与十二部经言教为本，故名理为本也。教为本者，明寻此言教能得证法，故名言教与证法为本。故以教为本也。故今言经者，非翻名也。但此中人，义以经字显修多罗处，故言经也。③

因此可以说，在菩提流支的理解中，"修多罗"包含了"修

---

① ［唐］法藏述：《华严一乘教义分齐章》卷一，《大正藏》第45册，第480页中。
② 同上。
③ ［北魏］菩提流支译：《金刚仙论》卷一，《大正藏》第25册，第799页上。

道"与"真理"两个维度，且修多罗本身又不止是"理"，而是教理互本之"本"。但是，在面对判教问题时，相比于从"教""理"两个层面理解"修多罗"，菩提流支的理解发生了偏移，专从"理"的角度理解经，进而平衡群经。从这一点来看，法藏对菩提流支的"一音"判教理论的把握是准确的，体会到了菩提流支的"一音判教"是专从"理"的层面立论，故而才有"如克其本"①的表述。法藏对菩提流支的引述，"复活"了引发判教这一理论实践的"真问题"：究竟应该从什么角度切入，理解并组织佛教典籍？"教"的差异是真实存在的，"理"的贯通也是真实成立的，但作为佛陀"施教"的记录，佛教典籍中确实存在着"教"与"理"两个维度，从"理"的角度看是内在统一的，从"教"的角度看呈现出千差万别的样态。对于修道者而言，佛典中以修道者根机为根据的"教"，对修道而言具有更直接的价值。菩提流支强调从"理"的角度理解佛典，虽然解释了"差异"起源于众生的悟解能力，在强调以"理"为本理解佛教典籍的同时，回避了众生根机千差万别这一问题，但《牟子理惑论》中提出的佛典"烦而不要"②的问题依然存在，这就意味着"缘经修道"在现实中仍然不可能实现。对于菩提流支"一音判教"存在的这一问题，窥基有着明确的意识：

> 叙其非者。只如第一菩提流支法师，唯立一时教者。若废事谈理，及在一会，有大小机，可如所说。若唯被大，如《胜鬘经》；或但被小，如《遗教经》；或初有大无小，如

---

① ［唐］法藏述：《华严一乘教义分齐章》卷一，《大正藏》第45册，第480页中。
② ［南朝梁］僧祐：《弘明集》卷一《牟子理惑论》，《大正藏》第52册，第2页中。

《花严经》至《入法界品》。方有声闻，初有小无大；虽未见文，理必应尔。如斯等教，义类甚多；或有诸经，全分多分，大小教异，言唯一时，深为猛浪。岂无一会顿发三乘之心，及无渐入大乘者也？①

窥基明确指出，菩提流支的"一时"判教是"废事谈理"②，无法因应众生根机复杂这一现实。实际上，窥基对菩提流支一音判教有"废事谈理"之嫌的"指控"，道破了印度佛教知识整理方式的特征。印度系僧人虽然对于建构具有内在统一性的"典籍系统"并无兴趣，但这并不意味着印度佛教对于佛教知识的系统化没有追求。在菩提流支对"修多罗"译名的反思中，明确可见他是在"教"与"理"两个方面理解"修多罗"的价值的。但是，结合菩提流支在"一音判教"中的观点，仔细分析"教为理本""理为教本"③的说法将不难发现，在菩提流支的理解中，"经之所以为经"，不因为经记载了千差万别的设教对象，而是因为经中有佛陀开示的"理"。换言之，"修多罗"之所以可以为"教"之本，不是因为"经"是施教记录，而是因为经中有"理"④。与这种典籍观念相应，菩提流支在对待佛典"烦而不要"这一问题时采取的方法，具体到印度佛教的语境中，就是遵循"离经立论"的设教方式。佛教传入汉地时，"三藏"的系统已经形成并受到印度佛教各派的接受，但这并不意味"三藏"是一个

① ［唐］窥基：《大乘法苑义林章》卷一，《大正藏》第 45 册，第 247 页下。
② 同上。
③ ［北魏］菩提流支译：《金刚仙论》卷一，《大正藏》第 25 册，第 799 页上。
④ ［唐］法藏述：《华严一乘教义分齐章》卷一，《大正藏》第 45 册，第 480 页中："如克其本，唯是如来一圆音教。"

从一开始就为佛教各分支所接受的典籍系统。有研究指出："佛教各传统均承认'契经'与'律'为佛陀所说。'论藏'则是后来的佛教徒为了阐明诸多'契经'中的要义并将它系统化而撰述的著作集。'论藏'较精确的翻译是'阿毗达磨藏'。有些部派只接受'经'与'律'，但拒斥'论藏'。"①从部派佛教的理论实践来看，导致论藏产生的原因，正是"以理为本"的佛典理解与整理逻辑："'经藏'中的诸多契经记录了佛陀在不同情境对各种根机的听众讲道。佛陀运用了譬喻、激励、训诫或劝谏等方式，以便他的教导能适应不同的人。阿毗达磨（最早期的除外）的典型撰述方式则排斥这类叙事内容，讲求把佛陀教导的法义分析成许多基本要素，用各种分类法将这些要素进行归类，以组织完整的教义体系为目标。"②

在净影慧远引述的"一音判教"理论中，不仅强调群经"理"一，还否定以"顿渐"作为评价经教的标准，这提示我们注意这样一个问题：菩提流支显然没有寻找、建立典籍系统的兴趣。正是在这一意义层面上，"一音"的说法是否能够构成一种"判教理论"是构成问题的，原因正在于这种理论并无分判、建构典籍系统的意图。蓝日昌明确指出，"严格说来并不算是一种很严紧的判教理论，因为菩提流支对当时习惯以顿教、渐教及五时阶段来区分佛陀教法，是采取一种否定的态度"③。再如廖明活也曾意识到"一音判教"的理论重点不同于汉地僧众的判教理论。廖氏指出："判教工作包括：'类别'和'会通'两方面。菩

---

① 关则富：《从经到论：管窥印度佛教文献史上的重大变迁》，《成大历史学报》2017 年第 53 号。
② 同上。
③ 蓝日昌：《六朝判教论的发展与演变》，第 141 页。

提流支判别佛法为半、满两门，这便是'类别'。又菩提流支主张佛陀以一音说法，虽然对菩提流支所谓'一音'，不同来源的资料有不同的记载，不过菩提流支是以一音的观念，说明表面上相异各门佛法，其本质和功能为相同，从而'会通'它们，则是甚清楚的。又现存资料记载菩提流支的判教学说，述及'一音教'者要比述及'半满二教'者为多，亦较为详尽；又菩提流支反对时人把佛法划分为渐、顿两类，宣说'渐教'和'顿教'，是指同一的佛法整体；凡此，都显示出菩提流支的判教思想，较为着重'会通'方面。"[1]虽然廖明活提出了"会通"与"分别"的解释框架，以便在"判教"的框架内对菩提流支的判教观加以安顿，"会通"之说是从"判教"的观点出发给出的描述。菩提流支与汉地学僧判然有别的理论趋向，尤其是"问题意识"，十分值得注意。

一音判教与其说是一种"判释"，不如说是面对典籍时的一种"态度"与"视角"。菩提流支的态度反映了这样一个问题：在汉地学僧尤其是五时判教论持有者视野中甚为重要的问题——以中人的根机作为参考，为典籍系统赋序，以便在现实中"缘经修道"，在印度系僧人眼中，根本不构成一个问题。[2]从菩提流支对"修多罗"译名的反思中可知，菩提流支是从"教理互本"的角度理解"修多罗"的。[3]而"教""理"互本观点成立的基础，在于二者是修道实践的不同阶段。由于"修多罗"是佛陀"施

---

① 廖明活：《地论师、摄论师的判教学说》，《中华佛学学报》1994年第7期。
② ［隋］吉藏：《三论玄义》卷一，《大正藏》第45册，第5页中："言五时者……略判佛教，凡有二科：一者顿教，即华严之流，但为菩萨具足显理；二者始从鹿苑，终竟鹄林，自浅至深，谓之渐教。"
③ ［北魏］菩提流支译：《金刚仙论》卷一，《大正藏》第25册，第799页上。

教"的"记录"而非"教材"，佛陀"应机设教"的教学方法决定了理解"修多罗"时可以从"理"与"教"两个层面切入。从"理"的角度切入，"修多罗"自然就因为记载了佛陀所悟之道而具有内在一致性，这正是菩提流支"一音判教"[①]的致思理路。从数量庞杂的"教"进入理解佛典，看似不必要，但从修道实践来看，尤其是在"圣人不再"的现实修道困境中，"应机设教"不复可能，真正有效的修学方式，是寻找到一条适合普通人修学的道路。因此，总结"修多罗"中的根机并将之整合起来，对于修道实践而言是有意义的。问题不在于总结"修多罗"中的根机并为其分类、赋序，问题在于将这一赋序的结果作为分判、组织典籍的逻辑。菩提流支反对的，正是这种以"教"范"理"的理论实践。但我们必须要理解，汉地僧众致力于将"教"与"经"结合在一起，不是"为学术而学术"，而是源自现实修道处境的"催迫"。在这一问题上，现有研究却持有不同的观点是，认为在"判教"问题上，胡僧的观点并未得到汉地学僧的积极响应。胡僧判教理论的"遇冷"，原因在于"一音判教"并未提出一种整理典籍的标准与方式。

菩提流支的"一音判教"理论虽然遇冷，但这并非其判教理论的全部内容。吉藏的《仁王般若经疏》又说明了菩提流支判教观的另一重内涵，即"半满判教"：

> 今依菩提流支，直作半满分教。若小乘教，名半字、名声闻藏；大乘名满字、名菩萨藏。今寻诸经论，斯言当矣。

---

① ［唐］窥基：《成唯识论料简》卷一，《卍续藏经》第48册，第347页上。

所言小乘半教者，若明其至理，但人法二空语。其因果但说有作四谛。斯乃教不尽宗语不极义。说称小根，进成小行，有所缺德，名之为半，故云小乘，名声闻藏。大乘满字教者，若明其理至极，平等无得，正观不二为宗，语其因果，即说无作四谛，斯乃教称大乘宗，语极圆旨。说称大根，进成大行，具足无缺，名之为满，故云大乘，名菩萨藏也。今此经者，二藏之中，是大乘满字，菩萨藏摄。是故经言："行独大乘三贤十圣忍中行，唯佛一人居净土。"故云大乘满教，谓菩萨藏也。①

所谓"半满判教"，即以"半字"代表"小乘"，相应的典籍即为"声闻藏"，以"满字"代表"大乘"，相应的典籍即为"菩萨藏"。虽然现存六种有关菩提流支判教理论的记录中，净影慧远的引述最为简短，但菩提流支半满判教对净影慧远的影响却是最明显而深远的。在净影慧远目前存世且"注经序"完整的义疏作品中，菩提流支"半满判教"的影响清晰可见。②半满判教的理论不仅被净影慧远"应用"在自己的义疏作品中，在理论性著作《大乘义章》中正面叙述自己的"判教理论"时，慧远明确

① ［隋］吉藏：《仁王般若经疏》卷一，《大正藏》第33册，第315页中—下。
② 《大正藏》《续藏经》收录净影慧远义疏作品九种，除《地持论义记》《十地经论义记》外，其余七种义疏作品的经序均完整保存，均可见"半满判教"：
  1.［隋］慧远：《无量寿经义疏》卷上，《大正藏》第37册，第91页中。
  2.［隋］慧远：《观无量寿经义疏》，《大正藏》第37册，第173页中。
  3.［隋］慧远：《大般涅槃经义记》，《大正藏》第37册，第613页中。
  4.［隋］慧远：《维摩义记》，《大正藏》第38册，第421页上。
  5.［隋］慧远：《温室经义记》，《大正藏》第39册，第512页下。
  6.［隋］慧远：《大乘起信论义疏》，《大正藏》第44册，第175页上。
  7.［隋］慧远：《胜鬘经义记》，《卐续藏经》第19册，第862页中。

提出了以"半满教"作为典籍分判的标准，并从文证、佛教典籍
形成史的角度对这一判教理论的合理性作出了正式说明：

> 次显正义，于中两门。一分圣教，二定宗别。圣教虽
> 众，要唯有二：一是世间，二是出世。三有善法，名为世
> 间；三乘出道，名出世间。就出世间中，复有二种：一声闻
> 藏，二菩萨藏。为声闻说，名声闻藏；为菩萨说，名菩萨
> 藏。故《地持》云："十二部经，唯方广部，是菩萨藏，余
> 十一部，是声闻藏。"彼文复言："佛为声闻、菩萨，行出苦
> 道，说修多罗，结集经者，集为二藏。声闻所行，为声闻
> 藏，菩萨所行，为菩萨藏。"龙树亦云："迦叶阿难，于王舍
> 城，结集三藏，为声闻藏；文殊阿难，于铁围山，集摩诃
> 衍，为菩萨藏。"圣教明证，义显然矣。此二亦名大乘小乘、
> 半满教也。声闻藏，法狭劣名小，未穷名半。菩萨藏，法宽
> 广名大，圆极名满。教别如此。①

上引内容几乎"原封不动"地出现在净影慧远现存所有义
疏作品的注经序中。从窥基《大乘法苑义林章》中对菩提流支
判教理论的评述来看，这种分判佛教典籍的方式直到唐代还为人
所知：

> 又菩提流支法师，亦立二时教。《楞伽经》说："渐顿者
> 莫问声闻。"菩萨皆渐次修行，从浅至深，名为渐也。顿者

---

① ［隋］慧远：《大乘义章》卷一《众经教迹义三门分别》，《大正藏》第44册，第
466页下。

如来能一时顿说一切法，名之为顿。又有二教：一者半教，二者满教。《涅槃经》言云："何解满字及与半字义？又云为声闻乘而说半字，为菩萨乘而说满字。又《胜鬘经》言："有作四圣谛，无作四圣谛，声闻知有作，佛知无作。"《瑜伽》等说："安立谛，非安立谛，唯说安立，名为半教。通说非安立，名为满教。"又有二教：一生空教，二法空教。《二十唯识论》云："依此教能入，数取趣无我，所执法无我，复由余教入。"此以二空二障以明半满。①

值得注意的是，在窥基的引述中，菩提流支的判教理论中又出现了"渐顿"的维度。窥基称"菩提流支法师，亦立二时教"，从"又有二教：一者半教，二者满教"可知，在窥基的理解中，菩提流支的"二时教"有二，一是"顿渐判教"，二是"半满判教"。上文已经对菩提流支的半满判教作出说明，此处不赘。说菩提流支提出"顿渐判教"，确实需要仔细分辨。净影慧远在《大乘义章》中引菩提流支的判教观点时，明确指出"宣说如来一音，以报万机，大小并陈，不可以彼顿渐而别"②，这意味着菩提流支的"一音判教"是反对以"渐顿"作为标准区分佛陀之教的，为何窥基说菩提流支立"顿渐判教"之说？仔细分析窥基引述的内容可知，菩提流支的"顿渐判教"，实际上正是其"一音判教"理论的"翻版"：③

---

① ［唐］窥基：《大乘法苑义林章》卷一，《大正藏》第45册，第247页中。
② ［隋］慧远：《大乘义章》卷一《众经教迹义三门分别》，《大正藏》第44册，第465页上一中。
③ 对此问题，圣凯教授曾有讨论，见圣凯《半满教与一音教——菩提流支的判教思想》，《西南民族大学学报》（人文社科版）2016年第12期。

《楞伽经》说："渐顿者莫问声闻。"菩萨皆渐次修行，从浅至深，名为渐也。顿者如来能一时顿说一切法，名之为顿。①

在窥基的引述中，菩提流支所谓"顿"，专指佛陀说法能够"一时顿说一切法"，而所谓"渐"，是指"从浅至深"的修行次第。所谓"顿者，如来能一时顿说一切法"，与"如来一音，以报万机，大小并陈"②的含义并无区别。以"顿"形容如来平等说法，菩提流支对"顿渐"的理解与汉地义学僧之间存在显著的差异，这一点在窥基对菩提流支"顿渐判教"的批评中表现得极为明显：

第三又菩提流支法师。依《楞伽经》，立顿、渐二教者，此亦不然。彼经以佛能顿说法，以说为顿，以三乘人渐次修学名之为渐，以行为渐，非约教时，亦不可取。③

在窥基的理解中，菩提流支"以说为顿""以行为渐"，将"顿渐"分配给不同"主体"的作法不可取。对于窥基而言，这种做法不可取的原因在于，"顿渐"是用来形容佛陀教法之"深浅"的：

始从佛树，终至双林，从浅至深，渐次说法。④

---

① ［唐］窥基：《大乘法苑义林章》卷一，《大正藏》第45册，第247页中。
② ［隋］慧远：《大乘义章》卷一《众经教迹义三门分别》，《大正藏》第44册，第465页中。
③ ［唐］窥基：《大乘法苑义林章》卷一，《大正藏》第45册，第248页上。
④ 同上书，第247页中。

"顿渐"不是从"修行者"而是从"宣教者"的角度出发，是对佛陀"施教"过程内在逻辑的总结提炼。正是由于强调佛陀宣教是一个"从浅至深，渐次说法"[1]的过程，因此窥基在理解、评述前代各家的判教理论时，继承了"五时判教"处理典籍系统化的方式，以"时"作为基本阐释框架，将菩提流支的"一音判教"称为"一时教"，将"半满判教"称为"二时教"。在窥基的理解中，"教法不同"就意味着"时间先后"。相比于净影慧远、吉藏对菩提流支的引述，窥基指明了菩提流支对"顿渐"的理解，对于理解菩提流支"一音判教"的内涵具有参考价值。

有研究指出，印度僧人的观点——包括鸠摩罗什、菩提流支与真谛——并未对汉传佛教的判教思想产生实质影响。[2]这一现象是必须加以留意的。从净影慧远对菩提流支判教观点的"去取"来看，相比于慧远义疏、义章作品中随处可见的"半满判教"，"一音判教"似乎并未受到重视。但是，从慧远的判教思想中不难发现，菩提流支从"说法"与"修行"两个方面切入理解典籍的思维模式事实上影响了慧远：

> 言定宗者，诸经部别，宗趣亦异，宗趣虽众，要唯二种：一是所说，二是所表。言所说者，所谓行德。言所表者，同为表法。但法难彰，寄德以显。显法之德，门别无量，故使诸经，宗趣各异。[3]

---

[1]　［唐］窥基：《大乘法苑义林章》卷一，《大正藏》第 45 册，第 247 页中。

[2]　"严格说起来，天竺的判教观点对中国的论师在判教议题上殆无影响可言。"蓝日昌：《六朝判教论的发展与演变》，第 13 页。

[3]　［隋］慧远：《大乘义章》卷一《众经教迹义三门分别》，《大正藏》第 44 册，第 466 页下。

慧远从"所说"与"所表"两个维度切入理解佛教典籍的"宗趣"，实际上就是从"理"与"事"两个角度考察典籍。"表法"就是"理"，"行德"就是"事"，"理"需要通过"事"来彰显，但"事"千差万别，导致不同的典籍宗趣千差万别，这就是所谓"但法难彰，寄德以显。显法之德，门别无量，故使诸经，宗趣各异"的具体涵义。"事"不是由"施教者"决定的，而是由"受教者"决定的。菩提流支认为佛教典籍不应该以时间、对象等作为标准进行划分，原因就在于从"理"，也即佛陀平等施教的角度看，并不存在深浅、高下之别，[①] 典籍的区别来自于"修行者"，也就是窥基引述菩提流支观点时所说的"菩萨皆渐次修行，从浅至深，名为渐也。顿者如来能一时顿说一切法，名之为顿"[②]。菩提流支明确将典籍中的"理"与"事"进行区别，将内涵深浅、先后等维度的"事"从典籍分类的方式中驱逐出去，专从"理"的角度去理解佛教典籍的关系，是一种"以理为本"的典籍观，与五时判教事实上"以教为本"的典籍观存在本质区别。慧远虽然也注重"教"的系统化，但却已经开始重视从"理"的角度切入去理解典籍，佛教南北判教理论在典籍观上的这种差异，正是受胡僧"视野"影响的结果。这种影响不是以"观点"传承的方式完成的，而是以"认知模式"的转变实现的。

菩提流支的"一音判教"是从"理"的角度理解佛教典籍，拒绝以"设教"的标准理解典籍，在对"教"的分类上不承认有"先后""深浅"，只接受"大小乘"的区分。与这种典籍观相

---

① ［唐］窥基：《成唯识论料简》卷一，《卍续藏经》第 48 册，第 347 页上；［唐］法藏述：《华严一乘教义分齐章》卷一，《大正藏》第 45 册，第 480 页中。
② ［唐］窥基：《大乘法苑义林章》卷一，《大正藏》第 45 册，第 247 页中。

适应的，是"离经立论"的印度佛教知识整理传统。但是，印度佛教以超越经教、离经立论的方式作为佛典"烦而不要"①这一问题的解决方案，却引发了一场混乱。②不同宗派的"论典"之争，最终将其权威性追溯到佛陀，这再次提示我们，"圣人不再"导致的修道焦虑，不仅存在于汉地，同样存在于汉地僧众想象中的"天地之中"——天竺。离经立论虽然推动了佛教理论的系统化与发展，却未能在佛陀灭度后，塑造出一种具有普遍权威的教化方式。汉地僧众正是清楚地认识到"圣人不再"所引发的现实修道困境，使"典籍"成为唯一可以凭借的修道依据，因而即便典籍规模庞大、"烦而不要"，却始终没有走向超越经教、离经立论的道路。但是，佛典规模庞大，如何分判、组织佛典，仍是北朝汉地学僧的核心关切所在。

二、以经为本：北朝汉僧知识整理的基本立场

菩提流支的"一音判教"代表了一种对"群经"关系的理解，即从"理"的角度看，"群经"是平等的，不存在高下深浅之别。从佛陀的角度看，这一立场确实成立。菩提流支认为，"修多罗"的译名应该是"本"，而不是"经"，原因在于，"教"与"理"互为本。从修道的角度看，"理"为"教"本；从修证的结果看，"教"为"理"本。③正如经学"训经为常"的诠释传统体现出的是一种对"经"的理解——"经"是常法常道。以

---

① ［南朝梁］僧祐：《弘明集》卷一《牟子理惑论》，《大正藏》第52册，第2页中。
② 关则富：《从经到论：管窥印度佛教文献史上的重大变迁》，《成大历史学报》2017年第53号。
③ ［北魏］菩提流支译：《金刚仙论》卷一，《大正藏》第25册，第799页上。

"本"翻译"修多罗"，并明确指出"教""理"互为本，也代表了菩提流支对"修多罗"的理解。

"教理互本"意味着在菩提流支的理解中，"修多罗"不仅是"修"的资粮，还是"证"的参考，始终以修行实践为中心理解"修多罗"。但是，从菩提流支"一音判教"认为"经"无高下深浅的判断看，菩提流支在批评五时判教时，是从"理"的角度出发理解"典籍"，佛陀所施之教虽然因受者不同而有差别，但佛陀所悟之理在本质上是统一的，故而从"理"的角度看，不存在高下、深浅之别。正如已有研究指出的，菩提流支的"一音判教"在"会通"典籍上存在不足。① 笔者认为，这是从"判教"出发理解菩提流支的"偏见"。事实上，菩提流支的"一音判教"，与其说是一种"判教"理论，不如说一种看待群经的态度。这种态度就是摆脱"以教为本"的视角，从"理"的角度出发看待群经，佛陀所悟、超越时空限制的"理"的内在一致性，使群经"自然"获得一种内在一致。换言之，菩提流支会通群经的方式，是"群经"本来即通，不需要另寻逻辑标准进行统合。从一音判教的角度看，汉地义学僧人分判、组织典籍的作法，无异于叠床架屋，实在没有必要。

菩提流支从"理"的角度出发理解"群经"关系与内在逻辑的作法，事实上是否定了《牟子理惑论》中提出②、由慧观首次尝试的以修道次第为典籍赋序的典籍整理方式。③ 菩提流支"一音判教"在判教理论上的最大贡献，在于正式将"以教为本"的逻

① 廖明活：《地论师、摄论师的判教学说》，《中华佛学学报》1994 年第 7 期。
② ［南朝梁］僧祐：《弘明集》卷一《牟子理惑论》，《大正藏》第 52 册，第 2 页中。
③ ［隋］吉藏：《三论玄义》卷一，《大正藏》第 45 册，第 5 页中。

辑从典籍整理的标准中剥离，通过强调典籍因"理"而自然具有内在一致性，摆脱了从"理""教"复合视角出发进行典籍整理造成的困境。正是在这种"解绑"之后，北朝佛教的"判教"理论显示出一种以典籍自身逻辑为中心的、具有强烈知识主义倾向的特质。从释经史的角度考察"宗要"这一北朝佛教判教理论的"锁钥"将发现，"宗要"与"经序"之间存在着密切的关系。"宗要"起源于释经活动这一事实提示我们注意，北朝判教理论中"经"处在一个核心位置。北方佛教判教重视"经"，直接体现在以"理"而不是"教"作为典籍整理的标准，换言之，经之所以为经，在于经中有"理"。最能体现这种判教思路的，正是慧光的"四宗判教"。

慧光的"四宗判教"说见于智颛的《妙法莲花经玄义》：

> 学士光统，所分四宗判教：一因缘宗，指《毗昙》六因四缘；二假名宗，指《成论》三假；三诳相宗，指《大品》三论；四常宗，指《涅槃》《华严》等常住佛性本有湛然。[①]

从上引内容中可以看出，慧光的"四宗判教"摆脱了以"凡夫修道"为线索、以"众生根机"为起点为群经赋序的桎梏，甚至打破了此前的判教理论以"经"为中心的传统，将"论"也纳入了判教的视域中。完全从"典籍"的内容出发，围绕"典籍"自身进行知识整理。不惟如此，在慧光对五时判教的批评中，还指明了"五时判教"之所以会左支右绌的原因之所在：

---

① ［隋］智颛述：《妙法莲华经玄义》，《大正藏》第33册，第801页中。

> 三依光统律师立三种教，谓渐、顿、圆。光师释意，以根未熟，先说无常后说常，先说空后说不空深妙之义。如是渐次而说，故名渐教。为根熟者，于一法门具足演说一切佛法，常与无常、空与不空，同时具说，更无渐次，故名顿教。为于上达分阶佛境者，说于如来无碍解脱究竟果海圆极秘密自在法门，即此经是也。后光统门下，遵统师等诸德，并亦宗承大同此说。[1]

在法藏的叙述中，慧光理解中的渐、顿、圆不是对"经典"的分类，是针对众生根机"设教"的结果，即"教法"。对于这一点，蓝日昌明确指出："慧光所谓的'顿渐'之意为：渐教是针对根器未熟的众生先说法时，先说常，再说无常，先说空，再说不空之理，渐次说法，故为渐教，如此说来，渐教并不是以经典而论，而是说法时由浅入深之道。"[2]虽然慧光渐、顿、圆三分判教的理论只出现在法藏的引述中，但这则记录却明确指出了判教理论尤其是五时判教理论的根本问题："设教"与"经典"的系统化逻辑并不一致。"经典"是佛陀"设教"的记录，众生"缘经修道""借经悟道"，所根据的是经中之"理"。"经典"的权威性根据不是众生的根机，而是佛陀。因此，即使"经典"是"设教"的记录，但"经典"整理的底层逻辑是佛陀而不是众生。"设教"作为一种以"众生根机"为"语境"的实践，其底层逻辑是众生而不是佛陀。"判教"最大的理论困境，正是要如何融合经中的"无为之理"与"教法"。"教"因众生之根机而设，故

① ［唐］法藏述：《华严一乘教义分齐章》卷一，《大正藏》第45册，第480页中。
② 蓝日昌：《六朝判教论的发展与演变》，第145页。

有深浅；群经之"理"是佛陀所悟之道的体现，故无高下。换言之，"无为之理"与"教法"之间的冲突，本质上是"众生"与"佛陀"在悟道程度上的差异。对佛陀而言，区分"经"的高下是没有意义的；但对需要渐修的众生而言，"教"的深浅对于其修行实践而言则是必要的。"教"在"经"中，而非"经"外，因此"判教"对"经"之高下的判断，在其起源处似乎并非是"门户之见"的产物，而是在"缘经修道"的基本预设下，根据修行者根机"设教"去组织"群经"的必然选择。但在现有判教理论的解读中，研究者关注的重点始终在于，究竟哪一部经典最"究竟"、是"了义"，重点关注"顿渐"中的"顿"、关注"了"与"不了"中的"了义"，这一考察"判教"理论的方式本身就是"目无全牛"的。菩提流支以后的北朝佛教判教理论，越发脱离"设教""修道阶次"的限制，回到经典本身，甚至将判教的覆盖范围扩大到论典，正是回归知识主义立场、"以经为本"的典籍整理思路的必然结果。

此外，慧光以"宗要"为判教依据的作法，事实上与汉传佛教的释经史具有密切关联。这一点也是现有判教研究所未能留意的。具体说来，"宗要"脱胎于"经序"。按汤用彤的说法，"经序"与后文我们将要论及的"义章"一样，是"论"的一种："注疏限于原经。故个人思想之发挥，则较能于自著论文中显之。六朝中论著之文极多，其故有四：其一，当时出经极多，而又极重经序。……盖研读经文，最难通其大意，观其全体。为之作序者，说本书之地位、之目的，总提全文，便利后学。其二，佛法畅行既久，明宗义之指归，叙一己之思虑，均为时人所需要。故有系统之著作，六朝颇不乏文。……其三，佛经译出甚多，事数繁复，义旨各异。别其异同，定其优劣，于是有义章之作。其四为魏晋南北朝时思想最为自由，谈论答辩，尤为风尚。一为专论特殊之问题，或著文讨论，或书函辩答。"①汤用彤的分类仍能进一步划分为两类，即经序、义章为一类，意在进行知识整理；系统著作、辩论为一类，意在诠释教理。在汤用彤对"论"的定义中，一个值得我们注意的标准是"论"之于"经"的独立性。换言之，离经而立的才是"论"。正是在这样的标准之下，常见于经文开篇位置、意在解题的"经序"，其性质就值得我们深思："经序"究竟是独立于经"论"，还是"经文"的一部分？

对此，日本学者横超慧日持有一种不同于汤用彤的看法。横超慧日在考察汉传佛教释经史时指出，"解题的经序是讲经的原始形态，讲经的起源与译经同时"，"经序"作为"通名"本身也经历了一个发展的过程，形成了不同的种类。横超慧日就明确指出，"在注释经文之前都有注经序……注经序与解释经题并叙述传译由来的单行经序有同样的性质，只是在注经的末尾记录注经的用意这一点上有区别。因此注经序继承了单行的经序，是经典总论性质的解题，它后来受到重视发展成为玄谈的起源"②。总结横超慧日的观点可知，"经序"诞生于译经、讲经活动，随着注经成为释经的主流，"经序"中发展出一种注经序，从内容与功能上看与译经序基本一致，只是增加了对"注经"目的的解释。不惟如此，"经序"这一因"经"而成的体裁，还成为南朝晚期至隋南方佛教释经的重要形式"玄谈"的源头。

---

① 汤用彤：《汉魏两晋南北朝佛教史》，第389页。
② 〔日〕横超慧日：《释经史考》，第125页。

横超慧日通过对"经序"内容的考察，还进一步说明了"经序"与"宗要"之间的密切关联。从现存最早的三部佛典注释的内容来看，"都是朝着把握经文主旨的方向努力，但宗要的观念还未成为术语用例，也没有考虑到以直截了当的一句话来标示宗要"①。"宗要"意识的明确与实际出现，始于竺道生的《法华经疏》，在这部称"疏"而不称"注"的经典注释作品中，竺道生没有单列注经序，但却在经文的开头创作了与注经序内容、功能一致的内容，更关键的是，以一句"此经以大乘为宗"，直截了当地标示出《法华经》的"宗要"。现有关于六朝判教思想最系统的研究来自蓝日昌。蓝日昌综合印顺、傅伟勋对"判教"的定义，认为"判教即是佛陀教学史的探讨"②，而这一探讨的起点，"最先有判教观点并有著作留下可供验证的有竺道生法师（355—434）在《法华经疏》中的四法轮说、慧叡法师《喻疑》一文对《涅槃经》《般若经》《法华经》之间优劣提出其见解、慧观法师《大般涅槃经疏序》中所提出的顿渐二教五时判教论……这三篇文章几乎是同时提出来的，因此究竟应该以何人的论点为判教之始，其实是颇有争议的"③。而在横超慧日对汉传佛教释经史的考察中，除关注到竺道生《法华经疏》具有明确的"宗要"意识之外，还注意到了慧观的《法华宗要序》与慧叡的《喻疑》。

---

① 〔日〕横超慧日：《释经史考》，第 127—128 页。在同一篇文章的另一处，横超慧日总结说："竺道生的《法华经疏》废独立的经序，而在进入正文的解释之前成总论性的玄谈。在玄谈中明示判教及宗要。"〔日〕横超慧日：《释经史考》，王磊译，第 129—130 页。

② 蓝日昌：《六朝判教论的发展与演变》，第 4 页。

③ 同上书，第 67 页。

"判教"研究视域中的重要人物与著作，同时也是汉传佛教释经史的重点关注对象，这提示我们必须充分注意到"判教"与"释经"的内在联系。更具体地说，"宗要"这一释经方式的兴起，成为"判教"的理论前导："虽然关于判教的意义、起源、沿革等还不容详细讨论，但最初致力于把握一经一经的宗致纲要的努力，最终进步到组织体系化，这应该是它们实际发生的顺序，宗要把握和判教组织有不可分的关系这一点是毫无疑义的。"① 由北朝中晚期义学僧慧光提出的"四宗判教"："一因缘宗，指《毗昙》六因四缘；二假名宗，指《成论》三假；三诳相宗，指《大品》三论；四常宗，指《涅槃》《华严》等常住佛性本有湛然。"其实质正是在总结典籍主题的基础上进行典籍系统化。不惟如此，在慧光的理解中，"论典"也应该被纳入判教的范围之内。综合考虑"宗要"与"经"的密切关联，以及"四宗判教"的基本逻辑——以包括经、论在内的"典籍"自身的内容作为分类依据，不难看出，在慧光的"四宗判教"理论之中，底层的逻辑不是"设教"所关注的"根机"，而是"经典"的"主题"。也正是由于摆脱了在"缘经修道"的前提下以"设教"的逻辑为经典赋序的限制，"论"这一权威性远不及"经"稳定的典籍类型，也被纳入了"判教"的考虑。以"宗要"取代"时序"作为"经典"分类、知识整理的作法不只见于慧光，而是北朝佛教尤其是地论学派判教思想的一般特征："北方地论师对经典的看法初始即与南方成实论师有很大的歧异，南方采用顿渐五时判教的方式，北方则以经论的宗旨为主而采用'宗'的判教方

---

① 〔日〕横超慧日：《释经史考》，第128页。

式……早期的地论师的判教观点是独自发展出来的一套系统。"①

　　"五时判教"从表面看来是对佛陀教学史的整理，实则是以佛陀教学的"历史"或者说"历时性"，来化解"缘经修道"这一前提下"以理为本"与"以教为本"两种典籍系统化方式之间的矛盾。菩提流支的"一音判教"使人们重新审视这样一个问题：理解"经典"、理解"群经"关系的基本图式与逻辑框架，不是"教"，而是"理"。正因如此，在慧光的判教理论中，我们已经看不到设教原则对"经典"系统化的阻碍，按照内容对典籍进行分类，相较于以"设教"为逻辑而不惜歪曲、裁割经典内容的判教理论相比，是一种具有强烈知识主义倾向的典籍整理方式。在这种"判教"观念中，我们看到的只是经典的主题——包括因缘宗、假名宗、诳相宗、四常宗②——而非修行者深浅不一的根机以及由浅入深的修行过程。在归于慧光名下的"渐、顿、圆"③三教中，我们看不到"经典"系统化的逻辑，只有"设教"的逻辑。总结而言，在"以教为本""缘经修道"这两大观念的支配下，"五时判教"致力于以"设教"的逻辑整合"经典"的尝试被北朝佛教彻底否定，经典自以经典的逻辑——宗要——作为其分类以及系统化的标准，设教则以设教的逻辑——根机——作为"佛理"分判的标准。将"设教"的逻辑从"经典"系统化的标准中剔除，事实上是对印度佛教知识整理传统的一种"回归"。

---

① 蓝日昌：《六朝判教论的发展与演变》，第 134 页。
② ［隋］智顗述：《妙法莲华经玄义》，《大正藏》第 33 册，第 801 页中。
③ ［唐］法藏述：《华严一乘教义分齐章》卷一，《大正藏》第 45 册，第 480 页中。

第三节 北朝佛教知识整理传统的生成

追溯"阿毗达磨"这一文体的成立过程，印度佛教知识整理采取的"离经立论"方式，是对佛陀言教中大量经验性、历史性、个人化内容的"抛弃"，将这些"事"视为"俗"，认为理论应当以更加纯粹的、超时空的形式出现。印度佛教的知识整理方式，或者说"设教"逻辑，不是"以教为本"，围绕"经"设教，而是"离经立论"，通过对经中之"道"的抽象与系统化，以解决"经典"无法按照"设教"逻辑展开这一困境。这种处理方式看似解决了经典整合逻辑与设教原则的冲突，但在设立"论"这一文体的同时，又造成了"论典"的权威性危机，以至于各部派佛教不得不竞相将"论"的起源追溯到佛陀，甚至发展出"论"乃是佛陀亲自开示的说法。[①] 如何在维持"经"的权威性的同时，使佛教典籍摆脱汗漫无所归的窘境，使"缘经修道"在现实中成为可能，成为北朝佛教知识整理实践的核心关切。净影慧远就通过"经序"（或者称为"宗要""玄论"）沟通"经"与"论"，使典籍的权威性与论典的明晰性达成一种平衡。

一、净影慧远判教理论中"文献本位"意识的强化

净影慧远判教理论的完整记录，见于《大乘义章》。在《大乘义章·教聚·众经教迹义三门》中，慧远回应了三种有关"经教"的不同理解。这三种理解分别是：1. 刘虬的顿渐二分、渐教

---

① 关则富：《从经到论：管窥印度佛教文献史上的重大变迁》，《成大历史学报》2017 年第 53 号。

五时七阶判教理论；① 2.诞公的顿渐二分、不分五时，但有了义不了义之分的判教理论；② 3.菩提流支一音说法、无分顿渐的判教理论。③ 在对三种理论的回应中，以刘虬的顿渐二分、渐有五时七阶为其核心批判对象。在开始对具体内容进行说明之前，我们有必要注意这样一个问题，即在一部对佛教知识进行系统整理的著作中，净影慧远将"判教"放置在什么位置来探讨，同样能够说明他对"判教"的理解。

"教聚"之下共有三门，包括"众经教迹义""三藏义"与"十二部经义"④。对于"经"本身的讨论，见于"三藏义"与"十二部经义"。我们在上一章讨论的净影慧远对"修多罗"译名的反思，就是依据"三藏义"中的内容展开的。"十二部经义"也是对经本身的讨论。而"众经教迹义"，则是对如何理解"经教"的讨论。与菩提流支以"本"翻译修多罗⑤、相应从"理"的角度理解群经内在一致性⑥的思路一致，净影慧远以"修多罗"为贯穿诸说的"线"，⑦ 事实上也是在强调从理的角度看，群经具有内在的一致性。从这一点上看，菩提流支的"一音判教"作为一种具体观点虽然不为净影慧远所认同，但从慧光、慧远理解"经"时是从"理"而不是"教"出发这一点上看，菩提流

---

① ［隋］慧远：《大乘义章》卷一《众经教迹义三门分别》，《大正藏》第44册，第465页上。
② 同上。
③ 同上。
④ ［隋］慧远：《大乘义章》卷一，《大正藏》第44册，第465页上："教聚之中，别有三门：一众经教迹义，二三藏义，三十二部经义。"
⑤ ［北魏］菩提流支译：《金刚仙论》卷一，《大正藏》第25册，第799页上。
⑥ ［唐］法藏述：《华严一乘教义分齐章》卷一，《大正藏》第45册，第480页中："如克其本，唯是如来一圆音教。"
⑦ ［隋］慧远：《无量寿经义疏》卷上，《大正藏》第37册，第92页上。

支"一音判教"背后的典籍观念，对北朝佛教的判教理论发挥着事实上的影响。慧光在其判教理论中，从"典籍"之"理"出发，以"理"而不是"教"作为典籍分判、整理的依据，摆脱了以"设教原则"为"经"赋序可能造成的困扰。①同时，以"渐、顿、圆"三分的框架讨论"设教"问题。②换言之，在慧光的判教理论中，典籍逻辑与设教原则各自独立，是两种不相干的理解"经"乃至所有佛典的视角。这种做法是对"五时判教"融合典籍逻辑、设教原则造成的理论困境进行纠偏的必然结果。但是，将典籍逻辑与设教原则剥离，在一个论典兴盛的时代，可能重蹈印度佛教"离经立论"的覆辙。超越经教、离经立论的设教构想，最大的理论短板是缺少"经"那种无可复制的权威性。不论佛教还是经学，在圣人殁后，修学过程中唯一具有无可置疑的权威性的，就是"经"。因此，如何在避免设教原则绑架经典、削弱经典权威性的同时，解决现实的修道困境，必须慎之又慎。

对此，净影慧远在"判教"问题上尝试将"设教原则"——也即对设教"对象"的分类，极其克制地引入典籍的系统化过程中。在正面叙述自己对"经教"理解的文字中，慧远指出：

> 言定宗者，诸经部别，宗趣亦异，宗趣虽众，要唯二种：一是所说，二是所表。言所说者，所谓行德。言所表者，同为表法。但法难彰，寄德以显。显法之德，门别无量，故使诸经，宗趣各异。如彼《发菩提心经》等，发心为

---

① ［隋］智顗述：《妙法莲华经玄义》，《大正藏》第33册，第801页中。
② ［唐］法藏述：《华严一乘教义分齐章》卷一，《大正藏》第45册，第480页中。

宗;《温室经》等，以施为宗;《清净》《毗尼》《优婆塞戒》，如是等经，以戒为宗;《华严》《法华》《无量义》等，三昧为宗;《般若经》等，以慧为宗;《维摩经》等，解脱为宗;《金光明》等，法身为宗;《方等》《如门》，如是经等，陀罗尼为宗;《胜鬘经》等，一乘为宗;《涅槃经》等，以佛圆寂妙果为宗。如是等经，所明各异，然其所说，皆是大乘缘起行德究竟了义，阶渐之言，不应辄论，教迹之义，略之云尔。①

在慧远对宗趣的把握中，我们明确可见"以理为本"与"以教为本"之间存在的矛盾。慧远指出，"宗趣"有两重内涵：其一是"所说"，是"行德"，也即"教"；其二是"所表"，是"表法"，也即"理"。慧远把握住了"表法"与"行德"之间的关系，即"理"难以自行彰显（"但法难彰"），只有在具体的"事件"中才能具体显现（"寄德以显"）。慧远的这种理解方式，与经学的"即事言理"传统具有一致性。我们不能断言这种方式是否直接来自经学，但从后文对净影慧远与北周武帝论辩的分析中可以确知，净影慧远对经学有着深刻的理解。另一方面，在讨论"论藏"起源问题时，我们已经明确，"论"作为一种设教方式，是以否定经中具体而微的"事件"为起点的。因此，慧远对"行德"与"表法"之关系的理解，不可能来自印度佛教传统，极有可能是受到经学传统的影响。

但是，"行德"对于理解"理"虽然重要，但也有其自身的

---

① ［隋］慧远:《大乘义章》卷一《众经教迹义三门分别》，《大正藏》第44册，第466页下—467页上。

局限，这一局限就是受众生根机数量庞杂的影响，导致行德种类繁多（"门别无量"）。慧远对"行德"或者说"根机""设教原则"的这种理解，正是《牟子理惑论》中时人批评佛典"烦而不要"①的原因所在。为了应对这一问题，慧远继承了慧光的处理方式，②以更为宽松的"宗趣"对经进行归类，作为典籍分类标准的"宗趣"，包括发心、施、戒、定（三昧）、慧、解脱、法身、陀罗尼、一乘、涅槃等各种不同类别。仔细分辨可知，从"发心"到"涅槃"，事实上仍是一个渐次修行的过程。但是，慧远没有像"五时判教"一样，将"行德"（修行）贯穿起来"构拟"出某种具有普遍性的"根机"——也即梁武帝批评的某"一根性人"③，因此也就避免了因"人"之修行的时序而导致的为经典强行赋序的问题。通过"宗要"标识"经典"的主要内容、所对应的根机，在"抄经""五时判教"这种有损经典权威性的方法之外，提出了一种"进入"典籍的便捷途径。在"缘经修道"应该按照什么"阶次"展开这一问题上，慧远并不如五时判教那样激进，这一点主要体现在慧远判教思想的另一方面，即对"设教"对象的分类上。

慧远在"教"的分类上适度引入有经典根据的分类方式，将"教"划分为"世间教"与"出世间教"，在"出世间教"内部，又划分出"声闻藏"与"菩萨藏"两种：

---

① ［南朝梁］僧祐：《弘明集》卷一《牟子理惑论》，《大正藏》第 52 册，第 2 页上—中。
② ［隋］智顗述：《妙法莲华经玄义》，《大正藏》第 33 册，第 801 页中。
③ ［唐］道宣：《广弘明集》卷十九《御出同泰寺讲金字〈般若经〉义疏并问答》，《大正藏》第 52 册，第 238 页下—239 页上。

> 圣教虽众，要唯有二：一是世间，二是出世。三有善
> 法，名为世间。三乘出道，名出世间。就出世间中，复有二
> 种：一声闻藏，二菩萨藏。为声闻说名声闻藏，为菩萨说名
> 菩萨藏。①

慧远还明确指出，"世间-出世间"的划分，事实上就是"大乘-小乘""半字-满字"的划分。对于自己的这种划分方式，净影慧远明确指出其典籍依据（"文证"）来自《地持论》与龙树。对圣教的区分，既体现出慧远对"设教"问题的关注，又体现出他对五时判教"构拟"出"一根性人"②之弊端的审慎，故而以经中本有的划分方式，作为划分依据。不仅如此，在"定宗别"的内容中，慧远对以"设教原则"为典籍赋序的作法，提出了直接的批评。③

慧远承认不同的典籍有不同的主题，故而在列举了十类、十三种不同的典籍后，说"如是等经，所明各异"，即使不同的典籍主旨有所不同，但其内容从"理"的角度看是平等的（"皆是大乘缘起行德"），因此不应该轻易以"深浅"评价典籍。慧远文中的"阶渐"二字尤其值得注意。所谓"阶渐"，即以"渐"为阶次，由浅开始，渐次深入。从"皆是大乘缘起行德，究竟了义"一句中，我们看到了菩提流支"故佛无心有差别说，众

---

① ［隋］慧远：《大乘义章》卷一《众经教迹义三门分别》，《大正藏》第44册，第466页下。
② ［唐］道宣：《广弘明集》卷十九《御出同泰寺讲金字〈般若经〉义疏并问答》，《大正藏》第52册，第238页下—239页上。
③ 详见第142—143页引文。

生机感有差别"①的影子。而"阶渐之言，不应辄论"明显是针对"五时判教"深浅有别的典籍观，以及由浅入深的典籍次序。由于佛教典籍都是"佛无心有差别说"②，因此都是大乘"究竟了义"，事实上并无深浅之别，阶次与差别源于人的修证需要"阶渐"。

净影慧远重视"文证"，不仅体现在他对自己立论根据的说明，还体现在他对刘虬"五时判教"理论的逐条反驳之中。由于慧远批评刘虬五时七阶理论的内容十分繁杂，且前人已对慧远的批评作出详细解读，③故此处不赘，但却有必要对于导致慧远在批判刘虬时内容繁复的原因加以说明。慧远根据经论划分"圣教"，其立论的"文证"根据，除"经"之外，来自"龙树"的一系列说法也是重要的组成部分。在具体的批判中，慧远在引述完刘虬的观点之后，以刘虬说法的经典来源作为质疑其说的理由，例如：

> 若言初时，为提谓等，说人天法，不论出道，何所依据，人天教门？④
> 第二阶云："如来于彼十二年中，唯说三乘差别教门。"依何文证？⑤

---

① ［唐］窥基：《成唯识论料简》卷一，《卍续藏经》第48册，第347页上。
② 同上。
③ 关于慧远反驳刘虬的详细说明，参见蓝日昌《六朝判教论的发展与演变》，第150—152页；刘文琪《慧远〈大乘义章〉佛学思想研究》，佛光山文教基金会2001年版，第262—266页；冯焕珍《净影寺慧远判教观的再考察》，《佛学研究中心学报》2003年第8期。
④ ［隋］慧远：《大乘义章》卷一《众经教迹义三门分别》，《大正藏》第44册，第465页中。
⑤ 同上书，第465页中—下。

正是因为重视"文证"，大量引用经论作为依据，才导致慧远对刘虬的批评十分繁复。由于慧远分"五阶"（原文如此）对刘虬的理论逐条反驳，故笔者以其批评的脉络为根据，总结其"文证"依据如下：

表 3.1 净影慧远反驳刘虬的文证依据

阶次	文证依据
初时	《提谓波利经》《普曜经》
第二阶	《增一阿含》、《长阿含》、《游行经》、五部律
第三阶	《大品经·往生品》、《涅槃经》、《师子》、"龙树云"、"龙树释"
第四阶	"龙树菩萨释"、《大品经》、《法华经》、"龙树实云"
第五阶	《胜鬘》、《楞伽》、《法鼓》、《如来藏经》、《鸯掘摩罗》、《宝女》、《广博严净》、《摩诃般若》、《般周三昧》

在慧远引述的"文证"中，一个值得注意的权威来源是龙树，总计出现 4 次。这提示我们注意净影慧远对以"三藏"作为教义分歧裁断依据的重视。正是源于对经论作为"权威裁断依据"的需要，慧远才会对"变疏为论"的现象持批评的立场。[1] 换言之，菩提流支"一音判教"[2] 所传递的典籍观念，不仅为北朝佛教的判教理论奠基，还培养出时人敏锐的"典籍意识"，对"三藏"的边界保持了高度的敏感，形成了类似经学"经典之门"关闭[3] 的典籍倾向。

---

① 有关"变疏为论"现象的讨论，详见圣凯《北朝佛教地论学派"变疏为论"现象探析》，《中国哲学史》2015 年第 3 期，第 15—24、55 页。

② ［唐］法藏述：《华严一乘教义分齐章》卷一，《大正藏》第 45 册，第 480 页中："如克其本，唯是如来一圆音教。"

③ 程苏东：《从六艺到十三经——以经目演变为中心》，第 88 页。

二、"经序"与"义章"并存：北朝佛教知识整理方式的形成与影响

在净影慧远的判教理论中，尤其是在他对刘虬"五时七阶"判教理论的批评中，不难看出他在"群经"关系问题上的态度，继承了菩提流支的传统。同时，净影慧远批评刘虬判教理论的方式也是值得我们仔细玩味的。在《大乘义章》的相关内容中，慧远分"五阶"对刘虬的判教理论进行反驳，在综述刘虬的理论之后，慧远总会追问"何所依据"[①]"依何文证"[②]。而慧远反驳"五时判教"的具体方法，就是回到经论本身，或者以某一部典籍中存在着不止一"时"的内容以驳斥刘虬，[③] 或者以其他经论中的内容作为依据反驳刘虬。[④] 从净影慧远立论的方式上不难看出他强烈的知识主义倾向。

围绕"经典"展开的知识整理活动，由于佛教经典本身是具体的"教"——也即"无所不适之道"在"众生根机"这一语境中的具体表达——的记录，因此，在如何理解、看待"经典"的问题上，形成了两种基本思路，从"理"的角度理解"经典"，自然会形成与经学"以经为常""以经为本"类似的理解方式，我们仍称之为"以经为本"，与此相应的知识整理方式则是注

---

① ［隋］慧远：《大乘义章》卷一《众经教迹义三门分别》，《大正藏》第 44 册，第 465 页中。
② 同上书，第 465 页下。
③ 同上书，第 465 页中："若言初时为提谓等说人天法，不论出道，何所依据，人天教门？……又复提谓，为众忏悔，五逆等罪，悟解四大、五阴本净。阴大本净，亦是法空，二空即是出世直道，云何名为人天教门？"
④ 同上书，第 465 页中："又《普曜经》明佛与彼提谓、波利二人授记，当得作佛，号曰密成，明知所说，非人天教。"

疏、经序，以及由"经序"演化而来的"玄论""宗要"等形式；从"教"的角度理解"经典"，则会形成以"众生"的修行实践作为基本逻辑，为经典赋序的知识整理方式，我们称之为"以教为本"。虽然佛陀设教针对的是不同的个体或小群体，但在"以教为本"为基本逻辑的"判教"（主要是南方的"五时"判教①）中，我们看到了对"一般修道者"由浅入深的修行实践的构想与预设。

即使以"义章"作为佛教知识整理的主要方法，北朝佛教仍未放弃对"经"的重视。从北方佛教"义章"体的集大成者净影慧远的撰述实践来看，虽然他以"经外立论"②的方式进行知识整理，但从他传世的义疏作品看，注经序这一体裁不仅被保留，还成为贯通"经"与"义章"的中介，发挥着类似"索引"的功能。由于传世的慧远注疏作品中注经序的结构大同小异，③相比于慧远其他义疏作品，《大乘起信论义疏》的注经序篇幅最大，内容最丰富的，因此本书仅以慧远《大乘起信论义疏》为例，对慧远如何通过"经序"解决典籍缺乏体系性、论书缺乏权威性的问题进行说明。

在《大乘起信论义疏》注经序的开篇，慧远以典籍形成的"地点"为根据，说明《大乘起信论》的"殊胜"：

　　《大乘起信论》者，盖乃宣显至极深理之妙论也，摧邪之

---

① ［隋］吉藏：《三论玄义》卷一，《大正藏》第45册，第5页中。
② 在文体的分类上，汤用彤将"义章"视为汉传佛教四种"论"的一种，见汤用彤《汉魏两晋南北朝佛教史》，第389页。
③ 有关慧远注疏的传世情况，参见冯焕珍《净影寺慧远著述考》，《中山大学学报》（社会科学版）2001年第5期。

利刀，排浅之深渊，立正之胜幢。是以诸佛、法身菩萨，皆以此法为体，凡夫二乘，此理为性，改凡成圣，莫不由之。是故释尊为表此法以殊胜故，超过巨海须弥山等，于铁围上、楞伽城中、十头罗刹宫殿之中，说此法也，即表其三乘绝分。[①]

慧远认为《大乘起信论》是"宣显""深理"的"妙论"，通过"摧邪""排浅"达到"立正"的教化目的。《大乘起信论》普遍适用于"诸佛、法身菩萨"以及"凡夫二乘"，因而此经是普遍适合于"三乘"的"殊胜"法门。有趣的是，为了证明《大乘起信论》的"殊胜"，慧远不是从"内容"而是以佛陀说法的"地点"为根据进行论证。慧远认为，佛陀为了彰显《大乘起信论》的"殊胜"，特意"于铁围上、楞伽城中、十头罗刹宫殿之中"宣显此论。问题在于，为何佛陀在这个地点所说的《大乘起信论》，就一定是殊胜法？为了说明"空间"与"典籍"间的这种关联真实存在，慧远在《大乘起信论义疏》中又以《法华经》与《十地经论》的相关内容作为论据加以阐述：

> 如《法华》论主，论主问言："何故住此灵鹫山中说此法耶？"释言："为题此一乘法，以殊胜故，依处以题。"又《十地论中》问："何故在此他化自在天、摩尼宝殿中，说此法门？释言：为题十地法门，以殊胜故、挍量胜故。"此亦如是。[②]

---

① ［隋］慧远：《大乘起信论义疏》，《大正藏》第 44 册，第 175 页上。
② 同上。

由于《法华经》在"灵鹫山中"宣说是为了"依处以题"，也即通过特殊的地点以显示《法华经》的殊胜地位，《十地经论》中"十地法门"在"他化自在天、摩尼宝殿中"宣说也是因为这一法门"殊胜故、挍量胜故"，慧远通过《法华经》《十地经论》中的"史实"，抽绎出一个原则，在"典籍的形成地点"与"典籍的性质"之间建立起关联。将经、论中的内容视为"史实"，认可"史实"的权威性，并将这种权威性发展成一种理解、判断典籍性质的一般方法，这种具有强烈知识主义倾向的理解、整理典籍的方式，显示出净影慧远的"历史主义"倾向。我们并不知道慧远从何处继承了"是故释尊为表此法以殊胜故，超过巨海须弥山等，于铁围上、楞伽城中、十头罗刹宫殿之中，说此法也"的观点，但从慧远对待这一记录的态度与方式上，不难看出他在面对佛教的典籍时，真诚地将其中的种种说法均视为"信史"，并在此基础上相互参证。

《大乘起信论义疏》中的注经序相较于慧远的其他义疏作品篇幅最大，原因在于慧远在以说明"宗趣"之前从"依处以题"①的角度对《大乘起信论》的内容、性质进行说明。从慧远现存义疏作品的注经序来看，这并不常见。慧远义疏作品注经序的一般形式，是将见于《大乘义章·众经教迹义·显正义》的"分圣教"与《大乘义章·三藏义·大小有无》在注经序中复述一遍，然后再在"教"与"三藏"的双重标准中，定位所疏释的典籍。仍以《大乘起信论义疏》为例：

---

① ［隋］慧远:《大乘起信论义疏》,《大正藏》第44册, 第175页上。

表 3.2 《大乘起信论义疏·序》与
《大乘义章·众经教迹义·分圣教》内容对比

	《大乘起信论义疏·序》	《大乘义章·众经教迹义·分圣教》
总论	一化所说，教虽众多，要唯有二：	圣教虽众，要唯有二：一是世间，二是出世。三有善法，名为世间。三乘出道，名出世间。
分类	一者声闻藏，二者菩萨藏。教声闻法，名声闻藏；教菩萨法，名菩萨藏。何以故知，佛教但二？有事有文。	就出世间中，复有二种：一声闻藏，二菩萨藏。为声闻说，名声闻藏，为菩萨说，名菩萨藏。
文证	言有事者：佛灭度后，迦叶、阿难于王舍城结集三藏，名声闻藏。文殊、阿难于铁围山，集摩诃衍，名菩萨藏。故知佛教，无出此二。 言有文者：《涅槃经》言：十二部中，唯方广部菩萨所持，余十一部，声闻所持。《地持论》中，亦同此说。下复说言声闻菩萨出苦道说修多罗。结集经者，谓集二藏，说声闻行，为声闻藏；说菩萨行，为菩萨藏。	故《地持》云："十二部经，唯方广部，是菩萨藏，余十一部，是声闻藏。"彼文复言："佛为声闻菩萨，行出苦道，说修多罗，结集经者，集为二藏。声闻所行，为声闻藏。菩萨所行，为菩萨藏。" 龙树亦云："迦叶、阿难，于王舍城，结集三藏，为声闻藏。文殊、阿难，于铁围山，集摩诃衍，为菩萨藏。"圣教明证，义显然矣。
结论	故知所说，无出此二，亦名大乘、小乘，半、满教也。名虽有异，其义不殊。[①]	此二亦名大乘、小乘，半、满教也。声闻藏法，狭劣名小，未穷名半。菩萨藏法，宽广名大，圆极名满，教别如此。[②]

　　通过比较《大乘起信论义疏·序》与《大乘义章·众经教迹义·分圣教》的内容可以看出，慧远"分圣教"的基本内容包括"总论""分类""文证"以及"结论"四个部分。除了在"总论"的详略以及"文证"的先后次序上有细微差别之外，二者在核心内容上完全一致。不惟如此，慧远在其义疏作品中还论及"三藏"的区分，以便基于"典籍"类型对其所疏释的作品进行归类：

---

① ［隋］慧远：《大乘起信论义疏》，《大正藏》第 44 册，第 175 页上。
② ［隋］慧远：《大乘义章》卷一《众经教迹义三门分别》，《大正藏》第 44 册，第 466 页下。

表 3.3 《大乘起信论义疏·序》与
《大乘义章·三藏义·大小有无》内容对比

	《大乘起信论义疏·序》	《大乘义章·三藏义·大小有无》
总论	此二藏中，各分有三，谓修多罗、毗尼、毗昙。	言三藏者，谓修多罗、毗尼、毗昙。①
分论小乘	小乘三藏者：如《四阿含》经，是修多罗藏；五部戒律，是毗尼藏；《毗昙》《成实》是毗昙藏。	小乘三者：《四阿含》等，是修多罗；五部戒律，是其毗尼；《毗婆沙》等，是阿毗昙。
分论大乘	大乘三藏者：如《涅槃》《华严》等，是修多罗藏，《清净》《毗尼》《方等》经等，是毗尼藏；《十地》《地持》等，是阿毗昙藏。②	大乘三者：《华严》等经，是修多罗；《清净》《毗尼》等，是其毗尼；《大智论》等，是阿毗昙。③

在《大乘义章·三藏义》的划分中，原本有"体性""广略""差别""大小""次第""宽狭"④六种不同的三藏分类方式，但慧远在注经序中选定了"大小"这一分类方式，实际上是为了与"分圣教"中"要唯有二"⑤相匹配。无论是在义疏的注经序还是《大乘义章·众经教迹义》中，慧远都明确指出，菩萨藏与声闻藏的区分，就是大小乘的区分。⑥因此，与"分圣教"思想相一致的"三藏"分类方式，自然就是"大小有无"。

通观《大乘起信论·众经教迹义》与《大乘起信论·三藏义》的内容可知，作为"知识整理"的专论，《大乘义章》中有

---

① ［隋］慧远：《大乘义章》卷一《三藏义七门分别》，《大正藏》第44册，第467页上。
② ［隋］慧远：《大乘起信论义疏》，《大正藏》第44册，第175页上—中。
③ ［隋］慧远：《大乘义章》卷一《三藏义七门分别》，《大正藏》第44册，第469页中。
④ 同上书，第468页下—479页上。
⑤ ［隋］慧远：《大乘义章》卷一《众经教迹义三门分别》，《大正藏》第44册，第466页下。
⑥ 同上。

关判教、三藏分类的讨论，较慧远义疏作品注经序中的相关内容更为丰富。换言之，《大乘义章》作为一部"离经之论"，其目的在于对佛教的知识进行一次整全、系统的整理。但是，印度佛教在通过"离经立论"的方式系统化佛教教理时，虽然摆脱了"经"中繁杂的情境性内容对理解造成的障碍，也丧失了"经"至高无上的权威。《大乘义章·众经教迹义》共三门，分别是"一叙异说，二辨是非，三显正义"[①]，其中"叙异说"是综述各家的判教理论，"辨是非"则是对所综述的判教理论进行批判，指出其理论的问题。慧远对"教"与"经"的看法，集中体现在"显正义"的部分。"显正义"由"分圣教""定宗别"两部分组成，在"显正义"部分，慧远主要讨论的是"教"的问题，即佛陀教法的分类仅有大小二乘之分；[②] 在"定宗别"的部分，主要讨论佛教典籍的主题。[③] 慧远虽然同时关注"教"与"经"，但没有将"设教"的逻辑作为典籍系统化的逻辑，在"教"与"经"之间建立强关联。在慧远的义疏作品中，选取《大乘义章·众经教迹义·显正义》中的"分圣教"部分置入注经序，是为了明确典籍所适应的根机，也即从"设教"考察典籍。但在从"典籍"自身出发进行整理时，慧远没有首先选择与"分圣教"直接相关的"定宗别"作为典籍的分类方式，而是以《大乘义章·三藏义》中的"大小有无"这一分类方式，作为"典籍"分类的依据。虽然"定宗别"的内容在《大乘起信论义疏》的注经序中也有出

---

① ［隋］慧远：《大乘义章》卷一《众经教迹义三门分别》，《大正藏》第 44 册，第 465 页上。
② 同上书，第 466 页下。
③ 同上。

现，但从慧远的去取之间，可以看出他在面对佛教典籍时关注的核心问题，一是典籍的适用对象（设教原则），二是典籍的权威性。只从《大乘起信论义疏》的注经序难以看出慧远对大小乘三藏的认知。事实上，在《大乘义章·三藏义》的讨论中，慧远不仅对三藏的起源、作者、内容作了详细的说明，还在三藏之间建立起"文本秩序"：

> 第四门中，差别有三：一随教本末，二约法辨异，三就行以分。言本末者，经律是本，论是其末。但就本中，经律两分。末中亦二，所谓毗昙、摩德勒伽。①

以经律为本、以论为末，正是慧远对"三藏"权威性的认知，也是其理解中的"文本秩序"。这种文本秩序的产生有其根据：

> 定知小乘，备明三藏，大乘不论，何故如是？此就如来，本教故尔。如来所化，小乘众生，钝根难悟，闻说经律，不能广解，是故如来，重以毗昙，分别开示，方能悟入，故有三藏。如来所化，大乘众生，利根易悟，闻说经律，即能深解，不假如来，重以毗昙，分别解释，是故不具。以不具故，不说三藏。其犹大乘九部经中，无论义经，与此相似。以义细推，如来本教，亦得具有，但无部别，所以不论。若通末代，并具不疑，末代之中，虽有众生，听受

---

① ［隋］慧远：《大乘义章》卷一《三藏义七门分别》，《大正藏》第 44 册，第 469 页上。

　　大乘，不能悟入，是故菩萨，为之作论，解释佛经，故有大
乘阿毗昙也。①

　　在慧远的解释中，原本大乘只有经律二藏，并无论藏，三藏
是小乘的典籍部类。而小乘阿毗昙藏的出现源于小乘人的"钝根
难悟""不能广解"。大乘在起初虽然没有阿毗昙藏，但"以义细
推，如来本教，亦得具有，但无部别，所以不论"，这也就是说，
从义理上仔细分辨，"论"是深度阐发经律内容的典籍，与经律
的内容自然是吻合的，因此大乘经律的存在，从内容上包含了小
乘的"论"，只是由于大乘修道者的理解领悟能力强，只需要经
律即可悟道，因此不需要佛陀专门对经律进行阐发，因此大乘在
早期并不强调"论"典，并以"三藏"具足作为小乘的代名词。②
但是，随着佛陀入涅槃，佛法进入"末代"，也即像法、末法时
代，众生根器逐渐转钝，虽然聆听大乘佛法却不能理解，为了众
生易于理解，"菩萨"创作了"论"，这就是大乘阿毗昙的起源。
进入"末代"之后，大乘论藏也变得必要。由此可知，虽然都是
"论藏"，大乘的论藏是"菩萨之言"，而小乘的论藏则是"佛陀
之言"。正因如此，在反驳刘虬的"五时七阶"理论时，慧远在
以"龙树"之言作为权威性来源时，直接以"龙树"而不是相应
著作"发语"，其实是对"论"之权威性的说明。"论"的权威性
不是来自"论"这种文体本身，而是由于论是"菩萨之言"，因

---

① ［隋］慧远：《大乘义章》卷一《三藏义七门分别》，《大正藏》第 44 册，第 469
　　页中。
② 同上书，第 469 页中："又《法华》云：'不得亲近三藏学者。'名习小乘，为三
　　藏学。"

此慧远引用"文证"时，没有对权威性来源、效力有别的"论"等量齐观，而是直接以"龙树所说"提示读者注意他立论的依据是"菩萨之言"。而慧远认同龙树之论，理由在于"大乘阿毗昙"在"末代"的存在是必要的。①

通过分析《大乘起信论义疏》注经序与《大乘义章·众经教迹义》《大乘义章·三藏义》的关系可知，以"教"为中心的"分圣教"与以"文本"为中心的"大小有无"两种分类方式同时出现在注经序中，使读者面对经典时可以通过交叉使用"教"与"经"（典籍）两种不同的分类方式，快速了解某一典籍适用于何种根机的修行者，其权威性如何。正是通过将知识整理的成果引入"经序"，利用"经序"沟通具体的"经典"与知识系统，使阅读者可以在《大乘义章》中寻索相关经典，在一张完整的"知识地图"中，理解眼前的典籍。再以慧远给《大乘起信论》的"定位"为例：

> 今此论者，二藏之中，菩萨藏；摄三藏之中，是第三阿毗昙藏，亦名摩德勒伽藏，此云行境界，亦名摩夷，此云行母。此论所明，八识之理为体，行法为宗。诸菩萨等，依于此理，得起修行，依行成德，故言菩萨摩德勒伽藏也。②

从"要唯有二"③的区别方式来看，《大乘起信论》是"菩萨藏"；从大小乘的"三藏"分类来看，属于"阿毗昙藏"。换言

---

① 详见第 155—156 页引文。
② ［隋］慧远：《大乘起信论义疏》，《大正藏》第 44 册，第 175 页上—中。
③ 同上书，第 175 页上。

之，《大乘起信论》是一部"大乘论藏"。从这种"教"与"三藏"的交叉定位中，我们并未对《大乘起信论》的性质、内容获得更深入的了解。毕竟，《大乘起信论》的题目之中，就已经明确了这是一部"大乘"的"论"典，似乎并不需要通过这么繁复的方式进行"定位"以确定《大乘起信论》是一部"大乘论典"。但是，必须注意到的一个事实是，并非所有佛教典籍都在题目中标明大小乘。以慧远曾疏释的《胜鬘经》《温室经》为例，虽然题目中出现了"经"，可以确定文本的种类与权威性，但对于完全不了解这两部典籍内容的读者而言，只从题目入手无法确定典籍在"教"上的归属，究竟适合何种根器的修行者。通过交叉使用"分圣教"与"三藏"两种考察典籍的标准，读者能够在注经序中确定类似《温室经》这种典籍的性质。"经名"甚至成为慧远另一类注经序的核心内容之一。[1]

在通过"分圣教"与"三藏"的交互使用确定了《大乘起信论》是一部"大乘论藏"之后，净影慧远又引入《大乘义章·三藏义》中的"体性"[2]"差别"[3]以及《大乘义章·众经教迹

---

① ［隋］慧远：《观无量寿经义疏》，《大正藏》第 37 册，第 173 页上—中："第四须知，经名不同。诸经立名，差别不等。或有就法，如《涅槃经》《般若经》等。或复就人，如《萨和檀太子经》等。或有就喻，如《金刚明》《大云经》等。或有就事，如《枯树经》等。或复就处，如《彼伽耶山顶经》等。或复就时，如《时经》等。或人法为名，如《胜鬘经》等。或事法双举，如彼《方等》《大集经》等。或法喻并陈，如《法华经》《法鼓经》等。如是非一。今此经者，人法为名。佛是人名，说《观无量寿》，是其法名。诸经列人，凡有四种：一举说人，如《维摩经》《胜鬘经》等；二举问人，如《弥勒问经》等；三举所说人，如《萨和檀太子经》等；四举所为人，如《玉耶经》《须摩提女经》等。今此言佛举其说人。"

② ［隋］慧远：《大乘义章》卷一《三藏义七门分别》，《大正藏》第 44 册，第 468 页中。

③ 同上书，第 469 页上。

义·显正义》中"定宗别"的内容，^①对《大乘起信论》的内容、性质进行了说明。《大乘起信论义疏》注经序中的"第三阿毗昙藏，亦名摩德勒伽藏，此云行境界，亦名摩夷，此云行母"^②一句，也来自于《大乘义章·三藏义》，《大乘义章》有着更清晰的阐释：

> 言本末者，经律是本，论是其末。但就本中，经律两分。末中亦二，所谓毗昙、摩德勒伽。泛释法相，名阿毗昙；辨宣行仪，名摩德勒伽，亦云摩夷，以生行故。本末如是。^③

"论藏"分为"阿毗昙"与"摩德勒伽"两种，阿毗昙是"泛释法相"的论典，重在阐发教理；"摩德勒伽"则是"辨宣行仪"的论典，重在生起修行。因此，从《大乘起信论·众经教迹义》"定宗别"^④的角度看，《大乘起信论》"以行法为宗"^⑤，从《大乘起信论·三藏义》"言体性"^⑥的角度看，"以八识之理为体"^⑦。"言体性"中所谓"体"，即"三藏皆用教法为

---

① ［隋］慧远：《大乘义章》卷一《众经教迹义三门分别》，《大正藏》第44册，第466页下。
② ［隋］慧远：《大乘起信论义疏》，《大正藏》第44册，第175页中。
③ ［隋］慧远：《大乘义章》卷一《三藏义七门分别》，《大正藏》第44册，第469页上。
④ ［隋］慧远：《大乘义章》卷一《众经教迹义三门分别》，《大正藏》第44册，第466页下。
⑤ ［隋］慧远：《大乘起信论义疏》，《大正藏》第44册，第175页中。
⑥ ［隋］慧远：《大乘义章》卷一《三藏义七门分别》，《大正藏》第44册，第468页中。
⑦ ［隋］慧远：《大乘起信论义疏》，《大正藏》第44册，第175页中。

体"①。换言之，《大乘起信论》是一部以"八识"为教法的论藏。综合上述全部内容，再来看慧远对《大乘起信论》的定位：《大乘起信论》是一部菩萨所作、适合于"末代"修行者生起修行实践的大乘论典，以"八识之理"为其教法。

总结而言，慧远通过将《大乘义章》中有关"判教"与"典籍"的讨论部分引入注经序，使读者可以在面对典籍时，快速了解其"目标读者"、权威性、主题、内容。由于注经序的篇幅有限，并不是所有注经序都像《大乘起信论义疏》一样，将《大乘义章》中的相关标准"大规模"地置入注经序。因此，当注经序的内容十分精炼时，就有必要先阅读《大乘义章》中篇幅不大的内容，然后再阅读注经序，以明确典籍的性质、内容等。现存慧远义疏作品中的《无量寿经义疏》《维摩义记》《大乘起信论义疏》《胜鬘经义记》的经序都采取了这种形式。对于初学者而言，在阅藏之初先读《大乘义章》，或在阅读典籍的序言时对照《大乘义章》，开始时可能有些不便，但在熟悉了慧远的分类标准之后，也就不必再阅读《大乘义章》。但是，通过分析《大乘起信论义疏》不难发现，虽然慧远在注经序中着重强调"分圣教"与"三藏"两种分类方式，但为了说明一部典籍的性质、内容，实际上又使用了来自《大乘义章》中"定宗别""体性""差别"等三种分类方式。从慧远现存义疏作品的注经序来看，他对这一问题似乎也有所认识，因此在《观无量寿经义疏》《温室经义记》中，直接提示读者，面对一部典籍时，需要注意五个或六个要点：

① ［隋］慧远：《大乘义章》卷一《三藏义七门分别》，《大正藏》第44册，第468页中。

表 3.4　《观无量寿经义疏》与《温室经义记》经序内容对比

《观无量寿经义疏》	《温室经义记》
此经开首，先知五要	此经开首，须知六要
第一须知教之大小	一知教大小
第二须知教局渐及顿	二须知教局渐及顿
第三须知经之宗趣	三知教有三藏之别
第四须知经名不同	四知经宗趣
第五须知说人差别[①]	五知经名字
	六知说人[②]

　　与《大乘起信论义疏》定位"典籍"时"模糊"地使用多重标准相比，《观无量寿经义疏》《温室经义记》的注经序已经明确指出"定位"典籍所需要的全部标准。不惟如此，在《温室经义记》的经序中，出现了"教有二藏，备如常辨"[③]"经名不同，备如常释"[④]等内容，在《观无量寿经义疏》"第一须知教之大小"的讨论中，慧远又指出声闻藏与菩萨藏"差别义如常释"[⑤]，意味着《观无量寿经义疏》与《温室经义记》的注经序，可能完成于慧远对"经序"问题形成了完整的思考之后。至少从《大乘起信论义疏》到《观无量寿经义疏》《温室经义记》的注经序中，可以整理出一条逐渐清晰、完备的脉络。

　　由此，北朝佛教发展到净影慧远时期，提出了一种解决典籍汗漫、"烦而不要"[⑥]的新方法，既符合佛教的真实历史，又在最

① ［隋］慧远：《观无量寿经义疏》，《大正藏》第 37 册，第 173 页上。
② ［隋］慧远：《温室经义记》，《大正藏》第 39 册，第 512 页下。
③ 同上。
④ 同上。
⑤ ［隋］慧远：《观无量寿经义疏》，《大正藏》第 37 册，第 173 页上。
⑥ ［南朝梁］僧祐：《弘明集》卷一《牟子理惑论》，《大正藏》第 52 册，第 2 页上—中。

大程度上保证了典籍的完整性与权威性，使个体在面对典籍时可以快速定位、理解这一典籍是否适合自己的根性（声闻-菩萨），其权威性如何（何人所说），宗趣是什么。慧远通过融合注疏与判教，发展出"经序"与"义章"并存的方式，既克服了"一音判教"导致的典籍汗漫、无所会归，又克服了印度佛教"离经立论"虽然理论体系完备但缺乏权威性的不足，又避免了"五时"判教以"修道"次第为典籍赋序造成的大量佛教史冲突。

小　结

自《牟子理惑论》以降，"典籍"始终是佛道论衡中的一个重要议题。不同于后世佛道论衡中——如《夷夏论》——直接从典籍规模、修行次第等方面对佛教进行批评，令人困惑这种批评的依据何在，《牟子理惑论》中不仅提出了同样的问题，还提示了为何"典籍"规模与修学次第会构成"问题"。答案在于经学在君子成德的问题上，形成了一个"典籍"与"教化"贯通的体系。"五经"或"六艺"不是对圣人"施教"的记录，而是圣人"施教"的教材。因此，"六艺"不仅能作为"依经立制""引经决事"的价值或制度依据，还承担着"成德教育"的具体教化功能。"六艺"在内容上虽然存在重叠，但整体而言是培养不同德性的典籍，虽然在本质上是贯通的，但"君子成德"需要完整地学习六艺，也即"通经"。对于经学教化而言，通经不仅是"成德"所必需的，也是可行的。经学的典籍规模不过数万言，且已在实践中形成了修学次第。作为施行教化所必须依傍的典籍，经学典籍在"设教"之初就完成了修学对象的"去特殊化"，针对普遍的"群体"而不是特殊的"个体"设教。正因如此，在经学的典籍整理逻辑中，经典自身的逻辑与修学的逻辑是贯通的，甚至可以以修学的次第为典籍赋序。

但是，"佛典"虽然称经，却与"五经"存在着一个本质差别，即"六艺"是圣人施教的教材，不仅完成了"读者"的去特殊化，其内容本身也是相互贯通的；但佛经只是佛陀应机施教的"记录"。由于佛陀"应机设教"，导致佛经中存在着大量"情境性"的内容，这些因施"教"而形成的内容，与佛陀开示的"理"并存一处，导致"理"展开的逻辑与设教的逻辑难以整合。自慧观以降，南方佛教试图构拟出一种具有普适性的修学次第，并以这一修学次第为佛经赋序。这一原本基于对佛典权威性高度认同而催生的理论实践，却在事实上削弱了"经"的权威，在佛教史层面造成大量冲突。对于"五时判教"试图融合典籍整理与中人修道问题所造成的困境，北方佛教有着清楚的认知，这种认知集中反映在北朝佛教的判教理论中。从菩提流支、慧光、净影慧远等北朝胡汉义学僧的批评来看，菩提流支重申了"以理为本"的典籍观念，在这种观念的引导下，慧光将原本以"设教"逻辑为典籍赋序的"判教"，引向了一个回归"经典"自身的、知识主义立场的方向，将"设教"的问题意识从"判教"中剥离，从而形成了以"宗要"为经典分类依据的典籍整理方式。这并不意味慧光不重视"设教"问题。从慧光"渐、顿、圆"的判教中，仍能看到慧光对众生"根机不同"这一现实的关切，但是"经典"已经与"设教"问题相互独立。到净影慧远时期，继承了以"宗要"判教的致思理路并加以改造，发展出"义章"与"经序"并存的知识整理方式，在其注疏中注经序普遍存在，经序的内容大同小异，其基本架构来自《大乘义章》。《大乘义章》以离经立论的方式建构佛教知识系统，并通过在注经序中置入来源于论的"制式性"内容，使具体的典籍与"义章"关联在一起，为认识、理解佛典与整体的佛教提供了门径。通过"经序"与"义章"交互使用的方式，慧远既克服了"离经立论"缺乏"经"的权威性这一弊病，又摆脱了佛教典籍汗漫、普通人在现实中难以"缘经修道"的困境。

第四章

北朝佛教"设教"问题的起源

　　不同于南朝相对宽松的思想文化环境，北朝佛教曾遭遇过两次灭佛运动。严酷的生存环境与外部压力，迫使北朝佛教在面对来自儒、道以及国家的问难时，相较于思想文化环境宽松的南朝佛教，风格更加平实，不仅对论敌的理解更加深入，在回应时也更为谨慎。"平实"并不意味着北朝佛教的理论创新不足。事实上，纵观南北朝三教论衡中佛教的理论深度与高度，以北朝为最。对北朝佛教而言，虽然在北魏文成帝时期正式结束了法难，但北魏太武帝灭佛事件成为笼罩着北朝佛教发展进程始终的阴云。北魏太武帝在灭佛时基于华夏的政教传统，对佛教在汉地传播之合理性以及佛教作为一种"教化"之资格的否定，促使北朝佛教僧众必须直面经学的文教传统，在深入理解这一传统的基础上，寻找佛教作为一种"教化"在华夏传播的合理性依据，并推动自身的变革。

　　这一过程中尤其值得我们关注的是发生在灭佛运动前后的两个思想史事件，即北周武帝灭佛前北周道安撰《二教论》回应北周武帝三教先后之问，以及净影慧远与北周武帝有关佛教传播合理性的直接辩论。导致并深刻影响了上述思想事件走向的，是经学在"设教"问题上形成的传统。华夏的政教传统深刻影响了北朝佛教，在南朝三教论衡中也发挥着巨大的影响力，只是在现有研究中，这一重内涵尚未被充分认知。同时，北周道安所撰《二教论》，实则是对历次三教论衡不同主题的一次整体反思。[①] 例如在《二教论》开篇，持儒、道立场的东都俊逸童子的第一个问题："然三教虽殊，劝善义一，途迹诚异，理会则同。"[②] 就是对东晋以来三教"理会则同"观点及其理据的一次概述。日本学者吉川忠夫明确指出，不论对三教关系持有何种观点，东晋以降，三教"所以大迹不异"成为汉族士人共享的三教关系理论前设。[③]

实际上，对《二教论》的讨论，需要以《夷夏论》作为起点。孙齐就明确指出："在中古思想史与宗教史上，顾欢所撰《夷夏论》是一篇标志性的重要文献，几乎每一部道教或佛教的通史都会为它留有一定的篇幅。《夷夏论》以极具攻击性的'夷夏之辨'立义向佛教发难，在宋、齐之际激起了佛、道两教之间首次大规模的公开论战。"[④] 吉川忠夫还曾指出："《夷夏论》的发表，不仅给了当时思想界以冲击，即使对于后世的道佛论争也带来巨大的影响，这大概从收载于《广弘明集·辩惑篇》的六朝末唐初的诸论文中可以一再地看到与夷夏论争中所展开方面类似的议论就可以证明。……在汇集了魏晋以来排佛家二十五人的傅

---

① 肖海云：《道安〈二教论〉研究》，苏州大学 2014 年硕士学位论文，第 20 页。
② ［唐］道宣：《广弘明集》卷八《二教论》，《大正藏》第 52 册，第 136 页中。
③ 〔日〕吉川忠夫：《六朝精神史研究》，王启发译，第 16—17 页。
④ 孙齐：《顾欢〈夷夏论〉产生的历史背景》，《中山大学研究生学刊》（社会科学版）2010 年第 2 期。

奕《高识传》中，顾欢被列入也是当然的。对于后世的影响暂且不论，《夷夏论》的发表给当时思想界以冲击的，大概就是因为其从一开始并非是对佛教表示拒绝的排佛论，而是在旨趣上承认道、佛之道的一致的。"①细读《夷夏论》文本将会发现，《夷夏论》之所以重要，不仅仅在于它掀起了一场规模巨大的争论，而是因为《夷夏论》重置了佛道争论的论域；将原本在"真理层面"展开的"信念之争"，转化为指向现实生活的"教化"合理性之辨。这一论域转变的背后，是顾欢从经学"设教理念"出发，对"文明"与"文化"之关系的理解。"文明"的有效性是超地域的、可沟通的，"文化"则是在一定地域范围内有效的、不可沟通的。②导致文化间不可沟通的原因在于，"文化"与具体"语境"密切相关，"语境"则是某一地区的自然生活。在顾欢的理解中，佛道二教作为"文明"是相通的，并非不可理解、不可交流，因此佛道二教是"一"。从可能性上说，佛道二教在真理层面上都具有"无限"的语境化能力。但是，如果仅仅在这个层面展开讨论，最终只能沦为"信念"之争，导致讨论无果的局面。因此，顾欢提出了"教化"这一直指生活世界的论域，以"文明"适应"语境"的能力，作为检验"文明"是否有资格

---

① 〔日〕吉川忠夫：《六朝精神史研究》，王启发译，第 389—390 页。

② "文明和文化一体存在，但却是两个概念。在自然秩序的可能性之上建立的人为秩序，包括物质生活和精神世界的秩序，称为文明。按中国传统说法，自然秩序是天道，人为秩序是人道。……在古人的生活里，文明与文化本无区分。但文明之间的深入交往揭示了文明内部存在着不可通约的文化，于是发现了存在着文明和文化两个层面：可通约的层面是文明，不可通约的层面是文化。可以这样解释：如果一种建构秩序的能力具有异地有效性或移植有效性，或者说，具有脱语境的有效性，那么就是普遍有效的文明，否则则是本地有效的文化。"赵汀阳：《中国哲学的身份疑案》，《哲学研究》2020 年第 7 期。

成为某一地区"教化"的标准。顾欢的这一思考方式并非个人的"创见"，从《夷夏论》的许多具体论述中我们不难发现经学"圣人设教"观念的痕迹。

然而，无论从何种视域切入，现有对《夷夏论》的研究虽然大量引用、综述"夷夏之辨"的研究成果，但是对"夷夏之辨"内涵的理解并不充分，只是将"夷夏之辨"理解为"民族主义"的代名词，甚至有研究者称"夷夏之辨"为"大汉族主义"。这一情况在对具体问题的分析上尤为突出。从现有研究成果看，从未有研究者认真反思过这样一个问题：虽然名为《夷夏论》，当顾欢在使用"夷夏"一词时，究竟是在突出"夷夏之辨"的哪一重含义？如果顾欢使用"夷夏"仅仅是为了突出种族隔阂，那我们又该如何理解《南史·顾欢传》对顾欢立论意在调解佛道冲突的相关记录？更进一步说，如果"夷夏"的内涵仅仅是"大汉族主义"，从论辩参与者的"种族"来看，没有一人不是汉人，《夷夏论》岂不沦为一场在汉地士族内部撩拨种族歧视的闹剧？对史料进行适当的"化约"，有利于我们厘清古人的致思理路，但"化约"是有限度的，对文献进行理论简化并不是对文献进行"定性"。以民族主义、大汉族主义定性"夷夏之辨"，进而定性《夷夏论》，这种脱离思想体系讨论观念内涵、脱离历史文化语境判断价值的处理方式，有待商榷。①

---

① 即使某些明确指出区分"夷夏"的标准是"礼乐文明"，但对礼乐文明究竟何谓，仍然语焉不详。对于何谓"礼乐文明"，陈壁生曾给出过完整说明："礼乐秩序到底是什么呢？如果回到周初的历史，我们可以看到，所谓礼乐，并非简单的礼仪和音乐，即以礼而论，礼实质上是一套完整的政制、生活规则和生活精神，它不止关系着周代政治形态的稳定，而且维系着文明的、有别于蛮夷狄戎的那种人的生活规则。……这套礼仪又有着一种内在精神，足以（见下页）

　　"夷夏之辨"这一论题有着丰富的内涵。已有研究指出"夷夏之辨"包含了地理、种族、文教等三个层面。①受制于现代学术尤其是西学的语境及议题设置，即使儒门学者在讨论"夷夏之辨"的内涵时，一旦谈及与"民族主义"似乎有着千丝万缕联系的"种族"义，就显示出一种"急切"，对"夷夏之辨"中的种族内涵加以曲折回环的解释，以尽力消解其可能引发的"民族主义"。比如在蒋庆的研究中，就将"夷夏之辨"中的"种族"内涵，称为一种良性的种族主义。②一种极具启发性的解释来自唐文明，他指出"夷夏之辨"包括了"地理""种族"与"文教"三个层次，但以"文化"为其大宗，而"夷夏之辨"的种族内涵则是反种族主义的。③在现有对夷夏之辨三重内涵的探讨中，诠释重点始终放在了对其"文化"或"文教"内涵的高扬，以及对"种族"内涵的弱化上，至于夷夏之辨的"地域"内涵，除

（接上页）安顿人的生命。……可以说，礼乐本身，即是行为规范，又是道德精神的表征，它把人从自然状态中解脱出来，与禽兽区别开来。同时，它为人群的结合，人与人的交往，提供了一个共同的世界，正是因为有礼乐的存在，人们对共同的生活世界有了一个共同的预设，在这些共同的预设中，交流才是可能的，和平才是可能的。"陈壁生：《经学、制度与生活——〈论语〉"父子相隐"章疏证》，第85页。唐文明也对"礼乐文明"的内涵作出过解释，参见唐文明《夷夏之辨与现代中国国家建构中的正当性问题》，曾亦、唐文明编：《中国之为中国：正统与异端之辨》，上海人民出版社2012年版，第137页。

① 唐文明：《夷夏之辨与现代中国国家建构中的正当性问题》，曾亦、唐文明编：《中国之为中国：正统与异端之辨》，第134—138页。

② "《春秋》夷夏之辨中具有民族主义的性质，这种民族主义主要通过尊王攘夷表现出来。但是，这种民族主义不同于西方近代民族国家产生后出现的民族主义，西方近代的民族主义是以民族国家为基础，强调民族与国家的独立与解放，摆脱其他国家的政治统治和压迫。《春秋》的民族主义则是以文化为基础，强调中国文化的本位性与不可替代性。"蒋庆：《公羊学引论：儒家的政治智慧与历史信仰》，福建教育出版社2014年版，第189页。

③ 唐文明：《夷夏之辨与现代中国国家建构中的正当性问题》，曾亦、唐文明编：《中国之为中国：正统与异端之辨》，第134—138页。

了个别研究予以关注外，鲜少有人提及。[①]前引两例以恢复儒学传统为己任、对儒学具有足够文化自信的学者尚且如此，在仅需对"夷夏之辨"内涵直接加以引述的佛教研究领域，夷夏之辨的"地域"内涵则完全被忽略。这一点，在对《夷夏论》的研究中体现得尤为明显。现有佛教史研究尤其是三教关系研究只见《夷夏论》中"夷夏"二字，就直接引用现代学者对"夷夏之辨"的"主流解释"来对《夷夏论》以及相关回应的内容加以"定性"，然后以寻章摘句的方式，论证这种"定性"的合理性。相关研究在解释的立场上摇摆于"文化"与"种族"这两重涵义之间，始终未能揭示出一条足以贯通整场辩论的逻辑线索。

实际上，仅从顾欢对"夷夏"这一观念的使用来看，是将"文化"内涵密合在以"地域"边界作为标识的"风俗"之中，在"政教随其俗"的原则下加以应用的。经学设教的目标是"人群"而不是"个体"，"人群"的自然边界是"地域"。从这个意义上讲，"地域"与"文化"是密切相关的，特定"地域"的人群自有其特殊而稳定的风俗、嗜欲。"夷夏"所强调的不是"种族"差异，而是生活在不同"地域"的"人群"在风俗、嗜欲上存在差别。在经学的"设教理念"中，教化与风俗之关系是本质性的，脱离了"俗"来"设教"，只会导致教化的失效，这与经学"构建好的教化"的目标背道而驰。"文明"不能以"真理"自居而轻视现实，以"真理"作为标准要求"现实"作出超出其能力范围的改变。《夷夏论》中的"夷夏"必须在"教化"的形成机制中加以理解才能得到确诂。"教化"不是抽象的"文明"，"教化"是"文明"在"风俗"这一"语境"的限制下进行自我表达的结果。

[①] 黄星：《先秦至汉初儒家夷夏观沿革综论》，《船山学刊》2020年第3期。

在经学的世界图景中，人的"性情"与"地域"之间存在一种必然的关联，但远不是"种族主义"意义上的"种族"。顾欢使用"夷夏之辨"，其理论重点在于对地理空间、自然条件之"实然"的尊重，强调"教化"与"语境"之间的关联。"道"在从形而上的真理世界下贯到生活世界时，如何根据现实的"语境"选择适当的"表达"，"文明"如何适应文化"语境"的要求实现其自身的价值诉求，这不仅仅是道士顾欢对佛教提出的要求，更是经学文教理念的基本逻辑。换言之，这是经学对其自身作为"教化"提出的要求，是判断一种教化优劣的根本标准。在《夷夏论》讨论中的"夷夏之辨"指向的正是"何谓好的教化"这一问题。在顾欢的思路中，"夷夏"问题不是孤立的，始终是与"政教"问题相伴生的，"夷夏"作为"政教"制定的限制条件、作为"政教"施加的对象，成为检验"教化"之效验的试金石。对《夷夏论》中"夷夏"的理解，不能轻易照搬已有的解释，使用某种现代的理论框架去"透视"，而是需要在历史文化的语境中理解顾欢立论的底层逻辑，在生成性分析中对《夷夏论》的内容进行准确释读。①

① 对这一问题，陈壁生的一段论述很值得参考借鉴："今天，我们理解经典，发生了语言与社会双重屏障。在社会结构上从古代的家国结构到现代社会结构的转变，导致了观念世界的变化，人们对观念秩序不再有统一的认识。而语言上从古文向现代世界的转化，又带来了思维方式的变化。在这样的时代中理解经典，便更加需要以古人的眼光看待古人。也就是说，回到具体的历史情境，尤其是铸就经典那个历史时代的典章制度中去理解经典，而不是用西方的哲学概念和框架，把传统经典文献视为西方哲学的材料。以我们现在的眼光看待古人，意味着用现代汉语中大量模糊的、未经时间检验的思想、观念术语去剪裁古代经典，从而把古人打扮成残缺的现代人。用古人的眼光看古人，则意味着尊重古代思想家与他们所处的社会的关联性，通过古人的生活世界，也即他们所处的历史情景，去看待古人的思想。正因为经典在历史上曾经有效地回应了它所产生的时代的问题，又在一代代人的阅读中有效地塑造了历史的文化精神，所以，理解经典比批判经典更加重要。只有深切的理解，才会有有效的同情或者批判。"陈壁生：《经学、制度与生活——〈论语〉"父子相隐"章疏证》，第41页。

第一节　道·教·俗："教化"论域中佛道辩论的焦点

在《弘明集》的记载中，我们已经无法看到顾欢所著《夷夏论》的全貌。来自七位佛教徒的八种回应性文字虽然对《夷夏论》有所引用，但内容有限。现存较为完整的《夷夏论》及顾欢复袁粲书一种，见于《南史·顾欢传》。综合顾欢传记中涉及这场论衡的两种资料，笔者拣择出了能够直接说明其论域以及问题意识的内容五则：

> 道济天下，故无方而不入；智周万物，故无物而不为。其入不同，其为必异，各成其性，不易其事。①
>
> 虽舟车均以致远，而有川陆之节；佛道齐乎达化，而有夷夏之别。若谓其致既均，其法可换者，而车可涉川，舟可行陆乎？今以中夏之性，效西戎之法，既不全同，又不全异。②
>
> 且理之可贵者道也，事之可贱者俗也，舍华效夷，义将安取？若以道邪？道固符合矣。若以俗邪？俗则大乖矣。屡见刻舟沙门，守株道士，交诤大小，互相弹射。或域道为两，或混俗为一，是牵异以为同，破同以为异，则乖争之由，淆乱之本也。③
>
> 圣匠无心，方圆有体，器既殊用，教亦易施。④

---

① ［唐］李延寿：《南史》卷七十五《顾欢传》，第 1876 页。
② 同上书，第 1876 页。
③ 同上书，第 1876—1877 页。
④ 同上书，第 1877 页。

又若"观风流教，其道必异"。佛非东华之道，道非西夷之法，鱼鸟异川，永不相关。安得老、释二教，交行八表。今佛教既东流，道亦西迈，故知俗有精粗，教有文质。[1]

顾欢在《夷夏论》的开篇就指明"道则佛也，佛则道也"[2]。如果仅仅从这八个字入手，我们可以诠释出多种可能。虽然古人行文并无今人力求概念内涵、外延明确的意识，但我们也不能脱离文本的语境对此进行臆解。从《夷夏论》的全文来看，顾欢所谓"道则佛也，佛则道也"是在"道""智"的意义上成立的。顾欢齐一佛道，并不是说佛道完全一致，否则就不需要立《夷夏论》讨校二教异同了，而是认为佛道二教"齐乎达化""其致既均"，也即在超越性追求上具有一致性。[3]顾欢的这一观点迫使我们进一步追问：不同文明传统所追求的真理，是一还是多？仔细分析顾欢的立场不难得出这样的推论：虽然追求真理的方式多种多样，但是所追求之真理则并无不同。"道济天下，故无方而不入；智周万物，故无物而不为"正是顾欢真理观的集中表达。这种真理观并非顾欢的一家之言。自《易大传》提出"天下一致而百虑，同归而殊途"[4]，经《庄子·天下》的"道术将为天下

---

[1]　［唐］李延寿撰：《南史》卷七十五《顾欢传》，第 1878 页。

[2]　同上书，第 1876 页。

[3]　在现有关于南北朝时期三教一致论或二教一致论的讨论中，以吉川忠夫的研究最有深度，指出了三教一致论或二教一致论的解释是在"迹-所以迹"的框架中进行的，但对这一致思路的根源却并未加以探寻，而是将之视为六朝时期兴起的一种思想。相关讨论，参见〔日〕吉川忠夫《六朝精神史研究》，王启发译，第 15—17、377、441 页。

[4]　［汉］司马迁撰，［南朝宋］裴骃集解，［唐］司马贞索隐，［唐］张守节正义：《史记》卷一百三十《太史公自序》，第 3288 页。

裂"①，华夏不同教化只是"道"之一个侧面的观念，不仅其来有自，而且影响深远。正是在这种真理观的基础上，《夷夏论》全文中未见一字对佛教之"道"的批评。更为重要的是，只有在这种真理观的观照下，佛教、道教才能真正避免民族、地域等具体的"语境"对文明内涵的限制。

一、作为"政教"边界的"夷夏"：《夷夏论》教化观的基本内涵

但是，顾欢真理观念中这一极为重要的层面，却遭到了回应他的佛教徒的误解，或者强调"语境"与"文明"的本质关联，或者割裂"文明"与"语境"的关联，强调佛教是"超语境"的。如果一种思想或教化不具有普遍性，则这种思想也就不复传播的可能性——在此我们所谓的"传播"是在"理解"而不是"强权"的基础上进行的，不考虑可理解性进行硬性推广，才是文化沙文主义。顾欢并不否认佛教在"文明"的意义上是成立的，顾欢立论所针对的，是在现实中作为一种"教化"的佛教。"教化"并不等于"真理"，而是真理在观照现实时呈现的形态。这一问题的背后，是一个严肃而深刻的真理观问题，即既然真理内在的具有一种普遍性，那么世间存在的有关真理的不同观点又是缘何出现的？在《夷夏论》的语境中，这一问题则以这样的形式出现：既然"道"是一，那么佛教与道教的区别是如何产生的？

顾欢给出了这样的解释："其入不同，其为必异"②。所谓

---

① ［清］王先谦：《庄子集解》卷八《天下》，中华书局1987年版，第288页。
② ［唐］李延寿：《南史》卷七十五《顾欢传》，第1876页。

"人",是指具体而微的现实。虽然在理论层面真理具有无限的可能性,然而一旦下贯到现实之中,具体的"现实"就会成为真理外在形态的决定力量。具体而言,这种决定性的力量,就是"俗有精粗"中的"俗",是"观风流教"中的"风"。牟宗三在对真理普遍性与特殊性的讨论中,提出了"通孔"的概念以解释普遍真理与文化特殊性、哲学特殊性之间的关系,[①]与顾欢的致思理路几近一致。哲学本应是"普遍真理",但在现实中却存在冠以不同国家、地区之名的"哲学",且不同哲学系统呈现出不同的特质,原本具有普遍性的哲学却呈现出特殊性,这一问题究竟该如何解释。牟宗三否定了历史学在处理文化特殊性、哲学特殊性问题时所使用的"列举"的方法,认为这是以"描述"代替"解释",在他的理解中,导致文化呈现出特殊性的是"人"的特殊性或者局限性。[②]用《庄子·天下》篇的语句概括,就是"天下多得一察焉以自好"[③]。"通孔"这一概念的重要意义就在于说明这样一个问题:外部世界的限制不是必然的,不同的"通孔"塑造了不同的"真理表达",但所表达的真理却是相同的,否则,文明之间的交流就不可能发生。进而言之,造成宇宙图景、思维方式、语言、概念、心理等种种方面不同的,究竟是"通孔",还是"真理"的不同? 如果这种不同是"真理"层面的、本质性的,那么文明之间事实上就不可能交流,中夏之人与天竺之人都是"实体",因此牟宗三明确指出:"有普遍性,文化才可以互相沟通。假定完全没有普遍性而只有特殊性,那就没办法沟

① 牟宗三:《中国哲学十九讲》,贵州人民出版社 2020 年版,第 1—7 页。
② 同上书,第 3—7 页。
③ [清] 王先谦:《庄子集解》卷八《天下》,第 288 页。

通了。"①

对于真理特殊性的解释，顾欢所谓的"入"与牟宗三的"通孔"之论可谓异曲同工。然而，这种"暗合"并不偶然，事实上都是对儒学真理表达方式以及经学"设教理念"的引申。为了说明这一问题，我们需要对顾欢真理观中的另一重要观念加以说明。这一观念，就是"教"。在经学的理解中，圣王设教，所依据的"道"虽然为圣人所发明，但并非圣人自出机杼，而是来自现实的"人道"。在制定"教化"时，虽然以真理的价值追求为旨归，但仍然要充分考虑"人情自然"，以确保移风易俗能够实现，这就是经学"设教"的基本原则。顾欢对"教化与风俗"之关系的认识，集中体现于他回应袁粲时的两段话中，即"观风流教"与"俗有精粗，教有文质"。尤其是"俗有精粗，教有文质"一语，提示了顾欢对"夷夏"问题的讨论，是在"教化"问题的层面展开的。"文质"是经学讨论教化问题的理论工具之一，最早由孔子提出，后为公羊家用来讨论三代教化的特质。②"俗有精粗，教有文质"直接指明了"风俗"与"教化"之间的本质关联。简单来说，教化虽然以"道"为根据，但以"教化"形态展开时，必须要根据"风""俗"等"语境"加以调适。所谓"教有文质"，涉及经学对"政教"的理解。③教化的目的在于移风易俗，改变民众的行为，使之符合真理的价值准则。在这一过程中，根据不同的现实情况，既可以采取重"质"的策略，也可以

---

① 牟宗三：《中国哲学十九讲》，第 35—36 页。
② 曾亦：《文质概念与古礼中的古今问题》，《中国经学》第十二辑，广西师范大学出版社 2014 年版，第 96—98 页。
③ 有关"文质论"与"政教"的关系，参见曾亦《文质概念与古礼中的古今问题》，《中国经学》第十二辑，广西师范大学出版社 2014 年版，第 87—133 页。

选择重"文"的策略，但文始终不能脱离质，否则就意味着脱离了"自然人性"这一基础，也就不再是"好的教化"。最终决定教化策略的不仅仅是教化的制定者（圣王），还有"风俗"这个"通孔""语境"的实际情况，也即顾欢所谓"俗有精粗"。顾欢对"教俗"关系的认识，并非其个人之创见，只是对经学传统的运用。

二、政教与情俗：《夷夏论》教化观的经学根源

顾欢对"教化"的讨论始终不离"俗"。对于这一问题，吉川忠夫以"所以迹-迹"的模型对《夷夏论》中的道俗关系作出了解释，[①]指出这是六朝人的理论创发，且顾欢立论的效力有限。[②]《夷夏论》可以作为材料支撑"本迹论"模型的成立，但"本迹论"却不足以完整概括《夷夏论》的全部内容。吉川忠夫从繁杂的三教论衡中整理、提炼出"本迹论"作为解释框架，在现有《夷夏论》的研究中已属难得。然而，顾欢用以讨论"迹"之别的理据并不来自本迹论，而是经学对教化的系统思考。经学认为"好的教化"就是要依据"人情自然"设教、施教，也即在充分尊重"语境"的前提下进行"自我表达"。这一对"好的教化"的理解，不是顾欢的首创，更不是经学、道教"针对"佛教提出的要求，而是经学设教的基本逻辑与理念，是经学对自身的要求。经学有关教俗关系的思考，事实上涉及对"文明"与"文化"关系、"教化"与"语境"关系的反思。关于"风俗"这一"语境"的必然性，在《礼记·王制》的郑注、孔疏中有着完整

---

① 〔日〕吉川忠夫：《六朝精神史研究》，第15—16页。
② 同上书，第369、377页。

而清楚的解释：

【经】凡居民材，必因天地寒暖燥湿。广谷大川异制，民生其间者异俗，刚柔、轻重、迟速异齐，五味异和，器械异制，衣服异宜。修其教，不易其俗。齐其政，不易其宜。

【郑注】教谓礼义，政谓刑禁。

【正义】〇"凡居民材，必因天地寒暖燥湿"者，材谓气性材艺，言五方之人，其能各殊。五者居处，各须顺其性气材艺，使堪其地气，故卢植云"能寒者使居寒，能暑者使居暑"，即其义也。〇注"性情缓急"。〇正义曰：性谓禀性自然，故《孝经说》云："性者，生之质。若木性则仁，金性则义，火性则礼，水性则信，土性则知"，《中庸》云："天命之谓性"，是赋命自然。情者，既有识知，心有好恶，当逐物而迁，故有喜怒哀乐好恶。此经云"刚柔轻重迟速"，天生自然，是性也。而连言情者，情是性之小别，因性连言情者耳。若指而言之，则上文异俗是情也。故注云"谓其所好恶"。〇"修其"至"其宜"。〇俗谓民之风俗，宜谓土地器物所宜，教谓礼义教化，政谓政令施为，言修此教化之时，当随其风俗，故云"不易其俗"。〇"齐其政"者，谓齐其政令之事，当逐物之所宜，故云"不易其宜"。教主教化，故注云"教谓礼义"。政主政令，故注云"政谓刑禁"也。①

【集解】教，谓七教，所以止民德。政，谓八政，所以厚民生。不易其俗，不易其宜者，俗各有所宜，互言之也。

---

① ［汉］郑玄注，［唐］孔颖达疏：《礼记正义》，第398—400页。

居之因其材，治之随其俗，此圣人之政教，所以不强民而民
乐从。《大司徒》"因此五物者民之常，而施十有二教焉"，
亦此义也。①

如果直接从《礼记·王制》的经文出发，我们只能看出不
同地域的"生民"在制度、风俗上存在着差异，但如何理解这些
差异，则必须要借助注疏的解释。孔颖达疏释"凡居民材"，谓
"材谓气性材艺，言五方之人，其能各殊。五者居处，各须顺其
性气材艺，使堪其地气"，提示我们注意这样一个问题：令"五
方之人，其能各殊"的原因，是"地气"。设教之所以要重视
"其俗"，施教之所以要"不易其俗"，原因就在"俗"是"人
情自然"的自然表达。孔疏明确指出，"异俗是情"，而决定这
种"性情"差异的不是"人"，是人的生存情态与实际环境。孔
疏引《孝经说》《中庸》，意在说明风俗、性情差异的根源是自
然而非人为。但是，这种"自然"不是本质主义的人性论，而是
在天-地-人的三才结构中，现实之"人"的必然生存状态。"天"
决定了"人性"有相互理解、相互沟通的可能，故而《礼记·王
制》设"传语之人"通五方之语言、风俗、嗜欲。因"交流"而
可以互相理解，恰恰说明了《礼记·王制》认为风俗、性情差异
由"地气"决定的观点，既不是地理环境决定论，也不是本质主
义的人性观，而是对"自然"作为一种形塑"人"之现实生存状
态的力量的承认与尊重，而非不同地域的"生民"存在本质上的
区别。否则，在价值适用性上具有普遍主义倾向的"圣王之教"

① ［清］孙希旦：《礼记集解》，中华书局1989年版，第359页。

也就无法普遍实施于五方了。理解"人"的生存状态，必须要在"天-地-人"的三才结构中进行，而非以现代"人"与"自然"分离的、自绝于天地的生存状态来理解古人。故而郑玄注"中国戎夷，五方之民，皆有性也，不可推移"时，谓"地气使之然"。[1]

对于这种教化与风俗之间的关系，《尚书》孔传中的一则说法很具有概括性，即"政教随其俗"[2]。《尚书》孔安国传中解"二百里流"一句，谓"流，移也，言政教随其俗"。"流，移也，言政教随其俗"意指"教化"的施设要随着地域、风俗的变化而变化，与《礼记·王制》中"修其教，不易其俗"之说互为表里。孔颖达疏"不易其俗"曰："俗谓民之风俗，宜谓土地器物所宜，教谓礼义教化，政谓政令施为，言修此教化之时，当随其风俗，故云'不易其俗'。"正是"政教随其俗"之义。故本书即取"政教随其俗"以概括经学设教的基本原则。设教以风俗、人情为依据，在经学中并不只是抽象原则，还有更为具体的内涵。《礼记·表记》有载：

【经】子曰："仁之难成久矣，唯君子能之。是故君子不以其所能者病人，不以人之所不能者愧人。是故圣人之制行也，不制以己，使民有所劝勉愧耻，以行其言，礼以节之，信以结之，容貌以文之，衣服以移之，朋友以极之，欲民之有一也。《小雅》曰：'不愧于人，不畏于天。'"

【集解】故圣人制行以立教，必与天下共之，以天下之

---

① ［汉］郑玄注，［唐］孔颖达疏：《礼记正义》，第398页。
② ［清］王先谦：《尚书孔传参正》卷六《夏书·禹贡》，第357页。

所能行者为之法，所以为达道也。曾子执亲之丧，水浆不入于口者七日，此曾子之所能也。水浆不入于口者三日，此众人之所能也。故丧以三日为节，则不取乎七日，此所谓"不制以己"也。唯不制以己，故民知跂乎此而有所劝勉，知不及乎此而有所愧耻。非特此也，制礼以节其行而使之齐，立信以结其志而使之固。……一，谓专一于为善也。[①]

所谓"不制以己"，是说圣王制定教化，其标准不是自己的操行，而是"众人之所能"，以中民之性为准则，制定一种大多数人可以达到，即使有所不足者稍加自我勉励就能达到的教化。只有达到这种标准，才可说是"好的教化"。《礼记·缁衣》有载：

【经】故大人不倡游言：可言也不可行，君子弗言也。可行也不可言，君子弗行也。则民言不危行，而行不危言矣。

【集解】游言，浮游无实之言也。王者之言，宣之为政教，成之为风俗，其端甚微，其末甚大，苟以游言倡之，则天下相率为游言，而虚浮之风作矣。可言不可行，谓过高之言，不可见之于行事者。可行不可言，谓过高之行，不可言之以率人。危，高峻也。君子之言行，不越乎中庸，而民效之。故言不敢高于行，言必顾行也；行不敢高于言，行必顾言也。[②]

在经学的理解中，判断"教化"优劣的一个标准，就是"言

---

① ［清］孙希旦：《礼记集解》，第1305—1306页。
② 同上书，第1324页。

行相顾"，使教化在价值理想与现实的可操作性之间达到一种平衡，既不会因为理想的成分过重导致教化沦为"游言""虚文"，成为无法实践的口号，导致社会浮夸成风；又不至于因可理解性问题，使民众因难以理解导致无法实现。综合《礼记·缁衣》与《礼记·表记》的记载，可以说，"好的教化"不仅是在现实中具有可操作性的，也是可理解的。换言之，经学在思考"教化"问题时，从来就没有脱离"语境"。圣人已然体道、明道，但如何"设教"之所以还是构成一个"问题"，正是由于"教化"是有针对性的，既然"道"无所不适，那就通过"设教"将"道"的这种普适性表发出来，而不是以"道"在理论上的"可能性"作为借口，忽略"语境"，留待生民自行理解，更不是以"道"之名强制生民理解、接受、实践超过其能力范围的"教"。从经学的"设教理念"来看，经学从本质上说是"反意识形态的"。

虽然我们一直在强调经学在"教化"的制度设计环节要充分考虑"俗"，但这并不意味着"教化"与"风俗"之间没有张力。《礼记·乐记》中的一则经文就对这一重意涵做出明确说明："是故先王之制礼乐也，非以极口腹耳目之欲也，将以教民平好恶而反人道之正也。"[①]"教化"始终是以引导人民在思想、行为上复归"人道"为己任的，在这一过程中强调对"风俗""人情"的充分思考，不是为了媚俗，而是在制度设计环节就将教化的可理解性纳入考虑，确保言行可以相顾，在真理与现实之间寻找到一个恰切的结合点，使教化能够以最小的社会、心理成木，在最小的阻力下、最大的程度上被推广，从而改变风俗中的邪俗、恶俗，巩固美俗、良俗。

---

① ［清］孙希旦：《礼记集解》，第 982—983 页。

总结而言，经学在教化问题上秉持"极高明而道中庸"①的总体原则，以"言行相顾"作为设教的标准，重视现实中的风俗-人情-嗜欲，②在此基础上充分考虑教化的可操作性、可理解性，以缓解政教（礼刑）与人情（嗜欲）之间始终存在的内在张力，避免因立言过高引起人民对教化的畏难情绪乃至抵触情绪。这正是顾欢《夷夏论》"其入不同，其为必异""俗有精粗，教有文质"诸说强调教化与风俗之关系，并将"风俗"推向极其重要位置的理据之所在。从经学设教的原则来看，顾欢强调"俗"的重要性而又不忽视"道"的普适性，是对经学设教原则的合理运用。作为一种理解文明与文化关系、教化与语境关系的理论工具，经学的理论与实践都是为古代中国的历史所证明的，轻易断言这一解释框架及其问题意识的论证效力有限，问题不在经学的设教观念本身，而在现代研究者理解上的缺失。

明确了经学理解中"俗"的"必然性"，也就理解了"政教随其俗"这一设教原则。在此还必须指出的是，决定"政教随其俗"这一"教俗观"的，其实是经学尤其是礼学有关"情礼关系"的思考。在前引《礼记·王制》的郑玄注中，"政教"的内涵得以明确："教谓礼义，政谓刑禁。"同时，在经学理解中，"政"虽然不能不备，但从现实施用的重要性上讲，"政"（刑禁）是"教"（礼义）的辅助。③因此，"政教随其俗"的原则，其内涵就是礼与俗、社会教化与人情之质的关系问题。在孔颖达的解

① ［汉］郑玄注，［唐］孔颖达疏：《礼记正义》，第 1455 页。
② 同上书，第 398—400 页。
③ "法者，所以辅礼。本以无礼而至于法无常，而法无常则礼益无列，盖彼此相因之势然也。"［清］孙希旦：《礼记集解》，第 602 页。

读中，已经明确指出，决定一地"风俗"的是"地气"，即使今人已经不再能接受这种理解，但"风俗"内涵中的"嗜欲"这层意涵，对现今仍有启发："嗜欲"的内里正是"人情"。由此，由"政教随其俗"推进至"礼与俗"，再由"礼与俗"推进至"礼与情"。对"礼"与"情"之关系的讨论，亦有一条原则，即"缘情制礼"①。这一原则本是丧服制度的准则，但在整个礼制的建构中，却具有一种普遍意义。②

所谓"缘情制礼"，其内涵在于：教化（礼）内容的制定，要重视现实，重视人情之质，不能仅仅从"应然"的角度出发进行制度设计，否则，将导致这样一种可怕的局面：用以规范社会的行为准则远超一般人的能力与性情，当绝大多数人都达不到这种标准时，社会将会失范。因此，在《礼记》中出现了多条有关制礼要听取民意、要防止出现言行两不相顾的"恶礼"的经文。但是，"制礼"虽然要重视"人情"，却绝非仅仅是迎合众人各各不同的嗜欲，而是要节制其嗜欲，使之归"一"。这个"一"不是要强行统合，而是要形成共识。达成共识的方式，则是"道中庸"，设置一个"中人"的标准，使不及标准的人稍加努力即可达到，而在现实行动上远超这一标准的人也需要俯而就之。通过循序渐进的方式，逐渐提升个人的道德、改变其行动。这正是经学成立以来，"教化"在制度设计层面遵循的内在原则。而这一内在原则的致思理路，事实上充分考虑到社会规模的伦理道德建设，

---

① "缘情制礼"是对圣人设教原则的总结，不仅见于经学著作，更是士人思考"礼"时的常识，如东晋末年桓玄难中书令王谧，就曾以"缘情制礼"作为理据："情在罔极，则敬自从之，此圣人之所以缘情制礼，而各通其寄也。"详见［南朝梁］僧祐《弘明集》卷十二《桓玄与王令书论道人应敬王事》，《大正藏》第 52 册，第 81 页中。

② 吴飞：《人伦的"解体"：形质论传统中的家国焦虑》，第 197 页。

一定要评估推行某一行为准则的社会成本，以最小的成本和代价，以尽可能不引发过多的阻力，尤其是不引发社会动荡的方式加以推行。[①] 至于为何如此，我们不妨从儒家反思最多的一个违背这一原则的历史事件为例，加以说明。这一事件，就是一统天下却二世而亡的秦。秦之速亡，就是强制推行帝国制度而全然不顾人情、风俗的恶果。[②] 不考虑民心民意的制度设计、实施，必将导致反弹，迫使民众反抗，这样的思想同样见于《礼记》的经注之中。[③]

经学对"情礼关系"的理解，可以被概括为"文质论"。吴

---

① 面对社会秩序的建立与维持，经学强调"教"而不是"治"，事实上意味着一种渐进的、温和的社会治理方式。以《孝经》为例，"孝治天下"不是只强调道德不强调制度，而提倡一种以人的自然情感为依据的治理方式，而这种治理方式的实现路径，是以"教"进行引导，而不是以"令"进行强制："【经】故能成其德教，而行其政令。【疏】德教当以渐致，政令不宜暴施，君子知其如此，故能成其德教而行其政令。"［清］皮锡瑞：《孝经郑注疏》，第90—91页。

② 关于秦制崩溃的政治哲学分析，参见李若晖《久旷大仪：汉代儒学政制研究》，商务印书馆2018年版。

③ 《礼记·坊记》中就有关于这一论题直接讨论："【经】子云：上酌民言，则下天上施。上不酌民言，则犯也；下不天上施，则乱也。故君子信让以涖百姓，则民报之以礼重。《诗》云：'先民有言：询于刍荛。'【郑注】言古之人君将有政教，必谋于庶民乃施之。【正义】○'上酌民言，则下天上施'者，酌，取也。言在上人君取下民之言以为政教，既得民心，民皆喜悦，则在下之民仰君之德如天，敬此在上所施之恩泽。○《诗》云：'先民有言：询于刍荛'者，此《诗·大雅·板》之篇……云先民谓先世君王将有政教之言，必先询谋采于刍荛之贱者。"［汉］郑玄注，［唐］孔颖达疏：《礼记正义》，第1406—1407页。郑注、孔疏的解释十分清楚，即讨论了"政教"与"民意"的必然关联。"好的政教"所面对的不只是君子，故而在政教的制定环节，必须要"询谋采于刍荛之贱者"。所谓"刍荛之贱者"，指整个社会中最为普通的成员，"询谋采于"最普通的社会成员，并不是说"政教"是专门针对普通人设立的，而是说道德教化必须能被社会结构中人数最多的普通人所理解、所遵行，包括理解能力、道德水平最一般的民众。想要做到这一点，就必须在"教化"制定时充分考虑到最普通的社会成员的道德水平。对此，《礼记集解》进一步解释："郑氏曰：酌，犹取也。取众民之言以为政教，则得民心，得民心，则恩泽所加，民受之如天矣。"［清］孙希旦：《礼记集解》，第1286页。前引内容提示我们注意这样一个问题：经学在设计"政教"时，所针对的不是某个具体个人，而是整个社会各个阶层的成员。

飞通过解读《白虎通》"事莫不先有质性，后乃有文章也"①，总结出一种经学理论构型。"'文'取相于质实自然上的纹理，所以不能脱离质实自然而存在。"②从这一理论构型理解"礼"的本质，就是要通过对人情之常的培养与引导，自然生发出可以适用于家、国的伦理原则，在人情自然之中建构起一种贯通家国的秩序。③"没有亲亲尊尊之情实，也就没有礼之文；但仅有其质，就是无序的、野蛮的，甚至会造成伤害，以至无法存在。所以禽兽和野人虽然素朴，却常常陷于混乱与无序当中。当然，若是仅有礼文，而压抑甚至取消了亲亲之质，尊尊之敬就会变得暴戾乖张，完全失去了制礼的本意。先王制礼，以敬成爱，以尊尊济亲亲，使得文质彬彬，然后君子。"④"缘情制礼"提示我们，"人情之自然"才是经学设教的"起点"。以"人情"作为"制礼"的根据，也就意味着对人之自然生活中某些合乎人之本质与天道要求的内容的肯定。

如果说《礼记·王制》乃至《礼记》等典籍的成书时间在"以经学为史料"的现代研究中是遭受质疑的，那么在出土文献中我们仍能发现经学对"情礼关系"或者说"文质关系"的这种理解。在郭店楚简《性自命出》中就有这样一段记录：

> 《诗》《书》礼乐，其始皆生于人。《诗》，有为为之也。《书》，有为言之也。礼乐，有为举之也。圣人比其类而论

---

① ［汉］班固撰集，［清］陈立疏证：《白虎通疏证》，第 368 页。
② 吴飞：《人伦的"解体"：形质论传统中的家国焦虑》，第 197 页。
③ 对于文质、亲亲、尊尊的讨论，可参考陈赟《周礼与"家天下"的王制》，中国人民大学出版社 2019 年版，第 355—372 页。
④ 吴飞：《人伦的"解体"：形质论传统中的家国焦虑》，第 195 页。

会之，观其先后而逆顺之，体其义而节文之，理其情而出入之，然后复以教。教，所以生德于中者也。[1]

《性自命出》这一则记述将儒家的"设教"思想清楚、完整地表述了出来。不仅指明了"设教"的起点是"人"，更说明了"设教"的基本方式是圣人观察、体会、统理"人"的现实境遇。不惟如此，"逆顺之""节文之""出入之"还指明这样一个问题："教"虽然发端于人的现实境遇，但并不是对风俗、人情、嗜欲无原则的随顺。教与俗在本质上是贯通的，却仍存在着张力，但这种张力是适度的，是民人可以通过勉励自己就能达到的。《性自命出》中的这一"设教"思想，在《礼记》中得到更加全面的说明。从文献对历史时期的实际影响力来看，在南北朝时期，是《礼记》而非《性自命出》真正对"文教观念"发挥着直接影响。我们指出《性自命出》中的设教思想，意在说明儒家、经学的"文教理念"源远流长，并持续在历史中发挥着基础性的影响。自先秦以降，经两汉而南北朝，莫不如此。正是因为这一观念的持久影响，才使顾欢不厌其烦地指出风俗、性情乃至典籍等不同层面的"现实"，作为其论证佛之教化不适用于中夏的理据。[2] 这种看似"平庸"的论证背后，是完整的经学文教观念。在最宽泛的意义上以现代学术的术语"格义"经学文教观念，其实质是对"文明"与"文化"之关系、"真理世

---

① 荆门市博物馆编：《郭店楚墓竹简》，文物出版社1998年版，第179页。

② ［唐］李延寿：《南史》卷七十五《顾欢传》，第1876页："道济天下，故无方而不入；智周万物，故无物而不为。其入不同，其为必异，各成其性，不易其事。"

界"与"生活世界"之关系、"文明"与"自然"之关系等问题的思考与回应。

"政教随其俗""缘情制礼"并不仅是我们在今天的总结，在北朝的奏对与义疏著作中，均能发现其痕迹。如在对《礼记》的疏释中，熊安生对《礼记·曲礼上》中"君子行礼，不求变俗"[①]的经文作了一则看似过度发挥的理解。"君子行礼，不求变俗"在郑玄的理解中是讨论君子离开父母之邦另居新国，不改变旧时礼俗以表示"重本"[②]。但熊安生却认为，这则经文应该分情况讨论。郑玄注只解释了"君子"是"人臣"这一种情况，当"君子"为"人君"时，"君子行礼，不求变俗"的内涵完全不同，意指国君在新地区推行教化时，应该尊重所治理地区的风俗与人情，不能轻易改变风俗。[③]姑且不讨论熊安生这样的解读是否"过度"，只考察熊氏这样疏解经文的依据，孔颖达明确指出，熊安生的理据正是《王制》"修其教，不易其俗"。此外，熊安生还引用《左传》伯禽、康叔、唐叔治理殷虚、夏虚时继承殷夏旧俗的记载以说明此意。[④]

《礼记·乐记》有"是故先王之制礼乐也，非以极口腹耳目之欲也，将以教民平好恶而反人道之正也"语，说明了教化与风

---

① ［汉］郑玄注，［唐］孔颖达疏:《礼记正义》，第108页。
② 同上书，第108—109页。
③ 同上书，第109页。
④ 同上书，第109页:"如郑之意，不变所往之国旧时风俗，与此不同者，熊氏云:'若人臣出居他国，亦不忘本，故云不变本国风俗。人君务在化民，因其旧俗，往之新国，不须改也。'然则'不求变俗'，其文虽一，但人君、人臣两义不同。熊氏云:'必知人君不易旧俗者。《王制》云：修其教，不易其俗。又《左传》定四年，封鲁公，因商奄之人，封康叔于殷虚，启以商政，封唐叔于夏虚，启以夏政。皆因其旧俗也。'"

俗、人情、嗜欲之间存在的内在张力。在这则经文中,"反人道之正"的说法值得我们留意。"反"之一字,说明民之好恶虽然因"逐物而迁"①有所偏差,但从本质上说,与"道"并不是相互区隔的,并无本质上的隔阂。经学着重强调行为准则的设置与"民行"不能产生断裂,强调"教俗相应""情礼相应",不仅仅是一种策略层面的考虑,还有一层更深刻的理由。清人章学诚对"道"的一则说明,最能体现其中的要义:

> 道之大原出于天,天固谆谆然命之乎?曰:天地之前,则吾不得而知也。天地生人,斯有道矣,而未形也。三人居室,而道形矣,犹未著也。人有什伍而至千百,一室所不能容,部别班分,而道著矣。仁义忠孝之名,刑政礼乐之制,皆其不得已而后起者也。②

> 道有自然,圣人有不得不然,其事同乎?曰:不同。道无所为而自然,圣人有所见而不得不然也。圣人有所见,故不得不然;众人无所见,则不知其然而然。孰为近道?曰:不知其然而然,即道也。非无所见也,不可见也。不得不然者,圣人所以合乎道,非可即以为道也。圣人求道,道无可见,即众人之不知其然而然,圣人所借以见道者也。故不知其然而然,一阴一阳之迹也。学于圣人,斯为贤人。学于贤人,斯为君子。学于众人,斯为圣人。非众人可学也,求道必于一阴一阳之迹也。③

---

① [汉]郑玄注,[唐]孔颖达疏:《礼记正义》,第399—400页。
② [清]章学诚著,叶瑛校注:《文史通义校注》,第119页。
③ 同上书,第120页。

人的生活确实具有超越性维度，需要以超越性维度所启发的价值为依据展开实践，并最终回归价值。但这并不意味着我们的生活是完全背离天道的，这并不是儒家对生活世界的理解。正如章学诚所指出的，"道"或者说"真"并不是脱离生活世界的，因此才有"圣人求道，道无可见，即众人之不知其然而然，圣人所借以见道者也"。在经学的理解中，天道与人道之间、真理世界与生活世界之间的内在一致，是经学设教理念中强调"政教随俗"的原则、强调以"人情自然"作为设教起点的真理观基础。正因如此，虽然现实中存在着对天道价值的背离，"教化"的意义在于加以引导，使人"反人道之正"。从《王制》篇对"政教"二字的郑注、孔疏中可知，政教包括礼乐与刑禁两个方面，但在经学的理解中，制度设计层面虽然包括两个方面，但二者的重要性却有不同，刑禁只是在推行教化时的辅助手段，也即"法者，所以辅礼"，在教而不从之时才会加以刑禁。即便针对教而不从之人，刑禁的目的也不在于羞辱、不在于逼迫之，而是要激发其羞耻之心，所谓"知耻近乎勇"[1]，由此激发行恶之人进行自我革新的勇气。需要以暴力手段规训才能达到的"教化"，一定是违背人情自然的，只有一种教化是符合人性的，施教的关键才不是强制而是引导。朝向生活世界的"教化"，在以"现实世界"为教化目标的同时，真理内涵的表达必然受限于现实。作为一种"文明"，经学并不否定带有强烈地方性的"文化"，不仅承认其存在的合理性，还致力于在这一"语境"中自我解释、自我表达，以实现其文明理想。经学在"教化"问题上为华夏奠立的文

---

① ［汉］郑玄注，［唐］孔颖达疏：《礼记正义》，第 1442 页。

化传统，成为汉地士人在理解"教化"时的一种极为基础的"前理解结构"，用布迪厄的理论表达，即一种在"政教场域"中以"日用常行而不知"的形式发挥着作用的"惯习"①。

第二节　道、俗相离：对《夷夏论》教俗观的两种误解

顾欢在《夷夏论》中所强调的，不是"真理"论域中"道"的优劣问题，而是"教化"论域中佛、道二教在"随俗"问题上的可塑性，以及在"化俗"上的有效性。换言之，顾欢关注的是文明"脱语境"与"语境化"的能力。反观现有对《夷夏论》的解读，虽然对来自袁粲、明僧绍、谢镇之、朱昭之、朱广之、惠通、僧敏七位佛教徒的八种回应文字按照"主题"进行了提炼，②却始终没能回答这样一个问题：这八种回应中，究竟哪些回应是有效的，哪些回应将这场讨论向前推进，哪些回应则依然在"真理"论域中裹足不前，沦为顾欢所批评的"刻船沙门，守株道士"，甚至自绝佛教在中夏传播的理论上的可能性。对于一场论衡的研究，只从若干细节入手，以现代的文化价值评判标准进行判断，既不能揭示论辩的内在脉络与问题意识，对论辩之于思想史的意义作出恰当的定位，又无法对论辩双方的攻守是否得当作出评价。从现存回应顾欢的八种文字来看，能够直接反映论者

---

① 〔法〕皮埃尔·布迪厄、〔美〕华康德：《实践与反思》，李猛、李康译，第170页。

② 如李养正《顾欢〈夷夏论〉与"夷夏"之辨述论》，《宗教学研究》1998年第3期。再如李小荣《〈弘明集〉〈广弘明集〉述论稿》，巴蜀书社2005年版，第287—311页；潘桂明《中国佛教思想史》第一卷《汉魏两晋南北朝卷》，第442—453页；刘立夫《弘道与明教：〈弘明集〉研究》，第159—176页。

对顾欢"教化"论域理解与否的"指标"，是对"教俗关系"或"真俗关系"的理解。"教俗关系""真俗关系"问题的背后，是对真理／文明与语境关系的思考。如果"语境"对"真理"具有决定性作用，则可交流的"文明"将不复存在，不同语境中的文化都只是地方有效的知识；如果忽视了已经被把握的"真理"实际上正是受到某种"语境"牵引的产物，认为"真理"的表达完全不受"语境"的限制，将在不自觉地"固守"原生语境内容的同时，限制自身的有效传播。事实上，不论是"语境决定论"，还是"超语境论"，实际上都将导致固步自封的局面。针对《夷夏论》而发的八种回应中，除朱昭之认同了顾欢有关"道俗关系"的论述框架之外，其余回应都在"语境"问题上持有不同立场。

一、袁粲、朱广之对"语境"重要性的夸大

《南史·顾欢传》所存袁粲的回应文字，篇幅不大，《南史》行文也明确提示史籍所载只是"其略"①，可能并不是完整版本。但是，即便现存袁粲所著《道人通公驳顾道士》篇幅不大，却是《南史》唯一登录的回应性文字，这一点是值得我们注意的。考《道人通公驳顾道士》，其核心内容如下：

> 今佛法垂化，或因或革。清信之士，容衣不改；息心之人，服貌必变。变本从道，不遵彼俗，俗风自殊，无患其乱。②

① ［唐］李延寿：《南史》卷七十五《顾欢传》，第 1877 页。
② 同上书，第 1877—1878 页。

　　孔、老、释迦，其人或同，观方设教，其道必异。孔、
老教俗为本，释氏出世为宗。发轸既殊，其归亦异。[1]

　　对于顾欢提出的"风俗"问题，袁粲从出家与在家修行两个
方面予以说明。在袁粲的理解中，由于在家修行的"清信之士"
并未改变服饰、容貌，仍然遵王教之化，至少在观感上不会对中
夏既有的风俗产生影响。另一方面，出家之人的服貌均与中夏风
俗不同，甚为明显，也正是因为出家修行的"息心之人"在观感
上的变化极为明显，与既有风俗的边界清晰，形成鲜明对比，反
倒不会坏乱风俗。但是，正如前文在分析顾欢立论的意图时所指
出的，顾欢提出风俗、夷夏等议题，首要目的不是要讨论佛教是
否会坏乱中夏既有的风俗，而是意在强调"教化"与"风俗"之
间需要进行"适配"。从袁粲"佛法垂化，或因或革"一语来看，
似乎把握住了顾欢的理论意图，但在具体讨论中，却未能有效回
应顾欢的问题意识。顾欢强调的，正是佛教是否能够针对中夏这
一地域的风俗-人情-嗜欲"或因或革""观方设教"。袁粲却将这
一问题理解为东传入华的佛教是否会坏乱中夏风俗。这种交流上
的错位并非这则回应的最大问题。通观袁粲的回应，最致命的问
题出现在"观方设教，其道必异"的说法中。

　　在顾欢对"道"的理解中，不同教化虽然在体道的方式上有
所不同，但都是分有了"道"的一部分，一旦"达化"[2]，所体之
道并无不同。[3] 在这种真理观的基础上，顾欢始终没有否认佛教

---

① ［唐］李延寿：《南史》卷七十五《顾欢传》，第 1878 页。
② 同上书，第 1876 页。
③ 同上。

真理性的一面，[①] 始终将讨论集中于"传入"中夏的佛教是以印度的风俗-人情-嗜欲为"通孔"，并非以中夏的风俗为"通孔"建立起来的，因此不适合在中夏直接传播。顾欢批评的是不经过"因革"直接在中夏推行其外在形态由印度风俗所决定的佛教"教化"，但并未否认佛教"或因或革"[②] 的可能性。换言之，在顾欢的论域中，因为在"达化"、在真理层面的相通，只要佛教根据中夏的"风俗-人情-嗜欲"对其"教化"进行调整，完成中国转化，就足以成为一种合乎中夏风俗的"好的教化"。佛教传播过程中虽然有"或因或革"的可能性，但在经由中夏之风俗这一"通孔"完成教化革新之前，顾欢并不认为佛教具备成为一种适用于中夏的"教化"的资格。

然而，在袁粲的回应中，顾欢为佛教保留的教化革新的可能性，被彻底抛弃。所谓"观方设教，其道必异"，是在强调"文化"的地域性、种族性，由于"方"的不同，导致圣人所启示的"道"有所不同。果如袁粲所言，"语境"具有决定性的作用，则中夏之人确实没有接受佛教的必要。如果佛教所传播的"道"、佛教的教化不是为中夏之人而是为西戎之人制定的，不具备超越性的维度，也即不具备"普适"的可能性，佛教将只能是一种适用于印度的地方性知识。如果"观方设教，其道必异"是成立的，则"语境"决定"文化"；"语境"——包括风俗、人情、嗜欲在内的生存论境遇——的差异，决定了"文明"的差异是本质性的、不可沟通的。我们可以理解袁粲作为佛教

---

① ［唐］李延寿：《南史》卷七十五《顾欢传》，第 1878 页："佛道实贵，故戒业可遵；戎俗实贱，故言貌可弃。"

② 同上书，第 1877 页。

徒想要尽可能多地保留佛教原始面貌的信仰动机。可如果这种
冲动不能被限制在合理范围内，导致的结果只能是佛教无法融
入中夏。

　　与袁粲关于道俗关系的理解相似，朱广之很清楚顾欢立论的
基本思路，这从他对"情与法"之关系的论述中就能看出：

　　　　论云："若谓其致既均，其法可换者，而车可涉川，舟
　　可行陆乎？必不可也。"

　　　　疑曰：夫法者，所以法情，情非法也。法既无定，由情
　　不一。不一之情，所向殊涂，刚柔并驰，华戎必同。是以长
　　川浩漫，无当于此矣。平原远陆，岂取于彼耶？舟车两乘，
　　何用不可？①

"法既无定，由情不一"正是意识到人情、风俗对真理在现
实中之表达的限制。从经学的角度看，圣人制礼的用意，就是要
齐所不齐②，通过礼来"一道德以同俗"③，以中人之性为准，节制
各各不同的嗜欲，使上下统一于中，既达到提振社会风气的作
用，又不至于使社会道德准则过高而导致对道德实践的畏惧与放
弃。顾欢认为，在追求真理、"达化"的目的上，佛教、道教并
无二致。④ 但是具体的教化之法，则确实需要谨慎。顾欢之所以
强调教化之"法"不可换，其理由在于佛教现有的教化之法，并

---

① ［南朝梁］僧祐撰：《弘明集》卷七《疑夷夏论咨顾道士》，《大正藏》第52册，
　　第44页中。
② ［清］孙希旦：《礼记集解》，第362页。
③ 同上。
④ ［唐］李延寿：《南史》卷七十五《顾欢传》，第1876页。

不是针对汉地的风俗、人情来制定的，是从印度的风俗、人情而来的，因而并不符合"好的教化"要始于人情自然、适应于人情自然同时又能引导自然向上提升的要求。顾欢从未否定佛教没有对中夏风俗、人情进行适应的能力，只是"传入"的佛教之教化方式是不合于中夏之风俗、人情的。[①]

朱广之对道俗关系的理解虽然与顾欢并无不同，但在以此为根据论证佛教作为一种教化适合在中夏传播的问题上，却犯了一个错误。在他的理解中，教化确实随顺于人情，佛教、道教作为教化方式，分别对治不同的人情，因此可以共存。但在实际上，这一点却并不能成立。后文将详细论及，谢镇之对这场论衡的理论贡献在于明确指出了佛教与中夏在教化原则上的本质区别。区别的关键就在于佛教与中夏对"俗"的态度。这种教化原则关注重点的"错位"，其实正是佛教对自身作为一种教化在汉地传播合理性的进行说明的突破口，只是在被加以适当的转化之前，尤其是在护教情绪强烈的论战氛围中，被刻画成一种"冲突"。朱广之为了说明佛教在中夏地区传播的合理性，认为既然"不一之情，所向殊途"[②]，则应该保存两种不同的教"法"发挥化民导俗的作用。这一思路看似与顾欢处在同一论域之中，实则不然。以中夏的现实而言，儒家重为治，道家重修身，但二者作为教化方式，都是通过中夏的风俗-人情-嗜欲这一"通孔"来表达的。顾欢对佛教在中夏传播合理性的质疑，恰恰就在于"传入"的佛教，其教化形态是以印度的"风俗-人情-嗜欲"为其"通孔"形

---

① ［唐］李延寿：《南史》卷七十五《顾欢传》，第 1876—1877 页。

② ［南朝梁］僧祐：《弘明集》卷七《疑夷夏论咨顾道士》，《大正藏》第 52 册，第44 页中—下。

塑的，而"五方之民，皆有性也，不可推移"。因此，在顾欢的思路上进行回应，必须要说明的问题是：作为一种地方性知识，佛教剥离原有地方性、适应新的地方性的能力，也即"脱语境"与"语境化"的能力。"五方之民，皆有性也，不可推移"不是一种民族主义或本质主义的民族观，而是基于天-地-人三才的宇宙论图式理解世界的自然推论，这一推论的前提正是人性在本质上的相近，以及在具体展开时的不同。因此，朱广之通过强调"情"的不同来说明佛教作为一种教"法"在中夏传播的合理性，可谓适得其反。

> 论云："理之可贵者道也，事之可贱者俗也。今舍华効夷，义将安取？若以其道邪？道固符合矣。若以其俗邪？俗则天乖矣。"
>
> 疑曰：至道虚通，故不爵而尊；俗无不滞，故不黜而贱。贱者不能无累，尊者自然天足。天足之境既符，俗累之域亦等。道符累等，又谁美谁恶？故俱是圣化，惟照所惑。惑尽明生，则彼我自忘，何烦迟迟于舍効之际，耿介于华夷之间乎？[①]

从引文中可以看出，朱广之回避了顾欢对华夏风俗之"具体性"、对于"人"的强调，而是从"真理"的层面讨论"教化"问题。朱广之将不同教化在真理层面的相通或者说相似的特

---

① ［南朝梁］僧祐：《弘明集》卷七《疑夷夏论咨顾道士》，《大正藏》第52册，第44页下。

点，归结为"至道虚通""自然天足"，承认了顾欢所言"道固符合矣"的论述，确实理解了顾欢所强调的"同"不是指具体的教化，而是"教化"在远离现实的超越性维度上具有相似的特征。但是，在对"俗"之差异的讨论上，朱广之"一以贯之"地坚持在抽象的层面上讨论"俗"，这就使其虽然理解了顾欢的问题与思路，却拒绝了"语境"。在朱广之的理解中，"俗"之所以可贱，原因在于"俗"导致"滞"。由于俗都是导致滞惑的，因此作为一种"累"，看似不同的"俗"其实是相同的，因此朱广之才有"道符累等，又谁美谁恶"之论。在真理层面，不同教化之"道"确实是"相符"的。但在"累"的层面，即使以今人平等的立场看，不同的"俗"之间没有高下之分，但"差异"却真实存在，不能抹杀。平等所强调的也正是对差异的尊重与保存。顾欢强调"俗"，并不是认为俗不可变易，尤其是恶俗、败俗的存在，正是教化存在与推行的必要性之所在。但"俗"是绝大多数人生活的实然状态，陡然中断其既有的生活方式，迫使其改变自己的理念，不仅不切实际，其代价也必将沉重。

除"情法"关系之外，朱广之还尝试从"文质之辨"的角度，对佛教在中夏传播的合理性进行说明：

> 论云："蹲夷之仪，娄罗之辩，犹虫謹鸟聒，何足述傚？"
> 疑曰：夫礼以申敬，乐以感和。虽敬由礼申，而礼非敬也；和同乐感，乐非和也。故上安民顺则玉帛停筐，风淳俗泰则钟鼓辍响。又钟帛之运，不与二仪并位，盖以拯顿权时，不得已而行耳。然则道义所存，无系形容。苟造其反，不嫌殊同。今狐蹲狗踞，孰曰非敬？敬以申心，孰曰非礼？

礼敬玄符，如徒舍含识之类，人标其所贵，贵不在言，言存贵理。①

在"文质论"的一般理解里，礼之质与礼之文中，质重于文。但是，需要注意的是，只有质没有文，就成了"野人"，也不是礼乐文明这一教化之下的行为方式。朱广之对"文质论"思路的引用，秉持了玄学重"自然"的立场与倾向；但忽略礼之"文"的一侧，过分强调"质"，这本身是不合"文质论"之思路的。进一步说，朱广之以"文质之辨"论证佛教在中夏传播的合理性问题，说明他事实上误解了顾欢使用"夷夏"立论的本意。顾欢对佛教在中夏传播之合理性的质疑，集中在佛教摆脱其生成时期的地方性的束缚、适应全新风俗-人情-嗜欲的可能性。朱广之借用"礼"之文质的框架论述佛教在中夏传播的合理性，意味着他将"夷夏"理解为夷重质、夏重文，误解了顾欢的思路，并不构成有效回应。②这一误解还体现在另一段极具"诱导性"的论述中：

> 想兹汉音，流入彼国，复受虫讙之尤，鸟聒之诮，娄罗之辩，亦可知矣。③

---

① ［南朝梁］僧祐：《弘明集》卷七《疑夷夏论咨顾道士》，《大正藏》第52册，第45页中。
② 关于"蹲踞"与"夷狄"的关系，一个值得注意的观点来自余治平对甲骨文"夷"字本义以及东部沿海地区祭祀方式的探讨。简单来说，余治平的研究结论指出这样一个事实："夷"字本义就是在祭祀中"蹲踞"之姿。换言之，"夷"是以祭祀的姿势，称呼不同于中夏的东部沿海之人。见余治平《春秋公羊夷夏论：儒家以文明教化为本位的一种天下秩序设计》，上海书店出版社2014年版，第17—27页。
③ ［南朝梁］僧祐：《弘明集》卷七《疑夷夏论咨顾道士》，《大正藏》第52册，第45页中。

　　我们在分析顾欢道俗观念的经学渊源时，引用了《王制》中的一则经文："修其教，不易其俗。""政教随其俗"这一设教原则的确立，正是为了避免礼乐文明向外传播时受到"虫謹之尤，鸟聒之诮，娄罗之辩"的困扰。朱广之这种"换位思考"的说法，恰恰是他误解顾欢思路的明证。总体上看，朱广之的整个回应，虽然在某些细节上领会了顾欢的意图，但从整体上看是误解多于理解，以"折衷"的方式对佛教传播的合理性进行说明，使其论证流于表面，不仅效果不佳，也未能推动论辩的深入。

二、明僧绍、惠通对佛教"语境化"能力的夸大

　　明僧绍《正二教》以《夷夏论》中的八则内容为核心对话对象，对顾欢进行了回应，但从其立论的论域来看，并未理解顾欢的意图。顾欢强调佛教与道教是一，并不是说二教作为教化是一致的，而是在"齐化"，也即超越性追求、真理层面是相通的。正是基于"道"层面的相通，顾欢对佛教的批评，并不是否认佛教的价值、真理层面，而是批评"传入"中国的佛教内核虽好，但外在形式是由印度的风俗、人情所形塑的，不能直接应用于风俗、人情不同的中夏地区。顾欢的这一立场并非是民族主义的，而是从华夏之于礼俗关系的传统理解模式出发，对五方不同风俗-人情-嗜欲予以承认与尊重，在其风俗-人情-嗜欲的基础上制定教化，而不是以"真理"为名强制推行某种具有"普遍主义"外观的教化。但从明僧绍的论述中我们不难看出，他并未理解或者说无视了顾欢提出的议题，一味强调佛道在"道"也即真理层面的不可通约：

论曰：道则佛也，佛则道也。

正曰：既教有方圆，岂睹其同？夫由佛者固可以权老，学老者安取同佛？苟挟竞慕，高撰会杂。妄欲因其同，树邪去正，是乃学非其学，自漏道蠹，只多不量，见耻守器矣。[①]

不惟如此，对顾欢设置的论域——不要在真理层面进行"信念"之争，而是要在与现实紧密相关的"教化"层面展开讨论——也存在误解：

论曰：其入不同，其为必异。各成其性，不易其事。又曰：或照五典，或布三乘。在华而华言，化夷而夷语。又曰：佛道齐乎达化，而有夷夏之别。

正曰：寂感遂通，在物必畅，佛以一音，随类受悟。在夷之化，岂必三乘？教华之道，何拘五教？冲用因感，既夷华未殊，而俗之所异，孰乖圣则？虽其入不同，然其教自均也。[②]

明僧绍说"俗之所异，孰乖圣则"，从真理层面来看，"圣则"确实不受"俗"的影响，或者说"圣则"具有无限适应各种"俗"的能力。当我们在这样叙述时，必须清醒地认识到，这只是"圣则"在抽象理论层面的可能性，而非现实中的必然性。我们已经在前文中指出，"圣则"在贯注到现实层面时，不仅以生活世界为其"矫正"的对象，生活世界也成为限制"圣则"表达

---

① ［南朝梁］僧祐：《弘明集》卷六《正二教》，《大正藏》第 52 册，第 37 页下。
② 同上。

方式、形塑其外在形式的"通孔"。顾欢煞费苦心地将"教化"引入佛道论衡，明僧绍却在立论之初就跳出这一论域，使佛道论衡再度沦入佛陀之教遗世独立的、不可交流的论域中。

在前引材料中，"佛以一音，随类受悟"一句值得我们留意。明僧绍的这种说法，实际上是以《维摩诘经》中"佛以一音演说法，众生随类各得解"[①]之说为根据，说明佛教"顺俗"的内在能力及方式。对"佛以一音演说法，众生随类各得解"之内涵存在两种理解。一种是说佛陀在同一时间以不同语言宣讲佛法，使不同根器的听者都能有所领悟，这种解读的成立之依据，在于佛陀的神通。另一种更为平实的解读认为，佛陀所讲的道理只有一种，但因为听者的根器不同，理解能力不同，对于同样的道理所获得的启发不同，但始终是可以领受教益的。如果汉传佛教始终坚持讲上述两种解读中的"佛以一音演说法，众生随类各得解"作为自己推行教化的准则，则其与华夏传统政教在路线与理念上，将始终势同水火。"政教"虽然出于圣王，但圣王制定政教（刑与礼），并非以自己的思想与行为为标准，而是以中人之性为根据。[②] 作为一种教化，其最终形态受制于"圣王"与"中人之性"两个方面：圣王确保"教化"的真理指向，中民之性则决定了"教化"的外在形态；这就是所谓"极高明而道中庸"[③]的内涵。"极高明"却还要"道中庸"，其目的就是为了确保"教化"能够在目标范围之内最大限度地推广实施。

圣王制定政教，决不因掌握了"道"（真理）而自矜，将能

---

① ［后秦］鸠摩罗什译：《维摩诘所说经》，《大正藏》第 14 册，第 538 页上。
② ［清］孙希旦：《礼记集解》，第 1305—1306 页。
③ ［汉］郑玄注，［唐］孔颖达疏：《礼记正义》，第 1455 页。

否理解的问题抛给领受者,而是将是否可理解的问题纳入制度设计环节加以考虑、处理。如果一种教化是不能被领受者理解的,就不是"好的教化"。由这一标准出发,对"佛以一音演说法,众生随类各得解"的第二种理解因为将教化的可理解性抛给了领受者,因而不合"好的教化"之标准;对"佛以一音演说法,众生随类各得解"的第一种理解虽然由佛陀的神通弥合了施教者与领受者在"理解"上的隔阂,突破了凡夫认识能力的限制,但佛陀已经入灭,在正法欲灭、无佛无法的时代,如何保证佛教作为一种教化仍能保持其对"俗"之限制的克服,事实上已经构成一个问题。遗憾的是,明僧绍坚持佛教作为一种教化不需要改变,具有"自适应"的能力,故有"虽其入不同,然其教自均"的结论。

不得不说,与化名"道人通公"的袁粲一样,明僧绍的言论也具有拒绝脱语境的倾向。将这种倾向保持在一个合理的限度之内,对于佛教的中国转化而言,具有重要意义。所谓"合理的限度",就是寻绎出佛教在不同文化传统、区域传播时始终无法更易的内核,找到自身明显区别于其他教化方式的最根本同时也是最显著的"标识"。一旦原教旨主义的倾向突破了这一限度,或言或动必以原始佛教为标准与根据,其结果必然是佛教遭到传入地区的强烈弹压。顾欢已经强调,"圣则"层面佛道均是成立的,关键在于作为"教化"的佛道,势必受制于现实的"语境",也即"俗"的层面,在围绕《夷夏论》的论辩中,但凡忽视这一维度,与顾欢就不在同一个论域中,作为"回应"就是无效的。

在明僧绍的回应中,已经关注到礼制在历代沿革中发生了诸多变化,因此明僧绍说:

　　论曰：端委搢绅，诸华之容也；剪发缁衣，群夷之服也。

　　正曰：将求理之所贵，宜先本礼俗。沿袭异道，唯其时物。故君子豹变，民文先革。颛孙膺训，丧志学殷。夫致德韶武，则禅代异典；后圣有作，岂限夷华？况由之极教，必拘国服哉？是以系其恒方，而迷深动踬矣。水陆既变，致远有节，舟车之譬，得无翩乎？而刻船守株，固以两见所归。①

　　"唯其时物"可谓道出了礼制变革的核心原则。但是，礼制不仅有可以与民变革的一面，还有不可与民变革的一面。在明僧绍的解读中，只强调礼制的变革，却绝口不提"不可得与民变革"②的一面，使其讨论虽始于顾欢的论域，但最终沦于片面引述与诡辩。这一问题最终得以妥善解决，则在吉藏。③

---

① ［南朝梁］僧祐：《弘明集》卷六《正二教》，《大正藏》第 52 册，第 37 页中。

② ［汉］郑玄注，［唐］孔颖达疏：《礼记正义》，第 1001 页。

③ "吉藏创造性地将二谛中俗谛的'俗'理解成风俗的'俗'。在吉藏看来，风俗有横、竖两种差别，即风俗有地域差别，中外不同；也有时间差别，古今不同。风俗属世俗谛，虽然千差万别，当体即空，夷夏实无本质区别可言；然俗谛并非完全虚无，它还是假有，故一切国土各有风俗，'君子行礼，不求变俗'。因此就经教来说，各地风俗不同，本无所谓，都是虚无假有，但就戒律而言，却不能变异，这样才能正法久住：'浮虚释俗，约经也；风俗释，就律者，明律中不得道，诸法浮虚无所有，不得道人是浮虚草木浮虚。何以故？为制戒令佛法久住故。所以不得明物浮虚所有，但明国土风俗不同也。'二谛学说，在东晋南朝具有重要意义，就释道二教之争来看，说真谛而不废有，故可以说佛性胜于道教虚无；说俗谛而不离真，故可以接解决夷夏之辨。相对来说，南朝释道二教论衡，佛教一方具有相当的理论造诣，这在一定程度上也刺激了道教哲学的发展，应该说唐初道教重玄学的建立，其理论也日臻完善了。夷夏风俗不同，故应实行不同教化。道教原本是有一系统的论述，例如南朝刘宋天师道士徐氏撰《三天内解经》云：'中国阳气纯正，使奉无为大道。外国胡八十一域，阴气强盛，使奉佛道，禁诫甚严，以抑阴气。楚越阴阳气薄，使奉清约大道。'中原地区'阳气纯正'，所以实行'无为大道'，西域外国'阴气强盛'，所以流行佛道。"张雪松：《唐前中国佛教史论稿》，中国财富出版社 2013 年版，第 409 页。

顾欢在理与事、道与俗的框架下说明"教化"问题是有见地的。顾欢的立场不是道教的、道家的，而是经学的，或者说是中夏之于礼俗关系问题的"常识"。但在回应中，明僧绍将"嗜欲之物，咸以礼申"①理解为"存嗜欲以申礼"，完全是本末倒置，强行曲解，无视礼与俗之间存在的张力：

> 论曰：下弃妻孥，上废宗祀，嗜欲之物，咸以礼申。孝敬之典，独以法屈。悖德犯顺，曾莫之觉。又曰：全形守祀，继善之教也；毁貌易姓，绝恶之学也。理之可贵者道，事之可贱者俗。
>
> 正曰：今以废宗祀为犯顺，存嗜欲以申礼，则是孝敬之典在我为得，俗无必贱矣。毁貌绝恶自彼为鄙，道无必贵矣。爱俗拘旧，崇华尚礼；贵贱迭置，义成独说。徒欲蠹溺于凡观，岂期卒埋于圣言耶？②

这是论辩中因情绪问题而引起的、无法避免的理论"位移"。不过，明僧绍在这一条回应中指明了这样一个问题：顾欢立论的基础是中夏的准则，而非佛教的准则，故有"在我为得""自彼为鄙"之说，并指责这种以中夏之标准为标准立言的结果，是"义成独说"。这一点在谢镇之的回应中不仅再次被提出，而且得以深化。不过，明僧绍这则回应的重点，还是在于指责顾欢的言论是"徒欲蠹溺于凡观""岂期卒埋于圣言"，批评顾欢过分强调"俗"，并再一次将讨论引向对"真理"的强调，而忽视了"俗"

---

① ［唐］李延寿：《南史》卷七十五《顾欢传》，第 1876 页。
② ［南朝梁］僧祐：《弘明集》卷六《正二教》，《大正藏》第 52 册，第 38 页上。

的问题。"俗"是人情之嗜欲，"性朴"决定了人情嗜欲虽未必全善，但也很难视之为全恶，对于标识着现实性情倾向的"俗"不能将之定性为无足轻重的"末"。人情嗜欲有过犯，这才是将真理下贯到现实生活世界的意义之所在，但如何引导人情嗜欲改过从善，则需要讨论。在《夷夏论》的整个讨论中，佛教学者罕有触及这个根本问题：渐进的、强调实践智慧——在真理与现实之间寻求一个阻力最小的现实突破口——的经学教化原则有什么不足之处。以曲解顾欢进行强辩，并无效果。以跳出顾欢设置的论域进行强辩，也没有触及问题的实质。笔者对顾欢、对《夷夏论》的强调，原因不在于顾欢或《夷夏论》本身有过人之处，而是因为顾欢通过《夷夏论》提示汉地佛教徒注意这样一个事实：对于"道""教化""俗"，中夏不仅已经具备完整的思考，并且还积累了大量的实践经验。经过理论与实践两个方面的探索，"政教随其俗"已不仅仅是一种仅为少数人掌握的原则，而是中夏的文化传统、文化心理，发挥着基础性的作用，因此在研究《夷夏论》及相关回应性文字时，不能轻易略过。

治城惠通对道俗关系的理解，也是否认"语境"的意义，将论证的核心从顾欢设置的"教化"论域，再度引向"真理"维度：

> 又道佛二教，喻之舟车，夫有识闻之，莫不莞尔而笑。仆谓天道不言，圣人无心。是以道由人弘，非道弘人。然则圣人神鉴，靡所不通。智照宁有不周，而云指其专一，不能兼济？譬犹灵晖朝观，称物纳照，时风夕洒，程形赋音，故形殊则音异，物异则照殊。日不为异，物而殊照；风不为殊，形而异音。将知其日一也，其风一也，禀之者不同耳。

吾子以为舟车之喻义将焉允？然夫大教无私，至德不偏，化
物共旨，导人俱致。在戎狄以均响，处胡汉而同音，圣人宁
复分地殊教，隔寓异风，岂有夷耶，宁有夏耶？①

所谓"天道不言，圣人无心。是以道由人弘，非道弘人。然
则圣人神鉴，靡所不通"，以及"灵晖朝观，称物纳照，时风夕
洒，程形赋音，故形殊则音异，物异则照殊。日不为异，物而殊
照；风不为殊，形而异音。将知其日一也，其风一也，禀之者不
同耳"，都是在形而上的层面论述"道无所不适"的本体特质，
并以此为根据，批评顾欢。顾欢或者说中夏的教化传统强调对真
理在现实中展开时"通孔"的意义，"教化"不同于"真理"，正
是因为其表达受到"通孔"的限制，具有极强的针对性。②但这
只是针对"教化"而言，并不是说"真理"是有限的。惠通指责
顾欢"智照宁有不周，而云指其专一，不能兼济"，其实是没能
理解顾欢立论的用意。

在教化原则上，惠通实则也坚持了"佛以一音演说法，众生
随类各得解"的观念，认为"大教无私，至德不偏，化物共旨，
导人俱致。在戎狄以均响，处胡汉而同音"，认为佛陀之教是超
地域的，并不需要"分地殊教"，即针对不同地域、风俗进行调
适。这种强调佛教的"真理性"而拒绝"语境"的作法，作为一
种回应性文字不能算有效，作为一种理解"文明"与"语境"关
系的思路，也不能说高明。

---

① ［南朝梁］僧祐：《弘明集》卷七《驳顾道士夷夏论》，《大正藏》第52册，第
46页上。
② ［唐］李延寿：《南史》卷七十五《顾欢传》，第1876页。

第三节　灭俗反真：对佛教教化观异质性的强调

在《夷夏论》论衡中第一个准确把握了顾欢的论域与问题意识，并从顾欢的逻辑出发予以有力回应的，是朱昭之。朱昭之的回应分为两个部分，第一个部分是从方法论的角度回应顾欢，说明佛教在华传播的合理性问题；第二个部分则是针对顾欢的十则具体论证提出了批评。朱昭之回应的精要，在于其回应文字的第一部分。

朱昭之准确地把握了教与俗的内在关联，因此指出"华夷殊俗，情好不同，圣动因故，设教或异"①。承认"教"必须要适应"俗"，真理必须要以"语境"为其表达的基础。同时，朱昭之还准确地把握了《夷夏论》之所以认为佛教作为一种"教化"不适合于中夏的理由，在于佛教是源出印度的"地方性知识"，其不能被中夏所容的不是"知识"，而是其"地方性"，也即文明在其起源时所接受与适应的"语境"，故而朱昭之说：

> 所可为嫌，只在设教之始。华夷异用，当今之俗，而更兼治迁流，变革一条，宜辩耳，今当言之。圣人之训，动必因顺。东国贵华，则为衮冕之服，礼乐之容……夷俗重素故，教以极质……夫道之极者，非华非素，不即不殊，无近无远，谁舍谁居，不偏不党，勿毁勿誉，圆通寂寞，假字曰无，妙境如此，何所异哉？②

---

① ［南朝梁］僧祐：《弘明集》卷七《难顾道士夷夏论》，《大正藏》第52册，第43页中。
② 同上。

在准确把握了《夷夏论》的"教化"论域及其中的基本致思理路之后，朱昭之从"效验"的角度，对佛教作为一种"教化"在中国传播的合理性进行了"申诉"：

> 故自汉代以来，淳风转浇，仁义渐废，大道之科莫传，五经之学弥寡。大义既乖，微言又绝，众妙之门莫游，《中庸》之仪不睹。礼术既坏，雅乐又崩，风俗寝顿，君臣无章。正教凌迟，人伦失序。于是圣道弥纶，天运远被，玄化东流以慈系世众生，黩所先习，欣所新闻。革面从和，精义复兴。故微言之室，在在并建；玄咏之宾，处处而有。此可以事见，非直布之空谈。将无物不可以终否，故受之以同人，故邪意者。[①]

朱昭之与顾欢的讨论，是在遵循相同的理据、在同一论域之内展开的。但朱昭之将问题向前推进了一步，不是从"设教"，而是"施教"的结果出发，对顾欢从中夏"教化"传统出发提出的佛教在华传播的合理性问题进行回应。朱昭之从华夏原有教化失灵、佛教在中国有效重建了教化的"事实"出发，回应顾欢。一种"好的政教"必然会为生民所接受，是人民"乐行"的。[②]朱昭之不仅没有否定顾欢《夷夏论》将讨论引入"教化"论域的

---

① ［南朝梁］僧祐：《弘明集》卷七《难顾道士夷夏论》，《大正藏》第52册，第43页中—下。

② 对于好的教化自然会为生民接受，《礼记集解》在注释前引《王制》的内容时，就明确指出："教，谓七教，所以正民德。政，为八政，所以厚民生。不易其俗，不易其宜者，俗各有所宜，互言之也。居之因其材，治之随其俗，此圣人之政教，所以不强民而民乐从。"［清］孙希旦：《礼记集解》，第359页。

努力，而是通过对这一语境中核心内容的反思，从"施教"的效验而非"设教"的原则出发，指出传统政教的核心内涵——礼、乐、风俗、人伦——已然全面沦丧。这一点对于顾欢的立论而言，可谓一击中的。

在此基础上，朱昭之还以佛教已经成功流行于中夏的现实，作为佛陀之教有能力且已经完成"随俗"或者说"语境化"的理据。这一回应也是有效且有力的。顾欢确定的论域是拒绝在形而上的层面对"真理"进行抽象讨论，而是在"教化"这一以现实为依据、效验可见的层面展开讨论。[①] 朱昭之没有与顾欢纠缠风俗礼仪之别，而是直接以佛教在现实中已经发挥的作用为自己的论据予以说明，即家家处处都有佛陀之教。换言之，佛教作为一种教化在现实中的流行，不仅传播广泛，而且发挥了实际作用，使人洗心革面。[②]"教化"不是纯粹理论，虽然有知性体验的层面，但其内涵中最重要的部分却是激发行动的能力，换言之，是否能够激发人内心的热诚，过一种有教益的生活，是评价一种教化是否有效的最直接根据。佛教在传播过程中受到人们的认可，并促使人们改变了自己的行为，就是其"随俗"或者说"语境化"能力最有力的证明。

但是，传统教化方式的失灵虽然是事实，但这只是意味着有效教化方式的缺位，却并不构成佛教在华传播的充分必要条件。事实上，朱昭之虽然指出了佛教在现实中施行的有效性，但经学对"设教"的考察不是仅以"效验"为其准则，还有设教的"起

---

① ［唐］李延寿：《南史》卷七十五《顾欢传》，第 1878 页："俗有精粗，教有文质。"

② ［南朝梁］僧祐撰：《弘明集》卷七《难顾道士夷夏论》，《大正藏》第 52 册，第 43 页上—下。

点"与"自然根据"。在这两个问题上，佛教的设教思想在教俗关系、道俗关系的认知上与经学明显有别。[1]佛教在设教"自然根据"上与经学的根本冲突，在谢镇之的回应中表现得最为明确。

一、谢镇之对佛教教化观底层逻辑的说明

谢镇之与顾欢的论辩共有两轮，因此谢镇之的回应文字有两种，但顾欢回应谢镇之的文字已散佚。在第一轮回应中，谢镇之从人之本性、佛教的教化方式、佛道典籍、佛道异同等四个层面对顾欢进行了回应。其中最重要的是有关人之本性与佛教教化方式的说明。

> 且虫鸟殊类，化道本隔，夫欲言之，宜先究其由。故人参二仪，是谓三才，三才所统，岂分夷夏？则知人必人类，兽必兽群。近而征之，七珍人之所爱，故华夷同贵；恭敬人之所厚，故九服攸敦。是以《关雎》之风行乎四国，况大化所陶而不洽三千哉。[2]

顾欢在《夷夏论》中以"虫鸟异类，夷夏殊俗"[3]类比夷夏之

---

[1]　经学设教的自然基础是"孝"。在《孝经》中就存在着关于治理效验是否构成采纳其为社会教化方案的论述。《孝经·圣治章》谓："不爱其亲而爱他人之亲者，谓之悖德；不敬其亲而敬他人之亲者，谓之悖礼。……虽得之，君子所不贵。"郑玄注谓："不以其道，故君子不贵。"可以说，经学内部否定了只以治理效验作为评价标准的处理方式。

[2]　[南朝梁]僧祐：《弘明集》卷六《谢镇之与顾道士》，《大正藏》第52册，第41页下。

[3]　同上书，第42页中："循雅论所据，正以虫鸟异类，夷夏殊俗"。此句不见于《南史·顾欢传》，或为逸文，或为谢镇之化用。

间的差异，强调夷夏之间在性情上的差异，而非在人种上有根本区隔。顾欢的这种认识来自经学传统。《礼记·王制》在讨论这一问题时有"中国戎夷，五方之民，皆有性也，不可推移"的说法，郑玄注此段经文曰："地气使然也。"从宇宙生成的角度看，人皆是参二仪、处三才之中的，这正是经学对宇宙世界图景的理解，无论《礼记·王制》之经文还是郑注、孔疏，都是在这一图景内展开论述的。从生成与根源上看，人之为人确实并无不同，但"中国戎夷，五方之民，皆有性也，不可推移"中的性，不是抽象的"本性"，而是具体的，受到其个人禀赋、自然与社会条件影响的"性情"。"中国戎夷，五方之民，皆有性也，不可推移"所表达的内涵，正是"性相近，习相远"①——人之"本性"并无本质区隔，但其"性情"却存在着巨大差异。决定这种差异的，不是人的本性，而是"地气"，是自然对人的限制。"本性"是在抽象层面讨论人性，"性情"则是在人"逐物而迁"②的现实层面讨论"人性"。正因为人是"天-地-人"三才结构中的一环，中夏与四夷之间的地域差异才会成为风俗差异的根源。换言之，正是儒学所坚持的天-地-人内在一体的宇宙秩序图景，使"五方之民，皆有其性，不可推移"成为可能。高扬的主体性是现代世界的狂妄与幻想，而非中夏传统对人的理解，在中夏的理解中天地对于人的影响是本质性的。谢镇之对这一问题的把握，与顾欢立论存在明显的偏差，将顾欢所讨论的现实中的"性情"之性，拉抬到"人之本性"的抽象层面，导致讨论无法有效展开。

---

① ［清］刘宝楠：《论语正义》，中华书局1990年版，第676页。
② ［汉］郑玄注，［唐］孔颖达疏：《礼记正义》，第399—400页。

谢镇之也意识到，在形而上的层面以两仪、三才讨论人性虽然是"先究其由"，正本清源，但不免虚悬，故而以一句"近而征之"，将讨论引向"人情嗜欲"的现实层面。"七珍人之所爱，故华夷同贵；恭敬人之所厚，故九服攸敦"，如七珍这样的宝物、恭敬这样的准则，是超越华夷、通行九服之间的，这就说明人有相通的嗜欲，被天竺、西域之人广泛接受了的佛教，就如同七珍（物）、恭敬（情），也是符合人之嗜欲的。这一论证的核心在于以嗜欲相通说明本性相通。这种说法是否能够成立，涉及一个重要的问题，即将嗜欲相通的形而上根据追溯到本性相通并无不妥，可一旦在这一层面展开讨论，就不得不再次面对"真理"是一还是多的问题，甚至将问题向前推进了一步："道"之所以能为人所接受，能够唤起实践的热诚，正是因为"道"符合了人性，是对人之本性的揭示。既然天道与人道贯通，或者说真理与人的本性内在一致，凡是能够被人普遍接受的"教"都是符合人性的，都是合乎真理的，那么不同的"教"在真理层面就必然是相通的。换言之，如果一种"教"并不具备跨地域、跨种族传播的可能，也就是不符合普遍人性的。

真理与人性具有内在的一致性，真理、人性是普遍的，经由"通孔"形成的"教化"是具有地方性的。如果一种地方性知识——随俗而立的教化可以持续发挥作用，说明它是符合人性的，也即符合真理的。地方性知识之间的可交流、可沟通，正是由于普遍人性的存在，在于真理在本质层面的相通。换言之，通过强调普遍人性的存在，推论某种地方性知识的真理性，也就意味着不同的地方性知识在真理层面是相通的，或者说也是具备内在一致的。"地方性知识"中的"地方"的具体所指，正是

《礼记·王制》所强调的风俗-人情-嗜欲，是真理在现实中展开的"通孔"（限制性条件）；"知识"不同于"意见"，正在于"知识"具有普遍的有效性，这种有效性正是地方性知识"真理性"的表现，或者说是对人性、物性的正确认知。既然人性在本质上相通，不同的"地方性知识"在"真理"的意义上也就是"一"。谢镇之立论并未对其理论前设进行充分思考，导致其论证在事实上支持了顾欢所认为的"佛道在真理层面是一"①的结论，而这显然不是谢镇之想要的结果。

> 若据经而言，盖闻佛兴世也，古昔一法，万界同轨，释迦文初修菩萨时，广化群生，于成佛而有其土，预沾慈泽皆来生我国。我阎浮提也，但久迷生死，随染俗流，暂失正路，未悟前觉耳。以圣人俯三达之智，各观其根，知区品不同，故说三乘而接之。原夫真道唯一，法亦不二，今权说有三，殊引而同归。故游会说法，悟者如沙尘。拯沉济惑，无出此法。是以当来过去，无边世界，共斯一揆。②
>
> 今见在鸟而鸟鸣，在兽而兽响，抗报万之一音，感异类而殊应，便使夷夏隔化，一何混哉！③

谢镇之立论中最引人注目的部分，在于正面提出了佛教的"教化"对"俗"的态度以及"随顺"方式。《夷夏论》论衡揭

---

① ［唐］李延寿：《南史》卷七十五《顾欢传》，第 1876 页。
② ［南朝梁］僧祐：《弘明集》卷七《谢镇之书与顾道士》，《大正藏》第 52 册，第 41 页下。
③ 同上。

示出的佛教与中夏在"教化"问题上的根本差异，其实就是对"俗"，或者说对"生活世界"之理论意义的不同态度。从真理层面来看，"佛兴世也，古昔一法，万界同轨"，这就意味着即便"教化"可能呈现出种种不同，但在真理层面并无不同。这一点佛教与中夏的立场并无不同。佛陀在将真理贯注于现实时，"俯三达之智，各观其根，知区品不同"，充分了解了接受教化的对象在理解、接受能力上的差异而将之分为三类，即"三乘人"，并以不同的说法接引不同根性的人，也即"故说三乘而接之"。在谢镇之的理解中，佛陀在施加教化时，虽然也充分考虑了受教者的现实状况，但分判受教者的依据不是"风俗"，而是"根器"。"风俗"是人情、嗜欲，"根器"则是对佛法的理解能力，这正是佛教与中夏在教化制定原则上的分野。如果说人情嗜欲因地区不同而存在差异，对佛法的理解能力则不受地域、风俗的影响，只和受教者本人的理解能力有关。在这种标准的背后，是佛教真谛与世间常识之间的巨大张力。谢镇之所谓"修淳道者，务在反俗。俗既可反，道则可淳"① 正是对佛教道俗关系的概括。对于佛教而言，无论何时何地的"俗"都是不值得欲求的，真正可欲的只是"道"。虽然佛教的二谛理论强调圆融，强调二谛的相辅相成，② 但从超越性追求的层面来看，俗谛只是阶梯，达到真谛才是目的。③ 经学在布政施治问题上对风俗-人情-嗜欲的

① ［南朝梁］僧祐：《弘明集》卷七《谢镇之书与顾道士》，《大正藏》第52册，第42页上。
② ［后秦］鸠摩罗什译：《中论》卷四，《大正藏》第30册，第33页上："若不依俗谛，不得第一义。"
③ 同上书，第33页上："不能正观空，钝根则自害"；"以有空义故，一切法得成，若无空义者，一切则不成"。

充分考虑，尤其是对教化之可理解性的重视，不仅是出于策略的目的，而是由于天道与人道之间在本质上是贯通的，教化的真理维度来自圣王对天-地-人三才的取法，"民行"中的偏差（恶俗）源自"逐物"，[①]教化的目的在于使其"重返"人道，[②]教化与风俗之间虽然存在对立，但二者之间并不是断裂的，人的生活世界本身正是天道的一种体现。这是经学强调政教随俗的形而上理据之所在。

在佛教的理解中，情况却大相径庭。在真俗二分的教化准则中，风俗-人情-嗜欲是"俗"的具体内容，而所有"俗"都是要被"克服"的。[③]正因如此，佛陀应机说法的依据不是"俗"，而是受教者的理解能力。至此，这场论衡被推进到圣人"体道"方式之异同的层面。佛教作为一种教化，其真理性内容来自佛陀在修行中的"体悟"。中夏教化的真理性内容来自圣王对来自天地万物、伦常日用的仰观俯察。由于"体道"方式的不同，在将"道"推向现实的过程中，面对风俗与道之间的张力，中夏圣王选择了一条"导俗"的道路，充分考虑受者的理解能力与执行能力；佛教则将真理直接贯注到现实中，面对道俗之间的张力，采取了一种"反俗"的策略。[④]对于这种教化方式，谢镇之认为

---

① ［汉］郑玄注，［唐］孔颖达疏：《礼记正义》，第 399—400 页。

② ［清］孙希旦：《礼记集解》，第 982—983 页："是故先王之制礼乐也，非以极口腹耳目之欲也，将以教民平好恶而反人道之正也。"

③ ［南朝梁］僧祐：《弘明集》卷六《重书与顾道士》，《大正藏》第 52 册，第 42 页下："灭俗归真，必违其俗。"对于道俗关系的这种认知，不仅见于谢镇之，僧肇在《物不迁论》中也提出了相同的观点："夫谈真则逆俗，顺俗则违真。"［后秦］僧肇：《肇论》，《大正藏》第 45 册，第 151 页上。

④ ［南朝梁］僧祐：《弘明集》卷六《谢镇之书与顾道士》，《大正藏》第 52 册，第 41 页下。

已经非常圆满，无需再行更易，故有"故游会说法，悟者如沙尘。拯沉济惑，无出此法"的说法。谢镇之提举出佛教的教化方式，将讨论推进到对中夏与佛教在教化理念上的不同进行系统反思的层面。

在谢镇之的论述中有"今见在鸟而鸟鸣，在兽而兽响，抗报万之一音，感异类而殊应，便使夷夏隔化，一何混哉"之说，亦是对"佛以一音演说法，众生随类各得解"之说的引用。无论以何种方式对"佛以一音演说法，众生随类各得解"作出解读，作为一种"教化"的方式，只重视个人对"道"的领受能力，[①]"夷夏"所代表的风俗-人情-嗜欲确实不在其考虑范围之内，但仅仅从教化的可理解性上考量，佛教教化的这一原则也是不见容于以"言行相顾"作为"好的教化"之标准的中夏传统的。这两种不同教化原则的整合，至吉藏才得以在理论上得到圆融说明。

总结而言，顾欢所谓"夷夏"，强调"夷夏"的地域内涵，由地理空间的区隔引出风俗的不同，再由"政教随其俗"的原则说明"教化"与"夷夏"之间的内在关联，继而对来自九服之外的佛教这一教化在中夏进行传播的合理性提出质疑。[②]谢镇之理解了《夷夏论》中"夷夏"的实际内涵就是"风俗"，但明确指出，"风俗"根本就不在佛教教化施行的考虑范围之内，

---

① ［南朝梁］僧祐：《弘明集》卷六《谢镇之书与顾道士》，《大正藏》第52册，第41页下："以圣人俯三达之智，各观其根，知区品不同，故说三乘而接之。"

② ［唐］李延寿：《南史》卷七十五《顾欢传》，第1876页："剪发旷衣，群夷之服；擎跽磬折，侯甸之恭；狐蹲狗踞，荒流之肃。"侯、甸、荒、流四服皆是畿服制度中远离王畿的地区，详见［汉］郑玄注，［唐］孔颖达疏《礼记正义》，第346—347页。

佛教在施行教化时考虑的只是受教者理解、认识"真谛"的能力。[①] 简单来说，顾欢认为在中夏的教化传统中佛教不适合中夏的风俗，谢镇之则针锋相对地指出，在佛教的教化传统中，"风俗"无足轻重，认为顾欢的批评是"彼皆自我之近情，非通方之宏识"[②]。

通过说明佛教的教化原则，看似跳出了顾欢设置的"教化"论域，但在事实上只是揭示了两种教化在更深层次上的差异，并未提出整合的方案。如果佛教坚持将真理的高标准以"反俗"的方式进行推广，无论如何都不符合中夏有关政教的理解与文化心理，难以被接受。为治需要在社会稳定与精神提升之间寻找到一个平衡，循序渐进，以社会价值混乱为代价的教化，不成其为教化。经学教化虽然在本质上与"俗"之间也存在张力，但在实践中是"导俗"而不是"反俗"。风俗-人情-嗜欲既是人自然本性的流露，又是天道的外在体现，[③]"化民导俗"的目的在于防止个体人情-嗜欲因"逐物而迁"导致对人道的偏离，化解不同人情-嗜欲之间因"不齐"而引发的争端。[④]"好的教化"是"极高明而道中庸"的，即充分考虑最大多数人的接受能力。如果一种教化只能适合于一小部分人，也就不能被算作好的教化。因为圣人在进行制度设计时，并不是以自己出类拔萃、冠绝群伦的道德水准为依据的，而是以一般人的标准为依据，经过真理内涵的贯

---

① ［南朝梁］僧祐：《弘明集》卷六《谢镇之书与顾道士》，《大正藏》第 52 册，第 41 页下："以圣人俯三达之智，各观其根，知区品不同，故说三乘而接之。"

② ［南朝梁］僧祐：《弘明集》卷六《重书与顾道士》，《大正藏》第 52 册，第 42 页上。

③ ［汉］郑玄注，［唐］孔颖达疏：《礼记正义》，第 399—400 页。

④ 同上书，第 405 页。

注、价值的引导而确定教化方案。① 在这种标准下，一味强调"反俗"，强调"教"的高迈将无益于"化"的实现。将道与俗如此强烈的对立起来，事实上将佛教能够成为一种符合汉地教化的可能性大大降低。在第二次回应顾欢时，谢镇之完整表达了他对道俗关系的理解，进一步申论了佛教的教化策略。

在《重书与顾道士》中，谢镇之完整表述了自己对道俗关系的理解：

> 夫圣者何耶？感物而遂通者也。夫通不自通，感不自感，感恒在此，通每自彼。自彼而言，悬镜高堂；自此而言，万像斯归。②
>
> 卑高殊物，不嫌同道。左右两仪，无害天均。无害天均，则云行法教；不嫌同道，则雨施夷夏。夫道者一也，形者二也；道者真也，形者俗也。真既犹一，俗亦犹二。尽二得一，宜一其法。灭俗归真，必其违俗。③

谢镇之以"感""物""通"对真理在现实世界中的展开过程作了完整说明。所谓"感物"，也即"真理"在具体的现实中自我呈现。但是，"通"的具体形式不是由"真理"决定的，而是由"物"决定的，也即"感恒在此，通每自彼"。"自彼而言，悬镜高堂；自此而言，万像斯归"中所谓"此"是指形而上

---

① ［清］孙希旦：《礼记集解》，第1305—1306页。
② ［南朝梁］僧祐：《弘明集》卷六《重与顾道士书》，《大正藏》第52册，第42页中。
③ 同上书，第42页下。

的"道"（真理），所谓"彼"就是形而下的世间万事万物，所谓"自彼而言，悬镜高堂"正是对世间人与事之繁多的概括性说法——明镜高悬而应万像。圣人感物的一大特征，在于能够因应于繁复的世界，像镜子一样恰切地表达"真理"。然而，无论在每一事物上真理的呈现有多不同，但在圣人的层面，都是一致的。故而谢镇之有言："卑高殊物，不嫌同道。左右两仪，无害天均。无害天均，则云行法教；不嫌同道，则雨施夷夏。夫道者一也，形者二也；道者真也，形者俗也。真既犹一，俗亦犹二。尽二得一，宜一其法。灭俗归真，必其违俗。"谢镇之在此处对"真俗""道形"关系的说明，内在理据仍然是"佛以一音演说法，众生随类各得解"。不惟如此，在第一次致书顾欢时，谢镇之在表达其对道俗关系的认识上还比较温和，强调"反俗"①。在第二次回应顾欢时，则径直以"灭俗归真，必违其俗"表达了他对"俗"的否定态度。

从抽象的真理观看，谢镇之与顾欢的立场并无不同，都认为道是无所不适的。②二者的不同在于，谢镇之将理论层面"无所不适"的"应然"直接等同于道在生活世界中展开的"实然"，并不重视"俗"的理论意义，认为教化不需要考虑"语境"，将在现实中完成自适应；在真理表达问题上将普遍主义立场。③顾欢则强调道在下贯过程中受到"俗"的影响，强调

① ［南朝梁］僧祐：《弘明集》卷六《谢镇之书与顾道士》，《大正藏》第 52 册，第 42 页上："修淳道者，务在反俗；俗既可反，道则可淳。"
② ［唐］李延寿：《南史》卷七十五《顾欢传》，第 1876 页："道济天下，故无方而不入；智周万物，故无物而不为。"
③ ［南朝梁］僧祐：《弘明集》卷六《重书与顾道士》，《大正藏》第 52 册，第 41 页下："原夫真道唯一，法亦不二，今权说有三，殊引而同归。故游会说法，悟者如沙尘。拯沉济惑，无出此法。是以当来过去，无边世界，共斯一揆。"

"俗"在真理表达上的限制性作用及其理论意义，并将这一问题视为教化制定过程中的基础维度。① 不惟如此，对于"政教随其俗"的设教原则，谢镇之不以为意，认为相比于佛教"佛以一音演说法，众生随类各得解"的教化方式，是等而次之的，"乃为尽美，不为尽善，盖是有崖之制，未鞭其后也"②，进而认为孔老"何得拟道菩提，比圣牟尼"③。从论辩的角度看，谢镇之虽然完整地说明了佛教的教化准则，将这场讨论推进到教化原则的层面，但在事实上又将讨论引向了"信念"之争的论域之中，否定了顾欢以"非普遍主义真理表达方式"为佛道论衡辟出一个可资有效交流之空间的努力。

二、僧敏对佛教"脱语境"能力的空间化表达

在现存所有对《夷夏论》的回应中，只有僧敏在地理空间的意义上驳斥夷夏论的文化-空间结构，提出了"戎华论"以打破"夷夏论"的文化-空间理论。

> 君言夷夏论者，东有骊济之丑，西有羌戎之流，北有乱头被发，南有剪发文身，姬孔施礼于中，故有夷夏之别。戎华者，东则尽于虚境，西则穷于幽乡，北则逾于溟表，南则极乎空阊，如来扇化中土，故有戎华之异也。君责"以

---

① ［唐］李延寿：《南史》卷七十五《顾欢传》，第 1876 页："其入不同，其为必异，各成其性，不易其事。"［唐］李延寿撰：《南史》卷七十五《顾欢传》，第 1878 页："观风流教，其道必异……故知俗有精粗，教有文质。"
② ［南朝梁］僧祐：《弘明集》卷六《重书与顾道士》，《大正藏》第 52 册，第 42 页下。
③ 同上。

中夏之性，效西戎之法"者，子出自井坎之渊，未见江湖之
望矣，如经曰："佛据天地之中，而清导十方。"故知天竺之
土，是中国也。周孔有雅正之制，如来有超俗之宪。雅正制
故，有异于四夷；超俗宪故，不同于周孔。制及四夷，故
八方推德。宪加周孔，故老子还西。老子还西，故生其群
戎。四夷推德，故逾增其迷。夫正礼巨易，真法莫移。正礼
巨易，故太伯则于吴越而整服；真法莫移，故佛教则东流而
无改。①

《夷夏论》的地理空间基础是畿服制度，畿服制度的中心是
"王畿"②，因此僧敏才会有针对性地提出"佛据天地之中"的说
法，以对抗"夷夏论"内在的华夏中心倾向。③由于《礼记·王
制》中"天下"之地的大小、范围是有记载的，④因此佛教可以提
出一个远超"天下"范围与边界的"天地"观念加以超越。"戎
华论"也是一种合空间与文化为一体的理论。在戎华论的世界
图景中，天竺成为世界之中，佛陀的教化由此而向四周流播，
周、孔、老子都成了这一空间-文化图景中"衍生"而来的次级
文化。从立意上看，"戎华论"意在跳出"夷夏论"的文化评价
体系，因而另立新说。但从"戎华论"的致思理路看，仍然是

---

① ［南朝梁］僧祐：《弘明集》卷七《戎华论折顾道士夷夏论》，《大正藏》第52
册，第47页中—下。
② ［汉］郑玄注，［唐］孔颖达疏：《礼记正义》，第346—347页。
③ 如《夷夏论》中"剪发旷衣，群夷之服；擎踞磬折，侯甸之恭；狐蹲狗踞，荒
流之肃。"就是从"畿服制度"的角度理解、观察天竺的结果。［唐］李延寿：
《南史》卷七十五《顾欢传》，第1876页。
④ ［汉］郑玄注，［唐］孔颖达疏：《礼记正义》，第346—347页。

以"夷夏论"的思维模式，将天竺置于世界图景之焦点的理论翻版。更进一步说，"戎华论"在现存回应顾欢的若干文章中还具有一个显著的特点，即强调"仪制"的不可更易，即"正礼巨易，真法莫移"。"礼"并非不可变，礼只是为了实现"质"而制定的"文"，意在引导"质"进行合理表达，并实现特定的价值追求。[①]因此，忽视"缘情制礼"这一层面，只强调礼之文、忽视礼之质，基于这种理论立场对"礼"的批评是有问题的，即使不是不可接受的，也是需要仔细分辨的。

　　在僧敏对顾欢的回应中，真正具有理论意义的，是提出了"政教随其俗"的限度问题。顺着顾欢的立论基础——"圣轨无定，应随方异"[②]，僧敏向顾欢提出了一个重要问题：在教化与风俗-人情-嗜欲之间毕竟存在着张力，即使教化顺应风俗，但始终不能放弃其超越性维度，即"正礼巨易，真法莫移"，并以孔子盛赞的太伯入吴越之地移风易俗为例，强调"佛教则东流而无改"。《礼记·王制》已经说明，经过长期的理论实践与总结，源出经学的中夏教化传统已经形成了一套完整的体系，甚至对教化制定中"可与民变革者"以及"不可与民变革者"都有着详细的说明。[③]换言之，经学致力于构建一套灵活的"地方性知识"，区分出"可变"的事与"不可变"的道，以确保礼乐文明能够在最大程度上对外传播。从现存回应《夷夏论》的相关文字来看，汉传佛教僧众尚未对这一问题进行思考。

---

① 如殷六礼七教，周五礼十二教，见［汉］郑玄注，［唐］孔颖达疏：《礼记正义》，第405页。

② ［南朝梁］僧祐：《弘明集》卷七《戎华论折顾道士夷夏论》，《大正藏》第52册，第47页下。

③ ［汉］郑玄注，［唐］孔颖达疏：《礼记正义》，第1001页。

小　结

正是基于对真理、教化、现实三者关系的系统认识，顾欢通过划定"教化"这一论域，将佛道论衡引入可沟通、可讨论的语境。在这一论域中，佛道二教的优劣之争，也就从"道"的高下之争，转化为"观风流教"[①]之能力与效验的比较，是否能够更好的"化俗"，成为《夷夏论》讨论的核心，也成为教化传播的合理性依据。在此我们有必要再次提示：正如前引《礼记·王制》有关政教、风俗-人情-嗜欲、五方的内容所揭示的，"夷夏"并不是一个孤立的观念，更不是现代研究中所谓"民族主义"的代名词。《夷夏论》中对"夷夏"问题的讨论，是在"政教随其俗"这一原则之下展开的。进而言之，"夷夏"必须在教化与风俗之关系的语境中加以讨论才有意义。在顾欢设置的论域中，教化的合理性问题不再是一个虚无缥缈的形而上学问题，而是一个可以通过效验判断其优劣的问题。

讨论顾欢的"夷夏"之说，首先需要说明"夷夏之辨"的内涵，然后再进入到"夷夏之辨"背后对于真理普遍性与历史必然性的讨论。所谓"历史必然性"涉及不同地区的"文化差异"，即论辩双方一直是使用"俗""迹""化"等概念所指涉的内容。"夷夏之辨"作为经学的核心理论之一，只从民族主义的角度加以理解，将对其理论内涵造成曲解。在经学理解中，"俗"与"人情"（大众的普遍心理与习惯）是密切相关的，[②]"教化"之目的虽然是

---

① ［唐］李延寿：《南史》卷七十五《顾欢传》，第1878页。
② ［汉］郑玄注，［唐］孔颖达疏：《礼记正义》，第398—400页。

"新民",但不能以社会的风俗、文化、制度断裂作为代价,否则只能招致反弹甚至抵抗。① "教化"是居于"理""道""法"等概念所指代的形而上之道与形而下的社会现实之间的一个观念。这个观念的内核是形而上之道,其价值追求与有限的现实是不相容的,但其"外观"却是由有限的社会现实所决定的。"教化"在内核上以真理作为价值标准与最终指归,但在理论形态上,尤其是在问题意识上,始终受制于真理所施加的对象。在文明比较的问题上,顾欢从一开始就避开了"离事言理"的陷阱,而是"即事言理",不是从"理""法"等抽象理念出发,而是从与现实关系密切、被现实形塑的"教化"入手展开讨论。②

从佛教僧众的回应来看,只有朱昭之的回应是在顾欢设置的"教化"这一论域中展开的。朱昭之的策略是从现实效验入手,

---

① 《礼记·坊记》中就有关于这一论题的直接讨论:"【经】子云:上酌民言,则下天上施。上不酌民言,则犯也;下不天上施,则乱也。故君子信让以涖百姓,则民报之以礼重。《诗》云:'先民有言:询于刍荛。'【郑注】言古之人君将有政教,必谋于庶民乃施之。【正义】○'上酌民言,则下天上施'者,酌,取也。言在上人君取下民之言以为政教,既得民心,民皆喜悦,则在下之民仰君之德如天,敬此在上所施之恩泽。○《诗》云:'先民有言:询于刍荛'者,此《诗·大雅·板》之篇……云先民谓先世君王将有政教之言,必先询谋采于刍荛之贱者。"[汉]郑玄注,[唐]孔颖达疏:《礼记正义》,第1406—1407页。郑注、孔疏的解释十分清楚,即"政教"与"民意"的必然关联。"好的政教"所面对的不只是君子,故而在政教的制定环节,必须要"询谋采于刍荛之贱者"。所谓"刍荛之贱者",指整个社会中最为普通的成员,"询谋采于"最普通的社会成员,并不是说"政教"是专门针对普通人设立的,而是说道德教化必须能被社会结构中人数最多的普通人所理解、所遵行,包括理解能力、道德水平最一般的民众。想要做到这一点,就必须在"教化"制定时充分考虑到最普通的社会成员的道德水平。对此,《礼记集解》进一步解释:"郑氏曰:酌,犹取也。取众民之言以为政教,则得民心,得民心,则恩泽所加,民受之如天矣。"[清]孙希旦:《礼记集解》,第1286页。

② [唐]李延寿:《南史》卷七十五《顾欢传》,第1878页。

对佛教作为"教化"的有效性作出说明。袁粲、朱广之的回应强调"语境"对"文化"的决定性作用，虽然意在驳斥顾欢"佛道是一"①的观点，却引发了一个理论困境：如果"语境"对"文化"具有决定性的作用，则所有文化都只能是地方性知识，不可能有跃升为文明的可能。与此相反，明僧绍、惠通则回到了顾欢所批评的论域，在"真理"层面讨论佛教之道具有"无所不适"的特征，不需要进行"语境化"。这实际上就是宗教原教旨主义，在佛教并不占据核心位置的华夏"政教场域"中，这无异于自绝传播之可能。虽然不接受顾欢的论域，但真正深化了这场讨论的，是谢镇之与僧敏。

谢镇之在其回应中明确指出，佛教的设教原则与经学的"政教随俗"传统迥然有别，原因在于佛教与经学在真理、道俗问题上存在不同的看法。经学的真理观是天道人道贯通，佛教的真理观则是对现实的否定性反思。从这种真理观出发，经学持有道俗内在一致的立场，而佛教则是道俗断裂的立场。②由此，在设教问题上，经学才会采取政教随俗的方式，而谢镇之则明确提出修道就必须"灭俗反真"③。僧敏对这场论辩的贡献，则在于提出了一套新的"戎华论"④的文化-空间理论模型，以"天地"对抗经学的"天下"概念，以说明佛教相比于经学更具普适性，因此不

---

① ［唐］李延寿：《南史》卷七十五《顾欢传》，第 1876 页。
② ［南朝梁］僧祐：《弘明集》卷六《重书与顾道士》，《大正藏》第 52 册，第 42 页下："灭俗归真，必违其俗。"
③ ［南朝梁］僧祐撰：《弘明集》卷六《重书与顾道士》，《大正藏》第 52 册，第 42 页下。
④ ［南朝梁］僧祐撰：《弘明集》卷七《戎华论折顾道士夷夏论》，《大正藏》第 52 册，第 47 页上—48 页上。

需要进行语境化。僧敏"戎华论"的问题与明僧绍、惠通一样，坚持佛教在传播中不需要脱语境、语境化，这种原教旨的倾向将导致佛教只能是一种印度地方文化，难以蜕变为一种独立的宗教文明。对于顾欢《夷夏论》立场与问题的有效回应，是一百余年后道安在回应北周武帝论"三教先后"诏令时写就的《二教论》。

第五章

从"夷夏"到"形神"：北朝佛教
对经学设教原则的继承

　　经学设教，以"政教随俗"为基本逻辑，以"人情自然"为起点，在现实中则以"孝"与"家"作为设教的现实基础。佛教在中国的"语境化"过程中，对于修道方式（出家）的坚持，导致佛教对经学的政教基础形成了冲击。这也意味着，佛教在适应"孝"与"家"这一语境时事实上的失败。佛教虽然对经学设教的现实基础造成了极大的冲击，但"方外"这一涵义不定的中国观念却为佛教在古代中国的现实存在提供了观念依据。虽然在"孝"与"家"的问题上佛教无法完成"语境化"，但抛开"孝"与"家"这一圣人亲自选定的设教基础不论，北朝佛教义学僧通过对经学设教原则的深入理解，以合乎"语境"内在逻辑的方式对之进行合理推展，在理论上完成了在经学语境中的"自我证明"。

　　在第四章中我们已经明确指出，意在结束佛道纷争的顾欢已经发现，以往的佛道论衡是在"信念"这一论域中展开的。但是，"信念"论域内的讨论往往流于两种"我相信"之间的争论，无法实现有效的交流。因此，顾欢从中夏"政教随其俗"的教化传统出发，以"随俗"——也即针对教化对象的现实进行理论调适——的能力与效验为基础，为佛道论衡建构了一个全新的、可交流的论域。虽然在《夷夏论》引发的争论中，现存的八种回应大多未能理解顾欢的用意，仅有朱昭之从顾欢的立场与致思理路出发，对顾欢提出的问题，即在中夏"政教随其俗"的教化传统中，以印度风俗-人情-嗜欲为教化对象的佛教，在中国传播的合理性问题进行了正面回答。[①] 在朱昭之的理解中，既然"教化"的合理性以"随俗"的能力与"化俗"的效果为根据，佛教在中夏地区的广泛传播，说明其"随俗"的能力一流，汉人对佛教产生兴趣并因佛教的教化改恶迁善，说明佛教具有化俗的能力。[②] 在八种回应《夷夏论》的文字中，从回应思路上讲，以朱昭之的回应最为平实。但这并不意味其作为回应没有效力。恰恰是这一最为平实的回应，构成了对顾欢最为有力的反诘。

但是，朱昭之没能回答的一个问题是：佛教在中夏地区传播的充分必要条件是什么？在朱昭之的回应中，一个重要的论据是汉代以降中夏原有教化传统的失灵，导致面向整个中夏社会的"教化"缺位，这成为佛教作为一种教化在中夏传播的必要性。[③] 虽然发展出一种新的"教化"是社会的必然要求，但这并不意味着这种教化就一定是佛教。如果经学教化乃至道教教化完成了针

① ［南朝梁］僧祐：《弘明集》卷七《难顾道士夷夏论》，《大正藏》第 52 册，第 43 页上—下。
② 同上。
③ 同上。

对现实的调适，可以继续发挥作用、教化社会，佛教应该如何自处？从佛教发展的现实来看，这似乎并不构成一个问题。对于士人而言，中夏既有的教化原则不仅仅是一种原则，而是一种文化传统、文化心理。自天竺、西域传入的佛教，始终不及经学与道教符合这一文化心理的预期。现实中有效教化的缺位只能为佛教在中国传播的必要性问题济一时之困，但终究不是长久之计。笔者之所以认为朱昭之的《难顾道士夷夏论》最好，不仅仅是因为它从顾欢的论域出发，给出了正面回应，还因为它在事实上推进了讨论的理论深度，开拓出新的讨论方向，将"合理性"问题收束到"必要性"的层面。

其余七种对《夷夏论》的回应文字并未在顾欢设置的论域中展开，也并未对顾欢提出的佛教在中夏传播合理性问题进行正面回答，实在不算是成功的"回应"。但是，在这些讨论中，以谢镇之为代表的一种观点，却值得我们注意。作为对顾欢"政教随其俗"原则的回应，谢镇之明确标举出佛教对道俗关系的看法："灭俗反真"。谢镇之对道俗之间断裂的说明，意在引出佛教制定教化的原则。基于天道-人道贯通的理论前提，中夏重视"风俗"对"教化"制定的重要意义，虽然民行有所偏差，但从本质上说，风俗与教化在本质上是统一的，好的风俗、好的教化，都是符合人道、天道的。[①]因此，中夏教化在道俗观上强调"道俗一致"，道俗之间虽然存在"张力"，但本质上并不存在断裂。经学的教化与其说是"革新"，不如说是"纠偏"。但在佛教的理解中，"人情之常"建立在对宇宙、生命本源的误解之上，与真

---

① ［清］章学诚著，叶瑛校注：《文史通义校注》，第 120 页。

道之间存在着本质上的断裂。① 虽然佛教强调中道，强调真俗二谛的圆融，但从本质上讲，道俗之隔始终是存在的，"入道之机"从不在"俗"，而在对"俗"发生"认知"转换。因此，佛教教化的制定，从未将关注点放在"俗"这一问题上，而是根据修道之人理解佛教思维方式的能力进行划分的，这一划分的结果，就是"三乘"。② 经过谢镇之的努力，佛教与中夏在"教化"原则上的本质区别被澄清。由于对"生活世界"的理解存在着根本性不同，佛教与中夏在制定教化时的核心关切并不一致。天道在人道之中，则需要关注生活世界本身所具备的价值与意义；真道与人道对立，则必须要全面否定生活世界。从顾欢提出的"教化"论域看，"俗"具有重要意义。受这一论题的牵引，谢镇之将立论的重点放在对道俗关系，对佛教教化制定时核心关切的说明上，却并未自觉到这一核心关切上的差异，提示了一种基于"异质性"而不是"同质性"以说明佛教传播合理性的可能。这正是道安《二教论》的立论方向。由这一思路出发，道安不仅从中夏的政教传统出发，将道家与道教脱钩、将儒家与道家合一，更重要的是指出了中夏政教的理论局限。中夏教化力所不能及之处，正是佛教施展其教化能力的舞台，而佛教的"补位"之所以具有必然性，乃在于人自然禀赋"形神"。不唯如此，道安在思考儒、道二教源流问题时对华夏经史传统的合理推论，不仅远超时人对经史之学的理解，更与清代古文经学重镇章学诚对传统学

---

① ［南朝梁］僧祐：《弘明集》卷六《重书与顾道士》，《大正藏》第52册，第42页下。

② ［南朝梁］僧祐：《弘明集》卷六《谢镇之书与顾道士》，《大正藏》第52册，第41页下："以圣人俯三达之智，各观其根，知区品不同，故说三乘而接之。"

术的判断几乎完全一致。虽然道安对华夏经史传统的推进并未受
到重视，不仅被时人视为惊世骇俗之论，[①] 还被现代学者视为"诡
辩"，[②] 但仍提示我们注意这样一个问题：佛教对儒学的刺激，不
只有心性论等形而上的维度。在三教的相互砥砺中，汉唐经学的
理论内涵——包括三代治教、德位、制作等——不仅被充分挖
掘，还开出了新的诠释可能。

第一节　以"形神两异"代"夷夏之别"：
北周道安对佛教教化"脱语境"能力的论证

　　北周道安著《二教论》，以十二个论题对"三教关系"进行
了阐述。不同于以往佛道论衡中的"二教"一般指代佛道二教，
《二教论》的"二教"之内涵是"内外"二教。[③] 将教化区分为
"内外"，是在佛教"佛以一音演说法，众生随类各得解"的教化
原则，以及"灭俗反真"的道俗关系理解模式的基础上，对《夷
夏论》教分夷夏 [④] 理论框架的一次颠覆。已有研究按照儒、道的
框架将道安的十二个主题进行分类研究，[⑤] 虽然意识到《二教论》
是对此前历次三教论衡诸议题的回应，但并未作出深入解读，既
没有说明《二教论》讨论三教关系的论域、问题意识与致思理
路，也没有说明道安立论的历史文化背景，更遑论对道安立论的
重要依据《汉书·艺文志》的经学内涵作出解读。对《汉书·艺

---

① ［唐］道宣：《广弘明集》卷八《二教论》，《大正藏》第 52 册，第 137 页下。
② 李小荣：《〈弘明集〉〈广弘明集〉述论稿》，第 287 页。
③ ［唐］道宣：《广弘明集》卷八《二教论》，《大正藏》第 52 册，第 136 页下。
④ ［唐］李延寿：《南史》卷七十五《顾欢传》，第 1876 页。
⑤ 肖海云：《道安〈二教论〉研究》，第 6—34 页。

文志》经学内涵的忽视，只是现代研究不甚熟悉经学常识的一个具体表现。有研究认为，顾欢的《夷夏论》、道安的《二教论》都是没有理据的"诡辩"。①《夷夏论》中"夷夏"需要在"修其教，不易其俗"的理论框架中加以理解。如果说顾欢只是对经学的设教原则加以"运用"，或者说经学对教化的系统理论已经成为当时知识人的文化常识、文化心理，那么道安在讨论三教关系尤其是"三教异同"这一问题上，则是在深刻理解经学设教原则的基础上，对这一逻辑进行反思与推论，不仅合理地重置了顾欢提出的"教化"论域的基本原则，还在讨论儒、道关系时，将《汉书·艺文志》所代表的古文经学的理论推向了一个新高度，与一千余年后古文经学家章学诚有关"上古三代"治教、官师、圣王、典籍等问题的看法几乎完全一致。由于经学的瓦解，现代研究者对经史之学不再熟悉，"传统"成为我们时代的"他者"，使道安的相关论说受到误解。

---

① 李小荣：《〈弘明集〉〈广弘明集〉述论稿》，第 287 页："顾欢的论证手法较为高明，他是联合儒家，利用佛教行仪中违背中国传统的忠孝观念来判定佛教是夷狄之教，然后把佛教与中土文化的矛盾说成是佛教与道教的矛盾，从而达到贬低佛教、打击佛教的目的。不过，后来佛教方面的反驳者，也学到了顾氏偷换概念的伎俩，把道教踢出了三教之列，说中土有二教，那就是儒家与佛教，目的则是要贬低道教。"李小荣对顾欢、北周道安立论目的的把握是准确的，但对于顾欢、道安实现这一目标的方法存在着误解。从本书的研究结论看，顾欢立论的基础是经学的设教标准，即道俗一致、政教随俗。经学在"设教"问题上的这一理念不仅其来有自，而且影响深远，顾欢只是中夏"文化场域"中熟悉这一"文化惯习"的并加以应用的知识人。今人对顾欢"夷夏"之说的误解，问题不在顾欢，在于现代学人对以经学为核心的经史传统缺少了解，因而才会认为顾欢为达目的不择手段，不惜"偷换概念"。道安"九流同属儒宗"的观点也是对刘歆、班固之学的合理推展，甚至与一千余年后清儒章学诚得出了完全一样的结论，决非所谓"偷换概念"的拙劣伎俩。事实上，"九流同属儒宗"之说的提出，正是道安经学教养深厚的体现，也成为在"出身"这一过于浅表的证据之外，探究当时出家众知识构成、文化教养的一个适当的切入点。

本书对《二教论》的研究，重在说明道安对"教化"论域原则的重置及其意义，并结合清儒章学诚有关"上古三代"治教、圣王等问题的论述，参考今人的研究成果，以说明九流"同属儒宗"[①]"君为教主"[②] 等论题的经学理据。

一、道安将设教起点由"人群"转向"个人"

《二教论》虚构出"东都俊逸童子"以代表持中夏教化立场者，之所以用"中夏教化"而不是"儒家"或"道教"，是因为在不同问题上"俊逸童子"的立场或者是儒，或者是道，并不固定。代表佛教徒的则是"通方先生"。从现存的文献看，北周武帝诏"论三教先后"[③]，道安对北周武帝这一诏命的回应，[④] 是从讨论"三教关系"入手的，以"三教异同"或者说与中夏教化明显异质的佛教为何应当在中夏传播作为自己立论的基本线索。

> 有东都逸俊童子，问于西京通方先生曰：仆闻风流倾坠，六经所以缉修；夸尚滋彰，二篇所以述作。故优柔弘润、于物必济曰儒；用之不匮、于物必通曰道。斯皆孔老之神功，可得而详矣。近览释教，文博义丰，观其汲引，则恂恂善诱。入籍，要其指趣，则亹亹兹良。然三教虽殊，劝善义一。涂迹诚异，理会则同。至于老嗟身患，孔叹逝川，固欲后外以致存生，感往以知物化，何异释典之厌身、无常之

---

① ［唐］道宣：《广弘明集》卷八《二教论》，《大正藏》第 52 册，第 137 页上。
② 同上书，第 138 页上。
③ ［唐］令狐德棻：《周书》卷五《武帝上》，中华书局 1971 年版，第 83 页。
④ ［唐］道宣：《续高僧传》卷二十三《道安传》，《大正藏》第 50 册，第 628 页下。

说哉？但拘滞之流，未驰高观，不能齐天地于一指，均是非乎一气。致令谈论之际，每有不同，此所谓匿摩尼于胎㲉，掩大明于重夜，伤莫二之纯风，塞洞一之玄指。祈之弥劫，奚可值哉？敬请先生为之开阐。①

在俊逸童子的提问中，一个核心的观点是"三教虽殊，劝善义一，途迹诚异，理会则同"。这就意味着，"三教是一"有两个方面：其一是教化的功能相同——"劝善"，其二是教化的理论旨趣相同——"理会"。为了说明这一观点，俊逸童子从两个方面进行了论述。其一，从"六经"、《老子》的著述目的来看，都是起于势之不得已。所谓"不得已"，即"风流倾坠""夸尚滋彰"，也即生活世界的风俗-人情-嗜欲不合乎道，必须要加以汲引。佛教教人以五戒十善、行善去恶，从教化的功能上看，与儒、道并无不同，这是《牟子理惑论》中既已存在的一种三教会通方式。其二，佛教强调"厌身""无常"之说，老子"吾所以有大患者，为吾有身，及吾无身，吾有何患"②"后其身而身先，外其身而身存"③之说也是以"身"为关注对象，孔子临川"逝者如斯夫，不舍昼夜"④之叹强调"感往知化"，从"流变"中体认世界，与"无常"之说接近，凡此种种，从教化的理论旨趣来看，儒、道与佛教相通。南朝顾欢以及更早的东晋孙绰等人，均认同这种"本同迹异"的框架，认为三教统一于统一真理或

---

① ［唐］道宣：《广弘明集》卷八《二教论》，《大正藏》第52册，第136页中一下。
② 陈鼓应：《老子注译及评介》，中华书局2009年版，第108页。
③ 同上书，第83页。
④ ［清］刘宝楠：《论语正义》，第349页。

者说"道"。由于教化的功能、目的与理论旨趣相近，因此"三教是一"。

对于这一观点，通方先生认为"可谓穷辩，未尽理也"[1]。所谓"可谓穷辩，未尽理也"，是说"三教是一"的说法似是而非。因此，道安提出了自己的核心观点：

> 夫万化本于无生而生，生者无生；三才兆于无始而始，始者无始。然则无生无始，物之性也；有化有生，人之聚也。聚虽一体而形神两异，散虽质别而心数弗亡。故救形之教，教称为外；济神之典，典号为内。是以《智度》有内外两经，《仁王》辩内外二论，《方等》明内外两律，《百论》言内外二道。[2]

道安提出了区分"教化"的新标准：内外。道安从两个方面对这一新标准加以说明：其一是教分内外的天道依据，其二是经教依据。在经教依据层面，道安列举《大智度论》[3]《佛说仁王般若经》[4]《大方陀罗尼经》[5]《百论》[6]，从经、律、论、道均有"内外"

---

① ［唐］道宣：《广弘明集》卷八《二教论》，《大正藏》第52册，第136页下。
② 同上书，第136页中—下。
③ ［后秦］鸠摩罗什译：《大智度论》卷二，《大正藏》第25册，第67页下："知内外经书。"
④ 《佛说仁王般若波罗蜜经》有"内道论""外道论"之分，见［后秦］鸠摩罗什译：《佛说仁王般若波罗蜜经》卷二，《大正藏》第8册，第832页上。
⑤ ［北凉］法众译：《大方等陀罗尼经》卷四，《大正藏》第21册，第656页下："先请一比丘了知内外律者"，故有内律、外律之说。
⑥ 《百论》谋篇布局，以"外曰"设问、"内曰"回答，故说"内外二道"，见［后秦］鸠摩罗什译：《百论》，《大正藏》第30册。

之分，说明以"内外"作为教化划分标准的经典根据以及普适性。以经教为论据，只能算是"内外"这一分类标准的补充说明，更为基础的说明在于天道依据层面。"内外"二教的划分，源自教化重点的不同，以"形"为核心对象的教化是外教，以"神"为核心对象的教化是内教。为了说明"教分内外"这一标准的普适性，道安必须说明"形神"二分的必然性。因此，道安在讨论教化区分标准时，才会以对宇宙生成论的讨论作为开端。道安对宇宙生成的说明并不复杂：从本体论的层面看，"物之性"无生无始、无形无象，但真实存在；从生成论的层面看，禀气化生的人是有形有相的。因此，人是由可见的"形"与不可见的"神"两部分共同构成的。形神兼备是"人"的基本存在形态。换言之，人之化生，就是兼具神形。虽然形神共同构成人，但形神是异质性的存在，在人死之后，神（心数）还能继续存在。从观点上看，道安对人之化生的说明，其实是对形尽神不灭争论的继承。[①]但是需要注意，道安立论的重点并不在于"神"是否灭，而是对形神之争的理论前提加以利用，[②]即无论对形神关系持有怎样的认知，人之化生必须兼备形神是被普遍承认的，这种"形神兼备化生成人"不受华夷之别的局限。认为形神兼备是"人"的基本存在形态，并非道安强为之说，而是中夏传统对"人之生"的一种共识。在《史记·太史公自序》中就有"凡人所生者神也，所托者形也。神

[①]　肖海云：《道安〈二教论〉研究》，第 24 页。

[②]　在"教旨通局"中，道安用"三报"之说对这一问题进行了说明："是故《文子》称黄帝之言曰：'形有糜而神不化。'以不化乘化，其变无穷。又嬴博之葬曰：'骨肉归于地，而神气无不之。'释典曰：'识神无形，假乘四蛇。形无常主，神无常家。'斯皆神驰六道之明证，形尽一生之朗说。未能信经，希详轩诰。"［唐］道宣：《广弘明集》卷八《二教论》，《大正藏》第 52 册，第 142 页下—143 页上。

大用则竭，形大劳则敝，形神离则死。死者不可复生，离者不可复反，故圣人重之"的说法。[1]五方之民受地气影响，虽然在气禀上有所不同导致性情各异，[2]但始终是形神兼备的。同时，教化制定时虽然要充分考虑夷夏等不同地域的风俗-人情-嗜欲，但始终是要在具体个人身上发挥作用的。从更具体的、微观的"教化"过程来看，"个体"而不是"群体"才是制定教化策略时必须加以考量的、更加底层的标准。由于人的存在论形态是形神二分的，对生民之敝也必须从形、神两个方面加以引导。

在此，我们有必要对顾欢《夷夏论》的致思理路与核心要点加以简单复述，以说明道安关于三教关系之说的理论贡献究竟何在。在形而上的层面，顾欢认为所有教化背后的道"道通为一"，[3]真正将教化区分开的，是教化的具体形态，决定教化具体形态的不是"道"本身，而是教化所针对的对象。[4]由于现实中生民在生活中出现了种种偏离正道的问题，为了对治这些问题，"道"受到教化对象的牵引形成了理论侧重各有不同的"教化"。教化对象对道的牵引，其实是一种限制，这一限制在顾欢

---

① ［汉］司马迁撰，［南朝宋］裴骃集解，［唐］司马贞索隐，［唐］张守节正义：《史记》卷一百三十《太史公自序》，第 3292 页。另，侯旭东也曾指出，"这种由形、魂（精神）构成人的思想至晚战国时已定型"，"乃是本土之人体构成观念"。见侯旭东《佛陀相佑——造像记所见北朝民众信仰》，社会科学文献出版社 2018 年版，第 69 页。

② ［汉］郑玄注，［唐］孔颖达疏：《礼记正义》，第 398 页。

③ ［唐］李延寿：《南史》卷七十五《顾欢传》，第 1876 页："道则佛也，佛则道也。"

④ 同上书，第 1876 页："虽舟车均于致远，而有川陆之节；佛道齐乎达化，而有夷夏之别。若谓其致既均，其法可换者，而车可涉川，舟可行陆乎？今以中夏之性，效西戎之法，既不全同，又不全异。"

的语境中，就是"入"，[①] 顾欢将佛道论争由"真理"论域引向"教化"论域，揭示了这样一个原则：教化指向什么，就受制于什么。

二、道安对佛教、经学教化观的融合

道安继承了顾欢设置的"教化"这一论域，接受了顾欢"教化受到限制"的基本原则，但在区别教化的标准上，提出了不同意见。《夷夏论》中的"夷夏"这一提法的内涵，必须在"政教-风俗"的框架内才能得到确诂。在中夏的教化原则中，牵引"道"向"教化"转向的最核心的因素是"风俗"，是某个区域内普遍存在的人情嗜欲。在先民真切的生活经验中，风俗之异，以中国与四夷的差异最为明显。[②] 因此，顾欢在使用"夷夏"这一概念时，不是要强调种族涵义、文化涵义，而是在使用其地域涵义作为"风俗差异"的典型。道安在相同的致思路中，将"教化"的情境由"地域"推向更微观的"个人"层面，以人副"形神"[③] 这一同样合乎先民生活经验的常识作为区分不同教化的标准，可谓完全符合顾欢的内在思路。道安引四种佛典说明"内外"这一区分标准适用于经、律、论、道，[④] 意在说明这种分类标准来自佛教，但从其立论的思路上看，可以说准确把握了顾欢的理论意图，并接受了"教化"论域以及道在器中、道之表达受制

---

① ［唐］李延寿：《南史》卷七十五《顾欢传》，第 1876 页："其入不同，其为必异，各成其性，不易其事。"

② ［汉］郑玄注，［唐］孔颖达疏：《礼记正义》，第 398 页："凡居民材，必因天地寒暖燥湿。广谷大川异制，民生其间者异俗，刚柔、轻重、迟速异齐，五味异和，器械异制，衣服异宜。"

③ ［唐］道宣：《广弘明集》卷八《二教论》，《大正藏》第 52 册，第 136 页中—下。

④ 同上。

于器的基本原则，① 在"教化"场域内部，通过对教化场景的"聚焦""微观化"，顺理成章地完成了"教化"论域中教化区分标准的重置，完成了从"夷夏"到"内外"的转换。道安对这一教化分判标准重置的理论意义，尤其是对于"夷夏"这一标准的超越，是有自觉的：

> 若通论内外，则该彼华夷；若局命此方，则可云儒释。释教为内，儒教为外。备彰圣典，非为诞谬。详览载籍，寻讨源流，教唯有二，宁得有三？②

由于人之化生兼备神形这一"人之为人"的存在论基本形态的普遍成立，以这一基本形态（形神）为标准的教化分类方式"内外"也就自然具有了普遍性，不仅是适用于"天下"的，而且是适用于"天地"的。僧敏在回应顾欢时虽提出以"华戎"超越"夷夏"、以"天地"超越"天下"的理论意图，③ 直到道安提出"教分内外"的理论建构才真正得以实现。"内外"不仅是对"夷夏"的超越，还能兼容"夷夏"这一以地域（风俗）为基础的分类标准。所谓"局命此方"，也即在"华"这一地域范围内，救形之教是儒家，济神之教是佛教。通过对教化区分标准的重置，道安回应了顾欢"道则佛也，佛则道也"为代表的三教"本同迹异"的命题，解决了谢镇之回应中造成的理论冲

---

① ［唐］李延寿：《南史》卷七十五《顾欢传》，第 1876 页。
② ［唐］道宣：《广弘明集》卷八《二教论》，《大正藏》第 52 册，第 136 页下。
③ ［南朝梁］僧祐：《弘明集》卷七《戎华论折顾道士夷夏论》，《大正藏》第 52 册，第 47 页上—48 页上。

突，[①]并对佛教在中夏传播的必然性给出了更加圆融的说明，详述如下。

　　首先是佛道二教或儒佛道三教关系问题。针对"佛道是一""三教是一"这样的观点，道安回应的重点不在对"老嗟身患""孔叹逝川"等三教中相似内容的解读上，而是从更为本质的层面讨论佛教与中夏传统教化之间的本质区别。由于教化是受教化对象限制的，"教化"之间的差异取决于教化对象之间的差异。换言之，如果不同的教化所指之间存在本质性区别，则受制于"所指"的教化之间也就具有本质性的区别。道安在《二教论》开篇以通方先生之口回应时明确指出，人之化生虽然兼具神形，但形神质异，存在本质上的区隔。[②]这就意味着，分别以形、神作为教化对象的外教、内教之间也存在本质性区别。对此道安还予以强调："教者何也？诠理之谓。理者何也？教之所诠。教若果异，理岂得同？理若必同，教宁得异？"[③]"理若必同，教宁得异"不仅是对谢镇之为代表的普遍主义的真理表达方式的继承，也是道安解构道家存在之必然性的基本逻辑。

　　其次我们讨论"灭俗反真"道俗观的思想实质及其可能引发的冲突。事实上，同样是"俗"之一字，在顾欢的理解中是《礼记·王制》语境中的"风俗"[④]，但在谢镇之的理解中，"俗"却是

---

① ［南朝梁］僧祐：《弘明集》卷七《谢镇之书与顾道士》，《大正藏》第 52 册，第 41 页下。

② ［唐］道宣撰：《广弘明集》卷八《二教论》，《大正藏》第 52 册，第 136 页下："有化有生，人之聚也。聚虽一体而形神两异，散虽质别而心数弗亡。故救形之教，教称为外；济神之典，典号为内。"

③ 同上书，第 137 页中。

④ ［汉］郑玄注，［唐］孔颖达疏：《礼记正义》，第 399 页："俗谓民之风俗"。

指"世间"①。换言之，谢镇之所谓"灭俗反真"，其实是在强调通过断灭世间俗见，达到出世间的真道。谢镇之"灭俗"之说所传递的信息，不仅是说"风俗"没有成为佛教教化核心关切的资格，而且是说与"出世间"相对应的整个"世间"都不是佛教教化的关切之所在。谢镇之的这种道俗观事实上造成了一种冲突，即基于"世间"设教的道教以及六经之教，一并遭到了解构。无论谢镇之对此是否有自觉，但这种立场对"传入"中夏的佛教而言是危险的。取消"世间"存在的本质性价值与意义，意味着将佛教推向中夏社会的对立面。但将教化重点放在"个人"之教化问题上的"内外"二教之分，虽然在形神问题上隐伏着神高于形的立场，但毕竟承认了"形"存在的意义与合理性，这就意味着内教、外教是可以共存的。②

再次是佛教在中夏传播的必然性问题。对于这一问题，朱昭之在回应《夷夏论》时曾给出了一个说明，即两汉以降"正教凌

---

① ［南朝梁］僧祐：《弘明集》卷六《谢镇之书与顾道士》，《大正藏》第 52 册，第 42 页上："修淳道者，务在反俗，俗既可反，道则可淳……佛法以有形为空泛。""修淳道者，务在反俗，俗既可反，道则可淳"同样出现在道安《二教论·教旨通局第十一》，见［唐］道宣《广弘明集》卷八《二教论》，《大正藏》第 52 册，第 142 页上。可知道安立论参考了围绕《夷夏论》论衡的相关内容。

② 在"教旨通局"中，东都俊逸童子曾发问："姬孔立教，可以安上治民，移风易俗。老庄谈玄，可以归淳反素，息尚无为。为化足矣，何假胡经？又簪抽发削，毁容易姓，可以化彼强夷，不可施之中夏。其犹车可陆运，不可泛流；船可水行，不宜陆载。"［唐］道宣撰：《广弘明集》卷八《二教论》，《大正藏》第 52 册，第 141 页。从这一问题的理据以舟车的比喻判断，是对顾欢《夷夏论》中"若谓其致既均，其法可换者，而车可涉川，舟可行陆乎"的简化。见［唐］李延寿《南史》卷七十五《顾欢传》，第 1876 页。对此，道安的回答与我们已经说明的思路并无不同，以指明"外教"的理论关注不足——即只关注"此身"、不关注"三世"——作为回答："答曰：异哉子之所陈，何其鄙也。果以拘缠窘井，封守一方故耳。《孟子》曰："人之所知，未若人（见下页）

迟"的社会现实说明中夏传统教化已经失灵，而社会发展过程中"教化"不能缺位，佛教传入之后切实发挥了教化社会的作用，因此佛教在中国传播具有必然性。[①]从佛教发展的现实来看，"存在即合理"的命题是必然成立的；但在合理性的层面，这一说法并不必然成立。中夏社会有效教化的缺位，只是佛教在中国传播的充分条件，却不是必要条件。朱昭之以中夏传统教化失灵作为佛教在中国传播的必要条件，并不充分。但在"教分内外"的标准中，济神之教则非佛教莫属。在道安的教化分判标准中，中夏之教都是修齐治平之学，虽然也关注人的内在，但仍属于"救形"而不是"济神"。在《二教论》讨论的第四个主题"诘验形神"中，俊逸童子就提出了这一疑问：

> 问曰：先生云："救形之教，教称为外。"敬寻雅论，实为未允。《易》云："知几其神乎？"宁得雷同七典，皆为形教？释辨济神，义将安在？[②]

（接上页）之所不知。"信矣！吾当告子。古之明大道者，五变而形名可举，九变而赏罚可言。所以方内阶渐，犹未可顿者也。至于钓弋顺时，禁四民之暴；三驱之礼，显王迹之仁。可谓美矣，未尽善也。寻先生制作，局云寰宇。天分十二，野极流沙。地列九州，西穷黑水。谈遗过去，辩略未来。事尽一生，未论三世。"[唐]道宣：《广弘明集》卷八《二教论》，《大正藏》第 52 册，第141 页下—142 页上。外教立论的时空边界决定了其理论在超出"此身"的范围内没有理论资源乃至解释能力，"德福不一致"这一难题的出现，正是只关注此身、此世的外教之理论不足的表现。但是，一个值得关注的问题是，道安直接引用了谢镇之"灭俗反真"的相关论述，这也提示我们，虽然道安立论并不极端，但仍在核心问题上坚持佛教的立场。

①　[南朝梁]僧祐：《弘明集》卷七《难顾道士夷夏论》，《大正藏》第 52 册，第43 页上—下。

②　[唐]道宣：《广弘明集》卷八《二教论》，《大正藏》第 52 册，第 138 页下。

俊逸童子的提问，涉及两个相互关联的问题。第一个问题是：《易》教关注"神"，为何不是"济神"之教？进而言之，究竟什么才是"济神"之教？由此引出第二个问题：佛教所谓的"济神"，究竟应该如何界定？对这一问题，通方先生给出了这样的回答：

> 答曰：《书》称知远，远极唐虞；《春秋》属词，词尽王业。至若礼乐之敬良，《诗》《易》之温洁，皆明夫一身，岂论三世？固知教在于形方者，未备洪祐。示逸乎生表者，存而未议。《易》曰："几者，动之微也。"能照其微，非神如何？此言神矣，而未辨练神。练神者，闭情开照，期神旷劫，幽灵不亡，积习成圣，阶十地而逾明，迈九宅而高蹈，此释教所弘也。经曰："济神拔苦，莫若修善；六度摄生，净心非事故也。"①

对于俊逸童子"雷同七典"的指控，通方先生分述六经的主题，以说明缘何六经之教不是"济神"之教。六经是上古圣王的治教之迹，是对后世有借鉴意义的历史文献，但即使是号称记录上古政事的《尚书》，也就只记载到尧舜时代。脱胎于鲁史的《春秋》所记之事都是王霸之业。至于礼乐《诗》《易》等四经，其教化的核心关注点在于"修身"，因此也不是"济神"之教。之所以"修身"不是"济神"，还是要回到道安对宇宙生成问题

---

① ［唐］道宣：《广弘明集》卷八《二教论》，《大正藏》第 52 册，第 138 页下—139 页上。

的讨论上。

道安认为"聚虽一体而形神两异，散虽质别而心数弗亡"①，形神之间不仅存在本质性差异（"质别"），而且"神"是不灭的（"心数弗亡"）。只有突破了"此身"限制的、能够流转于不同"世"的"神"，才是"济神"之教立论的对象。在中夏对宇宙人生图景的想象中，"此身"即是"此世"的边界，教化所针对的仅仅是"此世"，也即道安所谓"皆明夫一身，岂论三世？固知教在于形方者，未备洪祐。示逸乎生表者，存而未议"②。在《二教论》"教旨通局"的论辩中，也有相似的内容："天分十二，野极流沙；地列九州，西穷黑水"③，"谈遗过去，辩略未来，事尽一生，未论三世"④。"野极流沙""西穷黑水"二句，是指在中夏传统的分野理论（即星象与地域对应）、地理分区理论中，空间的边界只到达西域的沙洲、黑水地区，远远不及天竺。外教的理论只关注"此身"所在之此世，既不讨论过去，也不谈论未来，是为"谈遗过去，辩略未来，事尽一生，未论三世"。在"教旨通局"的解题中，道安对"外教"的教化重点与局限作出了精当的概括："《典》《康》世治而不出生死"⑤。《典》《康》是指《尚书》之《尧典》与《康诰》，实即以《尧典》《康诰》指代《尚书》。《汉书·艺文志》论《尚书》："《书》者，古之号令，号领于众，其言不具立，则听受施行者弗晓。"⑥原本是先王号令——

① ［唐］道宣：《广弘明集》卷八《二教论》，《大正藏》第52册，第136页下。
② 同上书，第138页下。
③ 同上书，第142页上。
④ 同上。
⑤ 同上书，第141页下。
⑥ ［汉］班固撰、［唐］颜师古注：《汉书》卷三十《艺文志》，第1706—1707页。

也即今日所谓"政策文件"——的《尚书》，其功用在于"治世"；其效验所达，在于"世治"。六艺立论的时空边界，是"天下"与"此身"。六经之教的这种时空边界决定了即便是已经关注到"神"的《易》，乃至更关注内在、关注超越性的道家、道教，也不能算是"济神"之教，只是救形之教。符合"济神"标准的教化，只有佛教而已。

至此，道安完成了"教化"论域中以"内外"作为区分标准的类型学建立，将佛教与中夏之教的异质性、佛教在中夏存在的必然性建立在坚实的基础之上。在"教旨通局"中，道安还以"德福"问题为例，说明佛教"济神"之教对中夏"救形"之教不足之处的补充，[①]并指出佛教对德福问题的解释之于中夏的意义："斯皆善恶无征，生兹网惑，若无释教，则此涂永踬矣。"[②]佛教相对于中夏教化的理论特长，正在于此："因兹而观，佛经所以越六典、绝九流者，岂不以疏神达要，陶铸灵府，穷原尽化，水镜无垠者矣？"[③]

"内外"标准的确立，意味着"三教先后"问题被彻底解构。这是因为，根据形神而划分出的内外二教是异质性的，不是可以彼此替代的教化。"三教是一"观点的背后，正是教化的同质性，是"三教先后"这一命题得以成立的基础。换言之，只有在三教"同质"的基础上，才能讨论"先后"问题。对于直指个体的教

① ［唐］道宣：《广弘明集》卷八《二教论》，《大正藏》第 52 册，第 142 页中："《易》曰：'积善必有余庆，积恶必有余殃。'而商臣肆恶，乃获长寿；颜子庶几，而致早终。伯牛含冲和而纳疾，盗跖抱凶悖而轻强。斯皆善恶无征，生兹网惑，若无释教，则此涂永踬矣。"

② ［唐］道宣：《广弘明集》卷八《二教论》，《大正藏》第 52 册，第 142 页中。

③ 同上书，第 143 页上。

化而言，对形神任何一方的偏废，都会导致人之生存遭受威胁，因此不能强行定义其前后，只能根据现实中形神偏失的紧迫性，突出其中某一种教化在实践中的"优先性"。

在接下来的论述中，道安将立论的重点放在说明道教缘何并不具备作为一种教化独立存在的资格这一问题上。对此，道安的论证思路是：通过对上古三代治教合一、诸子出于王官之失守这一思路的发挥，说明道家并不具备作为一种独立的教化存在的必要性，进而指出世间流行的"服法"（服食之术），也即今日所谓"道教"不是古典道家。如果说对"教化"论域中教化分判标准的重置是道安对佛教理论的创造性阐释，他对诸子之学"同属儒宗"①的论证，则是完全从经学立场出发对经学理论的深化而无假于佛教。不论是将"内外"这一源自佛教的标准与经学的设教原则相结合，还是对古文经学的合理推论，无不说明道安对经学理解的深刻程度。李源澄曾明确指出，研究经学的路径之一，是说明经学在历史上发挥的具体的历史文化作用。②这就意味着，对道安之于古文经学理论发挥的研究，不仅对于佛教思想史研究而言不可或缺，③也是经学史研究的题中之义。

---

① ［唐］道宣：《广弘明集》卷八《二教论》，《大正藏》第52册，第137页上。
② 李源澄：《经学通论》，《李源澄著作集》第一册，第8页。
③ 由于现代学术体系建立后经学遭到瓦解，现代研究者缺少对经学的整体认知，导致其无法理解某些论证的理论前提——如顾欢《夷夏论》涉及的经学常识和道安《二教论》涉及的古文经学常识——而将这些在历史语境中极富理论创见的文献视为"诡辩"，如李小荣《〈弘明集〉〈广弘明集〉述论稿》，第287页。

第二节　九流同属儒宗：北周道安解构道家
存在必要性的经学理据

　　通过将"教化"论域之中教化的区分标准重置为"内外"，道安回答了佛教在中夏存在的合理性尤其是必要性这一问题。但是，在现实世界中却真实存在着儒、释、道三种教化。虽然道安已经明确指出，儒家是救形之教，佛教是济神之教，[①] 那么道教应该如何归类与定位？从前文我们对道安有关"内教"的分析中，已经清楚说明，"内教"针对的"神"，不是此身此世之"神"，而是能够在三世之中流转的"神"。对"神"的这种说明，是以"三世"这一宇宙人生图景为基础的。道教与六艺之教共享了一种宇宙人生图景，即此身即世的边界。从佛教的观点来看，如果某一教化的核心关切只是"此世"，无论这种教化如何关注超越性、关注内在，也都只是"救形"之教，而非"济神"之教。从这一标准看，道教与六艺之教都只能是外教。因此，确立了"内外"这一教化区分的原则之后，道安需要说明的是这样一个问题：六艺之教与道教是什么关系？是否在外教之中，存在着两种不同的教化？这一问题并非仅仅是我们的推论，在"教旨通局"中，俊逸童子就提出了这样一个问题：

　　　　姬孔立教，可以安上治民，移风易俗。老庄谈玄，可以归淳反素，息尚无为。为化足矣，何假胡经？[②]

---

① ［唐］道宣：《广弘明集》卷八《二教论》，《大正藏》第 52 册，第 136 页中—下。
② 同上书，第 141 页下。

俊逸童子的提问代表了时人对儒、道两种教化之关系的一般认知：儒、道互补，各有所长。因此，道安对"儒、道关系"的讨论，进一步收束到"儒、道异同"这一问题上。对于这一问题，道安的回答是分步进行的，首先说明儒家与道家的异同，进而说明道家与道教的异同。从现有的研究结果看，最易引起读者与现代研究者误解的，是道安对儒家与道家关系的说明。我们在本章开篇处曾提及，导致这种误解的根源，是现代学者对《汉书·艺文志》所代表的经学传统的陌生。因此，在下文的内容中，笔者论述的重点在于说明《汉书·艺文志》传统中儒家与道家的关系，对道家与道教的关系问题则暂置不论。①

一、治教合一：道安九流"同属儒宗"说的经学理据

在对儒家与道家之关系展开具体的论述之前，道安明确指出，自己的方法是"详览载集，寻讨源流"。此处所谓"载集"，确有所指，即班固所撰《汉书·艺文志》。道安选择性地引用了《汉书·艺文志》中有关诸子官守、典籍、学术专长的部分，省略了班固对诸子学术之弊的分析。② 在有选择性地引用之后，道安给出了这样一则结论：

> 若派而别之，则应有九教；若总而合之，则同属儒宗。论其官也，各王朝之一职；谈其籍也，并皇家之一书。子欲

---

① 对应到《二教论》的十二个主题，本书着重分析的是"归宗显本第一""儒道升降第二""君为教主第三""诘验形神第四""教旨通局第十一"五个部分。其他七个主题集中在对道家、道教关系，道教典籍等问题的讨论上，不涉及经学。
② ［汉］班固撰，［唐］颜师古注：《汉书》卷三十《艺文志》，第 1746 页。

于一代之内，令九流争川；大道之世，使小成竞辩。岂不上伤皇极莫二之风，下开拘放鄙荡之弊？真所谓巨蠹鸿猷，眩曜朝野矣。[①]

在这则总结性的文字中，我们似乎只看到道安的结论："若派而别之，则应有九教；若总而合之，则同属儒宗。"却并未看到道安的深入分析。"论其官也，各王朝之一职；谈其籍也，并皇家之一书"似乎无论如何也并不能构成得出其结论的论证。事实上，这正是道安的论证，且这一论证的确是有效的。要理解这一论证的有效性，首先需要理解"六艺"的本质。为了说明这一问题，我们需要从《汉书·艺文志》对诸子之学的总结开始。班固在指明诸子九家的官司职守、学说利弊之后，给出了这样一则总论性的说明：

> 诸子十家，其可观者九家而已。皆起于王道即微，诸侯力政，时君世主，好恶殊方，是以九家之术蜂出并作，各引一端，崇其所善，以此驰说，取合诸侯。其言虽殊，辟犹水火，相灭亦相生也。仁之与义，敬之与和，相反而皆相成也。《易》曰："天下同归而殊途，一致而百虑。"今异家者各推所长，穷知究虑，以明其指，虽有弊短，合其要归，亦六经之支与流裔矣。使其人遭明王圣主，得其所折中，皆股肱之材已。仲尼有言："礼失求诸野。"方今去圣久远，道术缺废，无所更索，彼九家者，不犹瘉于野乎？

---

① ［唐］道宣：《广弘明集》卷八《二教论》，《大正藏》第 52 册，第 137 页上。

若能修六艺之术，而观此九家之言，舍短取长，则可以通
方之略也。①

在班固的总结中，诸子之学兴起于"诸侯力政"之际，也
即春秋战国之世。春秋战国之世周王室衰落，也即班固所谓"王
道即微"；为了理解六艺之学、诸子出于王官的本质，必须要从
"王道未微"时的制度说起。在周公创制的周官体系之中，不同
的职官各司其职、各掌其政，即所谓"设官分职，以为民极"②。
在这样一套系统中，政教合一、官师合一，政令就是教化，秉政
之官同时也是教民之师。在这一"治教不二"的体系内，"典籍"
并非私人著述，而是政令、教化内容的汇编，这就是道安所谓
"七典""九流""皆是治国之谟"的具体含义。"政教合一"或
"治教合一"植根于这样一种政教观念："圣人即身示法，因事立
教，而未尝于敷政出治之外，别有所谓教法也。虞廷之教，则
有专官矣；司徒之所敷敬，典乐之所咨命；以至学校之设，通于
四代；司成师保之职，详于周官。然既列于有司，则肄业存于掌
故，其所习者，修齐治平之道，而所师者，守官典法之人。治教
无二，官师合一，岂有空言以存其私说哉？"这套职官系统的有
序运转，需要整个制度的中心周王室强而有力，以确保"礼乐征
伐自天子出"，也即教（礼乐）与政（征伐）统一于周天子。所
谓统一于天子，意味着只有天子有权力创制或变革"政教"。这
正是《礼记·王制》记载天子巡狩四方时，如果发现诸侯在其国

---

① ［汉］班固撰，［唐］颜师古注：《汉书》卷三十《艺文志》，第1746页。
② ［清］孙诒让：《周礼正义》，中华书局2013年版，第641页。

境之内自行变革礼乐、制度等，就要予以惩罚的理据所在。①

职官的设置原本是为了确保周王朝的制度能够有序运转的。随着周王室的衰微，不再具备维持这一体系运转的能力。这就意味着，原本为维持礼乐制度而设置的职官遭到废置，也就是官失其守。典守职官之人虽已无官位，但仍守其教，掌握教化之法，"官师合一""治教合一"的传统逐渐没落，失去官职但仍掌握着教化之法的旧臣，就是诸子的起源。他们根据春秋战国诸侯的偏好对自己掌握的教法进行创造性发挥，②并开启了私人著述的时代。在此之前，由于"治教合一"，教化与政令具有内在的一致性，最为典型的代表就是《尚书》。③在上古时期，民风淳朴，结绳即可为治，不需要连篇累牍的法令规范；到了民智开化的时代，情势的复杂导致了法令规范逐渐细化，最终发展出《八索》《九丘》之类的典籍。对这一点，道安有着明确的认知，故有"昔玄古朴素，《坟》《典》之诰未弘；淳风稍离，《丘》《索》之文乃著"的说法。道安对这些典籍以及不同职官所掌握之教化的本质有着清醒的了解："包论七典，统括九流，咸为治国之谟，并是修身之术。"④此处所谓"修身"，应该在"修齐治平"的意

---

① ［汉］郑玄注，［唐］孔颖达疏：《礼记正义》，第363—366页："山川神祇有不举者为不敬，不敬者君削以地；宗庙有不顺者为不孝，不孝者君绌以爵；变礼易乐者为不从，不从者君流；革制度衣服者为畔，畔者君讨。"

② ［汉］班固撰，［唐］颜师古注：《汉书》卷三十《艺文志》，第1746页。

③ 同上书，第1706—1707页。

④ 道安明确指出，七典、九流在上古时期并不存在，因为当时民风淳朴，社会不需要治理，个人不需要修身。随着时间推移，人心不复淳朴，诈伪之事渐起，社会却要确立并维护秩序，个人的认知与行为也需要被加以引导，以确保社会的有序，这都是起于势之不得已。因此，典籍的原本是推行政教的"文诰"，是为"七典"之源头；掌管不同类型政教的职官可以被分为九种，也即"九流"之滥觞。因此，七典也好，九流也罢，从其发端上看，都是治国修身之术。

义上进行理解。"为治"，或者说学中有术，是诸子之学的本质特征。因此班固才会给予诸子这样的评价："使其人遭明王圣主，得其所折中，皆股肱之材已。"

在完整的周制中，"设官分职"的制度设计，决定了不同的官守只负责整个教化中的一个部分或一个环节，并不掌握整个教化的全部内容。同时，官师虽然合一，但只是政教内容、原则的执行者，而不是创制者。包括刑政礼乐等一系列内容在的制度设计权，掌握在天子手中；有能力推动这一整套政教制度施行的，也是天子。[①] 在治教为二、官师分离的情况发生后，"是以九家之术蜂出并作，各引一端，崇其所善，以此驰说，取合诸侯"。虽然诸子根据诸侯的偏好"各引一端"，但其名家、立言的根据，还是原有职官之学，虽有创新却并不存在对其"源"的本质性突破，更不是对整个礼乐制度的重新设计。诸子学说与王官之学的这种本质关联，提示我们注意这样一个问题：不同职守所负责的政教内容虽然各不相同、各有侧重，但礼乐制度本身是系统而完整的。"六艺"就是记载了整个制度设计的文献，此即"六经皆史"[②] 这一命题的内涵之所在。正因如此，班固才会说诸子"合其要归，亦六经之支与流裔矣"。因此，无论诸子之学如何纷繁复杂，若考察其源流，从源头上看，则无不统合于六艺。至此，我们完成了对诸子九流"同属儒宗"之理据的第一层说明。

虽然诸子百家皆起于王官之失守，但儒家在诸子之中有其特殊性。如果说诸子之学是"各引一端"，儒家则是尽可能多的保

① ［汉］郑玄注，［唐］孔颖达疏：《礼记正义》，第1457页："非天子不议礼，不制作，不考文。"
② ［清］章学诚著，叶瑛校注：《文史通义校注》，第1页。

存周代的礼乐制度。《汉书·艺文志》明确指出，"儒家者流……游文于六经之中，留意于五德之际。祖述尧舜，宪章文武，宗师仲尼"①。孔子开创的儒家，就是在"礼崩乐坏"也即宗周礼乐文明在现实中无法施行的条件下，整理、保存并传授六艺，使"教化"在暂无政权加以推行的情况下仍然能够得到保存。用章学诚的话来说，儒家的兴起，其目的在于"守先待后"："官师治教合，而天下聪明范于一，故即器存道，而人心无越思。官师治教分，而聪明才智，不入于范围，则一阴一阳，入于受性之偏，而各以所见为固然……今云官守失传，而吾以道德明其教，则人人皆自以为道德矣。故夫子述而不作，而表章六艺，以存周公旧典也，不敢舍器而言道也。而诸子纷纷，则已言道矣。"②正是对诸子之学并行带来的这种结果有着明确的体认，道安才会认为俊逸童子强调儒、道二教并立是"上伤皇极莫二之风，下开拘放鄙荡之弊，真所谓巨蠹鸿猷，眩曜朝野矣"。对于儒家与诸子的这种区别，唐文明已有非常充分的说明，兹引述如下：

> 就各家对道统之继承而言，儒家当之无愧地处于正统地位。这一点可以从儒家对于礼乐的高度重视中看出：无需多言，儒家继承三代礼乐的志向是其他各家所无法比拟的。③

这不仅提示我们如何理解诸子的关系，还提示我们注意这样一个问题：正是因为儒家对以"六艺"为核心的宗周礼乐文明

① ［汉］班固撰，［唐］颜师古注：《汉书》卷三十《艺文志》，第1728页。
② ［清］章学诚著，叶瑛校注：《文史通义校注》，第132—133页。
③ 唐文明：《治统与教统》，《近忧：文化政治与中国的未来》，第153—154页。

的继承最完整、最系统、最积极，故而相比于偏守先王教化之一端的诸子之学而言，儒家可以说是宗周礼乐文明的继承者，从诸子学之根源的角度看，儒家所守是礼乐政教的全部，诸子只是礼乐政教的一部分，从理论起源处讲，诸子之学可为儒家之学（六艺之学）所涵摄。至此，我们就完成了对道安诸子九流"同属儒宗"[①]这一命题致思理路的解释。从后文东都俊逸童子"采求理例，犹谓未当"[②]的反馈来看，道安的说法引起了时人的不解。对于道安这种说法，俊逸童子的不解并非一时一地的孤例。千余年后，清人章学诚继承刘向、刘歆父子的"七略"，也即班固《汉书·艺文志》的传统，以"源流互质"的方法对上古三代政教、官师、圣王等内容进行了详细探究之后，得出的"六经皆史""治教合一""官师合一"等命题，同样并未受到时人的重视。[③]从结论上看，道安通过推论《汉书·艺文志》得出的结论，与章学诚的相关讨论几乎完全一样，不同之处在于，章学诚的论证更加具体、翔实，涉及的主题也更丰富。相比而言，道安只能算是提出了结论而无论证。即便道安在论证上存在种种不足，但瑕不掩瑜，无法否定道安的古文经学造诣。笔者指出道安与章学诚在古文经学上的相似结论，并非意在强行牵合不同历史时期的人物以证明自己的结论，而是意在提示读者注意这样一个事实：从相同的理论前设出发对某种理论进行推论，得出相近的结论并非不可能，这正是知识客观性与公共性的明证。正是在这个意义

---

① ［唐］道宣：《广弘明集》卷八《二教论》，《大正藏》第 52 册，第 137 页上。
② 同上书，第 138 页上。
③ ［清］章学诚著，叶瑛校注：《文史通义校注》，第 4 页："学诚从事于文史校雠，盖将有所发明；然辨论之间，颇乖时人好恶。"

层面，道安在经学上的造诣才能得到恰当评价，而不是在受其身份、时代等因素过度牵引的情况下，对其"外学"成就作出不恰当的评断。

二、德位合一：道安"君为教主"说的经学根据

道安对古文经学内涵的深刻把握，还体现在"君为教主"这一命题上。这一为现代研究者视为"诡辩"的命题，同样也深切经学之意。俊逸童子认为道安的分析论证"犹谓未当"，有其理据：

> 问：敬寻懋制，剖析离合，云"派而别之，应有九教，统而合之，同属儒宗"，采求理例，犹谓未当。何者？名杂邓尹，法参悝商，墨出由胡，农兴野老，斯皆制通贤达，不可以为教首。孔老圣钦，可以命教。故九流之中，唯论其二，儒教道教，岂不婉哉？①

分析俊逸童子的提问，代表了时人对诸子百家的一种基本认知，即由孔子、老子开创的儒、道二家，与名、法、墨、农等诸家有所不同。理由在于，孔子、老子与其他各家的代表人物如邓析、尹文、李悝、商鞅等人不同。孔子、老子，皆为圣人，本是玄学兴起后的一种普遍认知。如果说儒、道之外其他诸子之学的命家之人不能被视为"教首"，但以孔子、老子之圣，则理应具备充任"教首"、具备"命教"的资格。在展开具体的讨论之前，我们必须结合道安在后文的回应，对何谓"命教"作出界定。从

---

① ［唐］道宣：《广弘明集》卷八《二教论》，《大正藏》第 52 册，第 138 页上一中。

结论上看,道安认为"孔老何人,得为教主"①这就意味着"命教"以及"教首"云云,是在讨论"教主"的问题。道安得出上述结论的根据,见于这样一段论述:

> 夫帝王功成作乐,治定制礼,此盖皇业之盛事也。而左史记言,右史记事,事为《春秋》,言为《尚书》。百王同其风,万代齐其轨。若有位无才,犹亏弘阐;有才无位,灼然全阙。昔周公摄政七载,乃制六官。孔老何人,得为教主?②

"夫帝王功成作乐,治定制礼"出自《礼记·乐记》,原文为"王者功成作乐,治定制礼,其功大者其乐备,其治辨者其礼具"③。俊逸童子的提问本是在讨论"教"的问题,但通方先生的回答却是帝王制作礼乐,如果直接从《礼记·乐记》的经文入手,从现代的视角出发很难看出其中的关联。郑玄注"治定制礼"为"治主于教民"一句提示了理解"礼"的视角:"功主于王业,治主于教民。"④制礼的目的在于教民。从今人的视角出发,王者"制礼"是政治行动,而"教民"则是教化行动,似乎分属不同领域,但在经学理解中,"政治"与"教化"本就是一体的,政治不仅仅是要建立、维持秩序,而是要建立、维持一种能够导人向善的社会秩序,这正是所谓上古三代"治教不二"的内涵之所在。"礼乐"本是一体,"制礼"的目的在于教民,"作乐"的

---

① [唐]道宣:《广弘明集》卷八《二教论》,《大正藏》第52册,第138页中。
② 同上。
③ [汉]郑玄注,[唐]孔颖达疏:《礼记正义》,第1091页。
④ 同上。

目的同样如此。因此，孔颖达疏释这段内容时强调："功成治定，俱是一时，但所断义，各有异耳，故分言耳。"①《礼记·乐记》将礼、乐分别对应到功成、治定，其目的是在提示礼乐制作或者说设计、推行教化的"资格"，这一资格就是"成就功业"，而拥有这一资格的正是"王者"。孔颖达还特别以武王、周公为例说明"制礼作乐"的权力属于王者。②在《礼记·中庸》中，还有另一则对天子独占"制作"之权更加直接的说明："非天子不议礼，不制作，不考文。"孔颖达疏曰："'非天子不议礼'者，此论礼由天子所行，既非天子，不得论议礼之是非。'不制度'，谓不敢制造法度，及国家宫室大小高下及车舆也。'不考文'，亦不得考成文章书籍之名也。"③这正是道安认为"命教""此盖皇业之盛事"的原因。由此得以明确，由于诸子之学均出宗周礼乐教化系统，"教"确有所指，即整全的周代礼乐制度。有资格设计、推行这一制度的，只是王者。为了说明"教化"与王者之间的本质关联，道安还引用《汉书·艺文志》中有关《春秋》之起源的内容作为例证。④由于道安在引用时有省略与化用的情况，兹引用《汉书·艺文志》原文如下：

> 古之王者世有史官，君举必书，所以慎言行，昭法式也。左史记言，右史记动，事为《春秋》，言为《尚书》，帝王靡不同之。⑤

---

①　［汉］郑玄注，［唐］孔颖达疏：《礼记正义》，第1092页。
②　同上。
③　［汉］郑玄注，［唐］孔颖达疏：《礼记正义》，第1457页。
④　［唐］道宣：《广弘明集》卷八《二教论》，《大正藏》第52册，第138页中。
⑤　［汉］班固撰，［唐］颜师古注：《汉书》，中华书局1962，第1715页。

通过对礼乐制作之权与王者之关系的说明，道安解释了六艺中礼乐二教出于王者的理据。至于六艺中的《书》《春秋》二经，更是直接起源于王者：《尚书》是王者之言，《春秋》是王者之行。[①]道安以礼乐《书》《春秋》之起源，提示我们注意六艺与王者之间内在的、本质的关联。

在说明了王者与政教的本质性关联后，道安对俊逸童子提出的有关"命教"的问题进行了直接回应，直接指出了命教（或弘教）的"资格"问题：

> 若有位无才，犹亏弘阐；有才无位，灼然全阙。

"命教"的资格有二：其一是"才"，其二是"位"。所谓"位"，就是王者之位，这就意味着要有平定天下、安定百姓的功业，可即便有了这种功业，也未必有"制礼作乐"的才德。可如果没有王者之位，只有才德，是完全不具备"命教"（也即道安所谓"弘阐"）之资格与可能的。诸子之学出于王官失守，是说诸子之学从"源头"上看，出于宗周礼乐制度，但诸子只是礼乐制度的施行者，而非制定者。制定礼乐的只能是王者。之所以强调只有"才"没有"位"就不具备"命教"之资格，是针对"整全的礼乐文明"而言的，而非诸子以私人著述名家意义上的"命教"。道安对"命教"资格问题的讨论，紧扣"教"之内涵为宗周礼乐制度这一点，通过收束"教"的外延，将"命教"问题引

---

① 起源于王者之言行，并不意味着作为"经"的《尚书》《春秋》，只是对王者言行实录的简单汇编。作为"经"的《尚书》与《春秋》，都是经过后世选择的、对王者施行政教有参考、借鉴意义的内容。

向儒学语境中的"德位"问题。孔子"有德无位"是一个长期困扰儒家的问题——包括董仲舒、刘向、孔颖达、程颢等人都曾对这一问题作出过解释说明，① 由于德位合一才具备"制作"之权，德、位分离的现实使儒生始终"生活于现实与理想相背离的生存性紧张之中"②。《礼记·中庸》中记载着孔子本人对"德位"问题的直接看法，这也是道安"才位"之说的渊源：

> 子曰：虽有其位，苟无其德，不敢作礼乐焉；虽有其德，苟无其位，亦不敢作礼乐焉。③

对此句经文，郑玄注曰："言作礼乐者，必圣人在天子之位。"④ 对于这一点，道安也有明确的认知，故以儒家圣王传统中的周公为例，说明"德位合一"对"命教"的必要性：

> 昔周公摄政七载，乃制六官。

所谓"周公摄政七载"，即周武王逝世后，年幼的成王继位，周公恐初定的天下因幼主在位而不宁，故摄政治理天下七年，在成王成年后还政。在此期间，周公下达诏令，见于《尚书》，平定天下叛乱之后作颂，载于《诗经》。不惟如此，《周礼》也是周公在这一时期所"制"。对此，郑玄在注《周礼》"惟王建国"一句时即说："周公居摄而作六典之职，谓之《周礼》，营邑于土

---

① 王光松：《在"德""位"之间》，华东师范大学出版社 2010 年版，第 2 页。
② 同上书，第 4 页。
③ ［汉］郑玄注，［唐］孔颖达疏：《礼记正义》，第 1457 页。
④ 同上。

中。七年致政成王，以此礼授之，使居雒邑治天下。"① 道安所谓"乃制六官"，即以《周礼》"设官分职"为天、地、春、夏、秋、冬等六类指代《周礼》。道安以周公制《周礼》为例，说明才与位必须合一，才有"命教"的资格。对此，章学诚还有更加细致的说明：

> 周公以天纵生知之圣，而适当积古留传，道法大备之时，是以经纶制作，集千古之大成。……故创制显庸之圣，千古所同也。集大成者，周公所独也。时会适当然而然。②
>
> 孔子有德无位，即无从得制作之权，不得列于一成，安有大成可集乎？非孔子之圣，逊于周公也，时会使然也。③

在上引章学诚的说明中，周公制礼存在着内外两方面的条件。从内在条件上说，周公是"天纵生知之圣"；从外部条件上看，还需具备两个时机，其一是"道法大备"，其二是"帝全王备"。总而言之，对于"命教"而言，最基本的资格，在于同时具备"德"与"位"。正是基于"德位合一"才有资格"命教"的经学传统，道安才会对孔子与老子作出如下评价：

> 孔虽圣达，无位者也。自卫回轮，始弘文轨，正可修述，非为教源。且柱史在朝，本非谐赞。出周入秦，为尹言道，无闻诸侯，何况天子？既是仙贤，固宜双缺。道属儒

---

① ［清］孙诒让：《周礼正义》，第10页。
② ［清］章学诚著，叶瑛校注：《文史通义校注》，第120—121页。
③ 同上书，第121页。

宗，已彰前简。[1]

从"德位合一"的角度看，孔子有德无位，虽然与制礼作乐的周公一样，也是"天纵生知之圣"，同时也具备了"道法大备"的外部条件——周公已经完成了对周以前"道法"的整理，但孔子始终没能得遇明君以行其道，更遑论居天子之位。因此，孔子虽然在自卫返鲁之后"修述"六经，但始终不是"制作"，只是对周公之教的"继承"。孔子自谓"述而不作"，其内在含义正是整理、保存周公之教，而非制定新的礼乐制度。对此，章学诚明确指出：

> 夫子明教于万世，夫子未尝自为说也。表章六籍，存周公之旧典，故曰："述而不作，信而好古。"又曰："盖有不知而作之者，我无是也。""子所雅言，《诗》、《书》、执《礼》"，所谓明先王之道以导之也。非夫子推尊先王，意存谦牧而不自作也，夫子本无可作也。有德无位，即无制作之权。空言不可以教人，所谓无征不信也。……孔子立人道之极，岂有意于立儒、道之极耶？儒也者，贤士不遇明良之盛，不得位而大行，于是守先王之道，以待后之学者，出于世之无可如何耳。[2]

章学诚的说明提示我们注意，"德位合一"的背后，涉及"圣"的定义问题。在"治教合一""德位合一"的语境下，必须有德有位，才可称"圣"，这就是所谓"圣王合一"。因此，孔子

---

① ［唐］道宣：《广弘明集》卷八《二教论》，《大正藏》第 52 册，第 138 页中。
② ［清］章学诚著，叶瑛校注：《文史通义校注》，第 131 页。

只是"师"而不是"圣"。在同样的标准下，老子同样也算不上圣人。道安还进一步指出，和曾经担任鲁国司寇、名动诸侯的孔子相比，老子在周为官声名不显，更谈不上有天子之位。老子只是"仙贤"，不仅无位，也无孔子之德，因此是"双缺"。至此，我们完成了对道安"同属儒宗""君为教主"二命题经学理据的说明。

对于孔子、老子非圣人，且老子不及孔子的说法，俊逸童子以孔子曾师老子为论据，反驳通方先生，并认为通方先生对孔、老的评价"褒贬乖衷，谅为侮圣"①。对此，道安以通方先生之口，说明了自己评价的根据，合乎班固《汉书·古今人表》对圣贤的评价。②俊逸童子对此存在疑问，并以鲁隐公为例进行反驳。在《古今人表》中，鲁隐公被评为"下下"③，但在《春秋左氏传》序中，杜预称鲁隐公是"让国之贤君"④。俊逸童子以此为据，对班彪、班固父子的史德提出质疑："班彪父子，诠度险戏"⑤。面对这一质疑，道安明确指出，认为鲁隐公是"让国之贤君"只是杜预之说，而非《春秋》"本意"，从《春秋》本意来看，鲁隐公"桓公之庶兄也，桓公幼小，摄行政事。及桓长大，归政桓公。虽能归政，不能去猜，赞毒于是纵横，遂为桓公所弑。既不自全，陷弟不义，让国之美，竟复何在？"⑥鲁隐公虽然不贪恋权位让国于桓公，却不能避免被猜忌，导致亲亲、尊尊的原则被破坏，因此

① ［唐］道宣：《广弘明集》卷八《二教论》，《大正藏》第52册，第138页中。
② 同上书，第138页下。
③ ［汉］班固撰，［唐］颜师古注：《汉书》卷八《古今人表》，中华书局1962年版，第904页。
④ ［周］左丘明传，［晋］杜预注，［唐］孔颖达疏：《春秋左传正义》，北京大学出版社1999年版，第28页。
⑤ ［唐］道宣：《广弘明集》卷八《二教论》，《大正藏》第52册，第138页下。
⑥ 同上书，第138页中。

《古今人表》评价其为"下下"是合理的。《春秋》有三传，俊逸童子采纳杜预之说，实为《左氏传》的立场；在两汉时期影响最大的《公羊传》对隐公的评价也是积极的；道安所谓《春秋》本意，贬抑鲁隐公，其实是对《穀梁传》相关观点的继承。《穀梁传》"元年春，王正月"曰：

> 公何以不言即位？成公志也。焉成之？言君之不取为公也。君之不取为公何也？将以让桓也。让桓正乎？曰不正。《春秋》成人之美，不成人之恶。隐不正而成之者何？将以恶桓也。其恶桓何也？隐将让而桓弑之，则桓恶矣。桓弑而隐让，则隐善矣。善则其不正焉何也？《春秋》贵义而不贵惠，信道而不信邪。孝子扬父之名，不扬父之恶。先君之欲与桓，非正也，邪也。虽然，既胜其邪心以与隐矣。已探先君之邪志而遂以与桓，则是成父之恶也。兄弟，天伦也，为子受之父，为诸侯受之君。已废天伦而忘君父，以行小惠，曰小道也。若隐者，可谓轻千乘之国，蹈道则未也。①

从上引《穀梁传》的内容可知，道安所谓《春秋》本意，就是"《春秋》贵义而不贵惠，信道而不信邪"。《春秋》三传对相同历史人物评价不一，涉及经学内部不同立场之争，无关本书的主题，故置之不论。②但从道安对东都俊逸童子观点之来源的了知、对《穀梁传》的化用可知，道安对《春秋》学的理解程度。

---

① ［清］廖平撰，郜积意点校：《穀梁古义疏》卷一《隐公》，中华书局 2012 年版，第 4—7 页。

② 有关《穀梁传》对鲁隐公中评价的详细分析，参见黎汉基《〈穀梁〉政治伦理探微——以"贤"的判断为讨论中心》，中华书局 2019 年版。

更重要的是，辩论之所以涉及《春秋》，是因为对《汉书·古今人表》的评价标准产生了异议。从俊逸童子、通方先生均能以经驳史这一点来看，道安对经史之学的理解是符合当时经学一般认知的。[①] 在《汉书·古今人表》并未给出具体说明的情况下，道安还能深刻把握《汉书》的致思理路及其经学根据，我们不能不对道安的经学造诣、对道安之于班固的理解之深刻表示惊异。如果说将"教化"论域的基本原则由"夷夏"重置为"内外"展示了道安在融合佛教与中夏传统上的创造力，在论证道家"同属儒宗"过程中，对《汉书·艺文志》的合理推论、对《春秋》三传的熟稔，无不昭示着道安在传统经史之学方面的深厚积淀。

俊逸童子与通方先生论辩中涉及历史著述的评判标准，却引经为据。以经为史之依据，对于学术分科畛域分明的今人而言确实难以理解，但在经史传统中，经学为史学之依据却并不是一个难以理解的问题："古典史学和古典经学之间的关系，在晚周到秦汉，大抵经历了孔子点史成经、左氏以史解经、史迁缘经立史等不同样态。若从源头处看，经学和史学，虽各自独立，但相互依存，且互

---

① 司马迁、班固所修《史记》《汉书》，与经学的关系密切，如陈壁生就曾指出："在史部正史著作中，唯有《史记》《汉书》的历史书写，不但提供当时的历史事实，而且可见司马迁、班固的史学眼光，这就是'其书中有学'。迁、固二人的'史学眼光'，却不是史料本身所给予的，也就是说，历史本身不能为研究者提供看待历史的眼光，即价值。只有经学，才能提供这种价值。盖史者，陈迹而已；学者，有作者之义理运思方为学。而作者之义理运思，则源于经。经者，义理之渊府，史必统于经，方可谓有学，非如是，则陈迹也，史料也。……迁、固之后的修史，多是搜集史料，因沿前例，勒为一部，则其书中无'学'也。"陈壁生：《经学的瓦解》，第161—162页。这是古典时代的经史常识，也是理解迁、固之学的基础。从经学与史学的关系来看，道安所处的时代是一个现代史学史视为"史学"开始独立的时代。道安对迁、固之学的评论不离《春秋》，值得玩味。

为因果。无史则无经，无经亦无史。从流变来讲，经学和史学，一直保持着某种张力，在互相影响和互相渗透中发展。"①史学的书写从不仅仅是对事件的记录，如何通过"述史"传递出价值，才是史学书写的关键。最能代表这一传统的，正是《春秋》。进而言之，如果现代研究者不能对华夏经史传统有一基础且全面的了解，不仅无法把握三教论衡的精髓，甚至难以理解古人立论的基本致思理路，容易将自己的"尚未理解"视为古人的"不可理解"。

总之，通过对《二教论》中"归宗显本""儒道升降""君为教主""诘验形神""教旨通局"五个部分的分析，明确了道安讨论"三教先后"问题的论域与原则，也清楚地了解了道安的经学造诣。本书在讨论时将"归宗显本"（九流"同属儒宗"）与"君为教主"放在同一节中进行讨论，原因在于"同属儒宗""君为教主"的内在理据都是上古三代"治教合一"这一经史传统，在内容与逻辑上内地相关。道安的行文顺序与此不同，依"归宗显本""儒道升降""君为教主"的顺序展开，其实自有其逻辑，这一逻辑就是论辩双方立论时所使用的"典籍根据"的权威性。在道安的行文中，俊逸童子反驳"同属儒宗"的方式，是质疑《汉书》与《史记》观点不同，将"时间上的在先"作为"可信度高"的标准，②通方先生回应这一质疑的做法则是引历代史家之言四种，以说明《史记》的可信度不高。③在"史籍"权威性的讨论陷入僵局之后，俊逸童子引经典注疏为据，质疑《汉书》，④

---

① 李长春：《"六家""六艺"与"一家之言"——司马迁〈太史公自序〉新探》，干春松、陈壁生：《经学与建国》，中国人民大学出版社 2013 年版，第 122 页。
② ［唐］道宣：《广弘明集》卷八《二教论》，《大正藏》第 52 册，第 137 页下。
③ 同上。
④ 同上书，第 138 页下。

通方先生则以经典本意为据，反对经典注疏。①简而言之，道安对《二教论》前三个部分的谋篇布局，是按照由"史-经注-经"的典籍权威性为线索展开的。为了说明《二教论》中相关论题的理论意涵，本书将"归宗显本""君为教主"置于"治教合一"的理论框架之下进行说明，为防止本书之解读对原文逻辑内涵的"遮蔽"，特此说明。事实上，道安的谋篇布局才更符合当时的历史文化语境，更符合时人理解"知识"时的一般思路：经史传统中"知识"的权威性与"典籍"的权威性直接相关，以"经"为核心，辩论虽然从本质上说是"论理"，但"理"不是典籍之外的"理"，而是典籍中的"理"。

据《周灭佛法集道俗议事》载，道安上《二教论》后，"帝览论以问朝宰，无有抗者，于是遂寝。乃经五载，至建德三年，岁在甲午五月十七日，初断佛道两教，沙门、道士，并令还俗。"②道安《二教论》辨理虽明，却未能阻止北周武帝对佛道二教的禁断，但这并非北周武帝时期有关佛教在中国传播合理性的最后论辩。公元577年北周武帝平齐后，欲于齐境推行禁断佛道的政策，因此召集齐境大德五百余人论三教存废问题。③在这场论辩中，净影寺慧远法师与北周武帝发生了一场有关佛教在中国传播合理性的争论，事见《广弘明集·周祖平齐召僧叙废立抗拒事》④。

---

① ［唐］道宣：《广弘明集》卷八《二教论》，《大正藏》第52册，第138页下。
② 同上书，第136页中。
③ ［唐］道宣：《广弘明集》卷十《周祖平齐召僧叙废立抗拒事》，《大正藏》第52册，第153页上。
④ 同上书，第153页上—154页上。

第三节 "文质"与"末法"：净影慧远回应
周武灭佛的两条思路

从论域、论题的角度看，《夷夏论》《二教论》讨论的焦点其实是佛教在中国传播的合理性问题。在往复论辩中，这一问题又被推进到佛教在中国传播的必要性这一层面。为了回应这一问题，深谙中夏经史传统的道安，通过对顾欢提出的"教化"论域中经学设教原则与起点的合理推演与改造，系统说明了"教分内外"①这一分类方式的合理性，并在此基础上论证了佛教在中夏乃至所有其他文明中传播的合理性、必要性，以期终结这一问题。

但是，无论《夷夏论》还是《二教论》，在"教化"这一论域中立论虽然内在地具有实践指向，但始终是在国家教化制度设计的可能路径层面展开的，虽然理论性较强，但尚未触及制度实践的层面。在对《二教论》中"君为教主"经学理据的说明中已经明确：礼乐刑政的设计、实施，都是由王者决定、推动的。②从这个意义上讲，以"王"为代表的政治在"政教场域"中是一种独立存在的力量。因此，在北周武帝下诏讨论佛道优劣、三教先后的语境下，无论是甄鸾的《笑道论》还是道安的《二教论》，都只是北周武帝教化政策决策过程中，来自相关领域的专业意见，这意味着道安等人的观点更强调"理论立场"，而非政治权力的"实用立场"。这并不是说汉地僧众对佛教传播合理性的思考不切

---

① ［唐］道宣：《广弘明集》卷八《二教论》，《大正藏》第 52 册，第 136 页中—下。
② ［汉］郑玄注，［唐］孔颖达疏：《礼记正义》，第 1457 页："非天子不议礼，不制作，不考文。"

实际，通过对《二教论》的分析可知，道安就是充分考虑到现实中存在的中夏教化具有不容忽视的影响力，因而提出"内外"这一教化区别标准，以解决中夏教化与佛教教化的"共存"问题。[①]造成这种立场偏差的原因在于，"三教"与"王"分处政治场域中的不同位置，因此无论南朝的《夷夏论》还是北朝的《笑道论》《二教论》，始终缺乏来自"权力"或者说"政治"维度的视野。从历史的实践来看，政治权力对教化问题的思考，其立场往往是实用主义的，如在北魏宣武帝皇后高氏出家事件中，本来作为佛教修道论中极为重要之一环的"出家"，在政治权力的运用中，沦为对抗经学人伦秩序的"身份符号"，导致其修道论内核荡然无存。经学虽然与政治关系密切，但经学与政治权力的运行逻辑从根本上说是不同的。这就意味着，经学对"教化"的思考方式，并不能完全代表政治权力对"教化"的考察方式，灵太后在宣武帝皇后高氏葬仪问题上未能突破"丧礼"的限制，就是经学限制政治权力、经学与政治权力价值偏好不同的具体表现。

　　但是，立志于恢复周官政教系统的北周武帝，即使对经学缺乏深刻的理论理解，但相比于北朝早期君主的独断，更尊重也更切实地遵行经学塑造的政治文化传统；因此在教化政策制定过程中，经过多次讨论与咨议，才作出了禁断佛道二教的决策。[②]这与北魏太武帝灭佛的"程序"[③]形成了鲜明对比，这也意味着经过

① 〔唐〕道宣：《广弘明集》卷八《二教论》，《大正藏》第 52 册，第 136 页中—下。
② 〔日〕野村耀昌：《周武法难的研究》，东出版株式会社 1976 年版，第 145—186 页。
③ 〔北齐〕魏收：《魏书》卷一百一十四《释老志》，第 3034 页："诏诛长安沙门，焚破佛像，敕留台下四方，令一依长安行事。又诏曰：'彼沙门者，假西戎虚诞，妄生妖孽，非所以齐政化，布淳德于天下也。自王公已下，有私养沙门者，皆送官曹，不得隐匿。限今年二月十五日，过期不出，沙门身死，容止者诛一门。'"

近一个半世纪的发展，北朝的政治文明程度不断加深，政治层面的"汉化"或者说"经学化""价值化"水平日趋提高。"政教随其俗"的设教原则意味着人君颁行政教，必须重视具体时空中百姓的关切。从北周武帝教化政策制定、执行的全过程来看，始终遵循着这一原则。[①] 对于被征服的北齐，北周武帝推行政令教化，也完全不是以征服者的姿态出现，[②] 而是以合乎"礼"的方式，先行咨议，然后颁行政教。正是经学对政治权力的"规训"，使我们有机会进入历史的现场，考察政治权力究竟如何思考与"设教"相关的一系列问题、如何看待佛教在中国传播的合理性。[③]

对于这场发生在北齐的廷议，汤用彤、野村耀昌、镰田茂雄等人都曾有论述。汤用彤对《远法师抗诏事》的处理方式是析取论辩中的"要点"进行重点论述，野村耀昌、镰田茂雄的方式则更接近于对这则记录进行"翻译"，缺少对文本的分析。[④] 无论是

---

① 除正史的相关记载之外，在《续高僧传·道安传》中也有对北周武帝几次召集廷议讨论三教问题的记录。而廷议之所以举行了很多次，原因在于北周武帝对每次讨论的结果都不满意。或者说，三教论衡的结果代表了一种舆论走向，当"舆论走向"与北周武帝设想的政教政策相违背时，北周武帝就会再次召集廷议进行讨论，直至舆论风向与其政策预期一致。当权力的所有者不是凭借已经掌握的"权力"以行政命令的方式强制执行，而是采取咨议、讨论等和缓的方式进行动员时，我们必须考虑到导致"权力"进行自我约束的机理机制究竟是什么。

② 关于北方政权以征服者姿态树立、施行政治权威的最典型事件，当属信奉法家的前秦将领吕光征服龟兹后，逼迫鸠摩罗什与龟兹王妹结合这一著名佛教史事件，相关分析请参见陈超《谶纬与鸠摩罗什的形象》，《清华国学》第四辑，社会科学文献出版社 2023 年版，第 131—144 页。

③ 在《续高僧传》卷八《隋京师净影寺释慧远传》中也记录了这场论辩，从核心内容上看并无不同。本书以《广弘明集》版本为主，下文简称《远法师抗诏事》。在《广弘明集》版本义不清时引用《慧远传》版本。

④ 相关内容，参见汤用彤《汉魏两晋南北朝佛教史》，第 382 页。〔日〕野村耀昌：《周武法难的研究》，第 219—234 页。〔日〕镰田茂雄：《中国佛教通史（第三卷）》，第 472—474 页。

风格不同的两种佛教通史，还是关于周武法难的专著，在对《远法师抗诏事》的分析中，都缺乏对这场辩论本身的关注，这场论辩只是作为"北朝灭佛""周武法难"这一历史事件确实存在的一个证据而被提出、被解释的，其具体内容却始终没能得到应有的关注。事实上，论衡类文献因"论辩"而具有特殊之处。这种特殊性体现在两个方面。其一就是在"往复"的过程中，论辩双方受到情绪的影响，往往会发生"理论位移"。其二是为了取得"论辩"的胜利，论者立论时考虑的不仅仅是理论的清晰、论据的有力，还有论证本身的"穿透性"。这一点在现场辩论中体现得更为明显。因此，我们在分析论衡类，尤其是记录现场辩论的文献时，一定要重视"形式的内容"，而不是想当然地对文献进行化约，将原本由论辩策略决定的内容，基于解读者的偏好进行"主题化"，完全忽视"论辩策略"这一"形式"中所蕴含的丰富内容。

细读《远法师抗诏事》将不难发现，净影慧远原本可以从佛教典籍中举出众多"佛陀之言"作为论据回应北周武帝，但他却绕道六经儒教的"经教宗庙"，用"文质论"这一明显源出华夏、属于经学的思维方式作为论证佛教"经像图塔"存在必要性的致思理路，其原因在于北周武帝明确指出，在"道"的层面，三教都有不足，但作为教化，六经儒教是有效的，因此净影慧远选择了一种"以子之矛攻子之盾"的论辩策略——从佛教的传统看，这正是《中论》的辩论风格：从论敌立论的前提出发，揭示论敌致思理路中自相矛盾之处。不能了解这一点，就不能理解净影慧远为何会如此"曲折"地说明一个原本可以用佛教"常识"来进行回答的问题。净影慧远如此立论正是为了能够在辩论中

"制胜"。与此相关，如果脱离论辩的语境，对北周武帝在论辩时以"外国之教"定位佛教来看，似乎北周武帝又重新开启了"夷夏之辨"的论域。事实上，北周武帝提出"外国之教"的说法与"民族主义"意义上的"夷夏之辨"几无相关，只是为了限制净影慧远在论辩中不加限制地以经学"类比"佛教。通过前文对《夷夏论》的分析也不难发现，虽然名为《夷夏论》，但顾欢提出的核心议题是具有普遍主义潜质的文明在跨地域传播时的有效性问题，而非文化、文明的民族性问题。回到文献的"形式"，进而在文献所处的历史文化情境中对其内容进行系统性的、而非片段的、点状的分析，是笔者面对史料时的基本态度。只有在史料本身的叙述脉络之中对意义片段进行分析，才能明确其内涵而不至于造成过度解读甚至"厚诬古人"的情况；只有在历史文化的脉络之中理解史料中涉及的具体观念，才能确定史料中的思想究竟是否具有超越时代的原创性，抑或只是对某一思想文化传统的继承与运用，唯有如此，才能对某一思想观念的历史地位作为恰切的评价。一旦跳出后世学者在佛教、道教、儒家之间人为建构起的"壁垒"，不难发现，三教之徒共享着一个影响巨大的经史传统。[1]

据《远法师抗诏事》记载，北齐承光二年（577）春，北周武帝东征荡平北齐政权，入邺后，命"前修大德并赴殿集"讨论教化的废立问题。在此之前，北周已于建德三年（573）五月"断佛、道二教，经像悉毁，罢沙门、道士，并令还民，并禁诸

---

[1] 对于佛教史研究中存在的将三教"实体化"并进行脱离历史文化语境的"构拟"的现象，罗伯特·沙夫有详细的论述，见 Robert H. Sharf, *Coming to terms with Chinese Buddhism*. Honolulu: University of Hawaii Press, 2002, pp. 12–27。

淫祀，礼典所不载者，尽除之"①。至北周武帝克齐，北周已执行禁断佛道的政策四年。② 在这样的背景之下，北周武帝意在原北齐的境内推行相同的教化政策。前文我们已经提及，北周武帝在北周教化政策的制定过程中，进行了多次咨议，讨论佛道优劣、三教先后，从北周武帝天和四年（569）初次在御前讨论释老义，至建德三年（574）正式禁断佛道，前后历时四年，共六次讨论三教问题③。因此，在北齐境内推行相同政策之前，北周武帝仍召集相关人士进行讨论。

在《远法师抗诏事》的记载中，只说"前修大德并赴殿集"，并未说明参与这次集会的具体人员构成。在北周武帝阐述了自己禁断佛道的理由之后，《远法师抗诏事》中又有"于时沙门大统等五百余人"的记载，由此可知"前修大德"的人数规模达五百余人之众，但除此之外，并未提供关于人员构成的更多信息。在《续高僧传·慧远传》中也记载了这场论辩，在述及"沙门大统"时，直言"沙门大统法上"④。据《续高僧传》卷八《法上传》的记载，在北齐的僧官制度中，"天保之中，国置十统。有司闻奏，事须甄异。文宣乃手注状云：上法师可为大统，余为通统"⑤。"另据《续高僧传》卷八《法上传》，他在'魏齐二代，历为统师'，'纲领将四十年'，北周大象二年（580）卒，年八十六岁，从齐亡的577年上推四十年，大约在东魏天平四年（537）左右就开

---

① ［唐］令狐德棻等：《周书》卷五《武帝纪上》，第85页。
② 对于北周武帝灭佛过程、动机的全面研究，可以参考〔日〕野村耀昌《周武法难的研究》。
③ 〔日〕野村耀昌：《周武法难的研究》，第145—186页。
④ ［唐］道宣：《续高僧传》卷八《道安传》，《大正藏》第50册，第490页中。
⑤ ［唐］道宣：《续高僧传》卷八《法上传》，《大正藏》第50册，第485页下。

始任沙门统了。"这就意味着，在公元577年参与这场庭前论议的"大统"，确系法上无误。①

从《远法师抗诏事》的记载以及北周在此前已经推行的政策来看，北周武帝意图在北齐推行禁断佛道二教的政策，但从相关记载中出场的人物来看，似乎只有佛教徒，并无道教徒，这与发生在北周境内的六次讨论中，佛、道二教人士充分参与的情形大不相同。②即使这次廷议只是"走走形式"，北周武帝也必不至于在涉及禁断佛道的廷议中，置道教人士于不顾。一种可能的解释是，由于北齐文宣帝时推行"禁断李老"的政策，此时原北齐境内需要禁断的只有佛教。但是，北齐文宣帝下诏禁断李老的记载只见于《广弘明集》，包括正史在内的其他文献均未有记载，甚至佛教内部对此事的真伪也有异议。③因此有必要从北齐僧官制度的角度，对这一问题略加说明。"北齐尊崇佛法，继承北魏僧官制度，置署设官，仍立'昭玄寺'为中央僧署，昭玄寺并不隶属于其他任何官署，所设僧官直接听命于皇帝，统管佛教和道教事务"④，尤其是在北齐文宣帝禁毁道教之后，道教事务中的宗教部分，被正式纳入昭玄寺的管理范围。⑤因此，虽然《远法师抗诏事》的记载中并未出现有关五百大德详细构成的说明，但昭玄

① 谢重光：《中古佛教僧官制度和社会生活》，商务印书馆2009年版，第74—75页。
② ［唐］令狐德棻等：《周书》卷五《武帝纪上》，第83页："集群臣及沙门、道士等，帝升高座，辨释三教先后。"
③ 关于北齐禁断道教详细说明，见刘林魁《北齐文宣帝高洋废除道法考论》，《宗教学研究》2011年第2期。
④ 刘康乐：《北朝国家道教管理制度略考》，《周口师范学院学报》2012第6期。
⑤ 同上。刘康乐还指出，在北齐中央的官署制度中，由太常寺崇虚局管理道教财务，由鸿胪寺僧祈部管理佛教财务。除财务之外，佛道二教的事务均由昭玄寺管理。

寺大统法上的在场，提示我们注意这场论辩人员构成的合理性。进而言之，在面对这一文献时，既不能因《远法师抗诏事》是来自佛教的记述就从"立场"出发推定佛教史传记事不公，也不能从研究者本人对政治、权力的想象出发，对这场讨论本身的合理性进行"定性"。

一、造像猥滥：北周武帝毁经灭像的时代背景

据《远法师抗诏事》记载，北周武帝阐述禁断佛道的理由如下：

> 朕受天命，宁一区宇，世弘三教，其风逾远，考定至理，多愆陶化，今并废之。然其六经儒教，文弘政术，礼义忠孝，于世有宜，故须存立。且自真佛无像，遥敬表心，佛经广叹，崇建图塔，壮丽修造，致福极多，此实无情，何能恩惠？愚人向信，倾竭珍财，徒为引费，故须除荡。故凡是经像，皆毁灭之。父母恩重，沙门不敬，悖逆之甚，国法不容，并退还家，用崇孝始。朕意如此，诸大德谓理何如？[①]

北周武帝对三教的评价，是从"道"与"术"两个层面展开的。从"道"的层面说，北周武帝认为经学、佛教、道教虽然都源远流长（"其风逾远"），但从"考定至理"的角度看，三教都未能达到尽善尽美的程度，都存在弊病（"多愆陶化"），故而从"道"的角度看，应该"并废之"。为了深入理解北周武帝的致思

---

① ［唐］道宣：《广弘明集》卷十《周祖平齐召僧叙废立抗拒事》，《大正藏》第52册，第153页中。

理路，我们必须对"考定至理"究竟应作何理解加以说明。建德三年（574）设立通道观之诏令中的一段记述，反映出北周武帝对"道"的理解：

> 至道弘深，混成无际，体包空有，理极幽玄。但歧路既分，派源逾远，淳离朴散，形气斯乖。遂使三墨八儒，朱紫交竞；九流七略，异说相腾。道隐小成，其来旧矣。不有会归，争驱靡息。①

所谓"至道弘深，混成无际，体包空有，理极幽玄"，意味着北周武帝也认同"道无所不适"的真理观，但各家对道的继承与发展本就各有侧重，随着时间的推移各家内部进一步分化，越发乖离真道之本然。正是对学术发展的源流抱持这样一种认知，北周武帝才会因"考定至理"而作出三教应该一并废弃的判断。如果继续在这一层面讨论三教问题，就会陷入在"真理"论域中讨论三教的泥沼无法自拔。北周武帝对此有明确的认识，因而将三教存废——也即三教优劣——的问题引向"教化"论域进行讨论。北周武帝明确指出，三教之中，"六经儒教"②须要继续留存，理由在于经学教化"文弘政术，礼义忠孝，于世有宜"③，也即经学教化对于政治、社会而言具有积极作用，因此须要保留。从北周武帝的理据中自然可以分析出实用主义的内涵，但还应注意这

---

① ［唐］令狐德棻等：《周书》卷五《武帝纪上》，第 85 页。
② ［唐］道宣撰：《广弘明集》卷十《周祖平齐召僧叙废立抗拒事》，《大正藏》第 52 册，第 153 页中。
③ 同上。

样一个事实：北周武帝对三教的评价，与《夷夏论》《二教论》一样，都是在现实教化的论域中展开的。不同之处在于，在北周武帝的理解中，针对生活世界的教化，仅有一种即可。暂置思想纷争背后的政治角力不论，这种教化政策的深处，其实是对这样一种信念的认同，即施行多种教化，也即为社会提供多种价值判断标准、生活行为规范，容易造成民众在认识理解、实践活动中的混乱。更能说明北周武帝这一心态的证据，仍然来自设立通道观的诏令：

在这则诏令中，可以明确看出北周武帝对于"一道德以同俗"[①]的希冀："'不有会归，争驱靡息''并宜弘阐，一以贯之'。"[②]同时也表明了他对三教纷争的厌恶："三墨八儒，朱紫交竞；九流七略，异说相腾。"[③]北周武帝将历史上"孔墨之后，儒分为八，墨离为三"[④]，以及班固、刘歆各自提出新的学术标准"九流""七略"等事件视为"乱象"，因此才会以"朱紫交竞""异说相腾"来评价这些重要的学术史事件。"三墨八儒"是对《韩非子·显学》中"儒分为八，墨离为三"之说的化用。但是，设立通道观的诏书中虽然只化用了四字，实则是在征引《韩

---

① ［清］孙希旦撰：《礼记集解》，第361页。
② ［唐］令狐德棻等撰：《周书》卷五《武帝纪上》，第85页。
③ 同上。
④ "故孔、墨之后，儒分为八，墨离为三，取舍相反不同，而皆自谓真孔、墨；孔、墨不可复生，将使谁定后世之学乎？孔子、墨子俱道尧、舜，而取舍不同，皆自谓真尧舜；尧、舜不复生，将使谁定儒、墨之诚乎？殷、周七百余岁，虞、夏两千余岁，而不能定儒、墨之真，今乃欲审尧、舜之道于三千岁之前，意者其必不可乎！无参验而必之者，愚也；弗能必而据之者，诬也。故明据先王，必定尧、舜者，非愚则诬也。诬愚之学，杂反之行，明主弗受也。"［清］王先慎撰：《韩非子集解》卷十九《显学》，中华书局1998年版，第457页。

非子》的观点。在《显学》中，韩非对于以儒墨分化为代表的学术纷争，并未给予积极评价，认为这些"皆自谓真尧、舜"①并行于世的学说是"愚诬之学，杂反之行"②，对于这些各执一词、争持不下的学术，"人主兼而礼之"③，将导致非常严重的后果："自愚诬之学、杂反之辞争，而人主俱听之，故海内之士言无定术，行无常议。夫冰炭不同器而久，寒暑不兼时而至，杂反之学不两立而治。今兼听杂学谬行同异之辞，安得无乱乎！"④从法家的立场看，同时采纳不同的教化策略，只会造成社会混乱，无益于为政治世。将《韩非子·显学》的内容与北周武帝诏书相比，不难发现二者在面对思想纷争问题上的态度具有高度的一致性。⑤

不唯如此，在北周禁断佛道之前五年撰成的《二教论》中，道安在回应"六艺之教与道教应该并存"的观点时，也秉持了相近的立场：

　　　若派而别之，则应有九教；若总而合之，则同属儒宗。论其官也，各王朝之一职；谈其籍也，并皇家之一书。子欲于一代之内，令九流争川；大道之世，使小成竞辩，岂不上伤皇极莫二之风，下开拘放鄙荡之弊？真所谓巨蠹鸿猷，眩

---

① ［清］王先慎：《韩非子集解》卷十九《显学》，第 457 页。
② 同上。
③ 同上书，第 458 页。
④ 同上。
⑤ 关于学术思想纷争的性质以及可能引发的后果，法家态度鲜明地表示反对："是以天下之众，其谈言者务为辩而不周于用，故举先王言仁义者盈庭，而政不免于乱；行身者竞于为高而不合于功，故智士退处崖穴，归禄不受，而兵不免于弱。政不免于乱，此其故何也？民之所誉，上之所礼，乱国之术也。"［清］王先慎：《韩非子集解》卷十九《五蠹》，第 451 页。

曜朝野矣。[1]

道安所谓"子欲于一代之内,令九流争川;大道之世,使小成竞辩",与庐山慧远《大智论钞序》中"令正典隐于荣华,玄朴亏于小成,则百家竞辩,九流争川"[2]之语类似,可能是对庐山慧远的化用,意指多种思想纷争实则不利于正道的彰显与传播。道安认为同时推行儒、道两种教化是"巨蠹鸿猷,眩曜朝野",即大奸大恶之人,行惑乱天下之实。

虽然在分析北周武帝通道观诏书时,笔者以《韩非子》的相关内容说明北周武帝对思想纷争的态度,但这种统一思想、行为轨范的信念却不独是法家所有的。在经学教化中,也有类似思想,如《礼记·王制》就有"一道德以同俗"之说。对于"一道德以同俗",郑玄无注,孔颖达疏曰:"道,履蹈而行,谓齐一所行之道,以同国之风俗。"[3]在《礼记集解》中,"一道德以同俗"的涵义被更加清晰地诠释出来:"恐其入于邪,则一道德以同之,使学术归一,而不敢异向。"[4]需要说明的是,经学强调的"齐一"不是说要在传播问题上"禁绝"不同的思想,而是在国家教化政策的制定、推行时,采取"单一教化"的策略。因此可以说,在政教的路径上儒、法选择不同,但在"统一教化"这一点上却有着相似的认知。对于意在统一北方乃至天下的北周武帝而言,需

---

① [唐]道宣:《广弘明集》卷八《二教论》,《大正藏》第52册,第137页上。
② [南朝梁]僧祐:《出三藏记集》卷十《大智论钞序》,《大正藏》第55册,第76页中。
③ [汉]郑玄注,[唐]孔颖达疏:《礼记正义》,第405页。
④ [清]孙希旦:《礼记集解》,第362页。

要确保国境之内上下同欲，而不是处士横议、民心涣散。北周武帝生平中仅有的两次"亲讲"，讲论的文本都是《礼记》。据《周书·武帝纪》记载，天和元年，"五月庚辰，帝御正武殿，集群臣亲讲《礼记》"①；天和三年八月，"癸酉，帝御大德殿，集百僚及沙门、道士等亲讲《礼记》"②。从"亲讲"的仪式、效果来看，北朝诸帝对经学的理解不深，③北周武帝与净影慧远的往复论辩也证实了这一点，尤其是在涉及"七庙之像"④的相关讨论中，北周武帝不仅对"宗庙"之于"宗法制度"乃至经学的重要性不甚理解，对于"祭如在"⑤这种最基本的祭义也没有太多了解。虽然对于北周武帝对《礼记》究竟有多深的了解再无更多的证据，但还是不能忽视《礼记》中某些核心篇目如《王制》可能对北周武帝为治观念产生的影响。

在完成了"真理"论域内三教皆有缺陷、"教化"论域中

---

① ［唐］令狐德棻等：《周书》卷五《武帝纪上》，第 72 页。

② 同上书，第 75 页。

③ "显然，仪制设计者希望通过这种空间位次的变化帮助君主回到讲经礼的核心位置，但在学宫这一特殊的空间中，'弟子'端居上席，这显然悖离了《礼记·学记》所言经义。从汉明帝到北魏孝明帝、出帝再到北齐，君主从侃侃而谈的主讲者变为抚掌嗟善的旁听者，再变为端居尊位的聆教者，君主经学素养的下降与其皇权意识的强化，使得讲经礼的仪制逐渐走向扭曲。然而，尽管这一仪制既不合汉魏故事，又有悖经义，但在北魏、北齐施行有年，故至唐代乃延为定法。……晚周儒生以学宫抗衡王权的理想也就此作古。"程苏东：《北魏经学制度三论》，《清华大学学报》（哲学社会科学版）2020 年第 6 期。

④ ［唐］道宣：《广弘明集》卷十《周祖平齐召僧叙废立抗拒事》，《大正藏》第 52 册，第 153 页中："远曰：若以形像无情，事之无福，故须废者，国家七庙之像，岂是有情而妄相尊事？……（帝答曰：）七庙上代所立，朕亦不以为是，将同废之。"

⑤ ［清］刘宝楠：《论语正义》，第 98 页。《礼记·祭义》中对"祭如在"有详细说明，在此仅举一例说明，如"文王之祭也，事死者如事生"。见［清］孙希旦《礼记集解》，第 1211 页。

"六经儒教"有效的说明后，北周武帝对禁断佛教提出了两条具体理由：1. 经像图塔无用；2. 出家不孝。有关"出家不孝"，本书第六章将进行集中说明，此处不再赘述。从整场论辩来看，双方讨论的核心在于"经像图塔无用"，因此在本章的讨论中搁置"出家不孝"也是合理的。北周武帝在阐述"经像图塔无用"时，立论的依据不是外在于佛教的，而是来自佛教内部的"真佛无像"之说。这并非北周武帝自出机杼，而是源自佛教自身的传统，即"法身真佛，无形无相"[①]。与《广弘明集》版的记录稍有不同，《慧远传》版本"真佛无像"之后还有一句"则在太虚"[②]，这也进一步确证了北周武帝就是在"法身佛"的层面讨论佛相问题。对于这一论据，慧远也并不否认，故而在回应时先说"诏曰：'真佛无像'，诚如天旨"[③]予以认可。从"真佛无像"这一论据出发，北周武帝认为对佛教而言，合理的信仰方式是"遥敬表心"[④]，甚至在回应慧远时又提出"虚空真佛，咸自知之，未假经像"[⑤]之说，意在突出信仰的内在性。秉持这一强调信仰内在性的思路，北周武帝进一步指出，因为塔庙、经像等物质形态的崇拜对象并无感应之能力（"此实无情"），并不是真正的信仰对象，修造、崇拜并不能致福，因此不是必须的。北周武帝指出在道的层面三教皆有偏失，因此从理论上讲都不应该再行推广。但不再推广，是否意味着要毁坏已有的教化之具？未必。在北魏太武帝

---

① 佚名：《维摩经钞》，《大正藏》第 85 册，426 页下。
② ［唐］道宣：《续高僧传》卷八《道安传》，《大正藏》第 50 册，第 490 页上。
③ ［唐］道宣：《广弘明集》卷十《周祖平齐召僧叙废立抗拒事》，《大正藏》第 52 册，第 153 页中。
④ 同上。
⑤ 同上。

灭佛时，太子拓跋晃就曾建议太武帝，不必大费周章地拆毁经像图塔，长期废置听任自然毁坏即可，[①]同样的问题也适用于北周武帝的政策。因此，北周武帝在理论层面否定了佛道二教存在的必要性之后，还要进一步否定现实中存在的教化之具的必要性，故而有此议论。

事实上，从南北朝末期流行的某些被归为"疑经伪撰"的佛教典籍中，不难看出作为功德佛教重要实践方式的造像、建寺、写经等信仰实践已成猥滥之势。形成于南北朝末叶的《如来在金棺嘱累清净庄严敬福经》中记载：

> 当来末劫五浊恶世，四众、善男子、善女人等所写经造像直欲解愿，所有匠手觅财。不取上胜贤善之人，直取不识法相者以为匠。饮酒、食肉、五辛之徒，不依圣教，虽写经如微尘数，造像为微尘数，其福甚少，盖不足言。[②]

南北朝末期写经造像中存在的问题，其一是写经造像的商业化，其二是写经造像态度粗糙草率，而"这两种问题在六世纪北方造像活动中均已暴露出来"[③]。如此看来，北周武帝强调

---

① ［唐］道宣：《广弘明集》卷二《击像焚经坑僧诏》，《大正藏》第 52 册，第 135 页下："时恭宗为太子监国，素敬佛法，频上表，陈刑杀沙门之滥，又非图像之罪，今罢其道，杜诸寺门，世不修奉，土木丹青，自然毁灭。"另见［北齐］魏收撰《魏书》卷一百一十四《释老志》，第 3034："时恭宗为太子监国，素敬佛道。频上表，陈刑杀沙门之滥，又非图像之罪。今罢其道，杜诸寺门，世不修奉，土木丹青，自然毁灭。"

② 侯旭东：《如来在金棺嘱累清净庄严敬福经》，《藏外佛教文献》第四辑，宗教文化出版社 1998 年版，第 380 页。

③ 同上书，第 391 页。有关造像猥滥与僧团整肃的分析，见侯旭东《佛陀相佑——造像记所见北朝民众信仰》，第 279—288 页。

佛教信仰活动的内在性，批判业已形成的对物质形态的崇拜对象——经像图塔——过度消费的不良风气，并非空穴来风，断以一己之见，一定程度上反映了社会舆论对于功德佛教过度关注经像图塔等物质形态的崇拜对象、忽视信仰内在性的普遍看法。

回顾北周武帝给出的禁断佛道二教的理由，从"道"的层面看，三教都有不足，都只是分有了"道"的一部分，且经过长期发展，三教内部也存在着严重的分化，这种分化导致的"社会后果"，是在使整个社会价值取向多元化的同时，个体陷入价值选择、行动决策的困难，违背王道政治"一道德以同俗"的政教理念。但六经之教长久以来发挥了安定社会、稳定人心的作用，其效验得到了证明，因此必须予以保留。北周武帝的这一论述提示我们注意这样两个问题。其一，在"政教"论域中讨论三教问题时，北周武帝的着眼点在于"效验"，似乎与顾欢《夷夏论》将佛道关系置于"教化"论域以"效验"为评判依据并没有什么不同，但北周武帝与顾欢理解中的"效验"内涵却完全不同。在顾欢的理解中，以"教化"适应"风俗-人情-嗜欲"的能力作为评价"效验"的标准，虽然从理论上说，适应风俗、人情、嗜欲的教化应该会取得好的教化成果，但这只是一种应然，未必是现实中的实然。北周武帝虽然也在"教化"论域中讨论三教，但其考虑的"效验"则是实然层面的。简而言之，顾欢乃至道安在"教化"论域中引入"效验"讨论三教关系时，理论的着眼点在于教化与现实的匹配程度；北周武帝"教化"论域的着眼点，则在于教化实施后的实际社会效果。其二，三教之中只有"六经儒教"有助王化，这也就意味着佛道二教无益于国家、社会的发展。北周武帝没有直接说明这一层意思，而是直接转入对佛教有效崇拜方式的讨论，看似是在争论信仰的方式问题，实则是希望以佛教的理论资源，解构当时流行的经像图塔崇拜。原因在于，凡此种种崇拜方式不仅没有为社会资源提供增量，反而耗费巨大。同时，出家还造成了社会的不安定。总结而言，北周武帝理解中有效的教化，其"效验"在于增加社会财富的积累、保持社会的安定。在他的眼中，佛道二教并没有实现凡此种种目标的能力。

二、文质论视域中经像图塔存在的必要性

对北周武帝的这些指责，慧远与北周武帝进行了十数论往复辩论，总结而言共有三个主题：其一是经像图塔存在的必要性；其二是出家不碍孝行；其三是以"法灭尽"类经典为依据评价北周武帝的教化政策。本节讨论的重点在于经像图塔存在的必要性。在往复论辩中慧远采取了一个有效的论辩策略，即以儒家教化中与经像图塔类似的教化之具为论据，反驳北周武帝对经像图塔的批评。由于六经之教是北周武帝在诏命中正式承认的，故而北周武帝如果批评慧远所引用（或类比）的经学内容，将陷入自相矛盾的境地。为了摆脱这种被动，北周武帝在慧远"七庙之像"的提问之后并未作答，而是以"外国之法"[1]为论据，以解构慧远以儒家类比佛教的合理性，慧远进而对这一问题作出了回应。

---

[1] ［唐］道宣撰：《广弘明集》卷十《周祖平齐召僧叙废立抗拒事》，《大正藏》第52册，第153页中。

　　面对北周武帝对经像图塔存在之必要性的质疑，以及经像图塔崇拜耗费社会资源却不能致福的指责，慧远并未对耗费资财这一点进行回应，而是将重点放在了对经像图塔存在之必要性的说明上。为了说明这个问题，慧远选择了这样一项策略，即以北周武帝所认可的六经之教中的"经籍""宗庙"类比"经像图塔"，通过说明经籍、宗庙之于六经之教的必要性，阐明经像图塔对于佛教的必要性，进而反驳北周武帝"经像图塔"无用之说。事实上，慧远依傍经学立论，不仅仅是举出相似的教化之具，而是以经学教化在"内容与形式"问题上的基本思考框架，作为自己辩论的基本思路。这一基本框架，就是经学（尤其是礼学）的"文质论"框架。

　　慧远之所以选择了用"文质论"的思路回应北周武帝，原因在于他所面对的是一个"论辩"场域，故而选择的"论辩"思路是比附六经之教论证佛教的正当性。否则，佛教典籍中明明存在着大量有关经像图塔之于信仰重要性的内容，慧远在回应时一律未加引用，却取道六经之教的文质论，实在难以理解。正是因为北周武帝承认经学，慧远才决定采取比附经学的论辩策略。这就提示我们注意这样一个问题，即在面对这场辩论时，为了厘清双方的致思理路，确实需要对问题、论证进行适当化约，但这种化约必须控制在不"害义"的范围之内，不能只针对史料的内容进行"主题化"的研究而忽视了其"文体"的意义。正如陆扬提示的，我们必须要留意史料本身的叙事策略。[①] 更进一步

---

① 陆扬：《解读鸠摩罗什传：兼谈中国中古早期的佛教文化与史学》，《中国学术》第二十三辑。

说，在慧远立论时，最重要的恰恰是"形式"而不是"内容"，是慧远选择的论辩策略（形式），决定了他对"论据"（内容）的选择。①

如果慧远在回应北周武帝时以佛教内部的理据立论，在北周武帝不认可"佛说"之权威性的前提下，无法展开讨论。因此慧远选择在"教化"论域中，以经学的"文质论"框架进行回应。慧远第一次回应北周武帝时，明确指出"耳目生灵，赖经闻佛，借像表真"②，意即考虑到教化对象的现实，必须要有经像辅助教化，力图与北周武帝在同一论域内展开讨论，就"教化"论"教化"。北周武帝以"虚空真佛，咸自知之，未假经像"作为回应，慧远敏锐地捕捉到"咸自知之，未假经像"存在的漏洞，旋即以经学的理论资源作为论据展开反驳。这一漏洞就是：即便真理内在于人的本性，是否不需要经过圣人的启发就能自知？换言之，人道就在日用常行中，不假教化是否就能自行实现？顺着这一思路，慧远给出了下面这则回应：

> 远曰：若不借经教自知有法者，三皇已前，未有文字，人应自知五常等法，当时诸人，何为但识其母不识其父，同于禽兽？③

---

① 〔美〕海登·怀特：《形式的内容：叙事话语与历史再现》，董立河译，文津出版社 2005 年版，第 60 页："叙事并不显示，并不模仿……它的功能也不是去'再现'，而是要去建构一种景观。"
② 〔唐〕道宣：《广弘明集》卷十《周祖平齐召僧叙废立抗拒事》，《大正藏》第 52 册，第 153 页中。
③ 同上。

在慧远所引的这段文字中，最值得关注的是"识其母不识其父，同于禽兽"之说。在经史传统中，"知母不知父"是一个典型的"思想史事件"①。"知母不知父"曾出现在《庄子·盗跖》《亢仓子》《路史》《商君书》《吕氏春秋》《论衡》《白虎通》等九部不同时代的著作中，解读也各不相同。②慧远在此称引"知母不知父"，实则是在引述《白虎通》中的内容：

> 古之时，未有三纲六纪，民人但知其母，不知其父。能覆前而不能覆后。卧之詓詓，行之吁吁，饥即求食，饱即弃余，茹毛饮血，而衣皮革。于是伏羲仰观象于天，俯察法于地，因夫妇，正五行，始定人道。画八卦以治下，下伏而化之，故谓之伏羲也。③

慧远认为，人如果在没有圣王立法之前就已经知晓"五常等法"，也就不会"但识其母不识其父，同于禽兽"，这是对《白虎通》中伏羲面对"民人但知其母，不知其父"的现实因而"因夫妇，正五行，始定人道"的化用。按陈立疏证《白虎通》引《汉书·艺文志》谓："五行者，五常之形气也。"④五行与五常虽然在文字上有区别，但在慧远的行文中，就是指"人道"，这一

---

① 陈少明：《什么是思想史事件》，载陈少明《经典世界中的人、事、物》，第47—48页："确定一个事件是一般历史事件还是思想史事件，要看它是否有思想作用，具体说要看它在思想史上的实际影响，或者其所蕴含的思想价值。这一陈述意味着，可以把思想史事件分为两个类型：一个是构成思想史影响的事件，一个是有思想价值的事件。……有思想史价值的事件，则是经过反思的范畴。"

② 吴飞：《人伦的"解体"：形质论传统中的家国焦虑》，第163—166页。

③ ［汉］班固撰集，［清］陈立疏证：《白虎通疏证》，第50—51页。

④ 同上书，第166页。

点并无疑义。但是，仅仅指出文献来源，并不能说明慧远引用
"知母不知父"以回应北周武帝的确切用意。事实上，正如吴飞
提示的，在中国的经史传统中，"知母不知父"这一问题的背后，
其实是《白虎通》①以及《春秋繁露》②中的"民质朴，不教不成"
以及因顺"民质"以"设教"的问题。③

　　慧远所引"知母不知父"的命题，在《白虎通》的原文中，
伏羲"因夫妇，正五行，始定人道"，这就意味着"五常等法"
非由外铄，是人的内在本质。但是，即便五常等法是人的内在本
质，是人性的应然，但在现实生活中，"耳目生灵"④却存在种种
偏离人道的行为。人性之质虽然美善，但在现实的个体身上，却
存在不美善的情况。对这一问题，经学没有在人性善恶问题上纠
缠，而是在承认人之性中有善的因素这一前提下，强调"教"在
引导人格走向美善的过程中具有重要意义。在《春秋繁露·实
性》中，董仲舒以禾米为喻，说明"善"与"性"的关系："善
如米，性如禾，禾虽出米，而禾未可谓米也。性虽出善，而性未
可谓善也。"⑤在这种人性论的基础之上，董子指出"教化"对于
人性向善、人格养成的重要性："性待渐于教训而后能为善。善，
教训之所然也，非质朴之所能至也。"⑥但是圣王设教以教化人民，

---

① ［汉］班固撰集，［清］陈立疏证：《白虎通疏证》，第 803 页："民质朴，不教
　　不成。"
② ［汉］董仲舒著，［清］苏舆撰：《春秋繁露义证》，中华书局 1992 年版，第 313
　　页："圣人于言无所苟而已矣。性者，天质之质也；善者，王教之化也。无其
　　质，则王教不能化；无其王教，则质朴不能善。"
③ 吴飞：《人伦的"解体"：形质论传统中的家国焦虑》，第 189 页。
④ ［唐］道宣撰：《广弘明集》卷十《周祖平齐召僧叙废立抗拒事》，《大正藏》第
　　52 册，第 153 页中。
⑤ ［汉］董仲舒著，［清］苏舆撰：《春秋繁露义证》，第 311 页。
⑥ 同上书，第 312 页。

并不违背民之质。"民之质"与"王之教"之间是相辅相成的关系："无其质，则王教不能化；无其王教，则质朴不能善。"人性之"善"虽然有自然根据，但其实是教化的结果。而民之质则是"王教"的根据，没有人之质，"王教"是不可能实现的。这就涉及经学设教的"文质论"①问题。

因此圣王仰观俯察、探究天地之道，将教化落实到人的基本生存状态中，通过"因夫妇"的方式，发明五行之法、五常之道。需要说明的一点是，"知母不知父，同于禽兽"在经学的语境中，是在"礼"的范畴内被讨论的，是对礼之起源的一种说明。针对知母不知父的现实，圣王提出的因应之法就是正定夫妇之道（"礼始于谨夫妇"②）。在净影慧远的理解中，"经籍"存在的必要性并不在"经籍"本身，而是"圣人"。"经籍"只是圣人的教化之具，因此慧远立论专从"圣之为圣"入手，而并不讨论"经籍"，③可谓有识。净影慧远的这一论证思路也出现在《荀子·儒效》中。④"诵经的目的不仅在于掌握这些具体的知识与仪式，更在于从中体察'圣人'之心，进而臻于'道'境。非'圣'无以明'道'，非'经'则无以明'圣'，'圣人'成为沟通'道'与普通人之间的'管道'，而《诗》、《书》、礼、乐、《春秋》等经典则是这一'管道'的具体载体。……在这样的逻辑体系中，'圣人'成为经典的旨意所'归'。"⑤从论证的有效性

---

① 吴飞：《人伦的"解体"：形质论传统中的家国焦虑》，第189页。
② ［清］孙希旦：《礼记集解》，第759页。
③ ［唐］道宣：《广弘明集》卷十《周祖平齐召僧叙废立抗拒事》，《大正藏》第52册，第153页中。
④ ［清］王先谦：《荀子》卷四《儒效》，中华书局1988年版，第133页："神固之谓圣人。圣人也者，道之管也。天下之道管是矣，百王之道一是矣。"
⑤ 程苏东：《从六艺到十三经——以经目演变为中心》，第91页。

来看，北周武帝虽然强调要从"教化"这一论域讨论问题，但在阐述禁断佛教的理由时，却专在"道"的可能性上立论，即便佛性是人所"咸自知之"的，但也只是可能，不是现实。将佛性从可能转化为现实，需要加以有次第的引导，这正是皈依三宝的意义所在。和北周武帝相比，慧远才是真正在"教化"的角度立论，以文质论说明现实中"教化"的内涵与结构。

在论证了"经籍"对于"教化"的不可或缺之后，慧远又以六经之教中极其重要的"宗庙"为论据，以说明"图塔"对于教化的重要性。身份不同，庙制不同，"天子七庙"是一个经学常识，并非我们所要讨论的关键。关键在于，"宗庙"这一物质形态所承载的，是"宗法制度"。[①]宗法制度所传递的，正是亲亲、尊尊的价值准则。[②]宗庙与宗法制度之间的本质关联，正是慧远强调宗庙"无情"但仍需"尊事"的理由之所在，是其立论的前设。基于同样的理据，当北周武帝说出"七庙上代所立，朕亦不以为是，将同废之"之后，慧远直指其荒谬之处："又以七庙为非，将欲废者，则是不尊祖考，祖考不尊，则昭穆失序；昭穆失序，则五经无用。前存儒教，其义安在？"[③]废宗庙就是废尊尊、

---

① "宗，本义就是宗庙。……宗庙是最能体现宗法关系的场所。宗法的目的本是确定有继承权的嫡长子与众子之间的关系，而这种关系又是通过与祖先的关系，尤其是通过对祖先的祭祀来确定。"曾亦：《儒家伦理与中国社会》，第 90 页。"宗族建设，其核心在于宗庙。宗庙本为祭祀祖先之所，然借此以聚合有共同血亲之族人，并处理与宗族相关之一切事务。"同上书，第 93—94 页。"宗法与丧服，构成了古代社会最为基本的两项制度。宗法之旨在抟聚族人，而丧服之旨则在使族人有亲疏之差等也。宗法于亲亲关系中确立尊尊之义，而丧服则于尊尊之等中标明亲亲之情。"同上书，第 67 页。

② 曾亦：《儒家伦理与中国社会》，第 2 页。

③ ［唐］道宣撰：《广弘明集》卷十《周祖平齐召僧叙废立抗拒事》，《大正藏》第 52 册，第 153 页中—下。

亲亲之原则,就是废弃强调爱敬兼有的孝道,就是废弃儒家之教,使民人复为禽兽。慧远在"经像图塔"这一部分的论辩中展示出对经学深蕴的理解。

在讨论三教存废问题时,明确表示,决定三教存废的依据是教化的现实效用,而唯一有效的就是六艺之教。[①]慧远敏锐地把握住这一点,在关于"经像图塔"存在之必要性的问题上,避开了北周武帝"倾竭珍财,徒为引费"的理据,转而从北周武帝认可的儒家之教中"经籍""宗庙"存在的必要性,说明佛教"经像图塔"存在的必要性,可谓"以子之矛攻子之盾"。北周武帝似乎也察觉到了这一点,因此在论辩的过程中,以"佛经外国之法,此国不须,废而不用"[②]立论,看似重启了三教论衡中由来已久的"夷夏"原则,但事实上北周武帝的本意不是为了以"夷夏之辨"讨论佛教作为教化的合理性,而是为了限制净影慧远在经学与佛教之间的恣意类比。

针对北周武帝"佛经外国之法"的指责,慧远以孔子之教行于秦晋为例加以反驳:

> 远曰:若以外国之经,非此用者,仲尼所说,出自鲁国,秦晋之地亦应废而不行。[③]

慧远在这一轮回应中,确实有诡辩之嫌,将北周武帝在"中国四夷"意义上所说的"外国",置换为中夏诸侯国意义上的

---

① [唐]道宣:《广弘明集》卷十《周祖平齐召僧叙废立抗拒事》,《大正藏》第52册,第153页中。
② 同上。
③ 同上。

"外国"。北周武帝明确指出这两种不同意义层面的"外国"，区别在于"鲁邦之与秦晋，封域乃殊，莫非王者一化，故不类佛经"[①]。除此之外，慧远所谓"仲尼所说，出自鲁国，秦晋之地亦应废而不行"的说法，在经学上也是难以成立的。儒家之学与诸子之学的本质区别，在于儒家之教、孔子之教本就是对宗周礼乐文明的完整继承，原本就是一整套施行于天下的政教制度，因此无所谓鲁与秦晋之别，即使面对地理风俗的差别，也有调整、适应风俗的方法原则。即便是诸子之学，在立论时也并未将自己定位为一种"地方性知识"[②]。

在北周武帝指出了恣意以经学类比佛教存在引喻失义的问题之后，慧远又紧扣"王者一化"[③]这一标准进行类比：

> 若以秦鲁同遵一化，经教通行者，震旦之与天竺，国界虽殊，莫不同在阎浮四海之内，轮王一化，何不同遵佛经而今独废？[④]

---

① ［唐］道宣：《广弘明集》卷十《周祖平齐召僧叙废立抗拒事》，《大正藏》第 52 册，第 153 页下。

② 赵汀阳为我们理解古人思想的"起点"提供而一个有益的视角："任何思想就其本身而言，都以人的一般身份去思想，而思想对象也被设定为人所共有的普遍问题。因此前现代的人不会专门为本地而思想，各地思想代表的都是一般概念的人，而不是某地之人，所有地方都被视为同样的世界。……古希腊人从不怀疑他们的哲学是普遍的，先秦人也相信其思想是天经地义。所有特殊标签都是现代的粘贴，其根源或可追溯至基督教的兴起，基督教自我定位为普世教，于是所有'异教'文化就被定义为地方性的。"赵汀阳：《中国哲学的身份疑案》，《哲学研究》2020 年第 7 期。

③ ［唐］道宣：《广弘明集》卷十《周祖平齐召僧叙废立抗拒事》，《大正藏》第 52 册，第 153 页下。

④ 同上。

慧远以"轮王一化"替换"王化"立论，从中我们看到了与《夷夏论》论衡中僧敏《戎华论》以佛教行于"天地"以取代王化行于"天下"① 相似的致思理路。从辩论的效果上看，北周武帝无言以对，似乎是慧远胜出，但从三教论衡的整个发展脉络来说，慧远的论辩并无新意。② 换言之，僧敏《戎华论》因拒绝佛教的"语境化"而引发的问题，同样存在慧远的论证中。同时还需要注意的是，北周武帝在论辩中重提"佛经外国之法"，并不是为了将辩论引向"民族主义"的方向，只是对净影慧远论辩方式——类比六经之教——作出限制的一种尝试。

三、末法视域中的"周武灭佛"

在论辩的最后一部分，慧远从佛教的立场出发，以佛教本有的理论资源，对北周武帝禁断佛道的决策进行了评价：

> 远抗声曰：陛下今恃王力，自在破灭三宝，是邪见人，

① ［南朝梁］僧祐：《弘明集》卷七《戎华论折顾道士夷夏论》，《大正藏》第52册，第47页中—下。

② 在此需要说明的是，现场辩论不是理论写作，不仅会在往复辩难中受到情绪影响而发生理论位移，且辩论的"成效"并不总是来自论据的系统、整全，而是来自论者捕捉论敌漏洞的敏锐程度。《远法师抗诏事》中六次出现北周武帝面对慧远的论证无言以对的情况，如果仅从论辩的角度看，慧远无疑大获全胜。但是，本书对这场论辩的研究，目的在于理解双方立论的论域与基本思路，尤其是分析其讨论的"前设"，而非论辩的技巧，因此在分析慧远与北周武帝的论证时，不免有以"后见"苛责古人的嫌疑，这并非笔者的本意，而是面对"辩论"这一在其生成时充满不确定性的文本进行理论分析时的无奈之举。对这一问题，汉地僧众不仅有明确的认知，并认为辩论在往复之间不免挟带论辩参与者个人的意气，因此有"激烈之伤纯和"的评价。语见［南朝梁］僧祐：《弘明集》卷十一，《大正藏》第52册，第72页上。

　　阿鼻地狱不简贵贱，陛下何得不怖？

　　　帝勃然作色大怒，直视于远曰：但令百姓得乐，朕亦不辞地狱诸苦。

　　　远曰：陛下以邪法化人，现种苦业，当共陛下同趣阿鼻，何处有乐可得？①

　　在理解这一轮论辩时需要留意这样两个问题：其一，慧远何以选择"阿鼻地狱"来悚动、恫吓北周武帝；其二，为何北周武帝破灭三宝，百姓"当共陛下同趣阿鼻"。为了说明这两个问题，我们必须对十六国北朝时期流行的"末法"思想加以简单说明。

　　所谓"末法"，是指佛陀灭度之后，会经历正法五百年、像法一千年和末法一万年。在正、像、末三个时期，戒律逐步松弛、僧团内部腐化，不能遵守教法与戒律的僧人大行其道，并利用包括政治权力在内的各种手段排挤如法修行的比丘，佛法因此逐渐湮没。"末法"思潮脱胎于印度佛教的"法灭"思想，是中国佛教为说明自身发展的实际而发展出的新理论，在印度佛教"正像二时教"的基础上，增加了一个持续万年的"末法"时代。②末法思潮在中国的第一次兴起，始于十六国时期的北凉，主导者是昙无谶。③在北凉享有崇高地位的昙无谶有感于佛教在北凉、北魏的现实处境，有意识地译出一批与"末法"相关的典

---

① ［唐］道宣：《广弘明集》卷十《周祖平齐召僧叙废立抗拒事》，《大正藏》第52册，第153页下。

② 刘屹：《法灭思想及法灭尽经类佛经在中国流行的时代》，《敦煌研究》2018年第1期。

③ 殷光明：《试论末法思想与北凉佛教及其影响》，《敦煌研究》1988年第2期。

籍。① 在昙无谶译出的《大集经·日密分·护法品》中，提到恶王侵夺法师财物、听信恶比丘言摒驱如法比丘，并对这种种坏乱佛法的行为将遭受的恶果进行了详细说明。② 侵夺僧团财物的恶王将三世受报，在现世遭受二十种恶果，在未来当堕落阿鼻地狱受苦，脱出阿鼻地狱之后，还将遍历三恶道中的饿鬼、畜生二道，即使脱出三恶道化生为人，也将遭受残疾之苦。③ 至于听信恶比丘之言驱逐如法比丘的国王，将"从此过于无量恒河沙劫，终不能得复受人身，无量众生得解脱已，是王犹故未能得断三恶道业"④。

值得注意的是，在《护法品》的记载中，国王并不是主动驱逐如法比丘，而是受到恶比丘的蛊惑。⑤ 这提示我们注意这样一个问题，在法灭思想中，佛法的坏灭不是源于外部压力，而是来自僧团内部的堕落。在《护法品》中并未涉及国王主动破灭佛法的内容。这是由于昙无谶并未将《大集经》完整译出，直接讨论"法灭"或者说"末法"的《大集经·法灭尽品》直到高齐时代才被那连提耶舍完整译出。自《大集经·月藏分》译出后，此经也成了南北朝末年最重要的"法灭"或"末法"典籍。⑥

在那连提耶舍译出的《大集经·月藏分·法灭尽品》中出现

---

① 殷光明：《试论末法思想与北凉佛教及其影响》，《敦煌研究》1988 年第 2 期。

② ［北凉］昙无谶译：《大方等大集经》卷三十一《日密分·护法品》，《大正藏》第 13 册，第 213 页中—216 页上。

③ 同上书，第 215 页上。

④ 同上书，第 216 页上。

⑤ 同上书，第 215 页下—216 页上："是人欺诳自他人天，如是比丘，灭解脱灯，能摧法幢，能涸法海，破说法者，能诳施主，破和合僧。"

⑥ 元永常：《南北朝時代の疑偽経における末法思想の形成》，《印度學佛教學研究》，2002 (1).

的破灭佛法的国王是旍陀罗王。[①]旍陀罗王原本一心护持佛教，但由于僧团内部的斗争，尤其是恶比丘排挤如法修行比丘，导致真正持戒修行禅定的如法住者纷纷离去，恶比丘之间的利益斗争日趋激烈。面对僧团的这种混乱局面，旍陀罗王十分恼怒，因而将恶比丘处死，并勒令出家人还俗并将之下狱。[②]虽然旍陀罗王整治僧团的起因是恶比丘横行坏乱风气，但从佛教的角度看，旍陀罗王的行为"矫枉过正"。由于旍陀罗王采取了"打害恶比丘，还俗舍法服，系闭于牢狱"[③]等一系列整治教团的行动，国王本人与其辖下国土将遭受恶果。[④]对于国王个人而言，"毁破袈裟服，自坏己国土，不久当败亡。堕在阿鼻域，受苦极长远，于是贤戒中，无脱地狱时"[⑤]。不仅当世王位将失，死后还将堕落阿鼻地狱。《大集经·月藏分·忍辱品》中也有"恶王障法眼，贪痴打比丘，如出导师血，当堕阿鼻狱"[⑥]的记载，同样强调国王不敬僧宝将堕入阿鼻地狱。

由于"剃头着袈裟，诸佛所加护，一人出家者，天人所供养。唯除诸如来，无有自在者"[⑦]。即出家人受到诸佛、天人的加持，因此对于出家人，只有如来有权处置。所谓"自在"，不是"适意"之义，而是"自行决定"之义。净影慧远谓北周武帝破灭佛法的行为是"恃王力，自在破灭三宝"，其中的"自在"与

---

① ［北齐］那连提耶舍译：《大集经》卷五十六《月藏分·法灭尽品》，《大正藏》
第 13 册，第 376 页中。
② 同上书，第 376 页中—下。
③ 同上书，第 376 页上。
④ 同上书，第 376 页中
⑤ 同上。
⑥ 同上书，第 362 页上。
⑦ 同上书，第 367 页上。

此同,即"自专自为"之义。由于出家并非仅仅是一人之事,因此"毁破袈裟服"也就意味着开罪于诸佛、天人,失去了诸佛天人的护佑,国家将天灾人祸不断:"苗稼不成熟,亢旱及水潦,鼷鼠恶象暴,自他国兵起,曜入非常宿,大地普震动,白虹妖星堕,时气多疫病,焚烧诸聚落,速坏国城邑。"[1]国王破灭佛法,将导致饥荒、水灾、异常天象、疫病、火灾、邻国入侵等种种祸事。

在现实中,因为僧风浊乱导致政治权力干预的情况确实存在,如北魏太武帝灭佛的直接原因,就是长安教团的纲纪废弛。[2]针对这种情况,《大集经·月藏分·法灭尽品》还提出了一个"原则":"比丘不护戒,国王莫谪罚,汝诸刹利王,莫共沙门斗。俗人作诸恶,速趣于地狱,软语向彼二,遮除诸恶业。莫以粗犷语,亦莫打治罚,以是国不坏,增长三精气,正法得久住,佛法久炽然。"[3]面对僧人戒律松弛,以及俗人作恶,国王都不应该"打治罚",他们都将在死后遭受恶报。唯有如此,才算是护持正法,才能得到诸佛、天人的护佑。否则,政权干预佛教内部事务,就将遭受现世以及未来的种种恶报。

从那连提耶舍译出的《大集经·月藏分》中,我们可以找出净影慧远立论的所有理据。如果说国王侵夺沙门财产、责罚沙门等侵犯三宝的行为将在死后落入阿鼻地狱受苦是一种普遍

---

① [北齐]那连提耶舍译:《大集经》卷五十六《月藏分·法灭尽品》,《大正藏》第13册,第376页中。

② [唐]道宣:《广弘明集》卷二《击像焚经坑僧诏》,《大正藏》第52册,第135页中。

③ [北齐]那连提耶舍译:《大集经》卷五十六《月藏分·法灭尽品》,《大正藏》第13册,第376页下。

说法，同样见于"法灭尽类"佛经，[①] 但"法灭尽类"佛经以及流行于南北朝的一系列与"末法"相关的疑伪经——如《提谓波利经》《净度三昧经》《像法决疑经》《佛说仁王波罗蜜多经》等[②]——虽然都描述了末法来临时僧团内外的"处境"，但其叙述的重点不是国王破灭佛法，更未涉及国王破灭佛法所将招致何种祸患。真正完整说明国王破灭佛法自身受苦同时使百姓遭受苦楚的典籍，正是《大集经·月藏分·法灭尽品》。虽然末法思想在北魏荡平北凉后，随着北凉佛教东传入魏，并持续对北方佛教发挥着影响，[③] 但净影慧远立论的理据，仍最有可能来自那连提耶舍的《大集经·月藏分》。这一方面是由于《大集经》有关恶王招感之恶果的记载最全面，与慧远的说法最为接近，另一方面则是因为《大集经·月藏分》译出、流行之际，慧远本人就在北齐佛教的中心邺城。可以确定，《大集经·月藏分》译出于公元566年，[④] 此时慧远正在法上门下学习。[⑤] 而那连提耶舍在邺城的译经工作，由北齐文宣帝亲自下令，由法上率领一众汉地僧人协理。[⑥]

　　总之，在《远法师抗诏事》的相关论述中，北周武帝的教化

① 刘屹：《法灭思想及法灭尽经类佛经在中国流行的时代》，《敦煌研究》2018年第1期。
② 元永常：《南北朝时代の疑伪经における末法思想の形成》，《印度學佛教學研究》，2002 (1).
③ 殷光明：《试论末法思想与北凉佛教及其影响》，《敦煌研究》1988年第2期。
④ 相关研究，参见〔日〕桥爪观秀《末法思想に关する杜会の由因大集月藏经の课出者を问题鮎として》，《印度學佛教學研究》1969 (2)；〔日〕山田龙城《末法思想について—大集经の成立问题》，《印度學佛教學研究》1956 (2)。
⑤ 〔唐〕道宣：《续高僧传》卷二十三《道安传》，《大正藏》第50册，第490页上。
⑥ 有关《大集经》的译出问题，参见〔日〕氏家昭夫《大集经におけるダーラニー说》，《印度學佛教學研究》1978 (2)。

政策虽然并不是基于"教化"本位进行思考，但其解释教化政策的合理性时，却引用佛教内部的理论资源作为论据，甚至在一定程度上与佛教内部的改革派互为表里。净影慧远为了达成驳斥北周武帝的目的，在立论时并不是从佛教本位出发，而是以北周武帝亲口承认有效的"六经儒教"的"文质论"作为自己立论的致思理路，说明经像图塔存在的合理性，使北周武帝在论辩中屡屡进退失据，陷入自相矛盾的境地。可以说，决定净影慧远论据与论证方式的根本原因，在于"论辩"这一形式，脱离了"辩论"这一现实情境，净影慧远的立论大有"舍近求远"之嫌。在清楚意识到净影慧远的论辩策略是将佛教的相关内容"类比"于"六经儒教"之后，北周武帝提出"佛经外国之法"来限制净影慧远的论辩方式，虽然看起来涉及"夷夏之辨"，但在事实上与"夷夏之辨"以及文化民族主义毫无关联。在北周武帝明确指出六经儒教与佛教不能恣意加以比附之后，净影慧远在"教化的适用范围"这一问题上与北周武帝展开了争论，针对北周武帝提出的六经儒教适用于"王者一化"①也即"天下"的观点，净影慧远提出了适用于"天地"的"轮王一化"，以期说明佛教的普适性要远胜六经之教。以"天地"取代"天下"作为评价教化适用范围之标准，首见于僧敏为回应顾欢而撰述的《戎华论》。但这一提法直到道安撰著《二教论》提出"内外二教"的教化区分标准，才真正得以成立。净影慧远虽然以"轮王一化"使北周武帝语塞，但事实上是在"真理"而非"教化"论域与北周武帝进行论辩，

---

① ［唐］道宣撰：《广弘明集》卷十《周祖平齐召僧叙废立抗拒事》，《大正藏》第52册，第153页下。

作为"辩论"这一策略是有效的，但对于推动相关问题的深入探讨而言，意义与价值有限。在多轮论辩之后，净影慧远以《大集经·月藏分》中恶王破灭佛法为自己与国土招致灾祸的记述为据，对北周武帝的灭佛进行了评价。从中我们不仅能看到佛教徒面对灭佛政策的态度，也看出末法思想在当时的深远影响，在义疏、义章等体裁的作品之外，为我们理解净影慧远的末法思想提供了新材料。

小　结

北朝两次灭佛的理据——无益于政教，使汉地僧众明确意识到，作为来源于另一文明系统的教化方式，佛教必须要回应经学提出的问题：佛教作为一种教化，与中夏生活、制度的内在关联何在。经学是文明的大本大根，制度是经学的展开，生活则是制度性教化的现实与实现。这是经学设教的基本逻辑，正是在这样的逻辑中，佛教在中国的传播是否具有合理性、如何获得合理性，才成为一个问题。这一问题被现代学者裹挟在"文化""种族"等观念之中，使其内涵与实质被遮蔽，一变而成为一个"普世价值"语境下汉民族中心主义问题。对佛教在中国传播之合理性的质疑，最极端的案例是"灭佛"，虽然诏令、殿前论议以及君臣奏议中有着强烈的经学意蕴，值得进行细致分析，但这一"行政的"而非"政治的"语境，导致这一讨论虽然触及"政治"（即不同利益主体对新利益格局的积极塑造），但在"国家"的强势主导、"辩论"这种形式的制约之下，不能充分展开。佛教在中国传播的合理性问题，以理论形态被提出并充分讨论，还是要以顾欢的《夷夏论》为起点，以北周道安的《二教论》为理论高峰。在经过一百余年的消化之后，北朝佛教义学僧基于对经学这一"语境"的深刻理解——包括经学设教的逻辑、设教的起点、圣人-圣人之言-设教之间的关系、古文经学有关圣王-官师-治教的理解——在理论上完成了佛教作为一种教化在中国存在之合理性与必然性的论证。正是在这些讨论中，我们既看到了经学在"政教场域"中无处不在的影响力，也明确了佛教如何在经学"语境"中进行自我理解与自我阐释，完成"脱语境"与"语境化"的现实要求，由印度地方文化，走向更具普适性的独立的宗教文明。

第六章

人伦与家国：北朝佛教对
经学设教根据的冲击

　　在现代伦理学的叙事中，汉传佛教的伦理观"是中国传统伦理思想的有机组成部分"，"孝道观"或者说"孝亲观"则是其中国转化的一个至关重要的方面。① 这是只有从现代宗教伦理学的角度出发审视佛教才会得出的结论。事实上，经学语境中的"孝道"不仅是伦理道德问题，更是政治哲学问题，是贯通家国的价值根基。即使从伦理学的角度考察古代中国的"孝"，《孝经》之"孝"所涉及的也不是具体的家庭伦理、社会伦理问题，而是为家庭伦理、社会伦理奠基的问题。仅仅将"孝"视为个体的道德规范与生活实践，实际上是一种脱离历史语境的理解方式。这种处理方式事实上遮蔽了佛教与经学在"孝道"问题上的本质冲

---

①　如有研究指出："佛法东传后，受中国传统伦理思想特别是儒家思想影响，形成了以善恶观、戒律观、人生观、孝亲观等为主要内容的中国佛教伦理思想，并以此标志着印度佛教伦理的中国化。"王月清：《论中国佛教伦理思想及其现代意义》，《南京大学学报》（哲学·人文科学·社会科学）2002 年第 5 期。

突。例如，有研究认为，佛教伦理"扩大了整个世俗伦理的调节范围（如佛教突破五伦关系，对人之外的有生命的他类的平等关怀）"①。对于佛教伦理"突破五伦"不仅不感到惊讶，并认为这是一种"创举"，这种观点在现代佛教孝道观研究中具有代表性，其实质是从现代视角出发，脱离历史文化语境去理解"孝"的内涵、误解儒家伦理的一种表现。②贺麟在《五伦观念的新检讨》一文中，明确指出："就实践五伦观念而言，须以差等之爱为准。故五伦观念中实包含有差等之爱的意义在内。……差等之爱的意义，不在正面提倡之，而在反面消极的反对并排斥那非差等之爱。非差等之爱，足以危害五伦之正常发展者，大约不外三途：一、兼爱，不分亲疏贵贱，一律平等相爱。二、专爱，专爱自己谓之自私，专爱女子谓之沉溺，专爱外物，谓之玩物丧志。三、躐等之爱，如不爱家人，而爱邻居，不爱邻居，而爱路人。"③而"孝"这一原本根源于父子关系的伦理，因其内涵"爱"与"敬"而从"家庭"伦理而成为"社会"伦理的基础。贺麟先生论"五伦"之中"爱"的根源，是子对父的"孝"中之爱。以现代社会价值、宗教多元化的现实去想象讲求"一道德以同俗"原则的古

---

① 王月清：《论中国佛教伦理思想及其现代意义》，《南京大学学报》（哲学·人文科学·社会科学）2002 年第 5 期。

② "自晚清以来……对古代社会及儒家伦理的研究，虽不乏卓见，然亦不免偏差。从本质上说，现代学术不过脱胎于古希腊和基督教思想，其中蕴含的那套看待世界的角度和理解事物的方法，实与经学相去甚远，就此而言，现代学术对中国古代社会和儒家伦理的研究，其实并不具有正当性。"曾亦：《儒家伦理与中国社会》，第 I 页。"我们若从西方文明对近现代中国的巨大影响来重建现代中国思想，或许有其合理性，但是，如果因此延伸到中国古代思想的理解和诠释，则完全没有合理性可言。"曾亦：《儒家伦理与中国社会》，第 II 页。

③ 贺麟：《五伦观念的新检讨》，《贺麟选集》，吉林人民出版社 2005 年版，第 143—144 页。

代中国，所见不能不有所偏失。至少在唐代《孝经》被认作"道德书"之前，古代中国之所以会强调出家"不孝"，原因在于"出家"摧毁了社会建构的"自然根据"——"孝"，使"孝"的本源性、使"为人子"这一身份的"无所逃于天地"在事实上被瓦解。经学与佛教在"出家"与"家"——也即"孝"问题上的历史冲突如此强烈，只有在抽干了历史文化背景的"伦理学"中才能够形成一个有机的整体。在佛教研究论及古代中国"孝"观念时更是彻底摆脱了经典的束缚，泛泛而谈亲子之爱。论"孝"却对《孝经》学视而不见、对《孝经》学重视不足正是造成佛教孝道研究始终停留在文献、史实纂辑水平的原因之所在。①

---

① 广兴曾对佛教传入中国后涉及"孝"的典籍、历史实践进行了详尽地筛查、分类："在理论方面，中国佛教徒作了以下三个方面的回应：(1)翻译相关的经典，并在现有的经典中找出讲孝道的部分，(2)撰写论文来反驳，如《牟子理惑论》和契嵩《孝论》，(3)重新解释佛教的戒律，提出佛教的戒律与儒家的孝道相通。在实践方面，中国佛教徒作了以下两方面的回应：(1)编写讲孝道的经典，如《父母恩重经》，(2)通过对大众的演讲，在墙壁上和绢上绘画变相图，每年举办盂兰盆节来普及讲孝道的佛教经典，如《菩萨睒子经》和《盂兰盆经》。前三者是佛教学者的回应，后两种则是普通佛教徒的回应。"见广兴《佛教对儒家和道教在孝道观上批判的回应》，《佛学研究》2014年刊。此外，能够代表广兴佛教孝道观研究致思理路与结论的成果，尚有：广兴《"孝名为戒"：中国佛教徒对孝道观的发展》，《佛学研究》2013刊；广兴《〈父母恩重经〉研究》，《普门学报》2010年刊。广兴的研究思路与成果是现阶段佛教孝道观研究中具有代表性的一种，这种研究方式的一大特征，是"就佛教讲佛教"，对儒家、道教的批判进行过于浅表的解读，并在此基础上说明佛教如何"有效"回应了中夏传统的批评。广兴的另一篇专文，专门讨论印度佛教的孝道观，对冉云华、中村元、道端良秀等人的研究作了系统性的回顾。见广兴《早期佛教的孝道观》，方立天、学愚主编《佛教传统与当代文化》，中华书局2006年版，第285—306页。必须要指出的是，经学与佛教在"孝"观念上的根本对立，并不会因为孝道存在于原始佛教、部派佛教的事实而发生任何改变。进言之，佛教在印度生成、传播过程中重视亲子关系并不构成回应"出家不孝"指斥的有力论据。儒家经学所论之"孝"，乃是能够为社会秩序结构奠定人性基础与基本伦理倾向的关键概念，始于血缘却远非血缘所能涵括。有关孝与中国古代社会建构的关系，参见任剑涛《伦理政治研究》，吉林出版社2007年版。

　　造成佛教孝道观研究对"孝"存在误解的原因，在于现代研究者对经学历史文化作用的重视不足、对儒学整全性的忽视。[①]经学设教遵循"政教随俗"的基本原则，坚持以"人情自然"作为设教的起点。[②]如果说重视"情俗"都还只是理论层面的"原则"，"孝"与"家"则是经学按照前述原则寻找到的设教的现实基础。换言之，经学设教的现实起点，正是"为人子"这一生存论境遇，以及为人子者对父有爱有敬这一人情自然。

---

①　古代汉传佛教僧众对《孝经》与六艺之关系有明确认知，以《牟子理惑论》为例，在面对时人对佛教"典籍"汗漫、要求进行删节时，牟子回答说，《诗》、《书》、礼、乐、《易》既已齐备，圣人（孔子）还是坚持要制作《春秋》与《孝经》，其目的在于绲合群经。不惟如此，在《论语》《礼记》等典籍中，孔子说"孝"之处，不一而足。牟子的相关说法，见［南朝梁］僧祐撰《弘明集》卷一《牟子理惑论》，《大正藏》第52册，第2页中。牟子以孔子作《春秋》《孝经》且说"孝"之处不一而足为论据说明佛典庞杂的必要性，这一类比事实上是无效的。这是因为，按照纬书的说法，孔子自称"吾志在《春秋》，行在《孝经》"。这就意味着，六艺或者"七经"是一个系统，虽然各部经在教化中承担了不同的功能，但依然有所会归。同时，在《孝经》郑玄注中，郑玄就明确指出，孔子作《孝经》的目的，正是在于六艺各有侧重，故而专门作《孝经》以统合之。至于孔子论孝之处不一而足这一问题，则涉及《孝经》言孝与《论语》《礼记》言孝的不同。在《论语》《礼记》中出现的种种有关"孝"的说法，乃是由实际中的"教化"场景决定的，是孔子针对个人言孝的必然结果。但《孝经》之孝则是"设教"问题。《孝经》言孝与《论语》《礼记》言孝存在着根本的不同，前者为政治哲学问题，后者则为个人道德问题。总结而言，牟子列举的事例，无论是《春秋》《孝经》并举，还是专说《孝经》，恰恰是经学群经之间存在内部逻辑的证明。群经之间存在逻辑，并有相应的学习次第。"典籍"与"知识"作为施教过程中重要的资源，在经学"设教"的环节就已完成系统化。

②　［清］皮锡瑞：《孝经郑注疏》，第86页：【经】圣人因严以教敬，因亲以教爱。【注】因人尊严其父，教之为敬，因亲近于其母，教之为爱，顺人情也。【经】圣人之教不肃而成，【注】圣人因人情而教民，民皆乐之，故不肃而成也。

第一节　"孝治天下"与"家国同构"：
孝与家的伦理意义

　　事实上，儒家从不认为"亲子之爱"是中国所独有的，[①]"孝"之所以不同于自然存在的"亲子之爱"，在于华夏将"亲子之爱"这一自然情感作为道德伦理、社会制度的价值根基，以"孝"贯通家与国。以经学的表达方式来说，"孝"不仅是"至德"[②]——人人所具有的自然感情，还是"要道"[③]——建构家国制度的基础。不同历史时期对"孝"之内涵的理解有所不同，最能反映这一变迁的现象，是《孝经》在历代地位的升降以及各时代的人们对《孝经》的理解。汉唐间"孝"除了具有个人道德的内涵之外，其更重要的内涵是建构"良好生活"的自然基础。正因如此，《孝经》开篇才会以"先王有至德要道，以顺天下"[④]来说明"孝"的重要性。这一点也体现在《孝经》与六艺的关系上，《孝经》是六艺政教的始基。[⑤]

一、孝悌与礼乐：作为政教始基的《孝经》之"孝"

　　检《北史》可知，《孝经》风行北朝，上至皇帝亲讲、宗室

---

① 《仪礼·丧服传》讨论"知母不知父"问题时，就明确指出，野人也有亲子之爱，野人与君子的区别不在于"爱亲"之心不同，在于野人只知爱而不知敬，不知敬因而也就没有礼。君子之孝，既有充沛的情感，又有完整的仪节，缺一不可。相关讨论，参见吴飞《人伦的"解体"：形质论传统中的家国焦虑》，第 195 页。

② ［清］皮锡瑞：《孝经郑注疏》，第 9 页。

③ 同上。

④ 同上书，第 9—10 页。

⑤ 同上书，第 8 页："郑玄之《六艺论》曰：'孔子以六艺题目不同，指意殊别，恐道离散，后世莫知根源，故作《孝经》以总会之。'"

教育乃至宗室惩戒，^① 下至士族、庶民的教育，^②《孝经》无不发挥

---

① 检《北史》有关皇帝亲讲、宗室学习《孝经》的记录如下：

一、北朝皇帝亲讲《孝经》

　　1. 北魏宣武帝亲讲《孝经》，见〔唐〕李延寿《北史》卷四《魏本纪·世宗宣武帝》，中华书局 1974 年版，第 137 页："帝为京兆王愉、清河王怿、广平王怀、汝南王悦讲《孝经》于式乾殿。"

　　2. 北魏孝明帝讲《孝经》，见〔唐〕李延寿《北史》卷四《魏本纪·肃宗孝明帝》，第 148 页："车驾幸国子学，讲《孝经》。"

　　3. 西魏孝武帝亲讲《孝经》，见〔唐〕李延寿《北史》卷四十二《刘芳传》，第 1550 页："孝武于显阳殿讲《孝经》。"

　　4. 东魏孝静帝讲《孝经》，见〔唐〕李延寿《北史》卷三十三《李绘传》，第 1207 页："魏静帝于显阳殿讲《孝经》《礼记》。"

二、北朝皇帝及宗室学《孝经》

　　1. 北魏孝明帝学《孝经》，见〔唐〕李延寿《北史》卷三十五《王遵业传》，第 1291 页："与崔光、安丰王延明等参定服章。及光为孝明讲《孝经》，遵业预讲，延业录义。"

　　2. 北齐后主的太子学《孝经》，见〔唐〕李延寿《北史》卷八十一《马元熙传》，第 2731 页："武平中，皇太子将讲《孝经》，有司请择师。帝曰：'马元熙，朕师之子，文学不恶。'于是以《孝经》入授皇太子。"

　　3. 北齐宗室高贵学《孝经》，见〔唐〕李延寿《北史》卷五十八《齐炀王宪》，第 2092 页："贵字乾福，少聪敏，尤便骑射。始读《孝经》，便谓人曰：'读此一经，足为立身之本。'"

　　4. 北齐宗室高叡学《孝经》，见〔唐〕李延寿《北史》卷五十一《高叡传》，第 1844 页："叡读《孝经》，至'资于事父'，辄流涕唏嘘。"

　　5. 北周惩戒宗室子弟，令其读《孝经》，见〔唐〕李延寿《北史》卷三十五《郑译传》，第 1314 页："有累幽显，无以置之。宜赐以《孝经》，令其熟读。"

② 检《北史》有关士庶学习《孝经》的记录如下：

《孝经》在士族教育中的基础性

一、杨智积以《孝经》教子弟，见〔唐〕李延寿《北史》卷七十一《杨智积传》，第 2450 页："有五男，止教读《论语》《孝经》而已。"

二、《孝经》在北朝庶民教育中的基础性

　　1. 李谥幼学《孝经》，见〔唐〕李延寿《北史》卷三十三《李谥传》，第 1231 页："赵郡李谥……十三通《孝经》、《论语》、《毛诗》、《尚书》、历数之术，尤尽其长。"

　　2. 六镇人雷绍年十八始有志于学，学《孝经》，见〔唐〕李延寿撰《北史》卷四十九《雷绍传》，第 1807 页："尝使洛阳，见京都礼义（见下页）

着影响。甚至笃信佛教的北朝隐士冯亮，也坚持在死后以《孝经》随葬，① 名僧释灵裕亦曾撰《孝经义记》②。与《孝经》在北朝官私教育中的基础性地位与巨大影响力相一致，从《北史·儒林传》的记载来看，《孝经》之学在北朝亦相当兴盛：

> 《论语》《孝经》，诸学徒莫不通讲。诸儒如权会、李铉、刁柔、熊安生、刘轨思、马敬德之徒，多自出义疏。虽曰专门，亦皆相祖习也。③

据《北史·儒林传》可知，北朝多位著名的经师都著有《孝经》义疏，但从内容上看因袭有余而创发不足。隋儒刘炫《孝经述议序》记载：

> 肇自许洛，迄于魏齐，各骋胸臆，竞操刀斧，琐言杂议，殆且百家；专门命氏，犹将十室。王肃、韦昭，差为佼佼；刘邵、虞翻，抑又其次。俗称郑氏，秽累尤多，譬彼四族，诬碎更甚。然诸家者，虽道有升降，俱得藏诸秘府，行于世俗。安国之传，蔑尔无闻，以迄于今，莫传其学。虽绩

（接上页）之美，还谓同僚曰：'徒知边备尚武，以图富贵；不谓文学，身之宝也。生世不学，其犹穴处，何所见焉？' 遂逃归，辞母求师，经年，通《孝经》《论语》。"

① ［唐］李延寿：《北史》卷八十八，《冯亮传》，第 2910 页："遗诫兄子综，殓以衣帢，左手持板，右手执《孝经》一卷，置尸盘石上，去人数里外，积十余日，乃焚于山，灰烬处，起佛塔经藏。"

② ［唐］道宣：《续高僧传》卷 9《灵裕传》，《大正藏》第 50 册，第 497 页下。

③ ［唐］李延寿：《北史》卷八十一《儒林传》，第 2709 页。

引其言，而不慕其业。荀昶得其本而不觉其精。①

前代注疏，近世解讲，残编折简，盈箱累箧。②

可知至刘炫时，南北方有关《孝经》的注疏数量可观，《北史·儒林传》所谓"虽曰专门"③，刘炫直指"专门命室，犹将十室"。而从实际影响力而言，不出王肃、韦昭、刘邵、虞翻、郑玄等五家。从刘炫的评价来看，他对五家所注《孝经》均不满意，尤其是郑玄的《孝经》注"秽累尤多"，比起王肃、韦昭、刘邵、虞翻的《孝经》注"诬碎更甚"。从《孝经述议》对前人观点的实际征引情况来看，刘炫虽然在《孝经述议序》中提到五家《孝经》注疏，但在实际引用中只有王肃、韦昭、郑玄注。④ 更为重要的是，注《孝经》而专尊孔安国传的刘炫面对诸家异说，却强调要撰著一部《孝经去惑》以专论郑玄所注《孝经》存在的问题，⑤ 这又印证了《北史·儒林传》有关北朝《孝经》学渊源的一则记载：

汉世，郑玄并为众经注解，服虔、何休，各有所说。玄《易》《诗》《书》《礼》《论语》《孝经》，虔《左氏春秋》，休《公羊春秋》，大行于河北。⑥

---

① 〔日〕林秀一撰，乔秀岩、叶纯芳、顾迁编译：《孝经述议复原研究》，崇文书局2016年版，第333—334页。
② 同上书，第334页。
③ 〔唐〕李延寿：《北史》卷八十一《儒林传》，第2709页。
④ 刘增光：《刘炫〈孝经述议〉与魏晋南北朝〈孝经〉学——兼论〈古文孝经孔传〉的成书时间》，《复旦学报》（社会科学版）2015年第3期。
⑤ 〔日〕林秀一撰，乔秀岩、叶纯芳、顾迁编译：《孝经述议复原研究》，第64页。
⑥ 〔唐〕李延寿：《北史》卷八十一《儒林传》，第2708页。

刘炫出身北地，在学术上虽然以综合南北而驰名，[①] 但其经学教育还是在北地完成的，[②] 即使其义疏作品并不遵循北地传统，也并不代表他不了解北地学术。因此，刘炫特别举出《孝经》郑玄注并对之加以批评，正说明郑注《孝经》在当时的影响甚为广泛。由于目前已无任何北朝《孝经》义疏传世，我们无法了解北朝学者《孝经》学的基本面貌，因此只能从郑玄注《孝经》入手，管窥北朝经师对《孝经》学的基本立场与态度，并以《北史》中的相关记载说明时人对《孝经》的实际看法。

郑玄对《孝经》的定位与整体看法见于《六艺论》：

> 孔子以六艺题目不同，指意殊别，恐道离散，后世莫知根源，故作《孝经》以总会之。

在郑玄的理解中，《孝经》具有统合六经的作用，十分重要。与这种认知相应，郑玄在注释《孝经·开宗明义章》"子曰：先王有至德要道，以顺天下，民用和睦。上下无怨"[③] 一句时明确指出：

> 至德，孝悌也。要道，礼乐也。至德以教之，要道以化

---

① ［唐］李延寿：《北史》卷八十一《儒林传》，第 2707 页："河间刘光伯拔萃出类，学通南北，博极今古，后生钻仰，所制诸经义疏，搢绅咸师宗之。"按：刘炫字光伯。

② ［唐］李延寿：《北史》卷八十二《刘焯传》，第 2762 页："少与河间刘炫结盟为友，同受《诗》于同郡刘轨思，受《左传》于广平郭懋，尝问礼于阜城熊安生，皆不卒业而去。武强交津桥刘智海家，素多坟籍，焯就之读书，向经十载。"

③ ［清］皮锡瑞撰：《孝经郑注疏》，第 9—10 页。

之，是以民用和睦，上下无怨。①

从《孝经》的行文脉络来看，孔子在《孝经》中所要陈说的内容是"先王的至德要道"。在郑玄的理解中，"至德"指"孝悌"，而"要道"则是"礼乐"，并说"至德以教之，要道以化之"，意即以"孝悌"教民，以"礼乐"化民。由此可以明确，在郑玄的理解中，《孝经》不是一部专讲"孝悌"的道德书，还涉及"礼乐"制度。治理天下的"至德要道"，既有"道德"的一面，又有"制度"的一面，只有以这样的方式治理天下，才能达到"以顺天下"的治理效果。郑玄的观点并不难理解，真正的问题在于，"至德"与"要道"之间，究竟是什么关系？"孝悌"与"礼乐"又是如何关联起来的？更重要的是，为何以孝悌礼乐治理天下，就能达到"顺天下"的治理效果？要说明这一问题，需要分别说明在《孝经》的理解中，"孝"与"礼"的本质究竟是什么，"顺天下"的内涵是什么。

社会秩序的建构需要有"亲亲"之爱，但还需要有"尊尊"之敬。事实上，"秩序"本身就意味着对"差别"的承认与尊重，《孝经·士章》明确指出，在人的自然情感之中，唯一能够综合"爱"与"敬"的，是子对父的"孝"：

> 【经】资于事父以事母，而爱同。资于事父以事君，而敬同。故母取其爱，君取其敬，兼之者父也。②

---

① ［清］皮锡瑞：《孝经郑注疏》，第10页。
② 同上书，第39—40页。

【注】资者，人之行也。事父与母，爱同，敬不同也。事父与君，敬同，爱不同。兼，并也。爱与母同，敬与君同，并此二者，事父之道也。[①]

《孝经》经文以"事父"为中心，以一种令人费解的方式阐述其观点，似乎是在说"从事父"的角度看"事母"（"资于事父以事母"[②]），只是发挥了子对父之感情中的"爱"（"母取其爱"[③]）；从"事父"的角度看"事君"（"资于事父以事君"[④]），只是发挥了子对父之感情中的"敬"（"君取其敬"[⑤]）。这种叙述方式不免令人有突兀之感，与其说是"阐发"，不如说是以"事父"解释"事母"与"事君"。因此，郑玄没有延续经文的"曲折"，而是以"平铺直叙"的方式直接指出，为人子者在事亲问题上，对待父母之爱相通，但子对父的感情多了一份"敬"。在事君、事父上，人对父有自然的亲爱之情，但对君更多的是"敬"。事实上，"事母"与"事君"分别是个体自然关系与社会关系的"典型"。进而言之，"事母"提示的是个体"为人子"的自然身份，"事君"提示的是个体"为人臣"的社会身份。"为人子"是人在家庭生活中的身份，"为人臣"则是人在政治生活中的身份。通过"事母"与"事君"，"家"与"国"的关系问题被正式提出。经文中"故母取其爱，君取其敬"提示了家庭生活与政治生活对个体的情感状态有不同的要求，家庭生活偏重个体

---

① ［清］皮锡瑞：《孝经郑注疏》，第 39—40 页。
② 同上书，第 39 页。
③ 同上书，第 40 页。
④ 同上书，第 39 页。
⑤ 同上书，第 40 页。

的"爱"，社会生活偏重个体的"敬"。但是，"家"与"国"对个体情感状态的不同需要，并未造成"家"与"国"之间的断裂，这是因为家庭生活中子对父的情感中包含了"爱"与"敬"。因此，如果以"父子关系"为主轴建构家庭，也即以"爱"与"敬"作为基本价值的家庭生活所培养出的个体，既能符合家庭生活对个体须有"爱"心的要求，又满足了政治生活对个体须有"敬"意的要求。正是在这个意义上，"父子"成为人伦秩序的主轴，内涵"爱"与"敬"两重内涵的"孝"是专就父子而言，而不是泛指"亲子之爱"。皮锡瑞引用《通典》中《五经异义》所录郑玄按语"《孝经》'资于事父以事君'，言能为人子，乃能为人臣也"①，其含义即在于此。子对父同时具备爱与敬，正是家与国得以贯通的自然基础，故而经文以"资于事父以事母""资于事父以事君"的说法，虽然从阐述观点的角度看有曲折之嫌，但其对"事父"的强调、突出无疑是明确的。"资于事父"的表达方式本身就在提示读者注意"事父"在家国中的特殊位置。"教化"的目的在于建立有秩序的家庭、社会生活，《孝经》对家庭生活与政治生活的分析是顺着人的"情感"之维而非"理智"之维展开的。"爱"与"敬"不是需要个体调动理智、情绪进行自我说服与驱动的"理念"，而是人的自然情感。自然情感的一大特征，就是充沛、自发，如果不加引导，甚至会有"盲目"的危险。但也正因如此，以自然情感作为政教的现实基础，不需要"驱动"个体参与家庭生活、政治生活。家庭生活与政治生活统合于"事父"，使家庭生活本身就是政治生活。无法设想在一

---

① ［清］皮锡瑞：《孝经郑注疏》，第40页。

个正常的家庭里，什么人才会对为人子者为何有动力去和自己的父亲交流、去爱自己的父亲产生疑问。"孝"的自然情感基础使"孝"具有自发性，因此不存在"内部驱动"的问题。对于"孝"的"自然而然"，《孝经·三才章》从"天–地–人"三才结构的角度给出了解释：

> 子曰：夫孝，天之经也，地之义也，民之行也。[①]

在《孝经》的表述中，"孝"作为"民之行"是容易理解的，但"孝"如何是"天之经""地之义"，却缺少完整的解释，不免有独断之嫌。郑玄注则将"天之经""地之义"的内涵完整地诠释出来：

> 春夏秋冬，物有死生，天之经也。山川高下，水泉流通，地之义也。孝悌恭敬，民之行也。[②]

在郑玄的解释中，所谓"天之经""地之义"并不是直接从宇宙本体的角度立论，而是从"春夏秋冬，物有死生""山川高下，水泉流通"的角度解释"天经地义"。四季交替，生死迭迁，山川有高下之别，水泉涵就下之性，郑注"天经地义"所揭示的正是"自然而然"之义。在这样的解释框架中，"孝"对于"民之行"而言是内在的、自发的。在前科学时代的理解中，"春夏

---

① ［清］皮锡瑞：《孝经郑注疏》，第 50 页。
② 同上。

秋冬，物有死生""山川高下，水泉流通"是"自然"更是"必然"，"自然而然"同时意味着"必然"。"孝"对于人之为人而言，也意味着一种必然性。为人而不孝，就是违背自然。

经过郑玄的阐发，"孝治天下"这一政教设计的特质得以明确。"孝治"的基础在于"人情自然"，"教化"的推行不在动员"个体"离开"家庭"进入"社会"以培养其参与政治生活的能力，而是在家庭生活中培养其政治德性，通过将个体培养成"孝子"的方式，培养其参与政治生活的基本素养。因此郑玄说"教人亲爱，莫善于孝，故言'教之所由生'"[1]。故而《孝经》提出了以"家"为中心的教化方案：

> 【经】故亲生之膝下，以养父母日严。圣人因严以教敬，因亲以教爱。
>
> 【注】致其乐。因人尊严其父，教之为敬，因亲近于其母，教之为爱，顺人情也。[2]

在《孝经》的开篇，孔子明言"先王有至德要道，以顺天下"[3]，正是因为"孝"是一种自然情感，政教设计以自然情感为基础，人就不会有"勉强"之感。人自然而然地尊重自己的父亲，也即"因严以教敬"，自然而然地爱自己的母亲，也即"因亲以教爱"。将政治奠基在人的自然情感、自然生活之上，必然要求"政教"的推行要以内在于自然生活、符合于自然情感的方

---

① ［清］皮锡瑞撰：《孝经郑注疏》，第 12 页。
② 同上书，第 86 页。
③ 同上书，第 9—10 页。

式展开，在人们习以为常的家庭生活之内，在承欢膝下、共叙天伦的日常情境之中，通过"生活"推行"教化"，通过"认真生活"养成政治德性，通过"安顿生活"训练政治素养。推行这种教化的结果是"以顺天下，是以其教不肃而成，其政不严而治"①。对此，郑玄指出：

> 用天四时、地利，顺治天下，下民皆乐之，是以其教不肃而成也。政不烦苛，故不严而治也。②

这种从人的自然情感出发设计、施行的教化，就像顺应"天时地利"一样自然，由于将政教整合进人的日常生活，通过生活完成教化，这种政教必然"不烦苛"，故而"下民皆乐之"。以"孝"作为设教的自然基础，将教化整合进最为平常的"家庭生活"，只需要个体认真地在家庭中生活，扮演好自己的角色，就能在保证社会有序的同时培养人的政治德性与基本素养，确保家庭生活与公共生活得以贯通，既不至于使人囿于家庭而缺少对社会的责任感、缺乏参与公共生活的实际能力，又不至于为了培养政治德性和参与公共事务的能力而增加个体的额外负担。在经学的理解中，这种教化才是符合绝大多数人期待的，不会引起个体乃至整个社会的反感、抵制，能够真正实现以最低的社会成本完成整个社会的共识凝聚、秩序建设。

既然"孝"是自然的，是人所共有的，以之为基础进行教化

---

① ［清］皮锡瑞：《孝经郑注疏》，第52页。
② 同上。

设计确实符合人的自然之质，但"孝"既然是自然的，"设教"是否还有必要？曾子在《孝经·圣治章》中就提出了这样的问题："夫圣人之德，又何以加于孝乎？"[①]这一问题的背后，关涉圣人之为圣人、社会教化与自然之质之间的关系等问题。这一问题不仅是《孝经》内部的理论问题，还是在"教化"论域中具有普遍意义的问题。在净影慧远与北周武帝有关废佛政策的讨论中就曾出现针对这一问题的论辩。[②]郑玄指出："孝弟之至，通于神明，岂圣人所能加？"[③]"孝"发源于人的自然情感，从本质上讲，"孝"并不是"圣人"的创造，只是圣人以其敏锐的洞察能力在自然生活中的"发现"：

> 先王见教之可以化民也，是故先之以博爱，而民莫遗其亲；陈之以德义，而民兴行；先之以敬让，而民不争；道之以礼乐，而民和睦；示之以好恶，而民知禁。[④]

圣人无所加于"孝"，[⑤]却还是要推行道德教化"先之以博爱""陈之以德义""先之以敬让"，凡此种种道德教化是以"礼乐刑禁"的方式在现实中展开的，也即所谓"道之以礼乐""示之以好恶"。既然"孝"是人情自然，为何不以"放任自然"的

---

① ［清］皮锡瑞：《孝经郑注疏》，第86页。
② ［唐］道宣：《广弘明集》卷十《周祖平齐召僧叙废立抗拒事》，《大正藏》第52册，第153页中："远曰：若不借经教自知有法者，三皇已前，未有文字，人应自知五常等法，当时诸人，何为但识其母不识其父，同于禽兽？"详细分析，见本书第五章第三节。
③ ［清］皮锡瑞：《孝经郑注疏》，第85页。
④ 同上书，第53页。
⑤ 同上书，第86页。

方式实现人性，却还是要以制度的方式推行道德教化？换言之，以"孝"为现实基础的制度设计，究竟意义何在？郑玄注对这一问题并未展开，这一引而未发的内容经皮锡瑞的阐发得以明确：

> 《繁露·为人者天篇》引"先王见教之可以化民"。《白虎通·三教篇》曰："教者何谓也？教者，效也。上为之，下效之。民有质朴，不教不成。故《孝经》曰：'先王见教之可以化民。'"皆引此经。[1]

> 云"善者赏之，恶者罚之，民知禁，莫敢为非也"者，邢疏曰："案：《乐记》云：'先王之制礼乐也，将以教民平好恶而反人道之正也。'故示有好必赏之令以引喻之，使其慕而归善也；示有恶必罚之禁以惩止之，使其惧而不为也。"义与郑合。[2]

好的生活并不是放任人情自然，因为个体的人情自然在现实中各有不同，皮锡瑞引《白虎通·三教篇》指出"民有质朴，不教不成"[3]。在经学理解中，"好的生活"需要"好的教化"加以引导，好的教化需要以人情自然为其根据，具体而言是以"孝"这一有着坚实自然情感根据的德性作为现实基础，这一点已经明确。相较于《白虎通》，《春秋繁露》更早提出了这一说法。在《春秋繁露·实性》中，经学关于社会教化与自然之质关系的系统认知得以完整表达：

---

① ［清］皮锡瑞：《孝经郑注疏》，第 53 页。
② 同上书，第 54 页。
③ ［汉］班固撰集，［清］陈立疏证：《白虎通疏证》，第 803 页。

今谓性已善，不几于无教而如其自然！又不顺于为政之道矣。……质无教之时，何遽能善？……以性为善，此皆圣人所继天而进也，非情性质朴之能至也，故不可谓性。[①]

中民之性如茧如卵……性待渐于教训而后能为善。善，教训之所然也，非质朴之所能至也。[②]

性者，天质之朴也；善者，王教之化也。无其质，则王教不能化；无其王教，则质朴不能善。[③]

在董仲舒的理解中，人的本性善并不是"无教而如其自然""不顺于为政之道"的理由，而是圣人设计、施行教化能够引导人"迁善"的依据与保证。正是因为人性有善的可能，因此教化才能导人向善，也就是所谓"无其质，则王教不能化；无其王教，则质朴不能善"。如果人性善是实然（"善所自有"），那么教化确实就没有必要性了，并且有违反人性的危险，也即"则教训已非性也"。然而，现实中人性却各各不一，善恶不等，这种现实正是设教的必然性之所在。圣人设教并不是将非人性自然的规范强加于人，而是顺应人情自然设计、施行教化，通过教化引导人性善从"应然"发展为"实然"。比较《孝经》《春秋繁露·实性》与郑玄注可知，《孝经》对"教化"之必要性与必然性的看法，与《春秋繁露·实性》是一致的。经学在设教问题上虽然极其重视人情自然，但并不意味着迁就人的本性，《礼记·乐记》中明确说圣人设教的目的是"将以教民平好恶而反人

---

① ［汉］董仲舒著，［清］苏舆撰：《春秋繁露义证》，第311页。
② 同上书，第312页。
③ 同上书，第313页。

道之正也"①，既说明了现实中民之好恶各各不同，又说明了教化的目的在于使人"反人道之正"。人在现实中的"好恶"未必符合"人道之正"，正是教化存在的意义。正是在这个意义上，皮锡瑞认为《礼记》《春秋繁露》《白虎通》有关社会教化与自然之质的看法"义与郑合"。②

虽然社会教化与自然之质之间是内在一致的，但社会教化以引导民行复归"人道之正"为目标，这意味着社会教化与民行之间必然存在一定张力，但这种张力始终处在可控的范围之内。教化与民行之间的张力，或者说制度规范与人性自然之间的张力之所以可控，或者说是良性的，乃是因为用以规范、引导民行的"礼"在本质上与"人情自然"是相通的。在郑玄的解释中，"孝悌"之所以与"礼乐"相贯通，源自《孝经》对"礼"之本质的认识：

> 【经】礼者，敬而已矣。此之谓要道也。③
> 【注】敬者，礼之本，有何加焉？孝弟以教之，礼乐以化之，此谓要道也。④

对于经文"礼者，敬而已矣"的表述，郑玄将"敬"视为"礼之本"，并以"有何加焉"强调"礼"与"敬"之间的本质关联。以"敬"作为"礼之本"，是为了确保"制度"与人情自然

---

① ［清］孙希旦：《礼记集解》，第 982—983 页。
② ［清］皮锡瑞：《孝经郑注疏》，第 54 页。
③ 同上书，第 102 页。
④ 同上。

之间保持一致。《孝经》之孝，内涵"爱"与"敬"两个维度，[①]是人在家庭生活中所养成的德性与心理状态，"敬者，礼之本"确保了用以建立家国秩序的礼乐制度所要求的德性与心理状态，与人的自然情感相贯通，不仅没有偏离人性自然，还是使人性得到更好实现的有效方法。因此，在注《孝经·纪孝行章》"子曰：孝子之事亲也，居则致其敬"[②]一句时，郑玄虽然仅以短短一句"也尽礼也"[③]加以说明，却已经道出"礼"与"敬"、"孝"与"礼"、"行孝"与"尽礼"之间的内在关联。换言之，"敬"虽然有其自然根源，但需要以符合"礼"的方式表达，才具有公共性，才能使家庭生活与社会生活相贯通。以"礼"行孝是兼顾个体自然情感与社会秩序建构的一种制度设计，既符合人性，又利于社会稳定、秩序建构。

总结《孝经》郑氏注的观点，虽然设教要尽可能避免烦苛、因顺人情自然，但并不是姑息迁就现实中个体偏离"人道之正"的种种行为，而是要以符合人性自然的制度，引导民行，使人复归人道之正。社会秩序的建构、共识的凝聚，其实质是如何妥善处理社会中的种种差异。人对社会秩序、社会制度的认同，实际上意味着对经过秩序、制度确定下来的差异的认同，对秩序结构的尊重与服从。[④]认同差别、服从秩序所需要的正是"敬"这种情感状态。如果仅仅把差别认同、秩序服从视为目的，以强制手段即可实现，且并不需要考虑秩序的价值根据何在。以价值作为

---

① ［清］皮锡瑞：《孝经郑注疏》，第39—40页。
② 同上书，第92页。
③ 同上。
④ ［汉］郑玄注，［唐］孔颖达疏：《礼记正义》，第17页："夫礼者，自卑而尊人。"

根据进行制度设计，不是以现实中力量对比的基本态势为基础，而是以超越不同价值诉求但又为所有利益主体所共同承认的标准作为基础。以现实力量对比为基础建立起来的秩序，会随着力量对比基本态势的变化而变化甚至瓦解，这就导致维持秩序需要极高的社会成本，生活在这种社会中的个体将遭受精神与物质的双重暴力盘剥，难以形成对秩序的自发认同。如何建立起一套能够让个体"自发"尊重与服从的秩序，正是《孝经》的题中之义。郑玄将"至德要道"解释为"孝悌礼乐"，[①]事实上是在提示社会秩序的建构、教化的设计推行要同时关注"价值"与"制度"两个维度。从设教的角度看，"价值"不能外在于人的自然德性与自然情感。理智说服、宗教劝诫、政治动员与自然情感都能激发人的"德行"，但在维持"德行"的效果上，"自然情感"的优越性是无可比拟的。这种优越性的根据就在于"自然情感"本身就是自发且长久的，不需要外力的"推动"。在爱亲、敬亲等自然情感基础上建立起的"孝"虽然是一种自然德性，但在以相同的自然德性为基础建立起的制度中，自然德性与政治德性得以贯通，制度与秩序不是对人性的扭曲，而是实现人性的必要保证。从"价值"的角度看，以自然情感为基础的自然德性虽然具备自发、充沛等优点，但在现实中却因个体的多样性而各各不一，基于此，在经学的认知中，放任自然情感不会自发形成秩序，因此必须要以制度加以节制与引导。没有任何制度与人的自然之质之间是不存在张力的，区别仅在于张力的大小。"礼制"与"人性自然"之间是一种良性的"张力"，从本质上讲，"礼制"的表

---

① ［清］皮锡瑞：《孝经郑注疏》，第 10 页。

达方式就是一种具有"公共性"的表达方式。"孝"虽然是自然德性，但必须通过"公共的"方式进行表达，才能确保社会秩序的建立与维持。因此，《孝经》之孝天然地具备了礼的内涵，"行孝"必须要"尽礼"，而不是用"自以为是"的方式"行孝"。"孝德"虽然同时具备自然德性与政治德性的双重属性，但其养成并不是在"政治生活"中而是在"家庭生活"中完成的。"家庭生活"对于"孝德"的养成而言是基础性的、是不可或缺的。这也意味着"家"与"孝"之间存在着一种本质的关联。在家庭之中，以"尽礼"的方式"行孝"，就是《孝经》郑注给出的个体政治德性培养、政治能力养成的实现路径。

北朝《孝经》之学虽盛，但已无义疏著作存世。然而从时人对《孝经》的认识上，依然可见郑玄对《孝经》的定位与理解，在当时仍具有影响力。如北周苏威"尝言于上曰：'臣先人每诫臣云：唯读《孝经》一卷，足可立身经国，何用多为。'"① 韦师"初就学，始读《孝经》，舍书而叹曰：'名教之极，其在兹乎！'"② 时人理解中的《孝经》，不是教忠教孝的道德书，而是足资"立身经国"的典谟，是"名教之极"。只有在《孝经》郑氏学的框架之内，《孝经》才能具备如此崇高的地位。在《孝经》郑氏学的框架中，"孝"与"礼"构成了一个整体。《礼记》中也存在着大量有关"为人子者"的内容，涉及为人子者居家行孝的种种细节。如果说《孝经》的内容是"孝治天下"的理论，《礼记》中有关"孝"的内容则是具体的孝行，从北朝的政治实践来

---

① ［唐］李延寿：《北史》卷八十二《何妥传》，第 2754 页。
② ［唐］李延寿：《北史》卷六十四《韦师传》，第 2276 页。

看，《礼记》的相关内容成为判断某种行为是否"不孝"的标准。
北魏孝明帝神龟二年（519），永宁塔落成，灵太后亲临永宁寺并
登临九层高塔。① 对于此事，崔光上表谏曰：

> 伏见亲升上级，仵踷表刹之下，祗心图构，诚为福善。
> 圣躬玉趾，非所践陟，臣庶恇惶，窃谓未可。按《礼记》：
> "为人子者，不登高，不临深。"……乐正子春，曾参弟子，
> 亦称至孝，固自谨慎，堂基不过一尺，犹有伤足之愧。永宁
> 累级，阁道回隘，以柔懦之宝体，乘至峻之重峭，万一差
> 跌，千悔何追？②

崔光所谓"按《礼记》：'为人子者，不登高，不临深。'"③
出自《礼记·曲礼上》，郑玄注曰："为其近危辱也。"④ 在《孝
经·感应章》中，也有相似内容：

> 【经】修身慎行，恐辱先也。
> 【注】修身者不敢毁伤，慎行者不历危殆，常恐其辱
> 先也。⑤

综合《孝经郑注疏》与崔光所引《礼记》郑注的内容，以

---

① ［北齐］魏收：《魏书》卷六十七《崔光传》，第 1495 页："（神龟）二年八月，
　灵太后幸永宁寺，躬登九层佛图。"
② 同上。
③ ［汉］郑玄注，［唐］孔颖达疏：《礼记正义》，第 29 页。
④ 同上。
⑤ ［清］皮锡瑞：《孝经郑注疏》，第 119 页。

及崔光以"乐正子春，曾参弟子，亦称至孝，固自谨慎"① 作为例证，崔光对于灵太后登临永宁塔之所以持反对态度，在于这种行为可能会"危辱"其身，行"不孝"之实。实际掌握朝政的灵太后行为有失《孝经》之义、有违为人子之礼，其影响不可小觑，这是因为，《孝经》所推行的"孝治"对人君的行为提出了具体要求。在注《孝经·圣治章》"其政不严而治"② 时，郑玄指出"其身正，不令而行，故不严而治也"③，"孝治"成功与否，在于人君"其身正"与否，这与人君推行孝治的方式有关。在《孝经·广至德章》中，明确指出人君推行"孝治"的方式"非家至而日见之也。但行孝于内，流化于外也"④。也即以自己的行为作为天下人的表率。因此，崔光在针对灵太后登永宁塔的奏议的最后，强调"上行下从，理势以然，迄于无穷，岂长世竞慕一登而可抑断哉？"⑤ 此处引述《孝经》以及郑注，意在说明灵太后登高这一行为有违"孝"的内在要求，但在崔光的奏议中，不见《孝经》之一字，却以《礼记·曲礼上》中的内容作为"登高"不孝的理据，这对了解时人有关"行孝"与"尽礼"的关系不无裨益。从崔光奏议的引述来看，《孝经》郑注所确立的"行孝"与"尽礼"的孝治框架，确为时人所认同与接受。

不惟如此，在北朝礼学义疏作品中，与"孝"内在相关的"家"也成为疏释经文、确定诠释方向的重要依据。北朝礼学大宗熊安生虽以三礼之学闻名于世，但据《北史·熊安生传》记

---

① ［北齐］魏收：《魏书》卷六十七《崔光传》，第 1495 页。

② ［清］皮锡瑞：《孝经郑注疏》，第 86 页。

③ 同上。

④ 同上书，第 104 页。

⑤ ［北齐］魏收：《魏书》卷六十七《崔光传》，第 1496 页。

载，也曾著《孝经义》①，只是今已不存。熊氏《礼记义疏》因孔颖达《礼记正义》的引用，部分内容得以保存。"《礼记》往往一篇之中，又复杂出，此《礼记》之难治，较他经为尤甚也。《礼记》集合诸子传记而成，故昔贤多分篇而治。"② 一个值得注意的现象是，现存《礼记熊氏义疏》中，在诠释《礼记·曲礼上》中若干以"为人子者"起首的经文时，"家庭生活的具体情境"成为熊安生疏释经文的核心依据。而熊安生对"家"以及"宗族"的强烈关注，与其经学取向不无关系。在熊安生的理解中，经学不是虚文，通经的意义在于致用。以熊注"礼闻取于人"为例：

【经】礼闻取于人，不闻取人。

【注】谓君人者。取于人，谓高尚其道。取人，谓制服其身。

【疏】"礼闻取于人，不闻取人"者，熊氏以为此谓人君在上招贤之礼，当用贤人德行，不得虚致其身。"礼闻取于人"者，谓礼之所闻，既招致有贤之人，当于身上取于德行，用为政教，不闻直取贤人，授之以位，制服而已，故郑云"谓君人者"。皇氏以为人君取师受学之法，"取于人"，谓自到师门，取其道艺。③

在"礼闻取人，不闻取于人"的解释上，熊安生与皇侃都保

---

① ［唐］李延寿：《北史》卷八十二《熊安生传》，第 2745 页："所撰《周礼义疏》二十卷，《礼记义疏》三十卷，《孝经义》一卷，并行于世。"

② 李源澄：《经学通论》，《李源澄著作集》第一册，第 65 页。

③ ［汉］郑玄注，［唐］孔颖达疏：《礼记正义》，第 13—14 页。

持了对经文以及郑玄注内部"体系性"的关注，将此句与其他经文关联在一处予以解释。但是，二者采取了不同的诠释策略。熊安生是关联着"礼不妄说人"[①]这句经文及郑玄的解释，将"礼闻取于人，不闻取人"作了"政教"方向的解释，突出强调选贤以德行，更要将贤人的德行"用为政教"，强调选而用。皇侃则将这句经文与"礼闻来学，不闻往教"一句关联，着重从人君如何学于师的方向进行阐发。

相比之下，熊安生认为这一句经文是人君取士之道，似乎难以说通，令人有突兀之感。考其前后经、注、疏文，熊安生的疏解是对郑注"礼不妄说人"一句时说的"为近佞媚也。君子说之不以其道，则不说也"[②]的发挥。"不以其道"的"以"，当作"用"，因此郑玄此句注文的涵义乃是君子赞赏某人的道却不能用他的道，那就不要赞赏他。在孔颖达的疏解中，总结郑注为"礼动不虚"[③]，并举例说明其内涵："若说人之德，则爵之。问人之寒，则衣之。若无爵无衣，则为妄说。"[④]将郑玄的"以其道"理解为"用其人"[⑤]。而在这样的理解中，"君子"乃指君上。熊安生也正是在这样的理解脉络中，将"礼不妄说人"与"礼闻取于人，不闻取人"联系在一起进行解释。郑玄注明确"礼闻"一句的主体是"君人"，"取于人"则是"高尚其道"，取人是"制服其身"。在熊安生的理解中，"高尚其道"就是"以其道"，既然"说其道"则应该"以其道"，"以其道"就需要加"授之以位"。

---

① ［汉］郑玄注，［唐］孔颖达疏：《礼记正义》，第13页。
② 同上书，第14页。
③ 同上。
④ 同上。
⑤ 同上。

相比于郑玄注中引而未发的"用贤"之道，经由熊安生的阐发落实在具体的用人措施上：不能徒然"授之以位"，这样只是"虚致其身"，既然要"以其道"①，就应该"取于德行，用于政教"②。对比熊安生与皇侃的义疏，明确可见二人在解释上的不同取向。针对这一句经文而言，皇侃重在"取师"，而熊安生则重在"取士"。在联系经文、确定解释方向的问题上，二者各有依据，并各自发展出不同的"教化"取向：皇侃的诠释将贤人引向帝王师的方向，通过教化君主施加影响；熊安生则更强调士人的经世致用，将其道德学问倾注于"政教"实践之中。

熊安生"通经致用"的为学取向并不是空言。细心梳理熊安生的义疏即会发现，熊安生对经文乃至注文的解释，呈现出这样一种特质：将适用范围并未确指的经文、言简意赅的注文，收束到某一具体的"情境"之中，消解经文或郑注的模糊性，使《礼记》的内容真正具备指导实践的功能。以熊疏"男女不杂坐"为例，熊安生的这一则疏释，被已有研究归于"沿袭郑注而有详细引申"之类③。然而，只要对熊疏内容稍加分析即可发现，熊安生在疏释中引郑注《仪礼》的相关内容，将郑玄简短、内涵不甚明确的一句注文落实到"家族活动"的情境之中。

【经】男女不杂坐，不同椸枷。

【注】皆为重别，防淫乱，不杂坐，谓男子在堂，女子

---

① ［汉］郑玄注，［唐］孔颖达疏：《礼记正义》，第14页。
② 同上书，第13—14页。
③ 王启发：《北朝熊安生的礼记学及其经学史意义（上）》，《湖南大学学报》（哲学社科版）2018年第1期。

在房也。①

　　【熊疏】正义曰：谓男子在堂，女子在房也。熊氏云："谓若大宗收族，宗子燕食族人于堂，宗子之妇燕食族妇于房也。"②

　　郑玄此处注"男女不杂坐"，并未限定其适用的场合。孔颖达疏解此句，也仅是重复郑玄之语，谓为"谓男子在堂，女子在房也"③。但是，熊安生却将"男女不杂坐"关联到"大宗收族""燕食族人"的情况。乍看之下，确有无稽之感。有学者认为是"在郑注的基础上进一步引申，且更为明确是宗族礼仪所应有的样式"④。这种说法与孔颖达的处理方式相似，只能说是以"重复"熊安生之疏文的方式，来解释熊安生疏解郑玄时的思路，对于我们理解熊安生的致思理路帮助有限。

　　但是，联系到郑玄以《周礼》为核心、三礼互释的解经特色，熊安生之所以如此疏解郑玄此语，乃是暗用郑玄注以解郑玄。郑玄注《仪礼》"彻庶羞设于西序下"⑤一句，有"自尸祝兄弟之庶羞，宗子以与族人于堂；内宾、宗妇之庶羞，主妇以燕饮于房"⑥之语，这也即熊疏"宗子燕食族人于堂，宗子之妇燕食族妇于房也"的来由。而郑玄注"彻庶羞，设于西序下"，乃是引

---

① ［汉］郑玄注，［唐］孔颖达疏：《礼记正义》，第 51 页。
② 同上书，第 53 页。
③ 同上。
④ 王启发：《北朝熊安生的礼记学及其经学史意义（上）》，《湖南大学学报》（哲学社科版）2018 年第 1 期。
⑤ ［汉］郑玄注，［唐］贾公彦疏：《仪礼注疏》，上海古籍出版社 2008 年版，第 1414 页。
⑥ 同上书，第 1414—1415 页。

用《尚书大传》"宗子燕族人于堂，宗妇燕族人于堂"之说。在《尚书·酒诰》中，此说乃在"宗室有事，族人皆侍终日。大宗已侍于宾奠，然后燕私。燕私者何也？祭已而与族人饮也"[①]之后，此"宗室"即为"大宗子"，宗子传重主祭，以祭祀先祖抟聚族人，族人助祭，此即宗法制"尊祖-敬宗-收族"之制度。[②]熊安生疏解郑玄此句，将所指不甚明确的郑注，收束到"大宗收族"之上。若谓郑玄注此句是心知其意而简言之，熊安生则在疏解之时，引郑玄注《仪礼》之说解释此处，将此一处看似"泛指"的注文，引归三礼之内，尤其是落实为家族生活的情境之中，以确保不落于凿空之言。这一解经方法的特色，在与后世注疏的对比中，展现得尤为清晰。孙希旦《礼记集解》注此句时，采郑玄之注，弃孔颖达及熊安生之疏，而采宋代吕大临之说解"男女不杂坐"。吕大临认为："经虽无文，然丧祭之礼，男女之位异也。男子在堂，则女子在房，男子在堂下，则女子在堂上；男子在东方，则女子在西方。坐亦宜然。"[③]以经文之中未备男女之坐礼，而独有此一句"男女不杂坐"，则直接从"丧祭之礼，男女异位"推断此句经文的依据，并将郑玄明确有所指向的注文，引申为一种普遍法则，适用于任何情况。

从熊安生现存的义疏作品来看，熊氏对郑注看似"枝末化"的处理，实则是在收束经文的适用范围时，使经文落实为可资实践参考的标准。这种将郑注落实为具体礼之情境、使之具备实用

---

① ［清］孙星衍：《尚书今古文注疏》卷十六《周书七·酒诰》，中华书局2004年版，第376页。

② 陈赟：《尊祖-敬宗-收族：宗法的结构与功能》，《思想与文化》第十五辑，华东师范大学出版社2014年版，第206页。

③ ［清］孙希旦：《礼记集解》，第43页。

性的情况并非仅见。在经文、注文内容并无确指的情况下，熊安生采取"做减法"的方式，唯取一义以消解经、注的模糊性，使之具备实用性。在对具有普遍性的经文的解释上，熊安生则不厌其烦地列举、说明可能出现的与这一原则相违背的情况。如熊疏"为人子者……食飨不为槩"：

> 【经】为人子者，居不主奥，坐不中席，行不中道，立不中门。食飨不为槩。
>
> 【注】槩，量也。不制待宾客馔具之所有。
>
> 【疏】熊氏云："谓传家事、任子孙，若不传家事，则子孙无待宾之事。大夫、士或相往来，设于飨食槩量也。不制设待宾馔，其事由尊者所裁，而子不得辄豫限量多少也。"①

郑玄此处注解经文只言为人子者"不制待宾客馔具之所有"，未指明针对某种特殊情形，更未涉及传宗等问题。熊安生则在疏解时则敏锐地注意到，郑玄在此处只说"为人子者"不能裁决宾客食物的多寡，却并未对这一原则的适用范围作出界定。在《礼记》有"七十曰老，而传"②，郑玄注"传家事，任子孙，是为宗子之父"③，孔颖达疏此为"既年已老，则传徙家事，付委子孙，不复指使也"④。可见，"为人子者"并非全无"食飨为槩"的可能，这种可能就是其父已托付家事于之。在这种情况以外，"为

---

① ［汉］郑玄注，［唐］孔颖达疏：《礼记正义》，第29—30页。
② 同上书，第19页。
③ 同上。
④ 同上书，第22页。

人子者""食飨不为槩"之说方可成立。熊安生并没有孤立地对
"食飨不为槩"加以疏解，而是联系到"传家"的问题，并以传
家与否，作为"食飨不为槩"原则成立与否的标准。在这一被已
有研究称为"重视经文互证"的注经方式背后，反映出熊安生对
《礼记》文本间体系性尤其是郑注体系性的重视。但是，这种对
体系性的重视是否只是一种知识冲动，却需要仔细分辨。一如前
述，郑注"食飨不为槩"没有指明具体的适用对象，但在"七十
曰老，而传"的注解中，却明确提及此人是"宗子之父"，说明
存在嫡庶之别。宗子即大宗之嫡，"宗子之父"的身份也就不言
而喻。王国维在《殷周制度论》中指出，嫡庶之制本为天子、诸
侯所立，通于大夫以下，则为"宗法"。[①] 如此也就不难理解，熊
安生为何要将一则适用范围不明的经文及其注文，落实到有资格
实行"宗法制度"的家族之中，并考虑到"大夫、士或相往来"
的具体情境。宗法制度强调尊尊原则，熊安生亦强调"其事由尊
者所裁"。如果只是维持经文之间的平衡，熊安生则不必说"大
夫、士或相往来，设于飨食槩量也。不制设待宾馔，其事由尊者
所裁，而子不得辄豫限量多少也"。尤其是"不制设待宾馔，其
事由尊者所裁，而子不得辄豫限量多少也"一句，是在郑注的基
础上，通过待宾之事，对一家之内父子位分与职司之区别加以
强调，正是对"尊尊"之义的突显，这或许是对《礼记·丧服四
制》"家无二尊，以一治之也"[②] 之义的强调。正如已有研究指出
的，"家"对于培养个体的德性尤其是参与公共生活或者说政治

---

① 王国维：《殷周制度考》，《观堂集林》（外二种），河北教育出版社 2003 年版，
　第 234 页。

② ［汉］郑玄注，［唐］孔颖达疏：《礼记正义》，第 1674 页。

生活的必要性在于，"家庭关系"是一种"非对称结构"："（五伦）显现的是家庭关系中的'非对称性'结构。这种'非对称性结构'显示了在'家'中不同角色之间的'相互关系'……'家'的意义正在于在这种'非对称性结构'中培养出各种角色的德性之爱，这同样是可以有普遍意义的。"① 正因如此，家成为"中国文化传统下伦理机制的源发地"②。熊安生疏释"食飨不为槩"对"为人子者"在居家理治中不同身份的分辨，直观地说明了"家庭关系"的非对称性，以及"为人子者"在家中角色与职事的复杂，在以"孝"为基本德性、以"父子"关系为主轴建立起的"家"中，以"为人子"的身份生活，本身就是一种政治素养、公共素养的训练。熊安生每每在解释中指出与经文原则不同的"特殊情况"，其目的正是要构建起能够嵌入生活的、在实践中不会引发理解与执行混乱的制度。熊安生看似细碎的解释，正是对具体实践中可能出现的状况的设想，将《礼记》中有关"为人子者"的相关内容，发展为居家行孝的"指南"。熊安生在疏释与"孝行"相关的内容时强调"家""宗族"的重要性，将符合礼的"孝行"落实宗族或家庭生活的具体情境之中，虽然不能论定是否受到郑注影响，但熊安生的致思理路正是对郑玄"行孝"必"尽礼"思路的继承。

　　总结而言，在经学的理解中，"孝"包括"爱"与"敬"两部分内容，可以作为道德与秩序的根源。之所以选择"孝"而不是其他的自然德性作为公共生活建构的价值基础，原因在于"孝"的背后，是"为人子"这一身份的普遍性以及"无所逃于

---

① 孙向晨：《论家：个体与亲亲》，华东师范大学出版社 2019 年版，第 299—300 页。
② 同上书，第 302 页。

天地"的必然性。换言之，只要一个人存身于世，就必然处在"为人子"的生存境遇之中，即便双亲亡故，对于一个人而言，"为人子"也是一种必然，即便仅仅通过对故去双亲的合乎"礼"的纪念，对作为父母之遗体的己身的"敬"仍能长养人的"孝"德。人的具体存在方式有多种，但其生身不能没有父母，长养不能没有家庭，而子在"家"中与父的交互，因亲教爱，因严教敬，培养出"爱"与"敬"两种自然情感；由于政治生活是通过扩展"爱"与"敬"建立起来的，这就意味着"孝子"或者说所有"出自家"之人从本质上就拥有进入政治生活的资格与能力：门内之孝子，事父有爱敬，则事君不难。

二、"出家"：家国断裂引发的沙门身份困境

但是，佛教却提倡以"出家"的方式进行修行。"出家"究竟意味着什么？在此我们以《魏书·释老志》对"出家"的定义为例进行说明：

> 诸服其道者，则剃落须发，释累辞家，结师资，遵律度，相与和居，治心修净，行乞以自给。谓之沙门，或曰桑门，亦声相近，总谓之僧，皆胡言也。[①]

"释累辞家"向我们传递出佛教对于"现实生活"或说"自然生活"的一种基本态度。在佛教的宇宙-世界-人生图景的影响下，修道者对"现世"的判断是"累"。值得玩味的是，抛弃现

---

① ［北齐］魏收：《魏书》卷一百一十四《释老志》，第3026页。

世之"累"的起点，竟然是"辞家"。从这一点上看，"出家"在一定意义上是对"家"在人的自然生活中的基础性的一种承认，但佛教却并不承认这种自然生活方式具有本质性的价值与意义，更遑论如经学一般，将"家"以及"孝"视为不可化约的生存论境遇，并以之作为设教的根据与现实起点。修道的目的，在于求真，在这一过程中需要"灭俗"。①"家"被摒弃在修道方式之外，意味着佛教对"家"对于人之为人的本源性、不可或缺性的公开否认。"家"与"孝"之间存在着本质性的关联。否认"家"这一生存方式，也就在事实上断绝了从"孝"这一自然情感培养出"爱"与"敬"的可能，这同时意味着颠覆了经学以"为人子"这一必然生存论境遇作为设教的现实依据的合理性。

"家国同构"的基础在于"家"，在于人对"为人子"这一生存论境遇之不可选择性的承认。在"为人子"这一生存论境遇被视为"天经地义"的环境中，"出自家"的个体天然就具有进入政治生活的合法身份。但是，当一个群体公开宣称自己不认同"为人子"的不可选择性、不认同家庭生活对德性养成的必要性时，不只是断除了与家人的伦常关系，而是脱离了整个社会的身份秩序。游离于以"父子之伦"为基础建构起的身份秩序之外，如何理解、定位沙门的身份，成为困扰中夏社会的一道难题。正是从以"人伦"为基底建立的身份秩序出发去理解、定位"沙门"这一身份，给国家、佛教双方都造成了诸多困扰。由于无法在传统的身份秩序中给予沙门一个合适的定位，国家只能将之类

---

① ［南朝梁］僧祐：《弘明集》卷六《重书与顾道士》，《大正藏》第52册，第42页下："灭俗归真，必其违俗。"

比于隐士，以对待隐士的方式处理政治与沙门之间的关系。沙门
与隐士虽然在行为上都是"不屈王侯，高尚其事"[①]"让王辞相，
避世山林"[②]，但从人伦身份的角度看，二者却并不相同。

三、"方外"：对"归隐"与"出家"的混淆

自庐山慧远在《沙门不敬王者论》中以"出家则是方外之
宾"[③]提出了中国佛教徒对"沙门"在古代中国社会身份秩序中的
位置，在"方外"这一宽泛的内涵之下，"沙门"与"隐士"被
未经反思地归为一类。但是，如果我们从"孝"与"家国同构"
的关系出发重申审视这一问题将不难发现，"沙门"不同于"隐
士"。隐士与沙门在对待"孝与家"的问题上存在着明显的差异。
在《弘明集》卷十一中存在着三种以"劝罢道""劝还俗"为主
题的文献，值得我们注意。在这组文献中，桓玄劝庐山慧远罢道
一事因庐山慧远在中国佛教史上的重大影响而不断被提及，此外
还有后秦姚兴下令僧䂮、僧迁还俗从政，以及刘宋青州刺史刘善
明举荐僧崖为秀才等两则记录。相比于慧远与桓玄简短的书信往
来，后两种文献由于尺素往复次数更多，在此过程中相关讨论不
断深化，对我们理解时人心目中"沙门"的身份，实际上更有参
考价值。由于本书以北朝佛教为核心研究对象，故而在后文中将
对后秦姚兴下令僧䂮、僧迁还俗从政一事进行细致梳理。但是，
为了说明时人对"沙门"与"隐士"两种身份误解的普遍性，又

---

① ［唐］道宣：《广弘明集》卷三《家训归心篇》，《大正藏》第52册，第108页中。
② 同上。
③ ［南朝梁］僧祐：《弘明集》卷五《沙门不敬王者论》，《大正藏》第52册，第
30页中。

有必要以最简短的篇幅，对发生在刘宋时期的刘善明举荐僧崖为秀才这一事件进行说明。在此我们只以刘善明劝僧崖应国家之征时使用的"例证"，说明刘善明对沙门身份的理解。刘善明在第二次致书僧崖时指出："昔王祥樵采沂侧，耳顺始应州命；公孙弘牧豕海上，白首方充乡举。终能致位元台，朝天变地，道畅当年，声流万载，君意何如？"① 王祥在东汉时隐居二十年，于曹魏时出仕，曾卧冰求鲤，被后世称为"孝圣"。公孙弘虽明经，但其入仕则是因为孝养后母，在汉武帝时被州郡以孝廉身份举荐。在刘善明对僧崖的"劝谕"中，以王祥、公孙弘为例，足见在刘善明的理解中，"沙门"与"隐士""处士"是同类。这种对沙门的"误解"很具有典型性。

　　检《南史·刘善明传》不难发现，刘善明本人也是一位游走在仕、隐之间的人物，行年四十才应征出仕，在刘宋、萧齐之际又再度归隐，直到齐高帝亲自下诏征之统辖淮南，才复又出仕。而贯穿于刘善明本传的一条线索，则是"孝亲"。② 隐士只是不敬君，远离政治生活，却并未否定"为人子"的生存论境遇，不为人臣，却仍能作孝子，在家国同构的制度中，"出自家"的孝子身份使隐士保留了参与政治生活的资格与能力。但沙门"出家"，则是从根本上否认了"家"作为人之存在方式的不可突破性，否定了"为人子"这一境遇的根本性。同时，隐士不敬君是以一种"空间化"的方式实现的，即生活在远离政治中心的深山、海滨，也即王化所不及之地。但是，通过"出家"公开否定了政治生活

---

① ［南朝梁］慧皎：《弘明集》卷十一《僧崖法师辞青州刺史刘善明举其秀才书》，《大正藏》第 52 册，第 75 页下。
② ［唐］李延寿：《南史》卷四十九《刘善明传》，第 1228—1231 页。

之价值基础、组织基础的沙门，却始终活跃在政治生活的核心区域，北朝佛教中心随国都的更迁而改变，就是最有力的证据。一个人不作君之忠臣，却仍有可能为父之孝子；但不作孝子，在理论上已断无为忠臣的可能——事父孝则有爱敬，只发挥且只需要发挥其中的敬即可事君，故而每一个家中之人都有因为对最亲密的先天经验的体会与认同，而"自然"获得了进入政治生活的资格。沙门"出家"，意味着放弃了原本"自然"属于每一个"出自家"之人的政治参与的合法身份。在下一节中，我们就将以后秦姚兴劝沙门还俗为官为例，对"出家"引发的家国之间的断裂，以及佛教在面对这一问题时给出的解决方案——化外而臣——作出说明。虽然姚兴与鸠摩罗什僧团都致力于解决这种困境，但最终却是以涉事僧人远离长安、隐遁山林的方式收场，不能不引人深思。

第二节　化外而臣：王权对"沙门"政治身份的想象

在对东晋十六国时期"佛教与政治关系"的研究中，庐山慧远始终处于现代学术视野的核心位置，并被认为是今人处理佛教与政治关系的典范。无论是时望与慧远不相伯仲且与政治关系密切的佛图澄、道安，还是与庐山僧团并世而立的长安僧团，都未能在这一问题上获得如此集中的关注。取材范围与研究对象过度聚焦的背后，看似是对中古时期佛教内部观点的继承，但更大程度上是为现代学术问题意识牵引过度的结果。与中古时期佛教史家的判断并无二致，我们并不否认庐山慧远在这一时期乃至其后中国佛教与政治关系问题上的典范意义，但即使尤为推重慧远其人其事的僧祐也已经指明，足以垂范东晋十六国之世的，不仅慧远一人一事：

> 余所撰《弘明》，并集护法之论。然爱录书表者，盖事深故也。寻沙门辞世，爵禄弗縻。汉魏以来，历经英圣，皆致其礼，莫求拜耳。而庾君专威，妄起异端；桓氏疑阳，继其浮议。若何公莫言，则法相永沉；远上弗论，则僧事顿尽。望古追慨，安可不编哉？《易》之《蛊》爻"不事王侯"，《礼》之《儒行》"不臣天子"，在俗四民，尚有不屈；况弃俗从道，焉责臣礼？故不在于休明，而频出于季运也。至于恒、标辞略，远公距玄，虽全已非奇，然亦足以敦历法要。①

《弘明集重序》意在于讨论佛教如何面对"事王侯""臣天子"问题，也即如何处理现代学术视野中的佛教与政治关系问题。高僧的言行，就是这一问题的答案。僧祐虽两度提到慧远护教行为的价值与意义——"远上弗论，则僧事顿尽""远公距玄"，却还是认为"足以敦历法要"的典范，不仅有慧远，还有辞姚兴之征而不就的道恒、道标。僧祐虽身在南朝，却并未忽视北方的佛教实践。然而现代学术研究对僧祐所强调的"恒、标辞略"一事，却并未给予充分关注。比对东晋一朝的庾冰、桓玄与后秦国主姚兴对于佛教的理解、对待佛教的态度，不难发现"恒、标辞略"一事的特殊之处：从致慧远书中透露出的"居高临下"态度

---

① ［南朝梁］僧祐：《弘明集》卷十二，《大正藏》第 52 册，第 76 页中一下。

中不难体味出庾冰、桓玄对佛教的抵触；姚兴其人乃至后秦一朝，在佛教内部的叙事中，始终以"崇佛"著称。因此，同样是"沙门辞世"与"事王侯""臣天子"之间的冲突，在东晋与在后秦，具有完全不同的意义。对于抵触佛教的庾冰、桓玄，我们尚可如僧祐直以"专威"释之；但对遣军西伐迎罗什入关并待以国师之礼，认为佛教"信为出苦之良津，御世之洪则"而亲著《通三世论》，甚至亲涉译场"什持梵本，兴执旧经，以相校雠"的姚兴，以"专威"解释其劝道恒、道标罢道从政一事，显然并不充分。对于这一问题，虽尚无专文加以讨论，但在佛教通史类著作中，确曾得到过关注，如镰田茂雄在讨论鸠摩罗什门下弟子时，就曾以双方诏、表往复的过程为线索，对姚兴劝道恒、道标罢道一事进行了说明。①

但是，对于事件的复述并不意味着事件背后的意义得以被阐发。一种可行的处理方式是以姚兴致书道标、道恒劝其还俗从政一事为中心，聚焦双方辩护策略背后的观念博弈，并尝试回答如下问题：作为一个崇信并支持佛教发展的国主，支撑姚兴劝僧人罢道从政的观念动力是什么？大乘菩萨道对僧人参与政治持何种态度？佛教对自身在王道中的定位如何？佛教所能接受的政治参与方式是什么？通过对上述问题的回答，尝试说明当僧团、僧人成为政治的吸纳对象时，传统仕隐观念以及在这一观念影响下形成的隐士与权力的互动方式，如何影响了权力对沙门在王道政治中之定位、对参与政治之态度以及吸纳沙门参与政治之途径的理解。对于权力的这种判断，沙门给出的回应并非简单的"不仕"，

---

① 〔日〕镰田茂雄：《中国佛教通史》第二卷，关世谦译，佛光出版社 1990 年版，第 315—317 页。

而是从经教出发，阐发了沙门理解中的"仕"以及"如何仕"，并通过实际行动，表达了这一崛起中的社会力量的诉求，向权力展示了自身的特质，不断刺激着权力脱离中国传统的视角与语境理解佛教，更多地关注佛教本身。

一、征辟沙门现象背后的身份秩序观念

"佛法确立，实自东晋"[①]，中国佛教走出了前此时期"只有宗教的意味，绝无学术的意味"[②]的状况，佛法流通的范围从西域侨民蔓延至士大夫、皇室。伴随佛教的不断壮大，作为"社会群体"的僧团与作为"知识精英"的僧人不断引起权力的注目，"政治与佛教"这一问题[③]第一次正式成为时代问题。对东晋十六国时期佛教的研究，主要是围绕高僧与重大事件展开的，"一般而言，初期中国佛教史上的伟人，当以佛图澄、道安、慧远三人为首"[④]。有关佛教与政治关系的考察也不外如是。在这一时期政治与佛教关系的案例中，最为著名的，莫过于慧远与庾冰、桓玄

---

① 梁启超：《佛学研究十八篇》，群言出版社 2013 年版，第 5 页。

② 同上书，第 4 页。

③ 现代学者的研究著作中，经常出现以"政教"代指"政治与宗教""政治与佛教"的情况，在此不能一一列出。值得注意的一点，是"政教"在清季及此前的语境中，涵义极为不同。简言之，当我们在清末以前的古代语境中使用"政教"时，实则是要讨论"布政施教"问题，所要处理的是"政治与教化"的关系问题，其中隐含的前提，是权力（官）与教化者（师）处在合作关系中。当使用"政教"代指"政治与佛教"之关系问题时，所要讨论的是政治与佛教如何相处的问题，冲突、合作、中立都是题中之义。虽然在王权主义的古代中国，合作是政治与佛教最稳定的合作形态。但是，一方面，佛教史上曾出现佛教与政治的冲突；另一方面，现代学术内在要求的严谨，要求我们必须对这一问题有自觉的认识。有关传统"政教"观念的内涵与流变，见吴震《孔教运动的观念想象——中国政教问题再思》，复旦大学出版社 2019 年版。

④ 〔日〕镰田茂雄：《中国佛教通史》第一卷，第 345 页。

有关沙门是否礼拜王者的讨论。但是，慧远提倡的"求宗不顺化"①的模式，是否就是其所在时代"政治与佛教"这一时代议题的唯一答案？

　　在政治与佛教关系研究者将目光聚焦在慧远及其道路上时，一个极易被忽视的事实是：就在同一时代，身为北魏道人统的沙门法果，却持有一种与慧远大相径庭的立场：天子"即是当今如来"②，号召沙门服从权力的约束与要求，通过与帝王的合作，弘传佛法。③这种立场与行为方式，很有可能是受到"法灭"或"末法"思想的影响，源于佛陀宣说的有关转轮圣王护法的相关内容。对于这一事件，最有代表性的评论，来自提出"国家佛教"④理论的镰田茂雄。镰田氏评论北魏太祖对法果的授官、赐爵之举，认为"太祖本身亦未曾自觉于真实佛教者的立场，来分别于出家和在家的正式区别"⑤。笔者则认为，镰田茂雄的这一评论实际是从后见之明出发，似是而非。佛教发展至东晋，方从不为人所知的状态走向广泛传播，权力对佛教的关注度也随着佛教

---

① 〔南朝梁〕僧祐：《弘明集》卷五《沙门不敬王者论》，《大正藏》第52册，第30页中。
② 〔北齐〕魏收：《魏书》卷一百一十四《释老志》，第3031页。
③ 〔日〕冢本善隆：《〈魏书·释老志〉研究》，林保尧译，觉风佛教艺术基金会2008年版，第102页。法果于公元392—397年活跃于赵郡，并于公元409—413年之间被北魏国主封官制与爵位，以八十余岁的高寿，卒于泰常年间（416—423），其生卒年应在公元336—423年。而慧远的生卒年，则在334—416年，见曹虹《慧远评传》，南京大学出版社2002年版，第2页。可以确定，慧远与法果是同一代人。张雪松曾指出慧远与法果时代相近且二人对于政治采取的立场具有可对比性，并对"当今天子即是如来"进行了深入阐发。见张雪松《站在隋唐帝国人口处的中国佛教——"国主即是当今如来"对中古皇权观念影响探析》，《中国佛学》2014年第二期。
④ 〔日〕镰田茂雄：《中国佛教通史》第一卷，第3—4页。
⑤ 〔日〕镰田茂雄：《中国佛教通史》第三卷，第290页。

的不断壮大而递增。权力与佛教的关系是在实际的接触中逐步形成的，尤其是在权力一侧，并不以佛教的传统为范本。认为政治必须充分理解与承认宗教自主权与独立性的观念，是现代社会的产物。这一具体评论的背后，是镰田茂雄有关"国家佛教"的思路，即认为佛教在中国遭受了权力的"惩罚与规训"，最终失去了自主性。笔者认为，"国家佛教"理论是从现代政治与宗教关系的一般模型出发，回溯佛教历史得出的结论，过多地受到现代学术立场、社会问题意识的影响与牵引。权力对于佛教的理解，不是在"听其言"而是在"观其行"的基础上建立起来的。换言之，正是这一时期佛教徒在面对权力按照某一既有"传统"误解了佛教、触碰了信仰的底线时作出的反应，定义了"出家"的内涵，刺激并强化了权力对"出家"与"僧人"在文化与实践层面的"特殊性"的认识与理解。镰田茂雄所谓面对政治时"真实佛教者"的立场与标准，正是由这一时期信仰者的实践所定义的。更重要的是，这一时期在"如何处理政治与佛教关系"这一问题上，确实存在不止一种声音。

事实上，沙门法果并非倡导佛教与政治合作的第一人。佛教史传有载的记录中，首倡与国主合作以弘法的，正是慧远之师道安。道安在战乱与饥荒的威胁下提出"不依国主，则法事难立"[①]的纾危解困之法，在襄阳、长安，均与国主保持良好关系，甚至在政治决策层面提出意见，如劝诫苻坚不要南征。法果虽后于道安，但其所在的时代，北方仍处在诸国混战的局面之中，后秦、北魏、胡夏以及河西诸凉相互攻伐，北地僧人面对的外部处境，

---

① ［南朝梁］慧皎：《高僧传》卷五《道安传》，《大正藏》第50册，第352页上。

较之道安时代并未有多少改观。法果所在的北魏，复国未久，真正在十六国中崛起，是在公元 423 年拓跋焘继位之后，此时的法果早已作古，镰田氏以归顺、迎合、阿谀①形容法果所提出的佛教与政治合作之道，有过激之嫌。从《魏书·释老志》中对法果两则言论的仔细勘读中，不难发现，法果在处理权力与佛教的关系上采用的立场与方法，受到来自教理与现实的双重压迫：

> 初法果每言："太祖明睿好道，即是当今如来，沙门宜应敬礼。"遂常致拜。谓人曰："能鸿道者人主也，我非拜天子，乃是礼佛耳。"②

号召沙门礼敬国主，其目的并非致财货、邀名誉，而是"鸿道"，法果拒绝北魏国主的屡次授官、封爵，已然自明心志。但即便如此，对于自己选择与权力合作的用心，法果还是需要对自己看似不合于教理的行为作出解释。道安指明了一条佛教在中国发展的道路，但却并未提出这种政治合作的"一定之规"，更未曾料想到国主会如何理解、看待依止其下的僧人之身份，并采取什么样的举措。佛教在十六国诸政权中的相关实践，正是我们观察"依国主模式"在佛教与政治关系的"形成期"中以何种方式与限度处理政治与佛教关系的窗口。

镰田茂雄指出北魏太宗封赏法果及其后人的做法不合佛教立场，提示出一个值得关注的问题：权力在面对作为一个独立的社会群体的佛教时，究竟是如何看待并安置佛教的？《弘明集》中

---

① 〔日〕镰田茂雄：《中国佛教通史》第三卷，第 289 页。
② 〔北齐〕魏收：《魏书》卷一百一十四《释老志》，第 3031 页。

有关"劝罢道"①"举秀才"②的相关记载，为我们反思这一时期政治与佛教关系的复杂样态、政治对佛教在王化（社会谱系）中身份与定位的理解，提供了契机。前文已经提到，权力与佛教的关系是在实际的接触中逐步形成的，尤其是在权力一侧，并不以佛教的传统为范本。事实上，当彼此陌生的权力与佛教开始接触时，权力的本能反应不是去考察其特出之处，而是将之归入某一熟悉的、符合"传统"的类别，并按相应的"传统"治理方式进行管理。

总之，东晋十六国的纷争，尤其是北方政权的频繁更替，为我们审视佛教在面对权力时路径选择的丰富性与复杂性，提供了契机。历史上的行动者在道路选择上的复杂性与丰富性提示我们，在处理与政治的关系时，佛教在观念上虽自有一贯之道，但具体的行动策略则是因时因地而制宜的，相较于"执取"某一特定的历史模式并谓为典范，不若在更丰富的"事"上求"古人之心"。

二、政权对菩萨行的理解

姚兴诏令劝道恒、道标罢道一事，《弘明集》中记录了关于此事的资料共有九种。③前六种是姚兴与道恒、道标之间的书、

---

① ［南朝梁］僧祐：《弘明集》卷十一《道恒道标二法师答伪秦主姚略劝罢道书（并姚主书）》，《大正藏》第 52 册，第 73 页下—74 页中。［南朝梁］僧祐：《弘明集》卷十一《庐山慧远法师答桓玄劝罢道书》，《大正藏》第 52 册，第 75 页上—中。

② ［南朝梁］慧皎：《弘明集》卷十一《僧崖法师辞青州刺史刘善明举其秀才书》，《大正藏》第 52 册，第 75 页中。

③ ［南朝梁］僧祐：《弘明集》卷十一，《大正藏》第 52 册，第 73 页下—75 页中。九种资料分为两大类，即：1.《道恒道标二法师答伪秦主姚略劝罢道书（并姚主书）》，包括《姚主书》《答秦主书》《诏标二公》《重答秦主》《诏恒标二公》《重答秦主》六种；2.《僧䂮僧迁鸠摩耆婆三法师答姚主书停恒标奏（并姚主书）》，包括《姚主与鸠摩罗耆婆书》《姚主与僧迁等书》《僧䂮僧迁法服法支鸠摩耆婆等求止恒标罢道奏》三种。

诏与表；由于几番诏令，道恒、道标均抗命不遵，姚兴转而"致书"鸠摩罗什、僧迁等求助，希望其能劝说恒、标"造菩萨之行"。最后一封"奏"，是僧䂮、僧迁、鸠摩罗什等人联名上书，请求停止劝罢道之事。在《高僧传·晋长安释道恒附道标》中，亦见劝罢道之事，且撮要记载了《弘明集》中所载书信的内容。但是，道恒传在引《弘明集》中有关此事的最后一种记录《僧䂮僧迁法服法支鸠摩耆婆等求止恒标罢道奏》之后的一段话，提示我们留意《弘明集》中所存资料，未必是这次事件的全部记录：

> 兴后频复下书，阖境救之，殆而得勉。[①]

虽然囿于资料有限，本书仍须以上述九种资料为依据，但必须对资料的性质加以说明。

从道恒在《高僧传》中的部次可以推断，道恒以"义解"闻名当时。《高僧传》中虽有"时恒有同学道标，亦雅有才力，当时擅名，与恒相次"[②]之语，但有关道标的记录仅寥寥数语，无法得知其生平。鸠摩罗什传中记载，道恒、道标与僧䂮等人一起，受命于姚兴，为鸠摩罗什助译，[③]《大品经序》中亦出现道标、道恒参与译经的记录。[④]道标曾为《舍利弗阿毗昙》作序，其中有"并校至十七年讫"[⑤]的记录，此所谓"十七年"是后秦弘始十七

---

① ［南朝梁］慧皎：《高僧传》卷六《道恒传》，《大正藏》第50册，第365页上。
② 同上书，第364页下。
③ ［南朝梁］慧皎：《高僧传》卷一《鸠摩罗什传》，《大正藏》第50册，第332页中。
④ ［南朝梁］僧祐：《出三藏记集》卷八，《大正藏》第55册，第53页中。
⑤ ［南朝梁］僧祐：《出三藏记集》卷十，《大正藏》第55册，第71页上。

年，即公元 415 年，可知在鸠摩罗什去世后，道标仍然在长安、在姚兴周围活动。

道恒于晋义熙十三年卒（417），春秋七十二，[①] 故其生年为晋建元二年（346）。按《高僧传》记载，"年二十时"，即公元366 年，其后母亡故，道标"行丧尽礼，服毕出家"，由此推断，其出家当在二十三岁之后，约公元 368 年。此时关中为前秦苻坚控制，为前秦建元年间。对于道恒出家后的师承关系，仅有"罗什入关，即往修造，什大嘉之"[②] 的记载。鸠摩罗什进入长安，在公元 401 年。在道恒出家至罗什入关前的 368—401 年间，帛远、竺佛念等人曾在长安讲经、译经。公元 379 年，长安佛教更是达到了一个高峰：攻破襄阳的苻坚迎回了道安，正如有研究者指出的，"长安僧团真正形成一个具有'义学'学术凝聚力的共同体，始于释道安"[③]。虽然汤用彤将道恒归入鸠摩罗什门下四类弟子中"其原在关中者"[④]，但《高僧传》中仅记载其生于蓝田，并未交待其出家后究竟在何处修习，我们无法得知道恒是否也曾参与上述若干僧团之中。道恒出家后"游刃佛理，多所兼通，学该内外，才思清敏"[⑤]。但其留心"外学"，却始自出家之前。少年时期的道恒虽然生活清苦，但"笃好经典，学兼宵夜"[⑥]。不惟如此，道恒出家前孝行严谨，史载其"事后母以孝闻"，二十岁时后母亡

---

① ［南朝梁］慧皎：《高僧传》卷六《道恒传》，《大正藏》第 50 册，第 363 页上。
② 同上书，第 364 页下。
③ 尚永琪：《鸠摩罗什译经时期的长安僧团》，《学习与探索》2010 年第 1 期。
④ 汤用彤：《汉魏两晋南北朝佛教史》，第 204—205 页。汤用彤述道恒："蓝田人，如为执心无义者，曾在荆州"。见汤用彤《汉魏两晋南北朝佛教史》，第 205 页。日本学者镰田茂雄则认为提倡"心无义"的道恒另有其人。见〔日〕镰田茂雄《中国佛教通史》第二卷，第 317 页。
⑤ ［南朝梁］慧皎：《高僧传》卷六《道恒传》，《大正藏》第 50 册，第 364 页中。
⑥ 同上。

故，"行丧尽礼"①。道恒出家前"孝行严谨""笃好经典"，隐约已见"在俗必有辅政之功"的端倪，这又引出了对其传中九岁途遇张忠一事的评价。

《高僧传·道恒传》记载，道恒九岁（355）途遇隐士张忠，张忠见之发出有似于"预言"的嗟叹：

> 此小儿有出人之相，在俗必有辅政之功，处道必能光显佛法。恨吾老矣，不得见之。②

张忠其人，《晋书》有传，列在《隐逸传》中。永嘉之乱后，避祸泰山，"劝教但以至道虚无为宗"③，"年在期颐，而视听无爽"④。僧朗移居泰山后，曾"与隐士张忠为林下之契，每共游处"⑤。苻坚曾遣使征张忠至长安。按苻坚对张忠用"征"，说明其时已登国主之位。苻坚掌前秦之权，在公元357年至385年。⑥由此推断，张忠应苻坚之"征"，最早到达长安的时间，也应该在公元357年。道恒生于蓝田，至鸠摩罗什入关之前的行止，均无法确定。但是，详细比较两传中张忠自述，确有相互重叠之处：

> 吾余年无几，不可以逆时主之意。⑦

① ［南朝梁］慧皎：《高僧传》卷六《道恒传》，《大正藏》第50册，第364页中。
② 同上。
③ ［唐］房玄龄等：《晋书》卷九四《隐逸·张忠传》，中华书局1974年版，第2451页。
④ 同上书，第2452页。
⑤ ［南朝梁］慧皎：《高僧传》卷六《道恒传》，《大正藏》第50册，第364页中。
⑥ 蒋福亚：《前秦史》，北京师范学院出版社1993年版，第53、73页。
⑦ ［唐］房玄龄等：《晋书》卷九四《隐逸·张忠传》，第2452页。

恨吾老矣，不得见之。

张忠在应苻坚之征时，慨叹自己"余年无几"；在遇见将及入学之年的道恒时，自叹"恨吾老矣"。前文已述，张忠自永嘉之乱后一直隐居泰山，直至受到苻坚征召才入长安。觐见苻坚后便"乞还余齿，归死岱宗"，终于在行到华山之时，发出"我东岳道士，没于西岳，命也，奈何！"[①]的感慨，死于华山。蓝田位于长安以东，张忠自东岳而来，复归东岳，都有路过蓝田的可能，其时还是孩童的道恒在出生地蓝田遇到张忠，并非没有可能。张忠虽然是隐士，但与僧朗在泰山交游，可想其对佛法并不陌生，因而在见到道恒时作出"处道必能光显佛法"的预言，可能性极高。张忠作为一时人物，虽为隐士，亦与名僧过从。故而《道恒传》的撰写者借亲近佛教的隐士张忠之口，点明了道恒之品行学问的卓异之处，也暗示了道恒之才能在当时的社会中将要面对的最具张力的处境：在处道与辅政之间。最终，迫于姚兴"频复下书"劝其罢道的压力，道恒"于是窜影岩壑，毕命幽薮，蔬食味禅，缅迹人外"[②]，卒于山林之间。

姚兴何时下令劝道恒、道标罢道，无论《高僧传》道恒、道标本传还是《弘明集》，均未有记录。但是，以这场争论涉及的人物之生平为依据，可以大致判断出此事发生的时间。姚兴致鸠摩罗什的书信中称僧䂮为"䂮统"[③]，以及众人联名上奏时仍有鸠

---

① ［唐］房玄龄等：《晋书》卷九四《隐逸·张忠传》，第 2452 页。
② ［南朝梁］慧皎：《高僧传》卷六《道恒传》，《大正藏》第 50 册，第 365 页上。
③ ［南朝梁］僧祐：《弘明集》卷十一《僧䂮僧迁鸠摩耆婆三法师答姚主书停恒标奏（并姚主书）》，《大正藏》第 52 册，第 74 页中。

摩罗什的名字，由此我们可以确定，此时鸠摩罗什尚未圆寂，而僧䂮已经担任沙门统一职。有研究已经指出，鸠摩罗什在长安译经，公元401—405年间在逍遥园，公元406年后则一直在长安大寺。长安大寺是与僧䂮关系密切的寺院。[1] 因此，姚兴致书鸠摩罗什中"不审䂮统，复何如？"[2] 一句，提示此时鸠摩罗什与担任沙门统的僧䂮接触频繁，最有可能的情况，就是鸠摩罗什已经将活动中心转移到长安大寺。这就意味着，姚兴就道恒、道标之事致书鸠摩罗什的时间当在公元406年之后。《高僧传·晋长安大寺释僧䂮传》中并无僧䂮具体何时开始担任沙门统一职的记载，可以确定的是，公元405年时僧䂮已经受到敕赐仆从、车马的"政治待遇"。[3] 公元406年姚兴致书中称僧䂮为"䂮统"也可以成立。另，鸠摩罗什于弘始十一年（409）殁于长安，联名上奏姚兴一事，必发生在其圆寂之前。由此，我们推断姚兴劝恒、标罢道一事，可能发生在公元406—409年。公元407年，赫连勃勃反叛后秦自立，姚兴接连对夏用兵而不胜，损耗国力，秦陇之间的战争常态化，人才不断从长安被输送到边境，后秦自此开始走向衰亡。[4]

在致道恒、道标的第二书中，姚兴对于"劝罢道"的行为，从两方面做了解释：

> 省所奏具意。今所以相屈者，时所须也。不复相推本

---

① 〔日〕镰田茂雄：《中国佛教通史》第二卷，第264—265页。
② ［南朝梁］僧祐：《弘明集》卷十一《僧䂮僧迁鸠摩耆婆三法师答姚主书停恒标奏（并姚主书）》，《大正藏》第52册，第74页中。
③ 谢重光：《中古佛教僧官制度和社会生活》，商务印书馆2009年版，第17页。
④ 俄琼卓玛：《后秦史》，上海古籍出版社2018年版，第100—103页。

心，以及于此，烦勤勤广自料理。吾之情趣，想卿等以体之在素，不复烦言。便可奉承时命，勉菩萨之踪耳。[①]

其一，劝罢道的原因是"时所须也"，并非姚兴"专威"滥权；其二，姚兴自明心迹，认为自己并非不理解、不认同佛教之人，故有"吾之情趣，想卿等以体之在素，不复烦言"之语。不同于《弘明集》中桓玄劝慧远罢道书中"居高临下"的姿态所体现出的对慧远的"批评"态度，姚兴劝道恒、道标罢道，是将恒、标二人视为国之栋梁的，这在姚兴致道恒、道标的第一书中有明确记载：

> 但朕临四海，治必须才，方欲招肥遁于山林，搜沉滞于屠肆，况卿等周旋笃，旧朕所知，尽各挹干时之能，而潜独善之地。此岂朕求贤之至情，卿等兼弘深趣耶？昔人有言："国有骥而不乘，方惶惶而更索。"是之谓也。[②]

所谓"国有骥而不乘，方惶惶而更索"是引《楚辞·九辩》之言，自谓不识贤愚，姚兴以之说明自己对道恒、道标所怀的是"求贤之至情"。山林与屠肆，是士人隐而不仕之所，如西汉胡刚，在王莽摄政之后，就曾"解其衣冠，悬府门而去，遂亡命交趾，隐于屠肆之间。后莽败，乃归乡里"[③]。这是"隐逸"传统中

---

① ［南朝梁］僧祐:《弘明集》卷十一《道恒道标二法师答伪秦主姚略劝罢道书（并姚主书）》,《大正藏》第 52 册，第 74 页上。
② 同上书，第 73 页下。
③ ［南朝宋］范晔撰，［唐］李贤等注:《后汉书》卷四十四《胡广传》，中华书局 1965 年版，第 1504 页。

很典型的一种，即"邦无道则隐"。这种隐逸，其实是"不仕而仕"，并非反对参与政治，而是为了确保自身节操不蒙污损，择主、择世而仕。求贤，也即人才的延揽，途径并不单一。在十六国时期的诸政权中，后秦的人才培养与选拔机制相比而言最为完备，考试制度、察举制度、征召制度皆备。[①]从姚兴的致书中可以看出，姚兴采取的论证策略，是以"勉菩萨之迹"为由，征召道恒、道标。然而，通考姚兴劝罢道五书中这种看似内在于佛教的理路，其观念依据却并非来自佛教，而是一种中国传统的政治文化观念——隐与仕，将道恒、道标视为隐逸之士。

隐逸，究竟是"不仕"，还是"仕"，这并非一个可以遽下结论的问题。自先秦开始，虽同名为"隐逸"，实则有两种目的完全不同的"不出仕"。一种是因为世道混乱、没有明主，志向难以伸张，故而避地山林屠肆之间，并非拒绝参与政治，而是拒绝在特定的时期、特定的政权内参与政治。另一种则是全然不以参与政治为然，持有一种反政治的倾向，认为参与政治是不值得的生活方式。这种隐逸之士拒绝任何形式的官位，最为典型的代表是杨朱与庄子。然而，不论上述哪一种隐士，自其诞生之初，就与政治产生了不可分割的关联。"在彼此矛盾的态度中，我们依然能够分辨出参与政治的迫切性这样一条共线，这一共线决定性地塑造了战国时期士的职业模式，甚至对其继承者，即帝制时期的文人产生了相当重要的影响。"[②]对于"邦无道则隐"的隐士而言，其观念中处于最基础位置的，是为实现理想而"仕"的观

---

① 俄琼卓玛：《后秦史》，第150—151页。
② 〔以〕尤锐：《展望永恒帝国——战国时代的中国政治思想》，孙英刚译，上海古籍出版社2018年版，第170页。

念。这一传统来自孔子，以"仕"作为实现自我道德抱负与社会理想的途径与手段，"隐逸"只是"仕"的"暂歇期"。前文述及的西汉胡刚，即属此例。对于认为出仕无益于自我实现的隐士而言，尽管明确地反对参与政治，"但是这一反对态度是有条件的。高傲的隐士……的道德高度只能在被许诺给予官位，而再加以拒绝的时候才能体现出来。这意味着远离政治世界的举动，只有在参与政治被认为是正常情况时才有意义。……一个人越是宣扬自己远离政治，他就越会被考虑给予更重要的位置"①。由于隐逸与政治之间的这种内在关联，造成了一种特殊的局面：征召隐士，尤其是征召全无政治参与之意的隐士，成为传统政治文化中的合理举措。

征召隐士的政治传统，在十六国时期不仅得以延续，还成为一种政治惯例，刘曜、石虎、苻坚、姚兴、赫连勃勃等人都曾征召隐士。这一时期，上述"仕隐"观念已成为一种具有普遍性的"知识"，隐士在面对征召时采取何种行为与态度，甚至关涉到对国主"身份"的确认。《晋书·隐逸传》中提到的一则赫连勃勃征召隐士的记录，就很好地说明了征隐士传统在这一时期的普遍性，以及"仕隐"观念的深入人心：

> 勃勃归于长安，征隐士京兆韦祖思。既至而恭惧过礼，勃勃怒曰："吾以国士征汝，奈何以非类处吾！汝昔不拜姚兴，何独拜我？我今未死，汝独不以我为帝王，吾死之后，

---

① 〔以〕尤锐：《展望永恒帝国——战国时代的中国政治思想》，孙英刚译，第200页。

汝辈弄笔，当置吾何地！"遂杀之。[1]

韦祖思在受姚兴征召时，"不拜"；在受赫连勃勃征召时，"恭惧过礼"，赫连勃勃认为这是对自己的侮辱，因此杀了韦祖思。何以隐士受征召，不具礼而受优待，执礼却遭杀身之祸？原因在于，国主征召隐士，隐士赴国主之廷，不拜不言，已经成为国主与国士互动的"标准"模式，类似的"情节"屡见于《晋书·隐逸传》。换言之，面对征召时不以这样的方式互动，传递出的是隐士对征召者身份的不认可。赫连勃勃对于韦祖思"恭惧过礼"的反应确有过激之处，但这也从侧面反映出，这一时期"征隐士"的普遍，以及权力角逐者对这一传统之政治意涵的理解之深刻。

前文已述，不论从姚兴致道恒、道标书中的自述己怀，还是其对长安佛教事业的支持，都证明其对佛教是认可与理解的。即使如此，姚兴还依然以征隐士之礼接引道恒、道标，这不能不引起我们的注意。一个关键的问题是，姚兴何以认为"僧人"与"邦有道则仕，邦无道则隐"的隐士具有内在的一致性？这涉及姚兴对于大乘佛教以及僧人志趣的理解。在致道恒、道标的第二书以及致鸠摩罗什书中，姚兴提到了"大乘菩萨道"：

便可奉承时命，勉菩萨之踪耳。

近诏道恒等，令释罗汉之服，寻菩萨之迹，想当盘桓

---

① ［唐］房玄龄等：《晋书》卷九四《隐逸·张忠传》，第3209页。

耳。……恒等亦何烦，诸上人劝其令造菩萨行。①

　　在姚兴的叙述中，"隐"与"仕"的区别，是"独善"与"兼济"，"自守"与"拯物"的区别。在前述"邦有道则仕，邦无道则隐"一类隐士的观念世界中，"兼济"与"拯物"在价值上是优先于"独善"与"自守"的。在姚兴的理解中，"罗汉"与"菩萨"的区别与此并无太大差异。"仕"不仅仅是干禄之道，在有志之士的眼中，"仕"是实现抱负与天下理想的最有效途径。姚兴将"出仕"类比于"菩萨之迹"，正是以传统政治文化中的"仕隐观念"理解佛教的结果。沙门与一般隐士的区别，不在于其具有更加坚定的出世倾向，而是具备更强烈的淑世情怀。因此，沙门在本质上就是并不排斥政治参与的一类隐士，因而可以参照这一类隐士在制度中的身份安排方式来加以吸纳。从书信的细节上，可以见出姚兴对于自己之于大乘菩萨道的理解是真诚的：

　　　　若九河横流，人尽为鱼，法师等虽毗世宣教，亦安施乎？而道恒等伏膺法训，为日久矣。②

　　"恒等亦何烦"明确传达了姚兴对于道恒、道标明明有机会"寻菩萨之迹"却一再盘桓的不满。在姚兴的理解中，众生陷入困厄，即"九河横流，人尽为鱼"，以济世救苦为本怀的僧人，

---

① ［南朝梁］僧祐：《弘明集》卷十一《僧䂮僧迁鸠摩耆婆三法师答姚主书停恒标奏（并姚主书）》，《大正藏》第 52 册，第 74 页中。
② 同上。

如何能心安理得乃至视而不见地"毗世宣教"？"而道恒等伏膺法训，为日久矣"，不无对研修佛法多年的道恒、道标面对众生苦厄却不选择"济世"的谴责之意，其潜台词正是"学道日久，如何连这个道理都不懂"。

总之，姚兴虽然以"菩萨道"为由征召道恒、道标，但在其理解与观念的最深处，还是以传统政治文化中的仕隐观念及相应的隐士与政治的互动方式来理解佛教的观念与行为的。也只有在"征隐士"这一政治传统中，姚兴征召道恒、道标，令其去"法服"辅政，才能够被合理解释。否则，仅仅从"国家利益""专威"的角度解释姚兴的动机与行为，简单地视之为以权力干预信仰的行为，确有不妥。值得注意的是，姚兴始终是从"隐"只是"仕"的特殊形式这一思路来理解大乘佛教之于政治参与的态度的。在这一理解中，"隐"是有限的，并非纯粹反对政治参与。姚兴显然是没有把佛教当作具有"反政治倾向"的理论与实践来理解。因此，传统政治文化中的"仕隐"互动模式，就是处理大乘佛教与政治参与之关系的"模板"。然而，佛教在政治参与这一问题上，究竟持有什么样的立场，是否也具有反政治参与的倾向？道恒与道标在致姚兴的三封书信中，仅以强调自己在政治上的无能作为回应，并未涉及这一问题。在僧䂮、僧迁、鸠摩罗什的联名上书中，佛教之于政治参与的态度，得以明确。

三、佛教"理想的"政治参与方式

对于姚兴在沙门与隐士之间作出的连类、以大乘菩萨道判定佛教对于政治参与抱持积极态度、以传统仕隐观念下的隐士与政治的互动方式吸纳沙门参与政治等观念与行动，在联名上奏中，僧䂮等人的回应策略，笔者概括为"一强一弱"。所谓"强"，就是大量征引中国政治文化传统中"明君"与"隐士"的故事，以强调"审违性之难御，悟任物之易因"①，希望姚兴能够"盖以适贤之性为得贤也"②，尊重沙门的特殊之处。所谓"弱"，则是委婉地表达佛教的立场，以佛陀立身垂教所"示范"的道俗相处模式，来处理劝罢道事件：

> 愚谓恒标虽区区一介，守所见为小异，然故在罗网之内，即是陛下道化之一臣。昔孛佐治十二年，未闻释夺法衣，形服世义。苟于时有补，袈裟之中亦有弘益，何足复夺道与俗，违其适性？③

僧䂮等人首先强调了出家沙门与隐逸之人的区别："隐逸"以及隐士朝君时服野服、不言不拜等行为，都是在表示自己的"不臣"，但沙门出家，并非隐逸，也即并未不臣国主。相反，沙门"故在罗网之内，即是陛下道化之一臣"④。因此，将出家沙门与"隐士"类比，在身份定位上并不恰当，因此也就不应再按隐士与政治互动的方式来吸纳沙门参与政治。作为已臣之人的出家沙门，不必再如隐士入朝为官，去野服、着冠冕以示臣服。那么，沙门可以接受的政治吸纳方式是什么呢？僧䂮等人非常隐晦

---

① ［南朝梁］僧祐：《弘明集》卷十一《僧䂮僧迁鸠摩耆婆三法师答姚主书停恒标奏（并姚主书）》，《大正藏》第52册，第74页下。
② 同上。
③ 同上。
④ 同上。

地使用《佛说孛经抄》中孛与蓝达王四臣共治国事的典故进行了说明。要理解僧䂮等人使用这一典故的用意，首先需要从孛的身份说起。《佛说孛经抄》中记载：

> 佛言："我宿命无数世时，我为菩萨道，常行慈心，欲度脱万姓。①
> 佛言："时孛者，今我身是也。"②

姚兴理解中的菩萨道是否合乎佛教，僧䂮等人并未直接加以评论，而是以佛陀化身为菩萨道时的经历表达自己的态度。在化身菩萨道的这一世中，孛"近明师，作沙门，于山中自得四意止……能以智慧方便之道，顺化天下，使行十善，孝顺父母，敬事师长；诸疑惑者，令信道德，知死有生，作善获福，为恶受殃，行道得道；见忧厄者，为解免之；疾病者，为施医药"③。利益众生的孛在听闻蓝达王手下四臣"专行邪谗"导致"民被其毒"时，"孛伤悯之，往到城外，从道人沙陀，寄止七日，乃入城欲乞食"。这一举动实则是为了引起蓝达王的注意。不出孛所料，王被其不凡的仪容吸引，欲引之宫廷，与夫人一并至孛居住的精舍迎请，孛趁此机会"为王说治国政法"，获得王与夫人的认可，开始了一段长达十二年的从政为治生涯。这足以说明，大乘佛教在政治参与上，并无反政治的立场与倾向，在必要之时，当然可以如孛一样，参与治国理政。然而，孛参蓝达王之

---

① ［三国吴］支谦译：《佛说孛经抄》卷一，《大正藏》第 17 册，第 729 页下。
② 同上书，第 736 页上。
③ 同上书，第 730 页下。

政，并未被要求放弃自己的沙门身份，而是以出家沙门的身份参与其中。僧䂮等人正是从这一点出发，谓姚兴曰"昔李佐治十二年，未闻释夺法衣形服"。出家并非化外之民，仍是王臣，沙门亦可以出家人的身份参与政治。沙门身份并不意味着"不臣"，也就并不存在隐士入仕需要通过一系列仪式表示自己的臣服的必要。出家不外王臣，与慧远"出家为方外之宾"的立场，判然两途。

同时，实现"毗耶之训"、救度世间的方式，也不止直接辅政一种：

> 至于敷演妙典，研究幽微，足以启悟童稚，助化功德，使物识罪福，则有济苦之益。苟佛不虚言，䂮等有弘毗耶之训矣。①

出家弘道，自有途径，"敷演妙典，研究幽微"也是僧人弘化的正途。这样的方式"足以启悟童稚，助化功德，使物识罪福"，是佛教所认可的"济苦"之方式。三代以下，官师分离，"立政施教"剖分两途。"教化"之所以也具备为政的意义，原因即在于此。所以僧䂮等人强调"苟于时有补，袈裟之中亦有弘益"并非虚言，通过"敷演妙典，研究幽微"来"启悟童稚，助化功德"，不仅符合佛教"济苦"的内在要求，也是符合"布政施教"意义上的"政教"内涵的一种方式。

僧䂮等人对容纳特殊性、理解和尊重差异性的说明与论证，

---

① ［南朝梁］僧祐：《弘明集》卷十一《僧䂮僧迁鸠摩耆婆三法师答姚主书停恒标奏（并姚主书）》，《大正藏》第 52 册，第 74 页下。

是以强调中国传统政治文化中固有的开放性来展开的。通过僧䂮等人的论述，可以明确沙门与隐士的不同，但还是要强调"逸民之风，垂训于今矣"[1]，其目的就是要寻找一条从汉文化传统内部生发出的可以容纳佛教且保全其特殊性的"合作"途径。虽然后秦的速亡让我们无法得知这一尝试的历史效验，但不能不注意到，在 4 世纪末至 5 世纪初的中国，佛教不仅有庐山慧远处理佛教与政治关系的尝试，即使在道安的"依国主"路径内部，除了北魏法果"当今天子即是如来"的立场与方法之外，也存在明显不同的路径选择。

第三节　人伦内外："出家"对人伦秩序的松动

佛教与政治在北朝的互动，极具特色的现象之一是后妃出家情况的频繁发生。综合考察正史与碑刻资料，这一现象在北朝有十数例记载，南朝则未见。[2] 在北朝后妃出家的相关记载中，以宣武皇后高氏的相关记载最为丰富，不仅有《魏书》《北史》《资治通鉴》等传世资料对其出家、亡故及葬仪进行了较为详细的记录，20 世纪 20 年代末出土于洛阳的《魏瑶光寺尼慈义墓志铭》[3]也为深入探讨宣武皇后出家后的诸多问题，提供了极具价值的参考。

---

[1]　［南朝梁］僧祐：《弘明集》卷十一《僧䂮僧迁鸠摩耆婆三法师答姚主书停恒标奏（并姚主书）》，《大正藏》第 52 册，第 74 页下。

[2]　陈怀宇：《景风梵声——中古佛教之诸相》，宗教文化出版社 2012 年版，第 163—172 页。

[3]　赵万里：《汉魏南北朝墓志集释（上）》，《石刻史料新编》（第三辑），新文丰出版公司 1982 年版，第 307 页。

　　宣武皇后高氏出身渤海高氏一族，正史不载其名，据《魏瑶光寺尼慈义墓志铭》记载"尼讳英"[①]，知其名高英。其父高偃，是宣武帝生母孝文昭皇后高氏之弟，而宣武帝朝权臣高肇则是文昭皇后之兄。由此可知，高英为宣武帝表妹，高肇子侄辈。宣武帝永平元年（508），"秋七月甲午，立夫人高氏为皇后"[②]。高英生平的转折，与孝明朝初期发生的两次权力斗争密切相关。自其出家后，传世文献有关高英身份的记载，除"皇太后高氏"一类正式的称呼之外，另有"尼高皇太后"[③]"皇太后高尼"[④]等道俗身份混杂的称谓出现。对这一现象，有研究者认为"就高英的身份而言，或者为太后，或者为尼，两者绝不能同时兼有，而史书的这类混乱，确实可以证明高英之死的特殊性"[⑤]。对于高英出家后"身份"非此即彼的判断，只是现代理性宗教观念的一种投射，未必与历史的真实情况相符。史书中有关高英名位道俗混杂的记载，与其说是史家隐晦的笔法，不若说正是对历史现实中高英身处"道""俗"与"权力"之际的现实处境的真实反映。对历史现象背后权力-制度-价值以及信仰进行交换的场域及其机理机制的说明，是本节的研究目的所在。

一、北朝权力斗争中的人伦困局

　　延昌四年（516）"正月丁巳，宣武帝崩。是夜，太子即皇帝

---

① 赵万里：《汉魏南北朝墓志集释（上）》，《石刻史料新编》第三辑，第46页。
② ［唐］李延寿：《北史》卷四《世宗宣武帝本纪》，第138页。
③ ［北齐］魏收：《魏书》卷一百八《礼志》，第2807页。
④ ［北齐］魏收：《魏书》卷一百五《天象志》，第2376页。
⑤ 蒲宣伊：《子贵母死的谢幕——〈魏瑶光寺尼慈义墓志铭研究〉》，《文献》2019年3月第2期。

位"①，是为孝明帝。不久之后，孝明帝即为嫡母高英"上尊号曰
皇太后"②，是为崇宪皇太后③。二月，以高英晋位太后为由，辅佐
年仅五岁的太子登基的权臣于忠，诏回在外领兵的高肇，并将其
击杀。④三月，高英"寻为尼，居瑶光寺"⑤，是为尼慈义⑥。

对于高英出家的原因，《魏书》《北史》均以"寻为尼"这样
的记载一笔带过，并未给出更多说明。《魏瑶光寺尼慈义墓志铭》
则记载高英"帝崩，志愿道门，出俗为尼"⑦。对此，来自《魏书》
的一条记录，却提示出一种完全不同的解释取径。《魏书·天象
志》中记载"明年上崩，后废为尼，降居瑶光寺"⑧，认为身为太
后的高英是遭到废黜而出家的。⑨后世史家也不乏认同此说之人，
如胡三省就更为直接的点明，高太后出俗为尼，是孝明帝"以子
废母"，并将高英出俗为尼一事与北朝第一例后妃出家事件，即
孝文帝废后冯氏出家相提并论，认为"魏废后率居瑶光寺"⑩，似
乎废后居于瑶光寺已成一种"惯例"。

上述有关高英出家原因的分析中，认为高太后被废的说法，

---

① ［唐］李延寿：《北史》卷四《肃宗孝明帝本纪》，第 143 页。
② ［北齐］魏收：《魏书》卷十三《宣武皇后高氏传》，第 336 页。
③ ［北齐］魏收：《魏书》卷一百八《礼志》，第 2807 页："神龟元年九月，尼高皇
　太后崩于瑶光寺。肃宗诏曰：'崇宪皇太后……'"
④ ［宋］司马光编著，［元］胡三省音注：《资治通鉴》卷一百四十八《梁纪·天监
　十四年》，中华书局 1956 年版，第 4613—4614 页。
⑤ ［北齐］魏收：《魏书》卷十三《宣武皇后高氏传》，第 336 页。
⑥ 赵万里：《汉魏南北朝墓志集释（上）》，《石刻史料新编》第三辑，第 307 页。
⑦ 同上。
⑧ ［北齐］魏收：《魏书》卷一百五《天象志》，第 2435 页。
⑨ 同上。
⑩ ［宋］司马光编著，［元］胡三省音注：《资治通鉴》卷一百四十八《梁纪·天监
　十四年》，第 4614 页："子无废母之义，魏之乱亡宜矣。按魏废后率居瑶光寺，
　冯后、高后是也。"

由于涉及对权力–价值交换场域的认知与运作机制，最值得推敲。宣武帝驾崩当夜，太子年仅五岁，权臣高肇此时领重兵在外，朝中最有实力者，是禁军统领于忠。除掉高肇之后，虽然孝明帝生母胡贵嫔在朝，却仅为皇太妃，朝局由于忠掌控。姑且不论崇宪太后是否被废，即使高太后出家是受到外界压力的结果，这一压力并不来自孝明帝生母，而是来自于忠。但是，于忠在孝明帝即位之初的权力斗争中表现出有明显的"克制"倾向。为了确保朝局的平稳，于忠虽谋刺高肇，"下诏暴其罪恶，称肇自尽……削除职爵，葬以士礼；逮昏，于厕门出尸归其家"[①]，处置方式不可谓不妥当。与这种理性与克制相应，对于高肇一系"自余亲党悉无所问"[②]，并未扩大打击范围，以尽可能减少因人心不稳引发动荡的几率。剪除高肇的行动中，于忠虽有矫诏之嫌，但其仍坚持通过"下诏暴其罪恶，称肇自尽"的方式处理权力纷争，不难看出于忠对于名教、制度的维护立场。对于于忠的上述做法，其实并不难理解。于忠的目的不是"致乱"，而是要完成权力的平稳过渡，并在此过程中尽可能多地攫取权力。

在这样的情况之下，如何在现行制度与价值的框架之内最大程度降低崇宪太后高英的政治影响力，成为于忠不得不直面的"难题"。认为权臣可以轻言废立的假想，是对高肇所处权力运行的"场域"缺乏了解的表现，以为"名教"尽是"虚文"。北魏政治运行的制度架构，继承了汉以来建立的帝国体制。这一体制

---

① ［宋］司马光编著，［元］胡三省音注：《资治通鉴》卷一百四十八《梁纪·天监十四年》，第 4163 页。

② 同上。

的一大特色，就是完成了制度的价值化，即制度的儒家化。通过与制度的结合，儒家的价值理念对权力形成了一定的约束机制。这种约束机制在北魏时期也是切实存在的，如灵太后临朝称制后欲代替孝明帝祭祀，在决策过程中，灵太后动议需引《周礼》并诏礼官与博士依经义进行讨论，最终以"汉魏故事"为价值依据方遂其志，[①] 充分体现出北魏的政治文化与权力运行的制度基础：权力受到价值化制度的约束，即使扩张意愿强烈，也不能完全脱离制度给定的路径与价值底线，否则权力的扩张将以降低制度内的政治权威作为代价。在这样的制度背景之下，如果说孝明帝"以子废母"是对人伦秩序中"亲亲"原则的悖逆，身为人臣的于忠若矫诏废黜宣武帝嫡妻，则已不仅是对尊尊原则的违悖，而是犯上作乱。并未对高氏一系势力作彻底清算的于忠，断不会授人以柄，贻人口实，选择一种不被权力-价值交换场域所鼓励的方式进行权力的扩张。

由此引发了孝明朝初期统治者政治权威塑造过程中的第一次制度性危机：如何在不违反现行制度价值准则的前提下，削弱政敌的政治影响力乃至取消其政治身份与参与政治的资格？无疑，高太后"自愿"出俗为尼，是最为妥当的选择。这是因为，佛教的生活方式、价值选择不同于华夏，已广为国家与社会认可，此中存在着解决解除高太后政治参与资格而又不违背制度的价值准则的可能性。

北魏佛教发展至宣武帝时期，权力对于佛教特殊性的肯定日趋深化，最为明显的体现，是宣武帝时期针对僧人立法时体现

① ［北齐］魏收撰：《魏书》卷十三《宣武灵皇后胡氏传》，第338页。

出的一种理念，即宣武帝永平元年的诏书中"缁素既殊，法律亦异"①之说。在国家与社会普遍对佛教特殊性持认可态度的氛围中，僧团的独立性获得增强。而立法以"道"与"俗"之间的区别作为考量的出发点与前提，则是从制度上对这一特殊性加以认可。

"特殊性"是针对儒家的政教秩序而言的。承汉而来的政治制度经历过价值化的洗礼，形成了一个重要特征，就是对儒家以外的"异说"形成了一种制度性排斥："一种思想学说一旦被制度化并上升为意识形态之后，便具有强烈的排他性，……这种排他性通常是通过国家的权力机构来保证的。"②这种排他性的根源，则是秦汉大一统制度建立时的一种基本认识："即不能容忍多元化的指导思想的存在，认识到必须有一种主导性的价值观念来维护一种稳定的社会秩序。"③儒家思想的排他性集中于"王化"之内，通过教化与身份制度的统一维持大一统秩序的稳定。但在"王化"之外，允许夷狄"不臣"。所谓"夷狄"，即"其与中国，殊章服，异习俗，饮食不同，言语不通"④。儒家一向重视教化⑤，并以教化所及与否，作为政治秩序的边界。《白虎通疏证》载："政教不及其人，正朔不加其国也。"⑥对于儒家教化之外的群体，任其以本土之教化行事，更重要的一点，是允许其处于政治秩序之外，实行与中华有别的身份模式。但处在儒家教化

---

① ［北齐］魏收：《魏书》卷一百一十四《释老志》，第3040页。
② 干春松：《制度化儒家及其解体》，第11页。
③ 同上书，第16页。
④ ［汉］班固撰集，［清］陈立疏证：《白虎通疏证》，第318页。
⑤ 干春松：《制度化儒家及其解体》，第25、73页。
⑥ ［汉］班固撰集，［清］陈立疏证：《白虎通疏证》，第318页。

之内，则必须接受儒家的人伦秩序。佛教作为一种不同于儒家的"教化"，自发要求一种不同于儒教社会中个体身份的新身份以实践其教化。在佛教仅作为外国侨民信仰的时期内，佛教及出家身份所要求的特殊社会待遇，并未对儒家的人伦身份体系造成冲击。在允许中国之人剃度出家之后，情况则发生了巨大的转变。经过东晋以来的强势发展，虽然其特殊身份在国家与社会层面获得承认，但这种承认仍是有限的。这种有限性并不来自作为信仰的佛教无法为社会提供价值来源，而是其无法完成权力建构所需的制度化，成为政治制度的价值依据。因此，对儒家"政教-身份"系统价值与制度普遍性与绝对优先性的强调，就是对统治普遍性与权力优先性的强化。在这样的权力-价值格局中，佛教的身份秩序必须使其特殊性可以被整合到儒家的人伦秩序的价值解释与制度要求之中。在政治制度稳定的情况下，儒家人伦身份始终保持着绝对的优先性，佛教身份秩序的特殊性只能在儒家"身份-教化"系统的普遍性中寻找自己的生存空间。

结合于忠在权力争夺过程中的行事风格及背后的现实目的，通过矫诏废后以达到削减高太后政治影响力的目的，是最有违制度价值取向与争权者政治利益的做法，显然不会是于忠的优先选项。认为高英与孝文帝废后冯氏一样，是遭到废黜之后选择出俗为尼的说法，缺乏现实依据。高英"寻为尼，居瑶光寺"的记载虽然看似模糊，但有可能是最接近真实情况的记载，即高英崇宪太后的身份不是通过制度手段加以褫夺的，而是通过"出家"达成"身份"的转换，通过出家身份对世俗身份的"排斥"与"回避"，也即以一种制度外的方式完成政治身份的退出与政治权威的解除。《魏书·宣武皇后高氏传》中有关高英与世俗交往的两则记载，即"非大节庆，不入宫中"①与"出觐母武邑君"②，为前述观点的成立提供一定程度的支持。

有研究指出，"皈依释门之后，像道凭和玄景这样与俗家一刀两断，从此再无任何牵涉的情况，在北朝不乏其人。但是，就整体状况而言，这并非主流，事实上，投身空门，静居修行，但又与世俗家庭存在各种扯不断理还乱的关系的情形更为常见"③。高英出俗为尼后仍"出觐母武邑君"正是这一潮流的一种体现。高英生子早夭，育有一女，即建德公主。高英出俗为尼后，建德公主由灵太后亲自抚养。④这是在事实上遭到驱逐的高英与宫中的亲缘联系之本，但亲缘关系的存在却并不必然构成入宫资格。出俗为尼的高英"非大节庆，不入宫中"，虽然入宫的权利受到限制，但仍具有入宫的资格。在北朝出家人与家族之间保持着频繁互动的社会背景之下审视这一点，自然会得出一个结论：尼慈义出家前仍保有皇族身份，因此在出家之后仍能与宫中保持往来——虽然这是一种受限权利。与此形成鲜明对比的，是胡三省认为与高太后出家同属一例的孝文帝废后冯氏。⑤冯氏不仅被褫夺封号，还被贬为庶人，在此之后才选择出家为练行尼，居瑶光寺。⑥如果说瑶光寺之于孝文废后冯氏是遭逢变故后的栖身之所，

---

① ［北齐］魏收：《魏书》卷十三《宣武皇后高氏传》，第336页。
② 同上。
③ 邵正坤：《宗教信仰与北朝家庭》，第244—245页。
④ ［北齐］魏收：《魏书》卷十三《宣武皇后高氏传》，第336页。
⑤ ［宋］司马光编著，［元］胡三省音注：《资治通鉴》卷一百四十八《梁纪·天监十四年》，第4614页。
⑥ ［北齐］魏收：《魏书》卷十三《孝文废皇后冯氏传》，第332页。

对于出俗为尼的高太后而言，更像是将其与后宫以及朝局进行隔离的幽禁之处。

笔者认为，高英"出俗为尼"前并未遭到名义上的"废黜"，通过对现有材料的分析，以及对权力—价值交换场域基本逻辑的揭示，并不支持将高英在"事实上"政治身份的被褫夺与"名义上"的"废黜"直接等同的观点。权力的扩张势必挤压并褫夺政敌的权力，但权力的运行仍有其场域。在北魏权力运行的场域中始终存在价值的制约，价值制约的最直接体现，就是"名义"。因此，在分析权力的流转时忽略其运行于其中的场域，所得所见自然只有野蛮与疯狂。通过强调佛教身份秩序的独立及其对儒家人伦秩序的排斥，经由"出俗为尼"转变身份，实现政治身份的退出，避免与制度价值发生冲突以削弱政治权威，又在事实上完成了对政敌权力的解除。这种做法既符合于忠一系在权力斗争中的风格，又有利于其政治利益。

二、人伦身份的"退出机制"

孝明帝神龟元年（518），高英"出觐母武邑君。时天文有变，灵太后欲以后当祸，是夜暴崩，天下冤之"[①]。此处所谓"天文有变"，指"月犯轩辕，女主忧之"[②]。据《魏书·天文志》记载，凡遇"月犯轩辕"天象，必有皇后或太后遭逢不幸，或遭废黜，或遭亡故，此即"女主忧之"的含义所在。如孝文帝太和十四年"辛卯，月犯轩辕。占曰：女主当之"[③]。这一天象征验于

---

① ［北齐］魏收：《魏书》卷十三《宣武皇后高氏传》，第337页。
② ［北齐］魏收：《魏书》卷一百五《天象志》，第2376页。
③ 同上书，第2366页。

人事的结果，是"九月，文明皇太后冯氏崩"①。正光元年，孝明
朝第二次出现"月犯轩辕大星"，是年七月，"元叉幽灵太后于
北宫"②。

　　天象有变与人间祸事之间的关联，建立于汉代。汉初，董仲
舒"阐明灾异、阴阳与政治的关系，建立一套天的哲学，试图利
用灾异来限制皇权，避免中央集权体制下的皇权过度膨胀"③。"所
谓的'灾异'包括自然界所有异常的现象，其情况虽有大小微著
之分，却都被当作是皇帝施政成效或人心向背的指标，同时也是
天意的表征，关系到天子能否维系天命。因此，天子必须为灾异
负起政治责任，因为职在佐理天子，所以也得分担责任。"④然而，
这样一种本为限制皇权极度膨胀的制度，却在实际运行中遭到权
力的反噬，"本来被用来制约无限制的皇权，结果却反被皇帝操
控，用来转移政治责任"⑤。灾异谴告确立之后，作为权力逃避价
值约束的结果，形成了一种皇帝以与灾异所涉及之人事相关的责
任主体为自己当祸的惯例。在权力竞逐的过程中，甚至发展出利
用灾异与当祸之间的"隐秘关联"以剪除异己的手段。"天人感
应"思想氛围最为浓厚的汉代，就曾发生了因"荧惑守心"天象
导致当朝宰相翟方进替皇帝挡灾自杀以谢天的事件，其背后则与
王莽剪除异己有着千丝万缕的联系。⑥

　　"时天文有变，灵太后欲以后当祸"，正是对这一政治传统

---

① ［北齐］魏收撰：《魏书》卷一百五《天象志》，第 2366 页。
② 同上书，第 2377 页。
③ 黄一农：《社会天文学史十讲》，复旦大学出版社 2004 年版，第 4 页。
④ 同上书，第 6 页。
⑤ 同上。
⑥ 同上书，第 1—21 页。

及其"权力变种"的延续。但天象与人事之间存在严格的对应关系，不在其位，则无"厌天变"之资格。"月犯轩辕"的天象直指女主。已如前述，所谓女主，或皇后，或太后。神龟元年，孝明帝尚幼，并未婚配，朝中并无皇后。因此，"月犯轩辕"的天象直指太后。已经掌控朝局的灵太后自然有足够的能力迫使有资格厌此天变之人承担责任，问题的关键在于，谁有资格当此灾祸。从佛教的立场来看，高英出家，就意味着已经脱离了儒家的人伦秩序，退出了"太后"这一政治身份，既不享有其权力，亦不承担其责任。然而，灵太后以高英承担天象所示之责任的举措，无疑是对高英太后身份的再度承认，这就在原本关系格局已经相对清晰的"道"与"俗"身份之间，造成了一种混乱。这种混乱的动因是权力的扩张冲动，但一如我们始终强调的，权力始终要在一个有着诸多限制权力-价值交换的场域中运行，在一定时期内，不能对场域的基本价值与逻辑提出挑战——这实际就是对场域本身的质疑。否则，权力的无序扩张将引发现有权力-价值交换场域失灵所引发的失序，以及在这一场域的条件下所积累的政治资本的贬值乃至破产。

由于灵太后是北魏子贵母死制度实施以来第一位以皇帝生母身份得掌朝局的太后，并非皇后出身也无家族势力支持的胡氏 [1]，

---

[1] 已有学者指出，"高氏本出自高丽，有异族之嫌，但其自称渤海高氏，宣武帝时又采取一系列提高其门第的措施特别是与帝室之间的多重婚姻关系，使高氏门望有所上升，实际上已与高门士族之列。加之高氏权宠有年，有着庞大的亲信势力，不易控制。相比之下，作为孝明帝生母的胡贵嫔，虽出身北地望族，但在全国来说影响不大，无法与河北大族相比，门第仍属孤寒之列，在统治集团中又无任何亲信势力，其子孝明帝年仅五岁，也无法依靠，因此胡氏显然要比高太后容易控制得多。两相比较，支持胡氏远比支持高氏有利可图。"详见张金龙《北魏政治史·九》，甘肃教育出版社 2008 年版，第 18 页。

在成功驱逐于忠坐稳太后之位后，必须尽可能多地从既有权力-价值场域中通过符合或至少不违背既有制度规则的方式，增强自己的政治权威。不同于于忠的权臣身份，灵太后确实具备直接通过符合"价值"内在要求的实践塑造政治形象与影响力的能力。"国之大事，在祀与戎"①，灵太后对本属皇帝的祭祀权力的"暂摄"，就是权力与价值交换的最典型的事件。为了提升政治影响力，灵太后临朝之初，就动议代替年幼的孝明帝进行祭祀：

> 太后以肃宗冲幼，未堪亲祭，欲傍《周礼》夫人与君交献之义，代行祭礼，访寻故式。门下召礼官、博士议，以为不可。而太后欲以帏幔自鄣，观三公行事，重问侍中崔光。光便据汉和熹邓后荐祭故事，太后大悦，遂摄行初祀。②

这一过程中明显体现出北魏政治文化的特质与制度的价值倾向，此不赘述。灵太后在动议被否决后，并未采取对抗权力-价值交换场域的措施，而是以相较于"经义"更具灵活性的"魏晋故事"作为政治动议的合理性依据，足见其参与权力-价值交换场域时的自觉。三年后，灵太后又取代孝明帝成为丧主，主持宣武帝生母的改葬事宜。宣武帝生母高氏虽生皇子，生前却并无尊位，死后也仅被封为昭仪，谥"文昭贵人"③。宣武帝即位后，依制追尊配飨。④然而，在亟需提升皇帝生母地位、塑

① ［清］洪亮吉：《春秋左传诂》卷十一，中华书局1987年版，第467页。
② ［北齐］魏收：《魏书》卷十三《宣武灵皇后胡氏传》，第338页。
③ ［北齐］魏收：《魏书》卷十三《孝文昭皇后高氏传》，第335页。
④ 同上。

造其政治权威的情境中，文昭皇后又被重新抬出，不断接受加封：

> （肃宗）又诏曰："文昭皇太后尊配高祖，祔庙定号，促令迁奉，自终及始，太后当主，可更上尊号称太皇太后，以同汉晋之典，正姑妇之礼。庙号如旧。"①

"太后当主"一句，正是在诏告重葬之功在于灵太后。对于宣武帝生母地位的不断拉抬，灵太后不惟邀至孝名，更是通过尊崇宣武帝生母营造舆论氛围，收获作为孝明帝生母政治权威的增强。

在这样的背景之下，灵太后如欲除掉已经出家的高英，面临着来自佛教与儒家两方面的压力。灵太后既不能无端屠戮比丘尼慈义，又无法突破人伦秩序弑杀前朝皇帝嫡妻。以权力粗暴地突破信仰或价值的要求，均将使其政治权威受损。"合理"尤其是"合礼"地除掉高太后，始终需要名义。最终，具有讽刺意味的一幕发生了："名义"被归结到"天意"。儒家希望借以规范帝王行为的灾异谴告制度，最终成为灵太后"合理"弑杀前朝皇后的合理性根据。伴随灵太后以"女主"身份"合礼"铲除高英而来的，是佛教面对儒家人伦秩序时所具备的独立性的崩溃。

虽然佛教并非主动介入孝明朝初期的这场纷争，但在被政治加以利用的过程中，"出家"的观念与实践不断被权力的现实诉

---

① ［北齐］魏收：《魏书》卷十三《孝文昭皇后高氏传》，第336页。

求重构，出家的修道论内核被抛弃。佛教如何在经学教化及制度的普遍性与排他性中生存，在权力的理解中并非一个"文明"问题，始终只是一个"方便"问题。作为权力借以逃避制度制约的"出家"，最终在权力面对制度的基础性价值时，彻底丧失了独立性。这一点在尼慈义的丧葬仪式上表现得尤为明显。

三、礼制对出家的抵制与吸纳

以"月犯轩辕，女主忧之"的名义弑杀高英之后，在灵太后的主导之下，高英"丧还瑶光佛寺，殡葬皆以尼礼"[①]。学界对于"尼礼"问题已早有关注。已有研究指出，"高后的葬礼连庶人也称不上……所谓的尼礼，就是殡葬都在佛寺，由众尼料理一切，葬在北邙"[②]。有趣的是，即使已经清楚认识到宣武高皇后"殡葬皆以尼礼"的实际情况去"礼"甚远，却仍认为"尼礼"是"北朝丧礼等级细化的产物"[③]。这实际上是对"礼"采取过于宽泛理解的结果。从更深入的层面上看，则是对北魏权力-价值交换场域缺乏认识的表现。经学在北魏仍具备作为制度之价值依据的地位。"礼"作为儒家治理理念与实践的核心原则与方法，并未在制度化的过程中受到侵蚀，而是通过制度深入到社会的方方面面。虽然礼制实践在历代均有所损益，但这并不意味着我们可以在古代中国的语境中，以最为宽泛的方式，将礼视为"仪则"的总名。正是在这个意义上，"尼礼"构成了一种悖谬的结合。从本质上讲，比丘尼丧仪从形式、葬法到理念都是不合儒家教化

---

① ［唐］李延寿：《北史》卷十三《宣武皇后高氏传》，第 502 页。
② 高二旺：《北朝葬礼之"尼礼"探析》，《宁夏社会科学》2008 年 5 月第 3 期。
③ 同上。

的。一种无益于推行王化的实践及其原则，无论如何也不能被称为"礼"。因此，"尼礼"的冲击力并不逊色于"尼高皇太后"的提法。

高英死后，朝廷以孝明帝名义下诏，敦促有司循惯例以太后之礼葬之：

> 神龟元年九月，尼高皇太后崩于瑶光寺。肃宗诏曰："崇宪皇太后，德协坤仪，征符月晷，方融壸化，奄至崩殂。朕幼集荼蓼，夙凭德训，及翕虣定难，是赖谟谋。夫礼沿情制，义循事立，可特为齐衰三月，以申追仰之心。"[1]

对于崇宪太后的丧礼与服制，诏中明确有"夫礼沿情制，义循事立，可特为齐衰三月，以申追仰之心"的说法。孝文帝以前北魏的太后丧制，皇帝与朝臣"悉依汉魏既葬公除"[2]，即沿用曹魏以来的权制，"将丧服结束的时间与入葬直接挂钩，遂使服期不再有固定的天数"[3]。"诏天下大临三日"[4]，天下百姓则只服三日。至文明太皇太后崩，孝文帝坚持按古礼服齐衰三年，遭到强烈反对，最终与朝臣妥协，仅服衰服一年。作为宣武帝朝亲自册立的皇后，高英实为孝明帝嫡母。按照《丧服》的说法，父卒为

---

① ［北齐］魏收：《魏书》卷一百八《礼志》，第 2807—2808 页。

② 同上书，第 2777 页。

③ 吴丽娱：《关于中古皇帝丧服"权制"的再思考》，《中国史研究》2014 年第 4 期。

④ ［北齐］魏收：《魏书》卷十三《太武惠太后窦氏传》，第 326 页；《魏书》卷十三《文成昭太后常氏传》，第 327 页。

母，当服齐衰三年。① 然而孝明帝诏中"可特为齐衰三月，以申追仰之心"，所谓"特"自然不是与孝文帝所欲推行的三年之丧相比，而是与孝文帝之前推行的"既葬公除"之权制相比，服期确有延长。②

然而，有司所奏治丧思路，却与孝明帝诏书的治丧思路大相径庭：

> 有司奏："案旧事：皇太后崩仪，自复魄敛葬，百官哭临，其礼甚多。今尼太后既存委俗尊，凭居道法。凶事速简，不依配极之典；庭局狭隘，非容百官之位。但昔径奉接，义成君臣，终始情礼，理无废绝。辄准故式，立仪如别。内外群官，权改常服，单衣邪巾，奉送至墓，列位哭拜，事讫而除。止在京师，更不宣下。"诏可。③

在葬仪方面，以崇宪皇后生前出家的原因，死后"不依配极之典"，即不按照帝后的通则配享宗庙；因"丧还瑶光寺"，以瑶光寺"庭局狭隘，非容百官之位"，略去包括"复魄敛葬""百

---

① 有关庶子为君母服，郑珍曾指出："经所以不出君母之服者，非不出也，不须别出，又不可别出也。康成论嫡母与庶子为后，曰："此皆子也，传重而已，父不先命之，与嫡妻为母子也。"故一父所生，妾得子己所生之子，不得子他妾及女君所生之子。能尽子妾所生之子，惟嫡妻。……则众子自无论嫡生、妾生，于父之嫡妻当三年则三年，当杖期则杖期，亦不以嫡生与妾生异也，皆其母故也。"详见［清］张锡恭著，吴飞点校《丧服郑氏学》，上海书店 2017 年版，第 257—258 页。

② 吴丽娱指出，北魏正常死亡的皇帝中，除道武帝外，"其他皇帝死葬多在一个月上下，皇后、太后自不会超逾此限。"详见吴丽娱《关于中古皇帝丧服"权制"的再思考》，《中国史研究》2014 年第 4 期。

③ ［北齐］魏收：《魏书》卷一百八《礼志》，第 2808 页。

官哭临"在内的丧仪。对殡、葬之礼大为简化。服制方面，"内外群官，权改常服，单衣邪巾"，即朝臣不与皇帝同服，仅服素服以示心丧，送丧、临墓而哭之后即除服。更有甚者，仅以京师百姓为崇宪太后服丧，京都之外则"更不宣下"。至于皇帝究竟采取何种服制，则并未提及。参考《魏瑶光寺尼慈义墓志铭》的记载："以神龟元年九月廿四日薨于寺。十月十五日迁葬于芒山。"其间不过二十余日。若以北魏太后丧礼的通则看，崇宪皇后高英的殡葬仪式已近"非礼"，但仍不能不依帝后丧礼治丧，这是因为丧服制度最能体现"孝道"这一制度化儒家的价值基础。[①] 由于"孝"是贯通家国的基础，因此"历朝莫不标榜'以孝治天下'，甚而至于国家伦理，若忠君之属，亦莫能与抗矣"[②]。正是在面对权力-价值交换场域的最基本价值时，已在权力的利用下沦为儒家人伦秩序之外一种特殊身份符号的"出家"，重新回到其在儒家"价值-教化"系统中的位置。

　　在北魏宣武皇后高氏出俗为尼、身厌天变、葬以尼礼的相关传世文献与出土资料记载中，有关其道俗"身份"的记载混乱，难以形成贯通的解释。导致贯通性诠释困难的核心，在于研究者将观察视角置于"道"（佛信仰）与"俗"（人伦）的对立之上，将文明在理论层面的对立直接贯通到现实之中，尤其是忽视了"道""俗"之外"权力"一维独立且强势的存在。在孝明朝初期统治者对自身政治权威进行建构的过程中，与政治完成制度结合的儒家，在价值与制度的双重维度上对新统治者扩张权力、扩大

---

① 曾亦：《儒家伦理与中国社会》，第66页。
② 同上书，第29页。

政治影响力的方式进行着制约。统治者深明在无法进行彻底的制度变革的情况下，政治权威的塑造必须符合、至少不能过分偏离现有制度的价值要求。这就使统治者陷入由制度的价值基础所引发的困境。面对这样的困境，权力选择了佛教作为对抗儒家价值与制度限制的手段，在儒家所认可的"教化"（王化）与"身份"（不臣）间具有密切关联的思路下，通过"并置"在文明层面相互独立的佛教与儒家，将二者视为相互独立的两种教化系统，进而强调社会身份秩序间差异与互斥的一面，利用身份秩序的转变，实现政治身份的退出与政治权力的转移，绕开儒学价值与制度对于权力扩张设下的重重限制，以尽可能小的代价完成权力扩张不得不为但不容于儒家价值理念的行为。同时，在权力扩张有所需要时，社会身份秩序间的差异性与排他性又被模糊，儒家人伦秩序作为社会价值与制度的普遍性与绝对优先性又再一次被强调，以便将出家者重新纳入儒家人伦秩序，承担由这一教化系统价值诠释出的义务。

作为结果，以佛教作为独立的身份秩序以外于儒家人伦秩序的限制，对儒学价值在汉代经过制度化后形成的普遍性与排他性，造成了事实上的冲击。儒学制度化之后的普遍性与排他性，乃至对于华夏周边文化所持有的"优先性"，事实上都是对大一统秩序的解释与维护。汉代以来，经学虽然仍承认"王化"的适用边界，接受因"教化"不同而存在"不臣"的特例，却始终坚持王化之内教化的统一与合礼。灵太后等人以佛教作为"王化"之外的不同教化系统，是将"王化"之外的特例应用于"王化"之内，从直接结果上看冲击了经学的普遍性，从价值与制度结合的层上看，实则是在瓦解制度适用的普遍性。

当然，这一点并不为权力所重视，权力自有其运行的逻辑。佛教在被政治借以对抗儒家的价值与制度时，尚未到达制度化的程度，但已显现出儒家与制度化之后的种种疲态，即解释权的丧失，"出家"的观念与实践，在政治的利用之下丧失了信仰内核，"身份"脱离了"教化"这一前提与归宿，难逃流于形式的厄运。

汉人出家不同于异族出家的原因，就在于展示了一种按照另一种教化去生活的可能。这种可能性的出现，就意味着原本作为经学社会制度设计的不可动摇的基础被撼动。这一撼动不是一种理论推导，而是真实发生在北朝的历史事实。北魏宣武帝皇后以嫡母身份成为太后，限制了皇帝生母的权力。为了解决这一问题，明确意识到纵使皇帝也不能"以子废母"的得势大臣，选择了一种意想不到的策略完成了对太后政治身份的褫夺：太后出家，断除了母子之伦，同时意味着放弃政治身份。皇权在面对人伦问题时的畏缩，说明了人伦、孝道在古代中国社会作为政治合法性依据的强大影响力，但"出家"却成为"人伦"身份的退出机制，内中原因，正在于"出家"与"孝道"之间存在着本质上难以调和的分歧。如果"出家"能够被经学在理论上加以消化，就不会出现权力斗争中以"出家"对抗"人伦"的情况。"沙门"这一身份在中国被接受，事实上并未完成理论上的融合，而是以中国社会通过"接受"沙门这一群体存在的"事实"的方式完成的。"出家"虽然在事实上对制度及其根据造成了根本性冲击，但正如圣凯教授所指出的，汉传佛教在制度上不是融入而是"嵌入"了中国社会。融入的逻辑是"合理的存在"，嵌入的逻辑则是"存在即合理"。

小　结

佛教传入中土之后，在历代屡屡遭到"不孝"的指控，但与此同时，佛教史上却从来不乏名僧虽出家却仍亲力亲为孝养父母，甚至还俗守孝的案例。在"孝名为戒"正式确立后，孝养父母甚至成为佛教的基本制度，为何后世还是会持续不断地对出家提出"不孝"的指控？为了回答这一问题，首先要明确这样一个事实："孝"的内涵在不同历史时期，对整个社会的伦理与制度建构具有不同的意义。换言之，只有明确了"孝"在"政教场域"中的作用，在经学"文教观念"中的地位，才能准确把握汉唐间汉地人士对"出家不孝"的指控究竟是在什么意义层面展开的——暂置对"孝"的具体诠释不论，"出家不孝"既不是说佛教不重亲子之爱，也不是说佛教徒不行孝亲之实。因此，现代佛教孝观念研究将研究重点置于在中印佛教文献中"寻章摘句"地证明佛教重视亲子之爱的做法，从起点上就存在偏差。以《仪礼·丧服传》为例，经学传统从来就不否认禽兽、野人有亲子之爱，但亲子之爱不是孝，父子之爱才是孝。

最能体现不同历史时期对"孝"之理解的标志性事件，是《孝经》在历代的升降。《孝经》在两汉时期是作为政治书存在的，《孝经》"沦为"教忠教孝的伦理书，是唐宋以后的事。[1]《孝经》作为政治书的性质提示我们注意，"孝"在佛教传入及崛起的东汉魏晋南北朝时期，并不只是"私德"——事实上在当时人

---

① 陈璧生：《孝经学史》，第 113—114 页。

的生活世界中，根本就不存在"私德"之说。《孝经》对"孝"的解释，内在于孝与家、家与国等议题之中。在经学的理解中，"为人子"是人最自然、最基本的生存论境遇，"孝"就是对这种境遇的价值化表达，"家"就是陶育这种价值的最核心场域，而家庭生活中的"爱"与"敬"，构成了政治生活中"亲亲""尊尊"原则的基础，"孝"成为"国"的价值本源，"家"构成"国"的制度基础。"出家"就意味着对家与国的双重离弃，更意味着对"为人子"这一人之为人的本质性规定、对这一不可再化约的生存论境遇的否定，使"人伦"不再具有"无所逃于天地"的本源性与必然性。

在北魏宣武帝皇后高氏出家事件中，"出家"暗含的对"人伦关系"必然性与本源性的否定，被权力加以利用，通过解构人伦身份，褫夺政敌的政治身份，"出家"在原本"无所逃于天地"的人伦秩序上打开了一个缺口。另一方面，在以三纲为主轴的人伦秩序中，子之事父，有爱有敬，臣之事君，只需有敬即可。因此，深谙爱敬之理的孝子出仕为官不会缺乏"敬"，也就先在的具有成为忠臣的可能性。这正是家国同构的理据所在，也是"孝"能够贯通家、国的本源性之所在。正是在这个意义上，隐士与沙门存在着本质的不同：隐士只是断绝了君臣之义，拒绝"敬"君，却仍可以是孝子，隐士复出，因为爱敬之心未断，仍具自然情感与道德基础；沙门"释累辞家"[1]，意味着同时断绝了源出人伦的爱与敬。"孔子以一句'父为子隐，子为父隐，直在其中矣'，本质性地点明父子之情与其他一切社会关系、伦理相

---

[1] ［北齐］魏收：《魏书》卷一百一十四《释老志》，第 3026 页。

碰撞时的优先性。"① 在这种情况下，国家在面对沙门这一群体时，不能不对如何理解其身份感到疑惑：在以"爱敬"贯通家国的身份秩序中，一个人不敬君、不作臣仍能保有孝子的身份，爱敬之心不泯；但一个人不作孝子，意味着断灭爱敬之心，在家国同构的框架之下，又如何期待不孝之人能够对君有真诚的"敬"？这种困惑实实在在地出现在后秦姚兴征名僧入仕之事上。正是由于"孝"贯通家国，因而在征沙门为官时，虽然鸠摩罗什等长安僧团的耆宿参照印度佛教惯例，以佛陀成佛前某一世的"从政"经历为据，几次强调沙门虽出家而仍是王臣，但姚兴还是强烈要求二位名僧还俗，并非毫无理据。一个影响更为深远的问题是，在理论层面，因"出家"对孝——符合人情自然的爱与敬——的弃绝，导致"沙门"始终无法在人伦秩序中寻找到合适的身份。但是，与隐士居于深山海滨、远离公共生活不同，无论是基于弘法利生的宗教誓愿还是接受供养的现实考量，北朝佛教始终积极进入公共生活。虽然在事实上"沙门"以群体形式存在，但从制度设计的角度看，"沙门"在以人伦秩序为基础建构的天下之中，始终没有一个"合法"身份。"出家不孝"，也成为随时可以为佛教批评者使用的理论资源。

---

① 陈壁生：《经学、制度与生活——〈论语〉"父子相隐"章疏证》，第 196—197 页。

第七章

结　论

　　任何"文明"都发源于某一具体时空，不可避免地具有地域性的特征。"文明"在越出原生地域的范围之前，必然是一种"地方有效的知识"，如果某一地方有效的知识成功地向外传播，这种"地方性知识"就成为"普遍有效的知识"。[①] 但是，从"地方性知识"到"普遍有效的知识"，或者说从"文化"到"文明"的"跃迁"，并非"原封不动"地"移植"，而是伴随着"脱语境"与"语境化"的过程。"脱语境"与"语境化"的过程，是佛教在理解语境的过程中加深自我理解的过程，也是使佛教由一种"印度地方文化"上升为一种独立而普适的"宗教文明"的过程。围绕佛教与经学的交涉，本书从五个方面对北朝佛教所遭遇的"语境"进行还原与重构，在此基础上对北朝僧众在"脱语境"与"语境化"过程中的"创造"与"坚守"进行了研究：

　　第一，净影慧远在说明"经"对于"设教"的必要性时，没

---

① 赵汀阳：《中国哲学的身份疑案》，《哲学研究》2020年第7期。

有从"经"本身人手，而是从"圣人"与"道"的关系切入，通过阐明"圣之为圣"的理由，说明"经"之存在的必要性。这种看似"跳跃"的论证方式背后，是经学对典籍的基本理解：以经为常。圣人是普通人认识、理解天道的管道，没有圣人的启迪，人们无法认识天道，这是"圣之为圣"的理由所在。因此，圣人之道被视为常法、常道；载有圣人之道的"典籍"被尊称为"经"；圣人殁后的修学、设教活动，必须以经为中心。汉代经学成立后，形成"经同尊称"的典籍观念，以及"训经为常"的诠释传统。佛教传入之后选择以"经"翻译"修多罗"，这一选择的重要性虽然不被现代研究者重视，但在经学内部却早有讨论，包括章学诚、章太炎等经学家一致认为，"佛典称经"是佛教有意盗用经学的理论资源以自重，关注到这一问题的现代研究者——如饶宗颐也持相同观点。虽然我们无法断定"佛典称经"始于何时，"训经为常"的经学诠释传统却出现在僧肇的《注维摩诘经》中——这是现存最早的三种汉地佛经注释之一。但是，僧肇对"训经为常"并非简单地因袭，而是取经字"常道""常法"之义，拒绝了经学将"常"解释为"五常"的理解方式。进入北朝之后，"佛典称经"的合理性开始遭到质疑，这一质疑始于菩提流支，中经昙鸾，至净影慧远完成了对"佛典称经"并"训经为常"现象的全面反思，并形成了一种将"修多罗"称经、"训经为常"从佛教的典籍中剥离的暗流。直到吉藏发挥"二谛"思想，才使"修多罗称经""训经为常"等早期汉传佛教译经、释经实践中形成的传统得以保留。

第二，与批判"修多罗称经""训经为常"相一致，北朝佛教对经学的拒绝不仅体现在译经、释经实践上，也体现在"判教"理论上。现有对判教理论的研究，对判教兴起的外部因素关注不足。自《牟子理惑论》开始，对佛教典籍规模庞大、缺少现实可行的修学次第的批判就不绝于耳。这种批判的根据，仍然来自经学。在经学传统中，由于六艺对于君子成德而言功能各异，修学圣人之道以成德，就必须要穷经。无论"五经"还是"七经"，圣人之言不仅可以穷尽，并有修学次第。由于六艺的权威来自孔子，孔子殁后，经学的"圣典之门"关闭，普通人修学圣人之道的唯一凭据就是孔子手订的"六艺"。孔子设教，强调"我欲载之空言，不若见诸行事之深切著明"，意味着"六艺"之删述，虽然预设了读者（"守先待后"预期的是能够行道的明君），却并未针对读者的阅读能力设限，即拥有阅读能力的人都可以"缘经修道"，由此形成了"以经为本"的修学传统。由于"六艺"本就是孔子施教的"教材"，因此经学典籍的系统化并不排斥现实修学的逻辑，汉初贾谊还曾经以现实的修学、成德需要对六经进行系统化。

从经学视角提出的典籍规模、修学次第问题真实地刺激着汉地僧众。庐山慧远、南齐竟陵王萧子良、梁武帝萧衍等人都曾试图以"抄经"的方式克服这一问题，但并不为佛教界认同。随着鸠摩罗什的离世，译经高峰过后，对典籍、知识的整理迫在眉睫，长安僧团的竺道生、慧叡、慧观几乎同时提出了判教之说以平衡群经，并非偶然。在三家的理论中，以慧观的"五时判教"影响最为深远，争议最大。从北朝胡汉义学僧对五时判教的批判来看，五时判教的问题在于忽视了佛典是佛陀施教的"记录"而非"教材"这一问题，以修道次第为据为群经赋序。这一原本基于对佛典权威性高度认同而催生的理论实践，却在事实上削弱了

"经"的权威性。

对于"五时判教"试图融合"典籍整理"与"中人修道"所造成的困境，北方佛教有着清楚的认知，体现在北朝佛教的判教理论上。从菩提流支、慧光、净影慧远等北朝胡汉义学僧的批评来看，菩提流支重申了"以经为常"的典籍观念，在这种观念的引导下，慧光将原本以"设教"逻辑为典籍赋序的"判教"，引向了回归"经典"自身的、知识主义立场的方向，将"设教"的问题意识从"判教"中剥离，形成了以"宗要"为经典分类依据的典籍整理方式。这并不意味着慧光、慧远不重视"设教"问题。在归于慧光名下的"渐、顿、圆"的判教中，我们仍能看到慧光对众生"根机不同"这一现实的关切，但是"经典"已经与"设教"问题相互独立。到净影慧远时，继承了以"宗要"判教的致思路路，慧远格外重视"注经序"的制作。与此同时，慧远还撰著《大乘义章》，以离经立论的方式建构佛教知识系统，通过"注经序"使具体的典籍与综论性的"义章"关联在一起，为认识、理解佛典与整体的佛教提供了门径。通过"经序"与"义章"并存的方式，慧远克服了"离经立论"缺乏"经"的权威性这一问题，通过"离经立论"（义章），克服了佛教典籍汗漫、普通人在现实中因为无所会归而难以"缘经修道"的困境。通过创造性地改造"经序"，实现了"经"的权威性与"论"之明晰性之间的平衡，使读者可以通过"经序"明确某一部佛典的主题、对应的根机，并在《大乘义章》这一"知识地图"中实现对经、论的完整理解。

第三，在佛教东传的过程中，"文明-语境"关系问题被正式而完整地提出，始于顾欢的《夷夏论》。基于对真理、教化、生活三者关系的系统认识，顾欢通过划定"教化"这一论域，将佛道论衡引入可沟通、可讨论的语境。在这一论域中，佛道二教的优劣之争，从"道"的高下之争，转化为"化俗"能力的比较。这也意味着《夷夏论》中的"夷夏"必须在"教化与风俗"的框架中才能被准确理解。在经学关于设教问题的思考中，教化（教）与生活（俗）是密切相关的，"教化"的目的虽然是"新民"，但不能以社会的风俗、文化、制度的断裂作为代价，因而形成了"政教随俗""称情立文"的设教原则。顾欢从"风俗"的角度展开讨论，原因即在于此。

从佛教僧众的回应来看，只有朱昭之在顾欢设置的"教化"论域中进行回应，以佛教在现实教化中的有效性，说明佛教对"中国"这一语境具有天然的适应能力。袁粲、朱广之的回应强调"语境"对"文化"的决定性作用，虽然意在驳斥顾欢"佛道是一"[1]的观点，却引发了一个理论困境：如果"语境"对"文化"具有决定性的作用，则所有文化都只能是地方性知识，不可能有跃升为文明的可能，更遑论跨地域传播。明僧绍、惠通则回到了顾欢所批评的论域，在"真理"层面讨论佛教之道具有"无所不适"的特征，不需要"语境化"。这种原教旨主义的立场也将阻碍佛教的有效传播。虽然不接受顾欢的论域，但真正深化了这场讨论的，是谢镇之与僧敏。

僧敏对这场论辩的贡献，在于提出了一套文化-空间理论模型——"戎华论"以对抗"夷夏论"这一文化-民族-空间模型，并以"天地"对抗经学的"天下"观念，以说明佛教相比于经学

---

[1]　［唐］李延寿：《南史》卷七十五《顾欢传》，第 1876 页。

更具普适性，因此不需要进行语境化。僧敏"戎华论"的问题与明僧绍、惠通一样，坚持佛教在传播中不需要脱语境、语境化，这种原教旨倾向将导致佛教只能是一种印度地方文化，无法成为独立的宗教文明。

谢镇之在其回应中明确指出，佛教的设教原则与经学"政教随俗"设教原则不同。经学的真理观是天道、人道贯通，佛教的真理观则是道在出世间。从这种真理观出发，经学持有道俗内在一致的立场，而佛教则持有道俗断裂的立场。经学设教针对的是"群体"，佛教设教针对的则是"个人"。因此在设教问题上，经学形成了"政教随俗""称情立文"的设教原则，而谢镇之则明确提出佛教修行必须"灭俗反真"，揭示了佛教与经学在设教问题上的根本分歧。这一分歧在现实中体现为由沙门"出家"引发的人伦秩序危机之中。

第四，在被现代研究者视同"诡辩"的《二教论》中，北周道安从经学"称情立文""缘情制礼"的设教原则出发，以"人副形神"这一具有普遍性的"存在形态"，说明佛教为何是一种"好的教化"。在经学的理解中，"好的教化"其设教的起点必然是"人情之常"，因此经学才会以"为人子"这一每个人都亲历的生存论境遇作为设教的根据。"人副形神"这一存在形态与"为人子"这一生存论境遇具有同样的普遍性，都是"人情之常"。佛教以"人副形神"这一人情之常立教，自然也是好的教化。不同的是，佛教关注的是人之"神"，中夏教化关注的是人之"形"，对于人之为人而言，必须形神兼备，因此佛教与中夏之教必然各有其用，必须共存。但是，针对相同的"人情之常"——"形"——设教，教化只有一种，即六艺之教。基于对经史关系的准确把握，道安深刻地理解了《汉书·艺文志》的理论与致思理路，从上古三代治教合一、官师合一的角度出发，指出"六艺"之教被儒家完整保存，诸子只是发展了六艺中的某一部分，因此从源流上看，九流统于六艺，就是统于儒家。从上古三代圣王合一的传统出发，从"制礼作乐"的层面理解"圣之为圣"，指出"设教"需要"德位合一"，孔子有德无位，尚不具有制礼作乐的"设教"权力，更遑论老子。拥有这一权力的，是有德之天子，因此说"君为教主"。道安从经学关于"好的教化"的理解出发，应用"政教随俗""称情立文"的设教原则，说明了佛教作为一种"教化"存在的必要性与合理性，并以相同的理论依据，从老子不具备设教资格、道家不具有独立的起源等角度切入，否定了道家（道教）存在的必要性与合理性，可谓高论。在由北周武帝灭佛引发的另一场争论中，净影慧远以经学设教"民治质朴，不教不成"的基本认知、圣人是普通人理解天道的"管道"为理据，对北周武帝毁灭佛教经像图塔的行为予以反驳，并以《大集月藏经·法灭尽品》中国王"灭法"的相关记载，劝诫北周武帝反思灭佛政策可能引发的后果。北周武帝灭佛之际，道安、慧远分处北朝的周、齐二地，却都拥有良好的经学修养，促使我们正视经学在汉地"政教场域"中的基础地位。

第五，从"政教随俗""称情立文"的原则出发，经学在现实中确立起"家"与"孝"作为施行教化的现实根据。在经学——具体而言是《孝经》——的语境中，"孝"不只是自然的亲子之爱，而是内涵"爱"与"敬"的"父子之爱"。以父子之伦为起点，建构人伦秩序，在人伦秩序的基础上建立起贯通家国的完整的社会秩序、政治秩序。在家国同构的社会中，"家庭生活"是"政治生活"的基础，这意味着家庭生活中的"父之子"天然就具有进入政治生活的合法身份。

但是，佛教"灭俗反真"的修道方式要求"出家"，意味着沙门否定了人伦秩序的起点，否定了社会伦理的基础，因而也就不再具有参与政治生活的合法身份。虽然自庐山慧远开始，沙门以"方外之宾"自况，国家似乎也以"隐士"理解沙门的身份。但从人伦秩序的角度看，隐士只是远离政治生活，并未断绝家庭生活，这就意味着隐士始终保有参与政治生活的合法身份。正因如此，国家可以征辟隐士出仕。这正是十六国北朝佛教史上出现的权臣、国主劝僧人罢道的理据之所在。但是，人伦始终是社会秩序的根基，父子关系始终是人伦的起点，当国家参考"隐士"与国家互动模式征辟沙门时，坚持要求沙门还俗，并不是权力肆意践踏"宗教信仰自由"，而是权力在维护自身的价值根基："还俗"正是对父子关系、家庭生活的承认，是获得政治生活合法身份的唯一途径。虽然鸠摩罗什等人以《佛说孛经抄》为理据，提出了一种"化外而臣"的政治参与方式，但并未得到姚兴的认可。"化外而臣"的方案只是对印度佛教传统的重申，实际上并未弥合"出家"造成的"家国断裂"，并未解决这一断裂造成的"沙门"身份困境。

随着佛教在北朝的日益壮大，"出家"与经学设教的根据——家与孝——之间的矛盾日益凸显。当这一矛盾被权力侦悉，"出家"成为政治斗争中一种褫夺政治身份的有力武器。通过对北魏宣武帝皇后高氏出家事件的考察我们得知，随着北魏"子贵母死"制度正式谢幕，出现了孝明帝幼年登基但嫡母与生母并存的局面，由此引发了一场核心权力的争夺。孝文帝汉化改革后的北魏政治场域，以"人伦"为政治合法性的基础，导致权臣、皇帝生母都不敢轻易以皇帝名义废黜宣武帝皇后高氏。最终，北魏权力中枢解决这一问题的方式，是利用"沙门"身份与"人伦"身份之间的不可共存，让高氏以"出家"的方式宣布"放弃"人伦身份，进而褫夺了高氏因人伦身份而获得的政治身份。高氏虽然出家，但其死后的葬仪问题却显示出佛教与经学在力量对比上的基本态势。即使灵太后以尊重高氏出家的意愿为借口，将高氏本应享受的"太后"丧仪降到最低，但仍不敢突破"葬之以礼"的底线，这又证明了"人伦"在北朝社会中的基础性地位，以及佛教在"政教场域"中的弱势地位。政治斗争利用"出家"和"家与孝"之间的矛盾对抗"人伦"秩序，说明了经学与佛教在"家与孝"这一问题上的冲突是本质性的。这也回答了为何汉传佛教致力于宣扬"孝"却仍不断受到汉族士人的责难，同时也宣告了佛教在经学"设教根据"层面的语境化彻底失败。汉传佛教始终没有放弃"出家"这种修道方式，这就决定了佛教对经学"设教"语境的适应，只能在"政教随俗""称情立文"的设教原则层面展开。这一工作，完成于北周道安的《二教论》。

回看汉地佛教僧众对经学语境的种种回应，从《夷夏论》到《二教论》，再到净影慧远基于经学的知识与原则反驳北周武帝的灭佛政策，真正有力地推动了佛教与中国相结合的，不是那些强调佛教"特殊性"、强调佛教"超语境"的原教旨论调，而是在深入理解了经学文教观念这一具体"语境"的原则与根据后，创造性地加以推展、引申，完成了"语境化"的那些回应。从宗教情感而言，佛教的"脱语境"与"语境化"是难以接受的，但"脱语境"与"语境化"却为佛教深化自我理解提供了契机，在深入理解另一文明的过程中，识别出佛陀之教的"变与不变"，完成了从印度地方文化到独立的宗教文明的转型。

佛教中国化的历史事实要求我们对"经学"的理解必须是符合历史情境的，不能以简单征引现代"经学研究"成果的方式草草带过。不理解"经何以为经"，就不能理解"经何以致用"；不理解经学语境中"圣何以为圣"，就不能理解"经何以为经"。正是这一完整而贯通的逻辑，构成了汉唐间知识人理解信仰、知识与生活的基本范式，成为他们面对佛教时早已不言自明的"前理解结构"。从"整体佛教"的叙述脉络出发，对于"整体佛教"研究而言，对经学的把握不能达到这一层次，就不可能还原完整的"背景"。

"背景"这一提法大大弱化了历史现实中不同类型的"文教"之间的"本质性"关联，我们提出以"场域"取代"背景"，意在还原这种历史中真实存在的关联，明确它们在历史现实中真实的力量对比关系，在此基础上考察、评估佛教的历史文化作用；我们提出以"语境"补充"场域"，意在强调佛教在古代中国进行自我表达时所遭遇的"限制"。佛教在北朝、在古代中国的"政教场域"的力量对比中处于劣势地位，其真理表达受到经学这一"语境"的限制，并不是佛教自身不足的表现，也不是中国文明狭隘的表现，而是所有文明跨地域传播都会遭遇的一种真实处境。

附录一

道宠经学授受献疑

一、问题的提出

作为菩提流支之学的唯一传人，道宠其人，生平年齿虽已失考，却始终是南北朝佛教史书写中无法回避的枢纽人物。由于《续高僧传·道宠传》是有关道宠生平的唯一传世文献，因此现代学者对道宠生平的建构，多以《续高僧传·道宠传》为据。自汤用彤起，即已开始在叙述道宠生平时，强调其出家前从学于熊安生的经历，但相关论述却并未参考熊安生传记。[①] 近年来论及道宠生平的相关著作虽在史料上的运用上有所突破，但仍存在比较突出的问题。[②] 如圣凯在复原道宠生平时，虽然参考了

[①] 汤用彤：《汉魏两晋南北朝佛教史》，第369—370页。值得说明的一点，是汤用彤确认了道宠从学于熊安生一事之后，紧接着就从僧范传记中僧范从学于熊安生但为熊氏之师徐遵明、李铉授戒一事，表示怀疑。但汤用彤始终未对道宠从学于熊安生产生疑问，针对这一问题在文末有所讨论。

[②] 见李四龙《经典、地狱与思想传统——以六世纪地论师与北方佛教为中心》，《中国高校社会科学》2014年1月；圣凯《地论学派南北道成立的"虚像"与"真相"》，载《普陀学刊》（第一辑），上海古籍出版社2014年6月，第85—91页；杨维中《地论师南、北二道之形成新论》，《河北学刊》2016年第1期。

僧范、熊安生以及邢卲等人的传记，①但在综合使用上述史料时却并未进行系年比较，并未对道宠本传的可信度进行考辨。不同于道宠传记中时间线索的晦暗不明，熊安生、邢卲、魏收、阳休之等人的传记时间线索清晰，只消简单系年比较即会发现，道宠传记中记载的许多内容在时间上相互矛盾，关于这一点将在后文详述。再如杨维中在推断道宠生年时，根据《续高僧传·道宠传》中邢卲、魏收、阳休之等人早年跟随张宾（道宠）学习经学的记载，以邢卲、魏收、阳休之的生平为依据推断道宠的生平，却没有参考《续高僧传·道宠传》中的另一条重要线索，即张宾曾跟随熊安生学习经学，作者也并未说明进行这种去取的原因是什么。②事实上，熊安生与邢卲、魏收、阳休之，年齿相近，如果按照杨维中的推断，道宠生于公元484年，则道宠要年长熊安生五岁左右，从北朝经学授受的一般情况来看，年长者师从年少者并不罕见，但与熊安生年齿相近的邢卲于十九岁即已完成学业入仕（解褐），如果道宠要先从学于熊安生、后教授邢卲，同

---

① 见圣凯《地论学派南北道的"虚像"与"真相"》，载《普陀学刊》（第一辑），上海古籍出版社2014年6月版，第73—93页。

② 杨维中：《地论师南、北二道之形成新论》，《河北学刊》2016年第1期："据考，魏收，生于506年，最初凭借其父功转任北魏太学博士，在当时享有文名；东魏时任中书侍郎，转秘书监；北齐时官至尚书右仆射。齐文宣帝天保二年（551），他奉命开始撰写《魏书》，四年后完成。邢子才，名卲，在文学上与魏收齐名，《颜氏家训》称赞他为邺地最值得称道的大儒。邢卲的卒年不详，生年为496年，年长魏收十岁。阳休之，也作杨休之，于隋开皇二年（582）卒于洛阳，年七十四，则其生年为508年。魏收、邢卲都历仕北魏、东魏、北齐三朝，而杨休之则历北魏、东魏、北周、隋四朝。三人之中，邢卲最长，杨休之最少。这三位出仕都较早，入张宾之门学习儒学，当在出仕之前。尤其是邢卲于东魏天平元年（534）已三十八岁，以投身张宾门下十余载计，此时的道宠应至少五十岁左右。——从这段文字可以推知，道宠最迟生于公元484年。"

时还要确保邢劭在十九岁解褐，且"投身张宾门下十余载"①，唯一的可能就是道宠从学于十岁左右的熊安生，然后去教授十岁左右的邢劭，这种推断无疑是难以令人信服的，详细论述将于后文展开。

总体而言，在对道宠生平的考证上，现有研究虽然综合利用正史、经序、僧传补充了道宠生平的细节，却缺少对史料的辨析，缺乏对道宠传中涉及的诸多人物的"通盘"考察，尤其是没有对相关人物的生平进行系年比较。此外，现有研究虽然对道宠"弃儒入佛"的经历津津乐道，但对道宠经学授受经历的解读，缺少北朝经学史的视野，未能对道宣笔下的儒生张宾形象进行深入解读。事实上，道宣寥寥数笔刻画出的儒生张宾的形象及其成就，远超北朝经师的一般水平，而正是这样一位成就非凡的经师"弃儒入佛"，才更有感染力与说服力。因此，本文的核心议题有二：其一是从北朝经学的普遍情况出发，对道宠本传所勾勒出的"张宾"形象加以解读；其二是通过"北四书"中熊安生、邢劭、魏收、阳休之等人的生平与《续高僧传·道宠传》进行系年参校，辨析道宠传记中经学授受相关记录的可疑之处。

二、北朝经师群像中的儒生张宾

《续高僧传·邺下沙门释道宠》可大致划分为以下几个部分：1. 从学于熊安生；2. 开馆授徒；3. 出家因缘；4. 出家访学；5. 菩提流支、勒那摩提译经有异，问学菩提流支；6. 与昔日经学弟子相

① 杨维中：《地论师南、北二道之形成新论》，《河北学刊》2016 年第 1 期。

遇法筵；7. 佛学授受。

以出家为界，可将道宠生平大致划分为经学授受时期与佛学授受时期。道宠本传中有关经学授受时期的核心材料，仅有如下三则：

1. 从学于熊安生

> 释道宠，姓张，俗名为宾。高齐、元魏之际，国学大儒雄安生者，连邦所重。时有李范、张宾，齐镳安席，才艺所指，莫不归宗，后具任安下为副。①

2. 开馆授徒

> 年将壮室，领徒千余。②

3. 与昔日经学弟子相遇法筵

> 时朝宰文雄魏收、邢子才、杨休之等，昔经宠席，官学由成。自遗世网，形名靡寄。相从来听，皆莫晓焉。
>
> 宠默识之，乃曰："公等诸贤，既称荣国，颇曾受业，有所来耶？"

---

① ［唐］道宣：《续高僧传》卷七《魏邺下沙门释道宠传》，《大正藏》第 50 册，第 482 页中。
② 同上。

　　皆曰："本资张氏，厌俗出家。"

　　宠曰："师资有由，今见若此。"

　　乃曰："罪极深矣。"

　　初聆声相，实等昔师，容仪顿改，致此无悟。于是
同敦三大，馨此一心，悲庆相循，遂以闻奏。以德溢时
命，义在旌隆。日赐黄金三两，尽于身世。[①]

　　从北朝经师传经讲学的一般情况来看，道宠本传刻画的经师
张宾形象，甚为可观。

　　其一，张宾所学，其来有自，师出名门。据《北史·儒林
传》记载，北朝三《礼》之学，并出徐遵明之门，徐遵明传于李
铉，李铉传于熊安生。自熊安生之后，北朝能言《礼》经者，多
是安生门下。唐时撰《五经正义》，孔颖达仅采皇侃、熊安生之
义疏以为《礼记正义》，其学术成就与影响力，由此可见一斑。
终熊安生一生，历任北齐国子助教、国子博士与北周露门学博
士、下大夫，亦曾参与北齐、北周的朝典参议与制作。熊安生尤
其受北周武帝钦重。北周武帝平齐后，亲自探看北齐诸名士，熊
安生亦在其列，随后亦随周武还朝。道宠本传中"国学大儒熊安
生者，连邦所重"一句，正是对熊安生上述经历的概括与总结。
不惟从学于熊安生这样的经学名家，张宾习学"才艺所指，莫不
归宗"，且"任安下为副"，经学达到很高造诣。纵观北朝儒林
授受，由高第充任乃师讲学之助手，并非仅见，如熊安生同学鲍
季详，就曾为李铉都讲：

───────────

① ［唐］道宣：《续高僧传》卷七《魏邺下沙门释道宠传》，《大正藏》第50册，第
　482页下。

> 鲍季详，渤海人也。甚明礼……少时恒为李宝鼎都讲，后亦自有徒众，诸儒称之。①

张宾就学于熊安生，并能"任安下为副"，正说明了他的出类拔萃，与"才艺所致，莫不归宗"一语相呼应。又据熊安生传记所载，熊安生专以三《礼》授其徒：

> 初从陈达受三《传》，又从房虬受《周礼》，并通大义。后事徐遵明，服膺历年。东魏天平中，受《礼》于李宝鼎。遂博通五经。然专以三《礼》教授。②

由此推断，张宾从学于已经"誉满天下"的熊安生，其"才艺"应不出三《礼》之学的范围，这与道宠传记中记载的邢邵、魏收、阳休之等人早年因从学于张宾"官学由成"是相呼应的，关于这一点，将在后文详述。

其二，早年成名，徒众甚多。"壮室"，即而立之年，《道宠传》记载其"年将壮室，领徒千余"，即年近三十即已"领徒千余"。从北朝经师群体的一般情况来看，私学的主要传授者与从学者，大多出身寒门。因此，这一群体开始学习经学的时间比较晚，学成之时年纪也往往偏大，如熊安生达到"五经皆备"的水平时，已年近不惑。在寒门出身的经学家中，确实有不到三十岁就已经开馆授徒之人，但也仅有徐遵明高足、熊安生业师李铉一人而已：自九岁始学，"年二十七，归养双亲，因教授乡里，生

---

① ［唐］李百药：《北齐书》卷四十四《鲍季详传》，中华书局1972年版，第588页。
② ［唐］令狐德棻等：《周书》卷四十五《熊安生传》，第812页。

徒恒至数百"。经学学习并无"顿悟"之途，需要经年累月的积累，虽然因天资、师资不同，但仍需要花费数年，不可能在短时间一蹴而就。因此，如果参考李铉的经历，张宾年近三十既已开馆授徒，说明其经学学习开始得比较早，且天资聪慧，因而可以早年成名。而其徒众之数能达千人，信非普通人物。从"北四书"中北朝经师的传记来看，徒众至千的经学家仅有张吾贵、高允、张买奴、熊安生、包恺、刘兰六人，[①]并非当时经学界的普遍现象。李铉虽然年二十七开馆授徒，其徒众也仅"恒至数百"。由此可见，张宾讲学的号召力，或者说受认可程度，较北朝经师的一般水平要高。北朝经学重镇徐遵明传记中的一则记录，也为我们理解张宾在"壮室之年"的经学成就提供了参照：

> 是后教授，门徒盖寡，久之乃盛。[②]

即使如徐遵明这样的硕儒，授徒之初，亦不免门庭冷清，确立声名，凡历二十余年。张宾却能够在而立之年就吸引上千徒众，其实力不容小觑。

然而，引徒千数只是学术声望评价的一则标准，另一则标

---

① ［唐］李延寿：《北史》卷二十四《崔休传》，第 871 页："时大儒张吾贵名盛山东，弟子恒千余人，所在多不见容。"卷八十一《刘献之传》，第 2714 页："时中山张吾贵与献之齐名，四海皆称儒宗。吾贵每一讲唱，门徒千数，其行业可称者寡。献之著录，数百而已，皆通经之士。于是有识者辨其优劣。"卷三十一《高允传》，第 1118 页："博通经史、天文、术数，尤好《公羊春秋》。还家教授，受业者千余人。"卷八十一《张买奴传》，第 2728 页："经义该博，门徒千余人。"卷八十二《熊安生传》，第 2744 页："专以三《礼》教授，弟子自远方至者千余人。"卷八十二《包恺传》，第 2760 页："于时汉书学者以萧、包二人为宗匠，聚徒教授者数千人。"卷八十一《刘兰传》，第 2716 页："兰学徒前后数千，成业者众。"

② ［北齐］魏收：《魏书》卷八十四《徐遵明传》，第 1855 页。

准则是徒众之中是否有"行业可称者"。如果弟子众多尚不足以确证其人学术造诣如何，门下不乏通经之人乃至文坛领袖，则是对其授业水平的直接肯定。据道宠本传记载，当朝重臣、文人领袖邢卲、魏收、阳休之等人在被问到从何处受业时，"皆曰：本资张氏"，即通过在张宾门下学习，"官学由成"。此处所谓"官学"，即五经之学。邢卲、魏收以文名称誉天下，当时既已并称邢、魏，与温子升并号"三才"，阳休之虽不及邢卲、魏收，但亦有文名，正因如此，道宠本传称此三人为"文雄"。又因三人不仅在朝为官，又曾先后任职中书、执掌国家诏令，参与枢机，因此可称得上是"朝宰"。然而，如果邢卲、魏收、阳休之只是文学之士，则"官学由成"一语便沦为泛泛之谈，并不能说明道宠在经学传授上的成就。然而，邢卲、魏收、阳休之三人虽以文名为当世所重，但在参议礼制之上，亦有过人之处，这就与前文提及的熊安生教学专授三《礼》的记录形成了呼应。

> 后齐则左仆射阳休之、度支尚书元修伯、鸿胪卿王晞、国子博士熊安生，在周则苏绰、卢辩、宇文考，并习于《仪礼》者也，平章国典，以为时用。高祖命牛弘、辛彦之等采梁及北齐仪注，以为五礼云。①

在《隋书》对礼制的总结中，阳休之名列北齐"习于仪礼者"第一人，甚至排在熊安生之前。其本传中也确有其参议文宣帝丧仪的记录：

---

① ［唐］魏征等撰：《隋书》卷六《礼仪志》，中华书局 1973 年版，第 107 页。

文宣崩，征休之至晋阳，经纪丧礼，与魏收俱至。①

关于此事，魏收的传记中也有记载：

及帝崩于晋阳，驿诏收及中山太守阳休之参议吉凶之礼，并掌诏告。……文宣谥及庙号、陵名，皆收议也。②

魏收虽以文才称誉天下，但其参议礼制较勤，甚至还主持过议礼，且其意见频频受到采纳：

于时诏议二王三恪，收执王肃、杜预义，以元、司马氏为二王，通曹备三恪。诏诸礼学之官，皆执郑玄五代之议。孝昭后姓元，议恪不欲广及，故议从收。③

武成崩，未发丧。在内诸公以后主即位有年，疑于敕令。诸公引收访焉，收固执宜有恩泽，乃从之。掌诏诰，除尚书右仆射，总议监五礼事，位特进。④

由是可见，魏收虽以文才称名当世，在礼制上也颇多建树。魏收与邢卲相轻之日久，虽常讥议邢卲的文采，却在礼制上不能不承认邢卲的能力：

议论更相訾毁，各有朋党。收每议陋邢文。……（收）

---

① ［唐］李延寿：《北史》卷四十七《阳休之传》，第 1726 页。
② ［唐］李延寿：《北史》卷五十六《魏收传》，第 2033 页。
③ 同上书，第 2034 页。
④ 同上书，第 2038 页。

敏速之工，邢、温所不逮，其参议典礼与邢相埒。①

邢邵本传中也明确有参议礼制、留心经学的记录：

> 文宣崩，凶礼多见讯访，敕撰哀策。②
> 晚年尤以五经章句为意，穷其指要。吉凶礼仪，公私咨
> 禀，质疑去惑，为世指南。③

综上所述，邢邵、魏收、阳休之三人，在礼制上均有建树，以阳休之成就最大，魏收虽不及，但其议礼又多为当政者采纳，邢邵的礼制论议能力又与魏收旗鼓相当。参议礼制，就是要在现实需求与经义之间做出抉择，既不能缺乏现实感，又不能没有经学基础。因此，邢邵、魏收、阳休之三人从学于专精三《礼》之学的张宾后"官学由成"，可信度极高。

如果只看《续高僧传·道宠传》，张宾的经学授受经历几近完美。正是这样一位不凡的经学家，机缘巧合之下弃儒入佛，出家学佛之后，"慨叹晚知"，对于传记书写而言，极富感染力——道宠本传建构的张宾之形象越是完美，就越能体现佛法的"神用深拔"。然而，一旦将《续高僧传·道宠传》中涉及的诸多人物的生平加以系年，张宾的经学授受在时间上便存在诸多矛盾之处，下文将按道宠从学、讲学的顺序，与熊安生、邢邵、魏收、阳休之等人的生平进行参校，说明《续高僧传·道宠传》中有关

---

① ［唐］李延寿：《北史》卷五十六《魏收传》，第 2034—2035 页。
② ［唐］李延寿：《北史》卷四十三《邢邵传》，第 1592 页。
③ 同上。

张宾经学授受的记录中存在的疑点。

三、道宠与熊安生

在道宠本传中，熊安生以张宾业师的形象出现，其中一则暗示了熊安生声名以及道宠从学于熊安生之时间的记录，值得我们注意：

> 释道宠，姓张，俗名为宾。高齐、元魏之际，国学大儒雄安生者，连邦所重。

所谓"高齐、元魏之际"，当指高洋代魏自立前后，即550年5月，高洋废东魏孝静帝自立，建立北齐政权。按道宠本传记载，熊安生在公元550年前后已是"连邦所重"。而李范、张宾从学于熊安生的时间，也当在此前后：

> 时有李范、张宾，齐鑣安席，才艺所指，莫不归宗，后具任安下为副。

道宠本传中熊安生于"高齐、元魏之际"即公元550年已成为"国学大儒"的说法，可信度则极高。按《周书》熊安生本传记载：

> 初从陈达受三传，又从房虬受《周礼》，并通大义。后事徐遵明，服膺历年。东魏天平中，受礼于李宝鼎。遂博通五经。

可知熊安生完成学业，当在"东魏天平中"。"天平"为东魏孝静帝年号，历四年，即公元534—537年。由此推断，熊安生完成学业，不晚于公元537年。从北朝经师开馆授徒的普遍情况来看，确实存在经师已经开馆授徒然后又拜师学习的情况，但拜师学习的内容并非自己开馆讲授的内容，而是自己不熟悉的新内容。据熊安生本传记载：

> 然专以三《礼》教授。

熊安生开馆授徒，专授三《礼》，当在其完整学习三《礼》之后。熊安生的传记中较为明确的记载了他的学习经历。最初在房虬门下"受《周礼》，并通大义"，这一时期熊安生于三《礼》只明一经，程度也只是粗识大意。熊安生问学经历中，历时最长的一段，是在徐遵明门下的学习。通过《北史·儒林传》以及《北史》《魏书》徐遵明本传的记载可知，徐遵明擅长《易》《书》《礼》之学，尤其是其礼学成就斐然，《北史·儒林传》称"三《礼》之学并出遵明之门"。因此，熊安生"后事徐遵明，服膺数年"，虽然没有说明学习的重点，但可以确定的是，这一时期熊安生尚未完成三《礼》之学的学习。熊安生传记中明确记载，他是"受礼于李宝鼎，遂博通五经"。《北史·儒林传》中有关魏末经学学术传承的记载，也明确指出，熊安生之礼学，是受于李铉，而非直承徐遵明：

> 三《礼》并出遵明之门。徐传业于李铉、祖俊、田元凤、冯伟、纪显敬、吕黄龙、夏怀敬。李铉又传授习柔、张

买奴、鲍季详、邢峙、熊安生。①

由此推断，熊安生虽然极有可能在徐遵明处已经开始习三《礼》之学，但其三《礼》之学完备，当在"东魏天平中"；又因其"专以三《礼》教授"，其开始讲学，当在"受《礼》于李宝鼎"之后。因此，熊安生开馆授徒，应不早于公元534年，不晚于公元537年。道宠本传中记载：

> 高齐、元魏之际，国学大儒雄安生者，连邦所重。时有李范、张宾，齐镳安席，才艺所指，莫不归宗，后具任安下为副。年将壮室，领徒千余。

"高齐、元魏之际"即公元550年前后，"时有李范、张宾，齐镳安席"，指明道宠问学于熊安生，在公元550年前后。由于文献不足征，我们无法断定自李铉处受礼之后（534—538），至河清、天统之际（565）之间熊安生的具体生平。但从前引阳休之传记的相关记载中可以获知一则未见于《北史》《周书》熊安生本传的信息，即熊安生在北齐除任职"国子博士"之外，还曾任北齐国子助教。"天统"为北齐后主年号，"天统初"即公元565年。又以熊安生守丧三年期满"久而不见调"，可以推知其担任北齐国子助教一职，应早于公元562年。另据《北史·熊安生传》记载：

> 安生在山东时，岁岁游讲，从之者倾郡县。②

---

① ［唐］李延寿：《北史》卷八十一《儒林传》，第2708页。
② ［唐］李延寿：《北史》卷八十二《熊安生传》，第2745页。

可以推知熊安生在正式任职国子助教之前，曾有一段时间不短的讲学经历。

综合以上信息可以断定，在不早于公元534年、不晚于公元562年的二十余年间，熊安生曾有岁岁游讲、后任职北齐国子助教的经历。因此，"高齐、元魏之际"，即公元550年，张宾问学于熊安生，是可以成立的。

然而，《续高僧传·道宠传》中关于道宠生平的记载，却与上述推断产生了矛盾：

> 宠承斯问，便诣流支，访所深极，乃授十地，典教三冬，随闻出疏，即而开学，声唱高广，邺下推荣。①

"即而开学"之语，表明道宠在邺下开讲《十地经论》，是在其问学菩提流支三年之后，并无延宕。菩提流支在北魏分裂后，于公元534年迁至东魏新都邺城，公元535年在邺都般舟寺译出《伽耶顶经论》，是史籍有载的最后译经活动。又据《续高僧传·菩提流支传》记载：

> 帝又敕清信士李廓撰众经录……其录云："三藏流支自洛及邺，爰至天平，二十余年，凡所出经三十九部一百二十卷。"②

李廓《众经录》中所记菩提流支最后的活动时间，也是东

---

① ［唐］道宣：《续高僧传》卷七《魏邺下沙门释道宠传》，《大正藏》第50册，第482页下。
② 同上。

魏天平年间。综合上述有关菩提流支的记录可以推断，其在邺城的活动时间，最迟到天平末年，即 537 年。由此推断，道宠在邺下开讲《十地经论》的时间，当也在"东魏天平中"。已有研究指出，道宠在邺下开讲《十地经论》的时间，最迟也当在 537 年之前。

前文已述，根据《续高僧传》记载，张宾于"高齐、元魏之际"投于熊安生门下，即约公元 550 年左右，则此时应该尚未出家，这与上文所述道宠在公元 537 年既已从学于菩提流支的记载产生了矛盾。即使将"高齐、元魏之际"的起始时间定在高氏实际掌控北魏朝局的公元 534 年，道宠受学于熊安生然后出家从学于菩提流支也几乎没有成立的可能。这是因为，东魏天平中（534—537），熊安生刚刚在李铉门下完成三《礼》之学的学习，或尚未授徒，或刚刚开始授徒；而此时的道宠，已在菩提流支门下学习并为邺下推重。

四、道宠与邢邵、魏收、阳休之

《续高僧传·道宠传》中记载张宾先从学于熊安生、后自立门户、开馆授徒，曾教授邢邵、魏收、阳休之等人，只要将四者的生卒年以及完成学业的时间加以比对，就不难发现，张宾从学于熊安生之后教授邢邵等三人似乎也是难以成立的。

据缪钺先生考证，魏收生于北魏宣武帝正始四年，即公元 507 年。又据《北齐书》中魏收本传记载，"收少子才十岁"，则邢邵生于北魏孝文帝太和二十年，即公元 497 年。据《北史》阳休之本传记载，其于隋开皇二年（582）终于洛阳，年七十四，可推知其生于北魏宣武帝正始五年，即公元 508 年。由此可知，三人之中，邢邵长于魏收、阳休之，魏收与阳休之则属同辈。

邢邵年十岁（506）"便能属文，雅有才思，聪明强记，日诵万余言""少在洛阳，会天下无事，与时名盛，专以山水游宴为娱""后因饮谑偃，方广寻经史，五行俱下，一览便无所疑"。另据《周书·崔彦穆传》记载，邢邵还曾与韦孝宽、崔彦穆同入中书学学习。年十九时，（515）"释巾为魏宣武挽郎，除奉朝请，迁著作佐郎"。及年二十（516），当孝明之世，"文雅大盛，邵雕虫之美，独步当时，每一文初出，京师为之纸贵，读诵俄遍远近"。① 由此可知，邢邵在出仕前学习的时间，当在公元506—515年间。

魏收年十五（522），"颇已属文"。当此之时，其父魏子建任前军将军，"十年不徙，在洛闲暇"。可见魏收在十五岁以前，在北魏都城洛阳接受了良好教育。但是，就在魏收年十五岁时，其父临边事，"凡经五年"，魏收"随父赴边"。在边关生活的五年，是魏收习学经历中最为重要的一段：

> 及随父赴边，好习骑射，欲以武艺自达。荥阳郑伯调之曰："魏郎弄戟多少？"收惭，遂折节读书。夏月，坐板床，随树荫讽诵。积年，板床为之锐减，而精力不辍。以文华显。②

年二十随父还洛阳，以父功除太学博士，但具体时间不可考。年二十二，吏部尚书李神儁重收才学，奏授为司徒记室参

---

① ［唐］李延寿：《北史》卷四十三《邢邵传》，第1588—1589页。
② ［唐］李延寿：《北史》卷五十六《魏收传》，第2026页。

军，是年为公元 529 年。由此可知，魏收于公元 512—522 年间在洛阳蒙学；年二十二（528）之后，已任职参军。

阳休之"少勤学，爱文藻"，"时人为之语曰：'能赋能诗阳休之。'"。早有文名，足见早年接受了良好教育。十八岁之后，因避杜洛周、邢杲之乱，辗转于章武、青州、洛阳之间。阳休之年二十（528），"弱冠擅声，为后来之秀"，即解褐员外散骑侍郎。由此可知，其入仕前习学当在 523—526 年。这里需要说明的一点，是阳氏一族的"文化资本"。阳休之之父阳固从兄阳承庆，任太学博士，是北魏硕学、原国子祭酒阳尼之孙。阳尼家中"有书数千卷"。其父任洛阳令，其伯父任太学博士，均在北魏都城洛阳。邢卲入仕前，还曾与阳休之之父阳固有过交游。在青州避难时，阳氏家族遭到土人的袭击，死伤十数口。可见，阳休之不仅是在洛阳度过了早年的岁月，更极有可能生活于大家族之内。从北朝的一般情况来看，世家大族，子弟教育不乏在族内完成者。虽然史无确载阳氏自办家学，但这也是我们考察阳休之早年学习经历中必须注意到的。由此，以北朝十岁左右始学的惯例推算，阳休之学习的时间，当在公元518—528 年间。

统合邢卲、魏收、阳休之三人早年的习学经历，可以推知，如三人均在张宾门下受学，则张宾至迟要在邢卲入仕之前、最早要在阳休之离开洛阳之后，开馆授徒。由此推算，张宾应在公元 514—528 年间，在洛阳开馆授徒。道宠本传中只说邢卲、魏收、阳休之三人在张宾门下"官学由成"，并未涉及学习的机构。无论官学、私学，均以五经授人，因此无法断定张宾教授上述三人，究竟在官学还是私学。张宾在公元 514—528 年间在洛阳教授经学，与其从学于菩提流支的时间并无冲突，却与熊安生的生平间存在不小矛盾。

熊安生于公元 578 年以八十余岁致仕，卒于家。因熊安生于北周致仕，考《周书》官员致仕年纪，大致遵行年七十致仕的传统，并无一定之规。检《北史》年过八十致仕者寥寥，仅乐逊、姚僧垣，分别为八十一岁与八十岁。虽不能确定熊安生的实际致仕年龄，但其致仕时的年齿，可能也在这个范围内。由此推断，熊安生可能生于公元 498 年前后，如此则与邢劭同龄。邢劭入官学时，熊安生不过年十五上下，尚在习学之年，没有开馆授徒的可能，更不可能出现其弟子张宾已经完成学业并入官学教授的情况。由此可以推断，张宾问学熊安生之后教授邢劭、魏收、阳休之等人于官学的说法，实难成立。

此外，《续高僧传》道宠本传中对邢劭、魏收、阳休之的一则记载，也值得仔细玩味：

> 时朝宰文雄魏收、邢子才、杨休之等，昔经宠席，官学由成。自遗世网，形名靡寄，相从来听，皆莫晓焉。①

前文已对邢劭、魏收、阳休之在参议礼制方面的成就略作交代。但三人在北魏、北齐时却实以文学闻名天下。邢劭"自孝明之后，文雅大盛，劭雕虫之美，独步当时，每一文初出，京师为之纸贵，读诵俄遍远近""累迁太常卿、中书监，摄国子祭酒。是时朝臣多守一职，带领二官甚少，劭顿居三职，并是文学

---

① ［唐］道宣：《续高僧传》卷七《魏邺下沙门释道宠传》，《大正藏》第 50 册，第 482 页下。

之首，当世荣之"。"词致宏远，独步当时，与济阴温子升为文士之冠，世论谓之温、邢。"据《北史》魏收本传记载，"收少子才十岁""始比温子升、邢邵稍为后进，邵既被疏出，子升以罪幽死，收遂大被任用，独步一时"。阳休之与魏收年纪相近，"休之早得才名，为人物所所倾服"。"好学，有文藻，时人为之语曰：'能赋能诗阳休之。'"阳休之文名逊于邢、魏，"邢、魏殂后，以先达见推"。邢邵与魏收还在东魏天平年间，与济阴温子升并称，"世号三才"。邢、魏、阳三人在朝，均曾任职中书，执掌诏诰。魏收与阳休之，还曾一起修史。文宣帝崩，三人又都参与议礼。

然而，三人在朝政上的交涉虽深，但却并非好友。魏收与邢邵相轻，由来已久，甚至已经形成朋党，相互诋毁已成日常：

> 初，河间邢子才、子明及季景与收，并以文章显，世称大邢小魏，言尤俊也。收少子才十岁，子才每曰："佛助，寮人之伟。"后收稍与子才争名，文宣贬子才曰："尔才不及魏收。"收益得志。自序云："先称温邢，后称邢魏。"然收内陋邢，心不许也。①

> 始收比温子升、邢邵稍为后进，邵既被疏出，子升以罪死，收遂大被任用，独步一时。议论更相訾毁，各有朋党。收每议陋邢邵文。……收以温子升全不作赋，邢虽有一两首，又非所长，常云："会须作赋，始为大才士。唯以章表碑志自许，此外更同儿戏。"自武定二年已后，国家大事诏命，

---

① ［唐］李延寿：《北史》卷五十六《魏收传》，第 2038 页。

军国文词，皆收所作。……（收）敏速之工，邢、温所不逮，其参议典礼与邢相埒。①

不惟如此，邢卲对于魏收心有不服，甚至明言"收甚恶人"。邢、魏二人交恶，不需多言。阳休之虽未与邢卲交恶，却与魏收纠缠不清。由于阳休之不见重于齐文宣帝之世，而彼时魏收深受文宣帝重用，一时风头无两，甚至有轻侮、排挤阳休之之事：

坐诏书脱误，左迁骁骑将军……文宣郊天，百僚咸从，休之衣两裆甲，手持白棓。时魏收为中书令，嘲之。②

魏收在日，（阳休之）深为收所轻，魏俎后，以先达见推。③

文宣帝崩后，阳休之取代魏收，在权力中枢执掌诏诰，遭到魏收的抵制：

及帝崩于晋阳，驿召收及中山太守阳休之参议吉凶之礼，并掌诏诰。……而孝昭别令阳休之兼中书，在晋阳典诏诰，收留在邺……收大不平。④

综上，《续高僧传·道宠传》中记载邢卲、魏收、阳修止"相从来听"之语，其可信程度还有待进一步讨论。

---

① ［唐］李延寿：《北史》卷五十六《魏收传》，第 2034—2035 页。
② ［唐］李延寿：《北史》卷四十七《阳休之传》，第 1725 页。
③ 同上书，第 1727 页。
④ ［唐］李延寿：《北史》卷五十六《魏收传》，第 2033—2034 页。

五、结语

《续高僧传·道宠传》刻画了一个杰出儒生张宾的形象：受业于名师，在同门之中出类拔萃，而立之年既已成名，并教授出参与制定北魏、北齐礼制的高足。然而，将道宠传记中出现的相关人物的生平事迹加以仔细比较后，便浮现出若干疑点：

1. 道宠本传中记载其先事经学、后出家为僧，但道宠传记记载儒生张宾受学于熊安生的时间是公元 550 年前后，与其问学菩提流支的时间（537 年前后）存在严重冲突。

2. 道宠本传中记载其出家前先从学于熊安生，后教授邢劭、魏收、阳休之等人，但熊安生与邢劭几乎同岁，士族出身的邢劭在官学完成学业，且出仕的时间也早（十九岁），这就意味着出家前的道宠需要向当时至多十五岁的熊安生学习，之后再去教授几乎与熊安生同龄的邢劭，才能保证既和熊安生学习过，又教授过邢劭。这种情况委实难以成立。熊安生传记中明确记载其开馆授徒的内容是三《礼》之学，其完成学业的时间在公元 534—537 年间，这一时期邢劭、魏收、阳休之均已完成学业并出仕，道宠也已经出家。

一个需要注意的问题是，上述矛盾几乎全部来自道宠传中有关熊安生的记载。甚至连道宠传记中有关熊安生声望的记载，本身也存在史实与时间错配的情况。

按道宠本传记载，熊安生在公元 550 年前后已是"连邦所重"。考《北史》《周书》熊安生本传，"连邦所重"之说，极有可能是据熊安生历任北齐国子博士、北周露门学博士的经历而发：

齐河清中，阳休之特奏为国子博士。①

宣政元年，拜露门博士、下大夫，时年八十余。②

依此推算，则"连邦所重"之说，应发于熊安生任露门学博士之后，即公元 578 年以后。然而，"连邦所重"意味着历仕北齐、北周均受重用，这一说法成立与否尚需仔细检讨。由于在北齐不见重用，熊安生在北周武帝灭齐后并无留恋，而是主动洒扫门庭，热切欢迎北周武帝莅临。不惟如此，《北史·阳休之传》中的一条记载，也足以说明熊安生仕齐的不顺遂：

> 天统初，征为光禄卿，监国史。寻除吏部尚书。休之多识故事，谙悉士族，凡所选用，莫不才地俱允。前国子助教熊安生，当时硕儒，因丧解职，久而不见调，休之引为国子博士，儒者以此归之。③

《北史》虽称熊安生是"当时硕儒"，但解职丁忧期满后，有司却并未及时进行任命，导致熊安生陷入"久而不见调"的尴尬处境。因此，说熊安生为北齐所重，证据尚不充分。

北周一朝重视熊安生则确有其事。北周武帝对熊安生的钦重，始自天和三年（568）周齐通好之时，当时熊安生任职北齐国子博士：

---

① ［唐］李延寿：《北史》卷八十二《熊安生传》，第 2744 页。
② 同上书，第 2745 页。
③ ［唐］李延寿：《北史》卷四十七《阳休之传》，第 1726 页。

天和三年，周齐通好，兵部尹公正使焉。与齐人语及《周礼》，齐人不能对，乃令安生至宾馆，与公正言。……公正于是问所疑，安生皆为一一演说，咸究其根本。公正嗟服，还，具言之于武帝，帝大钦重之。[1]

由于北周依据《周礼》进行改制，北周兵部尹公正出使时，带着"宿疑硕滞者数十条"至齐。会面之初，即与齐人讨论《周礼》，可惜"齐人不能对"，而任职国子博士的熊安生"皆为一一演说，咸究其根本。"公正还朝后将此事悉数告知北周武帝，武帝"大钦重之"，是年为公元 568 年。至公元 577 年平齐之后，北周武帝至邺城，对熊安生礼遇有加，比之熊安生在北齐的遭遇，实有天壤之别：

及入邺，安生遽令扫门。家人怪而问之，安生曰："周帝重道尊儒，必将见我矣。"俄而帝幸其第，诏不听拜，亲执其手，引与同坐。……赐帛三百匹、米三百石、宅一区，并赐象笏及九环金带，自余什物称是。又诏所司给安车驷马，令随驾入朝，并敕所在供给。至京，敕令于大乘佛寺，参议五礼。宣政元年，拜露门博士、下大夫，时年八十余。[2]

考虑到熊安生在北齐不见重用、在北周备受礼遇的经历，笔者认为，道宠传中所谓"连邦所重"，应该是指熊安生"历仕两朝"。因此，熊安生可称得上"连邦所重"的时间，当在熊安生

---

① ［唐］李延寿：《北史》卷八十二《熊安生传》，第 2744—2745 页。
② 同上书，第 2744 页。

正式出仕北周之后，也即北周宣政元年（578）之后。《续高僧传·道宠传》中称熊安生为"国学大儒"，暗示熊安生此时任职国学。一如前考，熊安生在北齐历任国子助教、国子博士，担任国子助教的时间已不可考，而任职国子博士的时间则在公元565年，熊安生在国子学的这两个职位，都与"国学"相匹配，并无不妥。但是，从道宠传记给出的时间线索"高齐、元魏之际"来看，我们无法断定熊安生是否在北魏末年就已经任职国子学。另一方面，前文已经说明，从现有材料可以确定，熊安生确实曾经出仕北齐、北周，并无证据表明其曾出仕北魏，因此，距离周齐通好、周武始知熊安生其人并"大钦重之"的天和三年（568）尚有三年，还不能称之为"连邦所重"。即使以北周武帝开始钦重熊安生的天和三年，即公元568年计算，也与《续高僧传》"高齐、元魏之际，国学大儒雄安生者，连邦所重"所提示的时间（550）有较大的差距。

熊安生任职国学，为一代儒宗，纵观其一生，称其"连邦所重"并无不妥。只是在"高齐、元魏之际"，熊安生虽极有可能已是"国学大儒"，却并无确据证明他在此时已"连邦所重"。《续高僧传》在熊安生生平事迹的叙述上，明显存在着生平与时间的"错配"。

此外，还需提请注意的是，同在《续高僧传》中有传的僧范，曾出现在道宠本传中——"时有李范、张宾，齐镳安席，才艺所指，莫不归宗"，学者往往将此一条记载与僧范本传中"相州李洪范，领悟无遗；邺下张宾生，义解无双"一句相互参看，在面对材料时存在一种倾向，即僧范（李范）传记中的记载是道宠（张宾）传记中记录的一种补充。这种倾向有一个明显例证，即汤用彤在《汉魏两晋南北朝佛教史》中论及二人生平时，以道宠传中二人从学于熊安生一事，否定了僧范本传中记载的僧范曾为徐遵明、李铉授戒一事。然而，如从传记的详实程度来看，僧范本传中保留的大量细节是道宠传记所无法比拟的。同时，对于二人都曾受学于熊安生一事，仅见于道宠本传，僧范传记中虽有李洪范、张宾生齐名的记录，却从未声明李范曾从学于熊安生。从年龄上讲，僧范在北齐天保六年（556）卒，时年八十，其生年为 476 年。《续高僧传·僧范传》中明确记载，李范年二十三岁就完成了学业，是年为公元 499 年。前文已述，熊安生生年当在公元 498 年前后，即使熊安生传记中"年八十余"是指八十九岁，熊安生生年为公元 489 年，在李范已完成学业的公元 499 年，熊安生也只是一个少年，李范与熊安生之间的师承关系断难成立。僧范本传的前后记载是自洽的，但何以汤用彤以信实度殊为可疑的道宠传记为准，忽视了作为"史料"更加信实的僧范传记？一种可能的解释是，道宠与僧范在佛教史上尤其是地论学派史上的地位存在着差异，在地论学派北道的创始人道宠与地论学派南道学僧僧范之间，史料的信实度取决于传主在佛教统绪传承谱系中的重要性。与其说这一"抉择"是汤用彤在史料辨析上的失当，不若说是其对佛教史研究采用"同情之理解"立场的一种体现。这种立场的背后，是对以现代学术方法进行佛教史研究极易引发的"解构历史"的抵抗。僧传究竟应该被如何看待？是不易之经、不疑之史，抑或必须加以检验的史料，仍然是佛教史研究需要首先说明的问题。

附录二

古典教化现代格义方案反思浪潮中的佛教声音

——读圣凯《佛教观念史与社会史研究方法论》杂感

圣凯教授的《佛教观念史与社会史研究方法论》提出的佛教观念史与佛教社会史方法，虽直接产生于对现代佛学研究方法论成就与不足的反思，但作者对佛教在近代中国"西学东渐"背景下"立于审视外来传统的中国本位"[①]基本立场与处境的自觉，对现代学术分科体制下单一学科难以穷尽佛教内涵的反思，对佛教中国化研究中"中国整体"的强调，决定了这一方法论尝试的理论意义并不限于佛教，而是对百年来中国古典教化或主动或被动地以源自西方的现代学科体系、话语体系作为格义方案进行系统反思的重要组成部分。

[①] 圣凯:《佛教观念史与社会史研究方法论》，宗教文化出版社 2022 年版，第 44 页。(以下凡征引本书，均随文指注页码，不另注。)

一、学科方法的合法性危机与反思：理解佛教观念史与社会史方法的背景

20 世纪 20 年代，当欧阳竟无严辨"佛法"与"宗教""哲学"区别之际，[①] 梁启超以"儒家哲学"之名开讲儒学，却强调以"哲学"方法"研究不到儒家的博大精深处"，且不能涵括儒学的全部内涵，尚须社会学、政治学、经济学、教育学、心理学、人类学等不同学科的参与。[②] 不论是欧阳竟无对宗教与哲学进入"佛法"的拒斥，还是梁启超对"儒家哲学"的修正，对古典教化体系有着深刻领悟的佛教与儒家学者均对以"分科"为基础的现代学术方法径直进入古典表示了担忧。造成这种担忧的深层原因，在于现代学术的制度与方法，与包括儒家、佛教在内的中国古典教化并不同源。换言之，现代学术研究的方法并不生成于其研究对象。但近代中国的特殊历史环境却使现代研究方法对作为其研究对象的中国古典教化形成压倒性优势。现代学术的制度与方法打破了内生于古典教化的方法论预设及其知识框架，废黜了古典教化在漫长发展进程中形成的一整套既符合生存经验又适应其内容特质的学术方法，将古典视为均质的、尚待检视的"材料"，以现代学科体系、话语体系内部的问题意识与理论兴趣重构以"经典"为中心的古典教化体系。在极端情况下，现代学术方法对古典的格义甚至沦为"翻腾这些理论当玩意儿"[③]。

---

① 王雷泉编：《欧阳渐文选》，上海远东出版社 2011 年版，第 4 页。转引自圣凯《佛教观念史与社会史研究方法论》，第 45 页。

② 梁启超：《清代学术概论　儒家哲学》，天津古籍出版社 2003 年版，第 103—104 页。

③ 同上书，第 102 页。

　　在经受了现代学术制度与方法百余年的格义与诠释后，"中国古典教化"与"西方"一并成为当代中国人的"他者"。在这一情势下，当代佛学与儒家研究者再次不约而同地发出呼声，吁请还古典教化以"本来面目"。圣凯教授在其首版于 2016 年的《中国佛教信仰与生活史》中指出，当前佛教中国化研究缺少"整体佛教"的视野，[①] 并在《佛教观念史与社会史研究方法论》中进一步厘定相关理论构想的内涵并定名为"佛教整体"，并将其确定为现代佛教研究学科体系、话语体系建设的基本立场。在略晚于《中国佛教信仰生活史》出版的《儒家伦理与中国社会》（2018）一书中，曾亦教授指出"现代学术"的希腊、希伯来根源，并对在儒学研究中应用这种源出于与中国古典教化明显有别甚至完全"异质"的另一文明传统的方法是否正当提出质疑，倡言当代儒学研究应当回归"整全的儒家"。[②] 知识界对中国古典教化本来面目的呼唤，对回复古典教化"整全性"的普遍诉求，是评估"佛教观念史与社会史研究方法"理论意义时不能忽视的背景。

二、在"佛法"与"佛教"之间：佛教观念史与社会史方法的"史学"立场

　　不同于现代儒门学者纷纷回到经学的方法论转向，圣凯教授在充分肯定现代学术制度与方法对于促进"佛教文化的创造性转化与创新性发展"具有重要意义（第 32 页）的前提下，着重强

---

① 圣凯:《中国佛教信仰生活史》，江苏人民出版社 2021 年版，第 5 页。
② 曾亦:《儒家伦理与中国社会》，上海三联书店 2018 年版，第 2 页。

调现代佛学研究在方法上必须"契理契机"（第46页），不仅要将佛教作为研究对象，还要将佛教视为一种方法，在此基础上广泛吸纳不同学科，建立现代佛学研究的学科体系与话语体系。具体而言，要从作为研究对象的佛教中引生出一套符合佛教内容特质的研究方法，充分重视包括狭义"佛教"体系（佛、法、僧）与"佛法"体系（教、理、行、果）在内的传统佛教体系（第32页）。包括"经典""观念""生活"三大要素的佛教观念史研究方法，正是作者在系统反思现代佛学研究方法之后尝试给出的解决方案。

佛教观念史研究方法虽然肯定并接受了"历史"作为现代佛学研究的基本维度（第64页），却并不能将其归结为佛教研究的"现代史学转向"。将"佛教观念史与社会史方法"视同现代史学，是这一方法目前正在遭受的误解之一。"观念史反对文化从属于社会和经济的理解，强调文化的独立性与能动性"（第70页），这与作为实证主义特殊形式的现代史学在基本立场上大相径庭。在"经验"必须由科学实证提供界定标准与程序的时代，坚持普遍原则的神学与形而上学遭到"理性"的驱逐，历史学"被认为是提供了那唯一经验性的、因而也就是唯一可靠的有关真正的人、有关人之为人的知识"[1]"历史性解释在19世纪扩展到了人类生活的各个方面（甚至宇宙本身）"[2]。秉持历史主义立场的现代史学否定普遍原则的存在，将所有"号称"普遍的东西悉

---

[1] 〔美〕列奥·施特劳斯：《自然权利与历史》，彭刚译，三联书店2003年版，第18页。

[2] 〔意〕莫米利亚诺：《重审历史主义》，荆腾译，刘晓枫编：《从普遍历史到历史主义》，华夏出版社2017年版，第319页。

数还原为某一特定时空的产物。正是这种类型的历史学获得了最高权威，主宰了现代人文学科、社会科学。① 深谙中国古典教化特质的学者又进一步指出，现代学术与古典学术在学科体系与基本预设上的根本分歧，实为史学体系与经学体系的分歧。以史学体系为本的现代人文科学否认存在超历史的"真理"②，将一切观念与实践历史化、相对化。这是既关注佛教"历时性"发展又关注佛法"超时间性"存在的佛教观念史与社会史研究方法所无法认同的。已有评论指出作者的方法论创新是"人文学科方法论的再讨论"③，一种或许更确当的表述是：佛教观念史与社会史研究方法是对当代人文学科方法的纠偏。

　　作者着重强调"信仰"赋予佛教信众以"宗教人"身份（第82页），强调"宗教信仰"对于塑造信众"群体"的真实作用（第80页），并以"主体"作为佛教社会史研究的核心要素之一，是由"三宝"之中"僧"必然遭逢历史的生存处境决定的。历史中从来不缺少"行动者"，但并非所有行动者都是"主体"。所有行动者都必然面对表象为"社会"与"时代"——也即"此世"——的历史。因此，与历史的遭逢并不构成将"僧"视为"主体"的充足理由。"主体"意味着一种自觉，一种对自身"性情倾向系统"的觉察。佛教对世界的"二分"为理解"此世""生活"提供了一种批判性视角，这使佛教僧众在历史行动中先天具有一种"主体"潜质。佛教僧众的"内在"自觉，表现

---

① 〔美〕列奥·施特劳斯：《自然权利与历史》，第18页。
② 唐文明：《中国哲学研究中的真理与方法问题》，《哲学动态》2022年第10期。
③ 朱兆丰：《观念史作为人文学科的研究方法——读圣凯〈佛教观念史与社会史研究方法论〉》，《中国宗教》2022年第11期。

为被"解脱"这一佛教"终极价值"（第59页）所驱动，积极尝试在"生活"世界中建构出一套切实有效的实践与诠释方案，以一种带有强烈时代特征的方式，实现超历史的、普遍的宗教理想。

问题的症结在于，以历史主义为基本立场的人文学科普遍存在将原本具有明显"主体"性的佛教僧众还原为了普通行动者的倾向。对佛教中种种"不与世间共"的内容保持"缄默"是现代社会宗教宽容的体现，这种理念虽然可取，却不能轻易将其带入历史。现代的价值取向并不构成否定宗教尤其是信仰因素"历史真实性"的充足理由，这种否定往往隐藏在"悬搁判断"背后。在以佛教作为对象的研究中剥离"宗教因素"，等同于否定"佛教僧众"的主体性。因此，作者对佛教僧众"群像"研究重要性的强调同时具有双重意义：既是对"僧众群体"历史形态的类型化，又是对信仰因素"历史真实性"的证明；既是对人文学科以"理性"之名将"宗教信仰"因素排除在现代佛学研究之外导致的"非历史性"偏失的揭示与纠正，又是对现代佛教研究为何必须重视信仰因素的阐明。佛教社会史方法借助社会学与人类学的叙事技巧，加以刻画特定历史时期社会生活中僧众的"群像"，提示了一种符合现代学术规范的探讨佛教信仰因素的有效方式。

佛教观念史与社会史方法对于"历史"的接受，建立在作者对"佛法"与"佛教"的理解之上："'佛法'是真理，'法'的语言表达就是'教'。佛法是不发展的，而佛教是发展的"，"'教'是基于'法'形成的阐释，契理契机是教法阐释的基本原则。'根机'的变化就会引起'教'的变化。"（第1页）"契理契机"暗示了"真理"在人类历史中呈现的一种"宿命"：普遍主义的真理诉求在不同的"此世"中，始终需要以非普遍主义的方式实现。"历史"作为人类活动的集合，正是佛法在世间传播所需要面对的"根机"。佛教观念史与社会史方法以"历史"作为理解、透视"层累"的佛教的基础，考察源出同一"佛法"根源、以"解脱"为共同价值追求的历代僧众，究竟面对何种独特的外部挑战，激活了何种经典、经典中的何种观念，才顺利实现在特定历史情境中修道的具有超历史普遍性的宗教诉求。在这一方法论的视域中，"历史"虽然对塑造"佛教"在不同时代的具体形态具有重要意义，但绝非唯一的、决定性的因素，只是为了更好地理解"超历史"的宗教真理而必须加以重视的维度之一。佛教"观念"对历代僧众同中有异的"生活"的统合，使佛教观念史与社会史方法虽然并无神学、历史哲学或结构主义史学为历史赋序的激进立场，但也拒绝将历史彻底偶然化、碎片化。佛教社会史研究方法接受"历史"，但拒绝"历史主义"。

三、"中国整体"的空心化：通过佛教理解中国的"始"与"终"

在作者的理解中，"佛教作为方法"对于"理解中国哲学与文化的形成、中华民族的统一历程、亚洲文明的互动关系"具有重要意义。（第32—33页）任何文明都发源于某一具体时空，不可避免地具有地域特征。在不依靠强制力量的前提下，文明从"地方性知识"到"普遍有效的知识"的"跃迁"，并非原封不动地"移植"，而是伴随着"脱语境"与"语境化"的过程。佛教中国化就是佛教对"中国"语境的识别与因应。"中国"语境设置了佛教中国化的核心议题，引导了佛教中国转化的方向，为此作者特别提出"中国整体"这一概念（第1页），以强调佛教中国化研究必须以一种整全的方式把握作为语境的"中国"。

但是，一个必须被认真对待的问题是："中国整体"究竟是佛教中国化研究的"前提"还是"结果"？佛教中国化是"佛教"与"中国"的交互共生，对这一交互过程的清理，不能以现代学术对"古代中国"的种种定性，代替在具体历史情境之中的生成性分析。换言之，"中国整体"并非佛教观念史与社会史方法的起点，而是通过佛教理解中国的结果。不无遗憾的是，作者对"中国整体"的把握并未贯彻其"以佛教为方法"的方法论立场，脱离了中国本土古典教化的知识体系与表诠方式，转而以现代研究成果作为理解"中国整体"的根据（第1页），不免削弱了"中国整体"作为方法的理论意义与可信度。必须注意到，现代学术对中国古典教化的分析是以西来的现代学科"分判"中国古典教化的产物。"整体"不是算数意义上的"相加"，而是一种本质上的贯通。现代学术区分出的看似清楚明白的"层次"，已在"凿窍"的过程中将曾在"历史"上发挥真实作用的某些内容消磨殆尽。

"佛教观念史与社会史方法"强调"中国整体"对于佛教中国化研究的重要意义，却在示范性研究中出现"中国整体"与"通过佛教理解中国"失灵的吊诡局面。一个可能的原因是，作者用以强调佛教中国化进程中佛教"自主"性的方法论预设存在某些先天不足。在提及作为"语境"的中国时，作者将其视为"背景"（第18页），这种预设本身就难以形成整体性。"背景"这一提法本身就隐含了一种方法论前提，即聚焦佛教，将佛教置于研究的中心位置。这种聚焦佛教、以中国为"背景"的研究方式，事实上架空了思想展开的真实场域。在同一场域中，不同思想所处的位置、力量的对比并不"均衡"。因此，以中国为"背景"的方法论预设本身就是反历史的、脱离历史文化语境的。在此基础上，以现代学术"整理国故"式的研究成果为根据，粗率定性、归纳佛教所遭遇的"语境"的同时，佛教僧众在历史文化情境中立足"中国"传统进行回应的种种努力也被一并否定，这决非作者的本意。强调"中国整体"之于佛教中国化研究的重要性，意味着必须兼顾"佛教"与"中国"，这种"双本位"对佛教中国化研究提出了更高要求，也为中国古典教化研究的其他力量参与其中留下了可能。

结　语

近代以来，佛教究竟是否构成中国古典教化的一环始终处于争议之中。中国哲学史学科建立之初，隐约透露出民族国家叙事意图的"哲学在中国"与"中国哲学"之辨，竟然在中国哲学与汉传佛教之间矗立起森严的壁垒。作为古典时代儒家仅有的一次以"教化"方式成功"整合"在深度与广度上对等的异质文明的经历，佛教中国化经验不独对佛教有其价值，对于在百余年西学冲击中彷徨无措的儒学而言意义更为重大。佛教与中国本土古典教化的交互并非单向施受，双方在观念、制度、生活层面的反复拉锯，使中国本土古典教化得以借此检视自身的立场与底线，进而为儒学检视自身为因应"天下时代"的到来而作出的理论化约与调适是否符合"儒家"特质提供了参考价值。在这个意义上，佛教观念史与社会史方法论首先打破的不是聚合在佛教研究之下的现代诸学科之间的壁垒，而是当代中国古典教化不同研究力量间的门户之见，在当前中国知识界反思古典教化现代格义诸方案得失的浪潮中，发出了佛教的声音。

参考文献

佛教典籍

［三国吴］支谦：《佛说孛经抄》，《大正藏》第 17 册，河北省佛教协会 2009
年版。

［后秦］鸠摩罗什：《维摩诘所说经》，《大正藏》第 14 册，河北省佛教协会
2009 年版。

［后秦］鸠摩罗什：《大智度论》，《大正藏》第 25 册，河北省佛教协会 2009
年版。

［后秦］鸠摩罗什：《佛说仁王般若波罗蜜经》，《大正藏》第 8 册，河北省佛
教协会 2009 年版。

［后秦］僧肇：《注维摩诘经》，《大正藏》第 38 册，河北省佛教协会 2009
年版。

［后秦］僧肇：《长阿含经序》，《大正藏》第 1 册，河北省佛教协会 2009 年版。

［北凉］昙无谶：《大方等大集经》，《大正藏》第 13 册，河北省佛教协会
2009 年版。

［北魏］昙鸾：《无量寿经优婆提舍愿生偈婆薮槃头菩萨造（并）注》，《大正
藏》第 40 册，河北省佛教协会 2009 年版。

［北魏］菩提流支：《金刚仙论》，《大正藏》第 25 册，河北省佛教协会 2009
年版。

［南朝梁］僧祐：《出三藏记集》，《大正藏》第 55 册，河北省佛教协会 2009
年版。

［南朝梁］僧祐：《弘明集》，《大正藏》第 52 册，河北省佛教协会 2009 年版。

［南朝梁］僧祐：《弘明集校笺》，李小荣校笺，上海古籍出版社 2013 年版。

［南朝梁］慧皎：《高僧传》，汤用彤校注，汤一介整理，中华书局 1992 年版。

［南朝梁］僧祐：《出三藏记集》，苏晋仁等点校，中华书局 1995 年版。

［北齐］那连提耶舍译：《大方等大集经》，《大正藏》第 13 册，河北省佛教协
　　会 2009 年版。

［隋］慧远：《观无量寿经义疏》，《大正藏》第 37 册，河北省佛教协会 2009
　　年版。

［隋］慧远：《大般涅槃经义记》，《大正藏》第 37 册，河北省佛教协会 2009
　　年版。

［隋］慧远：《维摩义记》，《大正藏》第 38 册，河北省佛教协会 2009 年版。

［隋］慧远：《十地经论义记》，《大正藏》第 45 册，河北省佛教协会 2009 年版。

［隋］慧远：《无量寿经义疏》，《大正藏》第 37 册，河北省佛教协会 2009 年版。

［隋］慧远：《大乘义章》，《大正藏》第 44 册，河北省佛教协会 2009 年版。

［隋］吉藏：《胜鬘宝窟》，《大正藏》第 37 册，河北省佛教协会 2009 年版。

佚名：《金刚般若义记》，《大正藏》第 85 册，河北省佛教协会 2009 年版。

［唐］道宣：《广弘明集》，《大正藏》第 52 册，河北省佛教协会 2009 年版。

［唐］道宣：《续高僧传》，《大正藏》第 50 册，河北省佛教协会 2009 年版。

［唐］道宣：《续高僧传》，郭绍林点校，中华书局 2014 年版。

［唐］道宣：《集古今佛道论衡校注》，刘林魁校注，中华书局 2018 年版。

［宋］释道诚：《释氏要览校注》，富世平校注，中华书局 2014 年版。

经史典籍

［汉］班固：《白虎通疏证》，［清］陈立疏证，中华书局 1994 年版。

［汉］班固：《汉书》，［唐］颜师古注，中华书局 1962 年版。

［汉］司马迁：《史记》，［南朝宋］裴骃集解，［唐］司马贞索隐，［唐］张守
　　节正义，中华书局 1982 年版。

［汉］郑玄：《礼记正义》，［唐］孔颖达正义，龚抗云整理，北京大学出版社
　　1989 年版。

［南朝宋］范晔：《后汉书》，［唐］李贤等注，中华书局 1965 年版。

［北魏］杨衒之：《洛阳伽蓝记校笺》，杨勇校笺，中华书局 2006 年版。

［北齐］魏收：《魏书》，中华书局 1974 年版。

［唐］房玄龄：《晋书》，中华书局 1974 年版。

［唐］李隆基：《孝经疏》，上海古籍出版社 2009 年版。

［唐］李延寿：《北史》，中华书局 1974 年版。

［唐］李延寿：《南史》，中华书局 1975 年版。

［唐］令狐德棻：《周书》，中华书局 1971 年版。

［北宋］司马光：《资治通鉴》，［元］胡三省音注，中华书局 1956 年版。

［清］曹元弼：《复礼堂文集》，文史哲出版社 1973 年版。

［清］曹元弼：《孝经郑氏注笺释》，宫志翀点校，中国社会科学出版社 2020
年版。

［清］廖平：《穀梁古义疏》，郜积意点校，中华书局 2012 年版。

［清］马国翰：《玉函山房辑佚书》，上海古籍出版社 1990 年版。

［清］皮锡瑞：《经学历史》，周予同注释，中华书局 1959 年版。

［清］皮锡瑞：《经学通论》，中华书局 1954 年版。

［清］皮锡瑞：《孝经郑注疏》，中华书局 2016 年版。

［清］苏舆：《春秋繁露义证》，钟哲点校，中华书局 2019 年版。

［清］孙希旦：《礼记集解》，中华书局 1989 年版。

［清］孙诒让：《周礼正义》，王文锦、陈玉霞点校，中华书局 1987 年版。

［清］王先慎：《韩非子集解》，钟哲点校，中华书局 1998 年版。

［清］张锡恭：《丧服郑氏学》，吴飞点校，上海书店 2017 年版。

［清］章太炎：《国故论衡疏证》，庞俊、郭诚永疏证，中华书局 2008 年版。

［清］章学诚：《文史通义校注》，叶瑛校注，中华书局 1985 年版。

［清］董天工：《春秋繁露笺注》，黄江军整理，华东师范大学出版社 2017 年版。

［日］林秀一：《孝经述议复原研究》，乔秀岩等编译，崇文书局 2016 年版。

中文专著

边家珍：《经学传统与中国古代学术文化形态》，人民出版社 2010 年版。

曹虹：《慧远评传》，南京大学出版社 2002 年版。

曹景年：《圣·道·文：中国古代"经"观念研究》。

陈壁生：《经学、制度与生活——〈论语〉"父子相隐"章疏证》，华东师范大
学出版社 2010 年版。

陈壁生：《经学的瓦解》，华东师范大学出版社 2014 年版。

陈壁生：《孝经学史》，华东师范大学出版社 2015 年版。

陈怀宇：《景风梵声——中古佛教之诸相》，宗教文化出版社 2012 年版。

陈明：《儒学的历史文化功能：以中国士族现象为个案》，中国社会科学出版
　　社 2005 年版。

陈少明：《经典世界中的人事物》，上海三联书店 2008 年版。

陈苏镇：《春秋与汉道：两汉政治与政治文化研究》，中华书局 2011 年版。

陈寅恪：《金明馆丛稿初编》，生活·读书·新知三联书店 2015 年版。

陈寅恪：《金明馆丛稿二编》，生活·读书·新知三联书店 2015 年版。

陈垣：《中国佛教史籍概论》，上海书店出版社 2002 年版。

陈柱：《公羊家哲学》，华东师范大学出版社 2014 年版。

程苏东：《从六艺到十三经——以经目演变为中心》，北京大学出版社 2018 年版。

杜斗成：《正史佛教资料类编》，甘肃文化出版社 2006 年版。

俄琼卓玛：《后秦史》，上海古籍出版社 2018 年版。

方立天：《魏晋南北朝佛教史》，中国人民大学出版社 2012 年版。

方立天：《中国佛教哲学要义》，中国人民大学出版社 2012 年版。

傅伟勋：《从创造的诠释学到大乘佛学》，东大出版社 1991 年版。

干春松：《经学与建国》，中国人民大学出版社 2013 年版。

干春松：《制度化儒家及其解体》，中国人民大学出版社 2003 年版。

葛兆光：《中国思想史》全三卷，复旦大学出版社 2001 年版。

龚隽：《作为知识的中国近代佛教史论》，商务印书馆 2019 年版。

古正美：《从天王传统到佛王传统》，商周出版社 2003 年版。

顾涛：《汉唐礼制因革谱》，上海书店出版社 2018 年版。

贺麟：《贺麟选集》，吉林人民出版社 2005 年版。

侯旭东：《北朝村民的生活世界：朝廷、州县与村里》，商务印书馆 2005 年版。

侯旭东：《佛陀相佑——造像记所见北朝民众信仰》，宗教文化出版社 2018
　　年版。

侯旭东：《如来在金棺嘱累清净庄严敬福经》，方广锠：《藏外佛教文献》第四
　　辑，宗教文化出版社 1998 年版。

胡鸿：《能夏则大与渐慕华风：政治体视角下的华夏与华夏化》，北京师范大
　　学出版社 2017 年版。

华喆：《礼是郑学：汉唐间经典诠释变迁史论稿》，生活·读书·新知三联书

　　店 2018 年版。

黄一农：《社会天文学史十讲》，复旦大学出版社 2004 年版。

季羡林：《佛教十五题》，中华书局 2007 年版。

简博贤：《南北朝经学遗籍考》，黎明文化事业股份有限公司 1975 年版。

姜广辉：《中国经学思想史》第 1—4 卷，中国社会科学出版社 2003 年版。

蒋福亚：《前秦史》，北京师范学院出版社 1993 年版。

蒋庆：《公羊学引论：儒家的政治智慧与历史信仰》，福建教育出版社 2014 年版。

焦桂美：《南北朝经学史》，上海古籍出版社 2009 年版。

康乐：《从西郊到南郊：国家祀典与北魏政治》，稻乡出版社 1995 年版。

赖永海：《中国佛性论》，凤凰出版社 2010 年版。

赖永海：《中国佛教通史》，凤凰出版社 2010 年版。

蓝日昌：《六朝判教论的发展与演变》，文津出版社有限公司 1992 年版。

黎汉基：《〈穀梁〉政治伦理探微：以"贤"的判断为讨论中心》，中华书局
　　2020 年版。

李安宅：《〈仪礼〉与〈礼记〉之社会学的研究》，上海人民出版社 2005 年版。

李零：《中国方术考》，东方出版社 2001 年版。

李若晖：《久旷大仪：汉代儒学政制研究》，商务印书馆 2018 年版。

李小荣：《〈弘明集〉〈广弘明集〉述论稿》，巴蜀书社 2005 年版。

李源澄：《李源澄著作集》第一册，中国文哲研究所 2008 年版。

梁启超：《佛学研究十八篇》，群言出版社 2013 年版。

林登顺：《北朝墓志文研究》，丽文文化事业股份有限公司 2009 年版。

林登顺：《魏晋南北朝儒学流变之省察》，文津出版社 1996 年版。

刘立夫：《弘道与明教：〈弘明集〉研究》，中国社会科学出版社 2004 年版。

刘淑芬：《中古的佛教与社会》，上海古籍出版社 2008 年版。

吕理政：《天、人、社会：试论中国传统的宇宙认知模型》，民族研究所 1990
　　年版。

吕思勉：《两晋南北朝史》全二册，上海古籍出版社 2012 年版。

牟润孙：《注史斋丛稿》，中华书局 1987 年版。

牟宗三：《中国哲学十九讲》，贵州人民出版社 2020 年版。

潘桂明：《中国佛教思想史稿》第一卷《汉魏两晋南北朝卷》，江苏人民出版
　　社 2009 年版。

潘忠伟：《北朝经学史》，商务印书馆 2014 年版。

彭林：《三礼研究入门》，复旦大学出版社 2012 年版。

彭林：《中国古代礼仪文明》，中华书局 2013 年版。

彭林：《周礼主体思想与成书年代研究》，中国社会科学出版社 1991 年版。

钱穆：《国史大纲》全两册，九州出版社 2011 年版。

乔秀岩：《义疏学衰亡史论》，生活·读书·新知三联书店 2017 年版。

饶宗颐：《梵学集》，上海古籍出版社 1993 年版。

任继愈：《魏晋南北朝佛教经学》，国家图书馆出版社 2013 年版。

任继愈：《中国佛教史》第三卷，中国社会科学出版社 1993 年版。

阮忠仁：《〈魏书·释老志〉释部撰述原因研究》，兰台出版社 2010 年版。

萨孟武：《中国社会政治史》（三国两晋南北朝卷），生活·读书·新知三联书店 2018 年版。

邵正坤：《北朝纪年与造像记汇编》，吉林人民出版社 2014 年版。

邵正坤：《宗教信仰与北朝家庭》，吉林文史出版社 2014 年版。

圣凯：《中国佛教信仰生活史》，江苏人民出版社 2016 年版。

孙向晨：《论家：个体与亲亲》，华东师范大学出版社 2019 年版。

孙英刚：《神文时代——谶纬、术数与中古政治研究》，上海古籍出版社 2015 年版。

汤用彤：《汉魏两晋南北朝佛教史》，上海人民出版社 2015 年版。

唐文明：《近忧：文化政治与中国的未来》，华东师范大学出版社 2010 年版。

唐文明：《彝伦攸斁：中西古今张力中的儒家思想》，中国社会科学出版社 2019 年版。

田余庆：《东晋门阀政治》，北京大学出版社 2015 年版。

童岭编：《秦汉魏晋南北朝经籍考》，中西书局 2017 年版。

王光松：《在"德""位"之间》，华东师范大学出版社 2010 年版。

王国维：《观堂集林》，中华书局 2004 年版。

王启发：《礼学思想体系探源》，中州古籍出版社 2006 年版。

王志刚：《家国、夷夏与天人》，北京师范大学出版社 2013 年版。

王仲荦：《魏晋南北朝史》全二册，中华书局 2007 年版。

吴飞：《人伦的"解体"：形质论传统中的家国焦虑》，生活·读书·新知三联书店 2017 年版。

吴丽娱：《礼与中国古代社会》（秦汉魏晋南北朝卷），中国社会科学出版社 2016 年版。

吴汝均:《佛教的概念与方法》(修订版),世界图书出版公司 2015 年版。

吴震:《孔教运动的观念想象——中国政教问题再思》,复旦大学出版社 2019 年版。

谢松龄:《天人象:阴阳五行学说史导论》,山东文艺出版社 1989 年版。

谢重光:《中古佛教僧官制度和社会生活》,商务印书馆 2009 年版。

徐复观:《中国经学史的基础》,九州出版社 2014 年版。

徐兴无:《谶纬文献与汉代文化建构》,中华书局 2003 年版。

徐兴无:《经纬成文:汉代经学的思想与制度》,凤凰出版社 2016 年版。

阎步克:《波峰与波谷:秦汉魏晋南北朝的政治文明》,北京大学出版社 2017 年版。

阎步克:《察举制度变迁史稿》,辽宁大学出版社 1991 年版。

杨学跃:《十六国北朝权力嬗代新探》,中国社会科学出版社 2016 年版。

叶纯芳:《中国经学史大纲》,北京大学出版社 2016 年版。

印顺:《原始佛教圣典之集成》,中华书局 2011 年版。

余治平:《春秋公羊夷夏论:儒家以文明教化为本位的一种天下秩序设计》,上海书店出版社 2014 年版。

曾亦:《春秋公羊学史》全 3 册,华东师范大学出版社 2017 年版。

曾亦:《中国之为中国:正统与异端之辩》,上海人民出版社 2012 年版。

曾亦:《儒家伦理与中国社会》,上海三联书店 2018 年版。

张恒寿:《中国社会与思想文化》,人民出版社 1989 年版。

张金龙:《北魏政治史》第九卷,甘肃教育出版社 2008 年版。

张曼涛主编:《现代佛教学术丛刊》第 6、9、11、13、18、40、41、50、59、60、61、80、100 册,北京图书馆出版社 2005 年版。

张岂之:《中国学术思想编年》(魏晋南北朝卷),陕西师范大学出版社 2005 年版。

张庆捷:《民族汇聚与文明互动》,商务印书馆 2005 年版。

张舜徽:《中国古代史籍校读法》,上海古籍出版社 1980 年版。

张祥龙:《家与孝:从中西间视野看》,生活·读书·新知三联书店 2017 年版。

张雪松:《唐前中国佛教史论稿》,中国财富出版社 2013 年版。

赵万里:《汉魏南北朝墓志集释》(上),《石刻史料新编》(第三辑),新文丰出版公司 1986 年版。

钟肇鹏:《谶纬论略》,辽宁教育出版社 1991 年版。

周一良：《周一良全集》第三编《佛教史与敦煌学》，高等教育出版社 2015
　　年版。

周予同：《周予同经学文集》全四册，上海人民出版社 2012 年版。

朱维铮：《中国经学史十讲》，复旦大学出版社 2002 年版。

庄大均：《魏晋南北朝经学学术编年》，凤凰出版社 2015 年版。

中文论文

曹振明：《任继愈与南北朝佛教研究》，《河北经贸大学学报》（综合版）2010
　　年第 1 期。

陈壁生：《经史之间的郑玄》，《哲学研究》2020 年第 1 期。

陈壁生：《郑玄的"法"与"道"》，《中国哲学史》2019 年第 1 期。

陈壁生：《郑玄的"古今"之辨》，《人文杂志》2021 年第 2 期。

陈壁生：《郑玄的天下观》，《社会科学辑刊》2019 年第 5 期。

陈壁生：《追寻六经之本——曹元弼的〈孝经〉学》，《云南大学学报》（社会
　　科学版）2017 年第 4 期。

陈超：《释道宠经学授受献疑》，《佛学研究》2020 年第 2 期。

程苏东：《北魏经学制度三论》，《清华大学学报》（哲学社会科学版）2020 年
　　第 6 期。

高二旺：《北朝葬礼之"尼礼"探析》，《宁夏社会科学》2008 年第 3 期。

关则富：《从经到论：管窥印度佛教文献史上的重大变迁》，《成大历史学报》
　　2017 年第 53 号。

广兴：《"孝名为戒"：中国佛教徒对孝道观的发展》，《佛学研究》2013 年刊。

广兴：《〈父母恩难报经〉与〈父母恩重经〉的研究》，《宗教研究》2014 年第
　　2 期。

广兴：《佛教对儒家和道教在孝道观上批判的回应》，《佛学研究》2014 年刊。

黄星：《先秦至汉初儒家夷夏观沿革综论》，《船山学刊》2020 年第 3 期。

汲喆：《重写佛教史：从传记、群像到场域》，李四龙主编：《人文宗教研究》
　　第三辑，宗教文化出版社 2013 年版。

李养正：《顾欢〈夷夏论〉与"夷夏"之辩述论》，《宗教学研究》1998 年第
　　3 期。

廖明活：《地论师、摄论师的判教学说》，《中华佛学学报》1994 年第 7 期。

刘康乐:《北朝国家道教管理制度略考》,《周口师范学院学报》2012 年第 6 期。

刘林魁:《北齐文宣帝高洋废除道法考论》,《宗教学研究》2011 年第 2 期。

刘屹:《法灭思想及法灭尽经类佛经在中国流行的时代》,《敦煌研究》2018 年第 1 期。

刘屹:《经录与文本:〈法灭尽经〉类佛经的文献学考察》,《文献》2018 年第 4 期。

刘屹:《穆王五十二年佛灭说的形成》,《敦煌学辑刊》2018 年第 2 期。

刘增光:《刘炫〈孝经述议〉与魏晋南北朝〈孝经〉学——兼论〈古文孝经孔传〉的成书时间》,《复旦学报》(社会科学版) 2015 年第 3 期。

陆扬:《解读鸠摩罗什传:兼谈中国中古早期的佛教文化与史学》,《中国学术》第二十三辑 2005 年第 1 期。

蒲宣伊:《子贵母死的谢幕——〈魏瑶光寺尼慈义墓志铭〉研究》,《文献》2019 年第 2 期。

尚永琪:《鸠摩罗什译经时期的长安僧团》,《学习与探索》2010 年第 1 期。

圣凯:《〈维摩诘经〉僧俗伦理与隋唐“沙门致敬王者”的论争》,《西南民族大学学报》(人文社科版) 2016 年第 5 期。

圣凯:《半满教与一音教——菩提流支的判教思想》,《西南民族大学学报》(人文社科版) 2016 年第 12 期。

圣凯:《北朝佛教的义学体系建构——〈大乘义章〉与〈菩萨藏众经要〉比较》,《西南民族大学学报》(人文社科版) 2018 年第 11 期。

圣凯:《北朝佛教地论学派“变疏为论”现象探析》,《中国哲学史》2015 年第 3 期。

圣凯:《地论学派“南北二道”佛性论的学术史阐释》,《中国哲学史》2019 年第 6 期。

圣凯:《印度佛教僧俗关系的基本模式》,《世界宗教研究》2011 年第 3 期。

圣凯:《圆融思想与末法观念——北朝〈大集经〉的流行与刻经》,《佛学研究》2018 年第 1 期。

孙齐:《顾欢〈夷夏论〉产生的历史背景》,《中山大学研究生学刊》(社会科学版) 2010 年第 2 期。

王启发:《北朝熊安生的礼记学及其经学史意义(上)》,《湖南大学学报》(社会科学版) 2018 年第 1 期。

王启发:《北朝熊安生的礼记学及其经学史意义(下)》,《湖南大学学报》

（社会科学版）2018 年第 2 期。

王月清：《论中国佛教伦理思想及其现代意义》，《南京大学学报》（哲学·人文科学·社会科学版）2002 年第 5 期。

吴丽娱：《关于中古皇帝丧服"权制"的再思考》，《中国史研究》2014 年第 4 期。

殷光明：《试论末法思想与北凉佛教及其影响》，《敦煌研究》1998 年第 2 期。

张帅：《北朝儒宗熊安生治礼探析》，《求索》2012 年第 5 期。

张雪松：《站在隋唐帝国入口处的中国佛教——"国主即是当今如来"对中古皇权观念影响探析》，《中国佛学》2014 年第 2 期。

张志强：《"三代"与中国文明政教传统的形成》，《文化纵横》2019 年第 6 期。

赵汀阳：《历史·山水·渔樵》，《世界哲学》2021 年第 1 期。

赵汀阳：《中国哲学的身份疑案》，《哲学研究》2020 年第 7 期。

曾亦：《文质概念与古礼中的古今问题》，《中国经学》第十二辑，广西师范大学出版社 2014 年第 1 期。

查洪德：《一代儒宗熊安生》，《殷都学刊》1989 年第 4 期。

〔日〕横超慧日：《释经史考》，王磊译，《汉语佛学评论》第五辑，上海古籍出版社 2017 年版。

日文专著

横超慧日：《北魏佛教の研究》，京都：平乐寺书店，1978.

荒牧典俊：《北朝隋唐中国佛教思想史》，京都：法藏馆，2002.

气贺泽保规：《中国佛教石经の研究-房山云居寺石经を中心に》，东京：京都大学学术出版会，1996.

牧田谛亮：《弘明集研究》，京都：京都大学人文科学研究所，1973.

小林正美：《六朝佛教思想の研究》，东京：创文社，1993.

辛嶋静志：《道行般若经校注》，东京：日本创价大学国际佛教学高等研究所，1998.

辛嶋静志：《妙法莲华经校注》，东京：日本创价大学国际佛教学高等研究所，2001.

冢本善隆：《北朝佛教史研究》，东京：岩波书店，1974.

冢本善隆：《中国佛教通史》，东京：大东出版社，1974.

诹访义纯:《中国中世佛教史研究》, 东京: 大东出版社, 1985.
野村耀昌:《周武法难の研究》, 东京: 东出版株式会社, 1976.

日文论文

桥爪观秀:《末法思想に关する杜会的由因大集月藏経の课出者を问题鲇として》,《印度學佛教學研究》, 1969(02).
山田龙城:《末法思想について-大集経の成立问题》,《印度學佛教學研究》, 1956(02).
元永常:《南北朝时代の疑伪经における末法思想の形成》,《印度學佛教學研究》, 2002 (01).
氏家昭夫:《大集経におけるダーラニー说》,《印度學佛教學研究》, 1978(02).

英文专著

Brill's Encyclopedia of Buddhism. Volume One: Literature and Languages, Leiden: Brill, 2015.
Kenneth K. S. Ch'en, *Buddhism in China: A Historical Survey*, Princeton: Princeton University Press, 1964.
Kenneth K. S. Ch'en, *The Chinese Transformation of Buddhism*, Princeton: Princeton University Press, 1973.
Robert H. Sharf, *Coming to Terms with Chinese Buddhism*, Honolulu: University of Hawaii Press, 2005.
Arthur F. Wright, *The Sui Dynasty: the Unification of China. A.D. 581-617*, New York: Knopf, 1978.
Erik Zürcher, *A New Look at the Earliest Chinese Buddhist Texts, In From Benares to Beijing: Essays on Buddhism and Chinese Religion in Honour of Prof. Jan Yün-hua*, ed. Koichi Shinohara and Gregory Schopen, Ontario: Mosaic Press, 1991.
Erik Zürcher, Stephen F. Teiser, *The Buddhist Conquest of China*, Leiden: Brill, 2006.

Erik Zürcher, Jonathan A. Silk editor of compilation, *Buddhism in China: collected papers of Erik Zurcher*, Leiden: Brill, 2013.

英文论文

Arthur Link, "Biography of Shi Dao'an", *T'oung Pao*, Vol.46, 1958.

Harrison, Paul M., "The Earliest Chinese Translations of Mahayana Sutras: Some Notes on the Works of Lokakema", *Buddhist Studies Review*, Vol. 2, 1993.

Erik Zürcher, "Late Han Vernacular Elements in the Earliest Buddhist Translations", *Journal of the Chinese Language Teachers Association*, Vol.3, 1977.

Erik Zürcher, "Prince Moonlight: Messianism and Eschatology in Early Medieval Chinese Buddhism", *T'oung Pao*, Vol.68, 1982.

后　记

　　呈现在读者面前的这部小书，其主干部分是我完成于 2021 年的同名博士学位论文，所不同者主要有二。其一，本书按照"经典-教化-人伦"的逻辑对全文结构进行了调整；其二，增加附录，收入《道宠经学授受献疑》《古典教化现代格义方案反思浪潮中的佛教声音》两篇文章。上述调整的原因如下：

　　汤用彤先生曾谓佛法与经学在北朝的"一时俱兴"是中国文化史上的一"大事因缘"，并示范性地指示了经学与佛教交涉研究的两个可能方向，其中之一便是经师与僧众的交游。成文于 2019 年的《道宠经学授受献疑》是我在认真消化相关方法的过程中对其中某一示范性研究的补正；也正是从这时起，我对仅以"交游"等不免"偶然"的视角与框架考察"经学与佛教交涉"是否恰当产生了疑惑，决意反思"经学与佛教交涉"的必然性、研究意义以及合适的研究路径。职是之故，将这篇作为我对"经学与佛教交涉研究"论域与方法反思起点的旧文收录于此，为读者理解本书的方法论抉择作注。

　　《古典教化现代格义方案反思浪潮中的佛教声音》是 2023 年夏秋之交为导师圣凯教授《佛教观念史与社会史研究方法论》撰

写的书评。圣凯老师强调，现代研究必须充分尊重古典教化自身的特质与整全性。出于对这一基本立场的强烈认同，我以为"经学与佛教交涉研究"的方法正是佛教观念史与社会史研究方法的自然推展，亦是对其可能存在之不足的补充。小文是我近年持续思考"经学与佛教交涉研究"意义与合理路径的一点心得，惜至今未能刊载，敝帚自珍，故附于此，既为读者理解本书的立场与方法提供一个"方便法门"，又存就教方家之意。考虑到我对待古典的立场与态度，相比于"儒佛关系研究"，"佛教与经史传统"能够更准确地反映我的研究方法与内容。

正文结构次序的调整，始于对唐文明老师修改建议的思考。圣人之教见乎经典，经典之贵在乎教化，教化之本在明人伦，"经典-教化-人伦"正是对古典时代居处治教场域中心的经学"通经致用"逻辑的展开，构成时人认知、理解佛教的文化惯习；对于同样重视经典传承、怀有淑世理想的佛教而言，经学型塑的文化惯习构成其在中国生发的限制条件与转化方向。经学与佛教在经典阐释、典籍整理、问题论域与思维方式等方面虽日趋融合，但二者在治教场域的根本分歧始终存在。明伦、弘愿之别，既是对这一分歧的概括，亦是二者必然发生交涉的原因所在——"明伦弘愿"，是毕业之际圣凯老师书赠于我的内容，亦是老师对这本同样凝结了他诸多心血的小书之主题的精当概括。

对思想得以展开之场域结构的识别与还原，使本书具有明显的思想史外观。但我需要为自己申辩的是：正如列奥·施特劳斯指出的，哲学史最初的理论意图并非将哲学历史化，而是在对真理性内容的分析中适度引入历史，以寻索真理在历史中自我绽现的方式。场域浮现于对特殊事件的发现，其结果是识别场域的内部结构与边界；场域的识别又使更多事件被发现。场域与事件的交互使本书主体部分在写作时取材广泛，也使本书给人以主题繁杂的印象。"我欲载之空言，不若见诸行事之深切著明"提示的方法论原则适用于"佛教与经史传统"研究，"言"与"事"的失衡是陈壁生老师对本书主干部分的批评，也是我目前最难释怀但却力所不逮之处。

此外还需说明的是，本书第四章第一节的核心内容以《〈夷夏论〉对佛道论衡论域的重构及其经学理据》为题发表于《西南民族大学学报》（人文社科版）2022 年第 8 期；第六章第一节涉及熊安生的部分，扩充为《试论〈礼记熊氏义疏〉的释经方法与学术旨归》，收录于《经学研究》第七辑；第六章第二节以《"隐逸"与权力语境下的姚兴劝道恒、道标罢道事件》为题发表于《中国哲学史》2021 年第 2 期；第六章第三节以《权力、价值与信仰：北魏宣武帝高皇后出家事件探析》为题发表于《宗教学研究》2022 年第 3 期；附录部分的《道宠经学授受献疑》发表于《佛学研究》2020 年第 2 期。第二章在保留核心内容的基础上，增加了对刘熙《释名》"训经为径"传统与"训经为常"之关系及其对佛教释"经"之影响的考察，扩充为《佛典称"经"与训经为"常"：东晋南北朝汉传佛教的反思与接受》，收录于《中国诠释学》第 24 辑，待刊。

以经学、佛教学术之宏富，皓首难明其一，况乎二者兼取？挂一漏万之作而敢冒以如此大名，又兼行文粗陋，每念及此，诚惶诚恐。三年前的四月，我心怀忐忑地将论文送审；三年后的今天，拙著即将付梓，势必要在更广阔的范围内接受更加严格的审视，虽然每以"愚者千虑，必有一得"自慰，然心中惶恐，不减当年。

三年前，圣凯老师、陈壁生老师、唐文明老师、李四龙教授以及两位不具名的评审专家满怀善意的批评与肯定，激励着我在这一领域继续深耕。在本书部分内容的发表、海外交流方面，张志强教授、王大伟教授、陈金华教授、汲喆教授都曾给予无私的帮助。决定参加"日新文库"第三辑评选的时间，正值岁末年终，圣凯老师不辞辛劳参与评审资料的筹措，张志强教授、陈壁生老师在百忙之中为这本小书撰写推荐意见。在此谨对诸位师长多年的教诲与关心表示感恩，并真诚地道上一声：谢谢！

本书的顺利出版，首先要感谢"日新文库"学术委员会的肯定，让这本小书有幸入选"日新文库"第三辑，感谢本书编辑董学美女士的辛勤付出。书稿校对过程中，山东大学哲学与社会发展学院本科生汤云翔帮助我逐条核对引文，在此一并致谢。

感谢我的朋友杨鸣龙夫妇、司健夫妇、王奕岩夫妇、张铭雨夫妇、梁涛、梁峻铭、祝浩涵，毫不设防地让我走进他们的生活，用生活特有的那份平淡中的温暖，带我走出内心最漫长的一段黑夜。还要感谢高蕊医生用她的专业与细腻，引导我走出内心的困境。

最后，感谢我的父母与妻子，感谢你们的陪伴、包容与鼓励，在这个人之相与变幻莫测、聚讼不已的时代，为我之为我，提供了最坚实的基点。

2024 年 4 月 13 日 于历城

专家推荐意见一

　　"佛教与经学交涉"是一个涉及文化交流与文明互鉴的重大问题，因此本书的选题对于理解佛教中国化、对学术界深入研究北朝的思想与社会有重要的理论意义，有明显的现实关怀，体现了作者敏锐的学术眼光。

　　本书通过交互使用"场域"与"语境"理论，开拓出一种经学与佛教并重的研究方法，以"场域"取代"背景"，意在明确经学与佛教在历史现实中真实的力量对比关系，在此基础上考察、评估北朝佛教的历史成就；以"语境"补充"场域"，以明确佛教在中国转化的方向、致思理路与表达方式上受到的实际限制。经学不是研究中国佛教的"视角"，而是理解中国佛教的"基础"。佛教与经学交涉研究必须建立在对经学的完整理解之上，既要重视一般经学史研究所强调的"通经"传统，又要充分关注经学的历史文化功能，意识到经学在典籍-知识整理、教化施设等问题上深刻而广泛的影响。

　　通过回归历史文化语境的方式，本书发掘出北朝三教存废论辩、征辟沙门、太后出家、僧众反思"修多罗"译名、重构佛教典籍整理方式等现象背后的经学内涵，还原经学在北朝的政治、思想、文化领域的真实影响，拓宽了经学与佛教交涉研究的问题领域，提出了许多具有学术价值和理论创新的见解。

作者指出，北朝佛教自菩提流支、昙鸾至净影慧远，对普遍存在于佛教译经、释经实践却源自经学的"佛典称经""训经为常"进行了全面反思与批判；在知识整理方式上，经菩提流支、慧光将"设教"维度从"判教"中剥离，到净影慧远通过改造"经序"内容实现"经"的权威性与"论"的明晰性之平衡，北朝佛教正式提出取代经学典籍–知识整理传统、又明显有别于印度佛教传统的独特方法。

从经学"政教随俗"的设教原则出发，南朝宋齐之际的《夷夏论》将佛道论衡引入"教化"论域，并明确了经学与佛教在设教问题上的差别：佛教坚持"道俗断裂"的立场与"灭俗反真"的修道方式。佛教作为一种"教化"在中国传播的合理性受到质疑。北周道安《二教论》以经学"称情立文"的设教原则说明佛教教化存在的合理性，并从根本上解构"三教先后"问题；又以古文经学治教、官师合一的理论说明九流"统于儒家""君为教主"，瓦解道家（教）存在的必要性。净影慧远以经学"民有质朴，不教不成"的思路反驳北周武帝毁灭经像图塔的决策。经学并非作为"意识形态"而是作为"公共理论资源"而存在。

在家国同构的古代中国，人伦是社会秩序的根基，父子关系是人伦的起点，"出家"造成沙门在家国身份上的断裂，失去政治参与的合法资格。后秦姚兴参考隐士传统征辟并要求沙门还俗，并不是权力践踏信仰，而是维护"孝"这一政治根基。北魏宣武帝朝政治斗争以皇后高氏"出家"作为瓦解人伦必然性、褫夺政治身份的武器，表明佛教与经学在"家与孝"问题上的冲突难以调和。

　　总之，本书从"文明"与"语境"的角度发掘出"经典""教化""人伦"等内在于北朝历史文化语境的真问题，回归"即事言理"的经史传统，在充分尊重历史事实的基础上，通过厘清典型文本与事件的内在脉络，激活经典与历史的价值，为反思当前宗教、文明交流等现实问题提供了一定的理论助益。

中国社会科学院哲学所研究员

专家推荐意见二

佛教进入中国之后，自汉末至隋唐，逐渐生根，并发展出中国化的理论形态。而在这一过程中，两晋南北朝时期的佛教与中国本土理论有过多次冲突与融合。

《明伦弘愿：北朝佛教与经学交涉研究》一书截取北朝时期佛教与经学的关系展开论述，在选题上，这一题目对于理解佛教中国化有极大的理论意义。这一选题的难点在于，既要对经学有较为深入的认识，又要对佛学理论有较为准确的把握，而《明伦弘愿：北朝佛教与经学交涉研究》一书对这两种学术的理解，均达到一定的深度。如本书对六朝经疏的理解，特别是熊安生《礼记疏》的分析，可以看出作者深入阅读注疏的功力。

本书最突出的创新之处，在于作者能够充分吸收经学研究的前沿成果，对佛教在北朝时期所面临的对象经学，有比较准确的定位与认识。简言之，即把经学理解为塑造政治生活、塑造共同体生活方式的价值。在这种认识中，佛教所面临的争论对手，所争论的诸种具体问题，也因之获得了正确的背景与平台。

正因如此，本书以经典、教化、人伦理解古典学的核心内涵，并以之作为本书的基本叙述逻辑，通过核心观念与典型事件互证，如对"修多罗"译名为"经"的梳理，对经学与佛教在"设教"问题上根本逻辑与核心关切之差异的考辨，对"孝"的认识，对"家国"的理解，提出了新的理解视角并做出了精彩分析，在阐明佛教中国转化相关历史经验的同时，揭示了经学在古典时代思想、知识、政治等领域隐微而又深刻的影响，对佛教中国化经验的总结、经学史的建构均有一定的推进。

陈壁生

清华大学人文学院教授

日新文库

第一辑

第二辑

第三辑